한국 현대시의 미와 숭고

지은이 **이재복**(李在福)은 한양대학교 국어국문학과를 졸업하고 동대학원에서 「이상 소설의 몸과 근대성에 관한 연구」(2001)로 박사학위를 받았다. 1996년 『소설과 사상』 겨울호에 평론이 당선되어 등단하였으며, 문화계간지 『쿨투라』, 인문·사회 저널 『본질과 현상』, 문학계간지 『시인』, 『시와 사상』, 『젊은 시』, 『오늘의 소설』 편집위원으로 활동 중이다. 2004년에 제5회 젊은 평론가상과 제9회 고석규 비평문학상을, 2009년에는 제7회 애지문학상(비평부문)을 수상하였다. 현재 한양대학교 한국언어문학과 교수로 재직하고 있다. 저서로 『몸』, 『비만한 이성』, 『한국문학과 몸의 시학』, 『현대문학의 흐름과 전망』, 『몸과 몸짓문화의 리얼리티』(공저), 『몸의 위기』(공저), 『한국현대예술사대계』(공저) 등이 있다.

한국 현대시의 미와 숭고

초판 인쇄 2012년 9월 1일 **초판 발행** 2012년 9월 10일
지은이 이재복 **펴낸이** 박성모 **펴낸곳** 소명출판 **출판등록** 제13-522호
주소 서울시 서초구 서초동 1621-18 란빌딩 1층
전화 02-585-7840 **팩스** 02-585-7848 **전자우편** somyong@korea.com **홈페이지** www.somyong.co.kr

값 36,000원
ISBN 978-89-5626-716-6 93810

한국 현대시의 미와 숭고

The Beauty and Sublime of Korean Modern Poetry

이재복

소명출판

책머리에

한국 현대시를 공부하면서 가진 생각은 그것을 어떻게 하면 미학적으로 읽어낼 수 있는가 하는 것이었다. 이러한 생각을 하게 된 것은 한국 현대시에 대한 글들이 대부분 미학적인 차원이 아닌 실증적이거나 구조적인 차원에서 이루어졌다고 이해하고 또 판단했기 때문이다. 한국 현대시를 미학적으로 읽어내는 논의들은 아주 미미한 수준이다. 이것은 미학이 한국 현대시 해석에서 하나의 보편적인 인식의 대상으로 존재하지 않는다는 것을 의미한다. 미학이 '감성(感性)의 학'이라면 문학 장르 중에서 가장 감성적인 장르인 시와는 단순한 관계 이상의 친연성을 지닌다고 할 수 있다. 실제로 바움가르텐(A.G. Baumgarten)에 의해 미학이 처음으로 새로운 학문으로 지칭된 것은 『詩에 관한 몇몇 철학적 성찰』에서이다. 시에 대한 철학적 성찰은 명석하고 합리적인 인식에 의거하는 철학과 불투명하고 비합리적인 감성과 정서에 의거하는 시와의 만남이라는 점에서 일견 모순되어 보인다. 하지만 이러한 성찰을 통해 철학은 새로운 미지의 차원을 사유의 대상으로 열어놓음으로써 시의 해석을 보다 풍요롭게 하는데 일정한 계기를 제공하기에 이른다.

시의 해석에 미학이 수용되면 시는 다양하고 유연한 방식으로 사유될 수 있다. 시의 해석 과정이 감각(감성), 인지, 이해, 판단이라고 할 때 미학은 철학이 배제하고 있는 감각(감성)의 단계를 포괄하기 때문에 시를 생경한 개념 혹은 이념이나 이데올로기적인 해석의 도그마로부터 자유롭게 할 수 있다. 시 해석의 자유로움은 한편의 시가 은폐하고 있는 아름다움을 어떠한 도구적 연관성 없이 탈은폐될 수 있다는, 예술만이 존재의 본질적인 연관들을 해명할 수 있다는 논리로까지 나아간다. 그러나 미학은 시의 해석에서 아름다움만을 드러내는 차원에 머무는 것이 아니라 일체의 미를 초월하는 새로운 미에 대한 탐구까지 그 영역을 확장할 수 있다. 미학이 탐구해 온 미를 초월하는 이 새로운 미가 바로 '숭고(sublime)'이다. 이런 점에서 한국 현대시에서 미와 숭고를 탐구하는 것은 미학 전체를 아우르는 하나의 시 읽기의 방법이라고 할 수 있다. 이 저서의 제목이 '한국 현대시의 미와 숭고'인 이유가 바로 여기에 있다.

미와 숭고의 관점에서 한국 현대시를 '그로테스크, 데카당스, 숭고, 키치, 패러디, 서술성, 다다이즘, 해체, 선(禪), 가족 로망스, 에로티시즘, 여성성, 악마성, 몸' 등 모두 열네 가지의 미학적인 주제로 분류하여 그것을 읽어냈다. 이 열네 가지의 미학적인 주제는 매끈하게 각자의 독립성을 지니고 있는 부분도 있지만 서로 애매모호하게 겹치거나 넘나드는 부분도 없지 않은 것이 사실이다. 가령 그로테스크와 키치, 데카당스와 악마성, 에로티시즘과 몸 혹은 여성성과 몸 등은 내용 면에서 겹치는 부분이 있고, 서술성, 다다이즘, 해체, 선(禪) 등은 내용과 형식면에서 긴밀한 연관성이 있다. 하지만 이러한 겹침과 넘나듦에도 불구하고 이 열네 가지의 미학적인 주제 사이에는 분명한 차이 또한 존재한다. 어쩌면 이 차이들이 어우러져 한국 현대시의 미와 숭고라는 미학적인 명명을 가능하게 한 것이라고 볼 수 있다. 이 차이들을 토대로 제1부에는 그로테스크, 데카당스, 숭고, 키치를, 제2부에는 패러디, 서술성, 다다이즘, 해체, 선(禪)을, 그리고 제3부에는 가족 로망스, 에로티시즘, 여성성, 악마성, 몸을 하나의 단위로 하여 구성하였다.

먼저 그로테스크, 데카당스, 숭고, 키치로 구성된 제1부는 그동안 미학의 차원에서 끊임없이 논의되어 왔던 주제들이다. 어느 정도 시대에 따른 부침은 있었지만 이 주제들은 모두 견고한 이론적 사유를 거친 개념들이다. 단편적이긴 하지만 이 미학적인 주제들은 한국 현대시를 논의하는 과정에서 그 모습을 드러낸 것이 사실이다. 주로 리얼리즘, 모더니즘, 포스트모더니즘이라는 관점으로 한국 현대시를 논할 때 단편적으로 언급되었으며, 때에 따라서는 시사적(詩史的)인 차원에서 주요한 키워드가 되기도 하였다. 그러나 이 미학적인 주제들은 오랜 사유의 결과물인 것에 비해 한국 현대시를 이해하는데 단순한 기능 정도의 차원에서 그 논의가 그친 감이 없지 않다. 이런 점에 주목하여 가능하면 이 미학적인 주제들을 중심 틀로 하여 한국 현대시의 통시적인 흐름을 이해하고 판단해보려고 하였다.

패러디, 서술성, 다다이즘, 해체, 선(禪) 등으로 구성된 제2부는 시의 형식과 긴밀하게 연계되어 있는 주제들이다. 패러디와 서술성은 말할 것도 없고 다다이즘, 해체, 선(禪)의 경우에도 언어를 통한 형식 실험이나 각성을 겨냥하고 있다. 이런 점에서 이들 주제들은 하나의 선상에 놓인다고 할 수 있다. 하지만 이들이 비록 하나의 선상에 놓이지만 그것을 실현하는 방법에 있어서는 차이를 보인다. 특히 해체와 선은 여러 면에서 흥미롭다. 해체가 주로 서구에서 담론화된 주제라면 선은 동양(한국, 중국)에서 담론화된 주제이다. 언어를 해체하고 언어를 버림으로써 또 다른 언어를 획득하는 점에서는 유사하지만 해체가 언어에 대한 반성과 성찰에 초점이 놓인다면 선은 언어를 넘어선 깨달음에 초점이 놓인다는 점에서 차이가 있다. 선은 몸을 통한 실천이 전제된 것이기 때문에 단순히 언어의 세계에서의 인식론적인 유희를 목적으로 하지 않는다. 이렇게 유사하면서도 다른 원리가 둘의 이면에 작동하면서 각각의 미학으로서의 독특한 정체성을 가지게 되는 것이다.

가족 로망스, 에로티시즘, 여성성, 악마성, 몸 등으로 구성된 제3부는 미학의 차원에서는 다소 생소한 주제들이다. 미학 차원에서 보면 에로티시즘만이 오랜 이론적인 역사를 가지고 있을 뿐 나머지는 그렇지 않다. 가족 로망스는 주로 외디푸스(앙띠 외디푸스)적인 욕망을 이야기하고 있지만 그것이 미학적으로 정립된 것은 아니다. 악마성이나 여성성 역시 마찬가지이다. 몸은 무용에서는 하나의 미학으로 정립되었지만 언어 혹은 시의 차원에서는 거의 다루어지지 않았다고 할 수 있다. 언어와 몸은 서로 상반된 것처럼 보이지만 그 이면을 들여다보면 둘 사이에는 뗄래야 뗄 수 없는 친연성이 존재한다. '몸 안에 이미 언어가 있다'는 논리가 바로 둘 사이의 관계를 잘 말해준다. 몸과 언어와의 관계에 대한 탐구가 활발하게 이루어질 때 시의 미학 역시 견고한 토대를 마련하게 될 것이다.

열네 가지의 미학적인 주제를 이런 식으로 구성한 것에 억지스러움이 없는 것은 아니지만 이 책이 겨냥하고 있는 것은 한국 현대시의 미학에 대한 나름의 윤곽을 그려보는 것이다. 한국 현대시의 미학에 대한 깊이 있는 논의는 이후로 미룰 수밖에 없다. 여기에서 다룬 미학적인 주제들은 하나하나가 그대로 사적인 무게와 깊이를 지니고 있다. 그 무게와 깊이를 읽어내고 또 가치를 부여하기 위해서는 시와 미학 전반에 대한 치열한 공부가 전제되어야 한다. 이 책을 세상에 내놓으면서 내 속살을 훤히 내보인 것 같아 여간 부끄러운 것이 아니다. 먼저 명색이 시 공부한다는 사람이 한국 현대시 전체를 꼼꼼하게 읽어내지 못했다는 점이 그렇고, 지나치게 시와 시인을 편식하고 있다는 점이 또한 그렇다. 그리고 무엇보다도 미학에 대한 이해 부족과 그로 인해 시의 해석에 무게와 깊이가 확보되지 못한 점은 내 공부의 현 상황을 적나라하게 보여주었다는 점에서 몹시 당혹스럽고 또 황망하기까지 하다. 그간 부족한 글을 함께 읽고 교정까지 마다하지 않은 한양대학교 대학원생들과 오영진 군에게 고마움을 전한다. 아울러 어려운 부탁임에도 불구하고 선뜻 출간을 허락해 준 소명출판의 박성모 대표께 감사한다.

2012년 4월 뚝섬의 陋屋에서
이재복

차례

제 1 부

제1장

한국 현대시와 그로테스크

1. 그로테스크의 계보

한국 현대시에서 그로테스크한 상상력을 발견하는 일은 어렵지 않다. 그로테스크한 상상력이 현대시 이전에도 나타나는 어떤 보편적인 현상이라는 점에서 보면 이러한 사실은 크게 문제적인 진술이라고 할 수 없다. 현대 이전에도 그로테스크한 현상이 자연이나 인간의 취향 그리고 기질 속에 내재해 있었으리라고 충분히 추측할 수 있다. 원시무가에서의 주술적인 것이라든가 벽사(辟邪)를 목적으로 하는 「처용가」와 같은 향가, 그리고 우의나 풍자적인 특성을 드러내는 사설시조 같은 시가의 양식 속에 그로테스크한 현상이 강하게 내재해 있다고 할 수 있다. 하지만 이 시가들에 드러난 그로테스크한 현상은 창작의 핵심 원리로 작용한 것이 아니라 단순한 소재나 효용 등 주변적인 차원에 머물러 있는 것이 사실이다.

우리의 전통적인 문화 · 예술 중에 그로테스크한 현상이 두드러진 것은 대부분 서민적이고 민중적인 특성을 드러내는 양식에서이다. 탈춤, 판소리, 민속극 등이 대표적이며, 여기에는 이상적이고 숭고한 것 대신에 실질적이고 천한 것 , 합리적이고 이성적인 것 대신에 추하고 괴이한 것들이 역동적인 관계를 형성하면서 공포와 유쾌함이라는 독특한 미적 세계를 창출한다.[1] 이러한 사실은 그로테스크한 현상이 기존의 지배적인 귀족 문화 · 예술에 대한 저항과 전도의 힘을 지니고 있으며, 실질적으로 그것과의 대립과 갈등을 통해 일정한 긴장 관계를 유지해 왔다는 것을 의미한다. 귀족 문화 · 예술에 대비되는 서민 혹은 민중 문화 · 예술의 미학 원리를 바흐찐은 '그로테스크 리얼리즘(grotesque realism)'이라고 명명하고 있다.[2] 라블레의 소설에서 발견되는 그로테스크한 현상이 민중사회의 민속적 카니발의 전통과 밀접한 관계를 맺고 있으며, 그 현상 속에 고양된 생명력이 내재해 있다는 사실을 밝힘으로써 서민 혹은 민중 문화 · 예술에 대한 미학 원리를 새롭게 정립하고 있다.

그로테스크 리얼리즘의 원리는 우리의 전통적인 서민 혹은 민중 문화 · 예술에도 적용할 수 있다. 전통 시가 중 사설시조의 경우 이 원리로 그 세계를 해명할 수 있는 여지가 충분하다. 하지만 사설시조는 근대 이후 서구로부터 새로운 자유시의 형식이 수용되면서 소멸의 길을 걷게 된다. 사설

1 이재선, 「畸型의 誕生」, 『한국문학 주제론』, 서강대 출판부, 1989, 32~34쪽.
2 미하일 바흐찐, 이덕형 · 최건영 역, 『프랑수아 라블레의 작품과 중세 및 르네상스의 민중문화』, 아카넷, 2001, 47쪽.

시조의 소멸은 그로테스크 리얼리즘의 시적 전통에 커다란 영향을 주었다고 할 수 있다. 사설시조만이 지닐 수 있는 그로테스크 리얼리즘의 원리가 더 이상 존재할 수 없게 된 것이다. 그러나 이것이 곧 시에서의 그로테스크 리얼리즘의 소멸을 의미하는 것은 아니다. 비록 사설시조 같은 전통적인 시가의 형식은 아니지만 그로테스크 리얼리즘은 자유시의 형식 속에 설화, 전설, 민담 등의 이야기와 탈춤, 판소리, 민속극 등의 극 양식을 변용시켜 그 맥을 이어가게 된다. 전자의 예로는 '질마재' 사람들의 이야기를 시적 모티프로 삼은 서정주의 경우가 대표적이고, 후자의 예로는 70 · 80년대 민중성을 기반으로 하고 있는 김지하와 고정희의 경우가 대표적이다. 이들의 시 속에서 민중들의 민속적 카니발의 세계를 다룬 경우나 독재 사회에 대한 예리한 비판과 코믹한 풍자를 겨냥하는 경우 이러한 미학의 원리가 주요한 방법론으로 활용되기에 이른다.

전통적인 서민 혹은 민중 문화 · 예술에 뿌리를 두고 있는 그로테스크 리얼리즘이 우리 현대시의 한 흐름을 형성하고 있는 것은 그 누구도 부인할 수 없는 사실이다. 그로테스크 리얼리즘의 뿌리인 탈춤, 판소리, 민속극 같은 우리의 전통적인 민중 문화 · 예술은 기본적으로 현대성이 결핍하고 있는 육체의 문제를 담지하고 있다는 점에서 모더니즘적인 그로테스크와 상호보완적인 관계에 놓여있다고 할 수 있다. 모더니즘적 그로테스크는 육체적인 차원의 웃음과 해학을 제공하는 것이 아니라 정신적인 차원의 공포를 제공한다.[3] 현대성이 육체보다는 정신을 토대로 한다는 것은 우리 현대시에서의 그로테스크의 양상이 모더니즘적인 차원에 기울어져 있

3 Wolfgang Kayser, *The grotesque in Art and Literature*, Mc Graw-Hill Book Company, 1966, 참조.

다는 것을 의미한다. 정신적 차원의 소외와 공포를 드러내는 모더니즘적인 그로테스크는 1930년대 이상을 필두로 '삼사문학' 동인들, 50년대의 박인환, 전봉건, 고석규를 거쳐 60 · 70년대의 김춘수와 이승훈, 80 · 90년대의 기형도, 이성복, 최승호, 김혜순, 박상순, 김언희 그리고 2000년대의 황병승, 김경주 등으로 이어진다. 엄밀히 말하면 90년대 이후 시인들이 보여주는 세계는 포스트모더니즘적인 그로테스크라고 할 수 있다.

그로테스크 리얼리즘과 모더니즘적인 그로테스크는 그것이 융화와 통합을 지향하느냐 아니면 공포와 소외를 드러내느냐 하는 차이를 보인다. 이 차이는 기본적으로 민중의 집단적인 힘이나 공동체의 이상을 지향하는 리얼리즘과 파편화된 개인의 의식과 무의식의 심층을 묘파하여 전망이 부재한 현실에 대한 반성을 지향하는 모더니즘 사이의 차이라고 할 수 있다. 그로테스크 리얼리즘의 세계는 우리의 오랜 역사적인 전통 속에서 구현되어 온 것이 사실이며, 그것이 현대성의 결핍을 충족시켜 줄 대안이 될 수 있다는 점에서 미래적인 가치를 지닌다고 할 수 있다. 하지만 '지금, 여기'에서의 우리시의 대세는 모더니즘적인 그로테스크라고 할 수 있다. 언어와 이미지의 기괴함 내지 심리의 기괴함을 드러내는 시가 확산되면서 민중적인 힘의 역동성이라든가 건강성은 자연스럽게 배제되기에 이른다. 그로테스크 리얼리즘의 미학적 원리의 토대인 역동적이고 건강한 육체보다는 표피적이고 감각적인 육체가 부유하는 '지금, 여기'의 현실이 그 상황을 잘 말해준다.

이러한 사실은 우리 현대시의 그로테스크와 관련한 논의에서 리얼리즘과 모더니즘 사이의 긴장이 중요하다는 것을 의미한다. 이 둘은 서로 상호보완적인 관계에 놓인다고 할 수 있다. 그로테스크 리얼리즘이 강조하는 민중의 웃음 혹은 유쾌한 상대성의 원리가 총체성을 상실한 채 점점 파편화되어가는 '지금, 여기'의 현실을 드러내는데 과연 어느 정도의 보편타당성을 지니고 있는지 의문이며, 모더니즘적인 그로테스크가 드러내는 총체성의 상실로 인한 소외와 공포 그리고 이미지적이고 전망 부재한 삶이 과연 얼마만큼 역사에 대한 추동력과 진실성을 담보하고 있는지 또한 의문이다. 이 두 그로테스크한 경향이 드러내는 이러한 결핍은 '지금, 여기'에서의 우리시 전반에 대한 반성을 전제하고 있다는 점에서 주목을 요한다. 우리 현대시와 관련해서 볼 때 온전한 그로테스크 미학은 이 두 경향을 충분히 고려하는 과정에서 성립될 수 있을 것이다. 여기에서는 그로테스크 리얼리즘의 특성을 잘 보여주고 있는 서정주, 김지하의 시와 모더니즘적 그로테스크의 특성을 잘 보여주고 있는 기형도, 최승호의 시에 대해 알아보고, 그 각각을 상호 대비 고찰하여 그것을 토대로 우리 현대시의 그로테스크한 원리를 정립해 보고자 한다.

2. 그로테스크 리얼리즘과 민중적 상상력

1) 몸 혹은 카오스모스(chaosmos)[4]의 상상력

서정주 시의 그로테스크는 몸을 질료로 해서 드러난다. 그의 초기 시세

4 혼돈을 뜻하는 chaos와 질서를 뜻하는 cosmos가 결합된 신조어이다. 서로 대립되는 듯 보이면서도 결국 하나를 이루는, 다시 말해 '혼돈으로부터의 질서', '역동적 균형'의 의미를 지닌다고 할 수 있다.

계를 대표하는 『화사집』(1941)의 상상력이 몸에서 출발한다고 해도 과언이 아니다. 이때의 몸은 주로 시인 개인의 존재론적인 자의식이 깊이 투영된 양태로 드러난다. 시인은 자신의 몸의 태생 자체를 숙명적으로 천한 것으로 규정한다. '화사(花蛇)'가 표상하듯 시인의 몸은 온갖 욕망과 쾌락으로 끓어 넘치는 원초적인 관능의 덩어리인 것이다. 화사의 원초적인 관능은 시인의 고뇌의 산물이라는 점에서 그로테스크하다. 『화사집』에서는 관능과 고뇌가 함께 섞여 있는 것처럼 인간과 동물, 미와 추, 밤과 대낮, 뜨거움과 차가움의 이미지가 그로테스크하게 뒤엉켜 있다. 서로 대척점에 놓인 것들 사이의 경계 해체는 생명에 대한 역동적인 힘의 표출로 이어져 그만의 독특한 미학 원리를 이룬다.

시인이 발견한 몸의 관능은 정신을 압도하고 있다는 점에서 일정한 위치 전도를 통한 상대성의 원리가 작동하고 있지만 그것이 개인의 존재론적인 세계에 머물고 있기 때문에 무한한 변형과 생성으로 이어지지 못하고 있다. 『화사집』에서의 몸의 관능은 삶과 죽음을 강하게 환기만 할 뿐 그 관계의 원리에 대해서는 이렇다할만한 언급이나 암시가 없다. 흔히 그를 '생명파'라고 하지만 엄밀하게 말하면 그러한 명명은 생명의 범주를 인간 혹은 인간의 관능이라는 차원에서 규정한 것에 불과하다. 진정한 생명은 인간이라는 개인 혹은 개체를 넘어설 때 성립되는 것이다. 시인이 발견한 몸의 관능이 진정한 생명이 되기 위해서는 개인 혹은 개체를 넘어 우주라는 보다 큰 생명, 다시 말하면 온생명(global life)[5]의 관계 속에 놓일 때 가능하다고 할 수 있다.

---

5 장회익, 『온생명』, 솔, 1999, 179쪽.

인간의 몸이 우주적인 생명의 관계망 속에 놓인다는 것은 그 몸이 곧 우주라는 것을 의미한다. 우리가 흔히 인간의 몸을 소우주라고 할 때 그것은 몸과 우주 사이의 차이를 드러낸 것이라고 할 수 있다. 몸과 우주 사이에는 차이가 없다. 인간의 몸이란 우주적인 기가 모였다가 흩어진 것에 불과하기 때문이다. 이런 맥락에서 볼 때 인간의 몸이 곧 우주라는 것은 그 몸이 완결되지 않고 끊임없는 생성의 과정에 놓여 있다는 것을 의미한다. 인간의 몸이 끊임없는 생성의 과정에 놓이기 위해서는 그 몸이 우주의 다른 존재의 몸과 서로 섞이고 뒤엉키면서 새로운 몸으로 거듭나야 한다. 인간의 몸만이 아닌 다른 우주의 무수한 존재들의 몸과 섞이고 뒤엉키면서 관계를 형성하기 때문에 그것은 필연적으로 그로테스크할 수밖에 없다. 몸과 몸의 섞임과 뒤엉킴 속에 우주적인 생명의 역동성이 존재하며, 그러한 모습을 고스란히 지니고 살아가는 존재가 바로 『질마재 신화』(1975) 속의 민중들이다.

질마재는 시인의 말 그대로 신화적인 공간이다. 이 공간은 현실과 대척점에 놓이며, 신화적인 시간이 지배하기 때문에 혼돈(chaos) 상태를 드러낸다고 할 수 있다. 질마재에서 가장 뚜렷하게 드러나는 혼돈의 양태는 몸을 통한 세계의 위치 전도이다. 기존의 몸에 대한 인식이 뇌에서 배꼽을 거쳐 회음부로 이어지는 구조라면 질마재에서의 그것은 회음부에서 배꼽을 거쳐 뇌로 이어지는 전도된 구조이다. 이 전도된 구조는 몸이 대지를 지향한다는 것을 의미한다. 이렇게 되면 몸의 상부보다 하부가 더 중요한 존재로 부상하며, 몸의 상부가 중심일 때 늘 천하고 더러운 것으로 간주된 생식의 영역들이 새롭게 해석되기에 이른다. 몸의 생식으로서의 생활, 곧 먹고 마시고 싸는 배설 행위와 종족유지를 위한 성교, 임신, 출산 등이 중요한 삶의 영역으로 간주된다. 이러한 몸의 대지 지향은 천하고 더러운 것이 풍요로움의 원천이 된다는 것을 말해준다. 몸의 상부와 하부의 위치가 전도됨으로써 유쾌한 상대성의 원리가 작동하게 되고, 그것이 그로테스크 리얼리즘의 미학을 창출한다.

> 질마재 上歌手의 노랫소리는 답답하면 열두 발 상무를 젓고, 따분하면 어깨에 고깔 쓴 중을 세우고, 또 喪輿면 喪輿머리에 뙤약볕 같은 놋쇠 요령 흔들며, 이승과 저승에 뻗쳤읍니다.
>
> 그렇지만, 그 소리를 안 하는 어느 아침에 보니까 上歌手는 뒤깐 똥오줌 항아리에서 똥오줌 거름을 옮겨 내고 있었는데요. 왜, 거, 있지 않아, 하늘의 별과 달도 언제나 잘 비치는 우리네 똥오줌 항아리, 비가 오나 눈이 오나 지붕도 앗세 작파해 버린 우리네 그 참 재미있는 똥오줌 항아리, 거길 明鏡으로 해 망건 밑에 염발질을 열심히 하고 서 있었습니다. 망건 밑으로 흘러내린 머리털들을 망건 속으로 보기좋게 밀어넣어 올리는 쇠뿔 염발질을 점잔하게 하고 있어요.
>
> 明鏡도 이만큼은 특별나고 기름져서 이승 저승에 두루 무성하던 그 노랫소리는 나온 것 아닐까요?[6]
>
> —서정주, 「上歌手의 소리」 전문 인용

이 시의 유쾌함은 '상가수'와 '농군' 사이의 위치 전도 내지 경계 해체에서 비롯된다. 상가수란 가수 중에서도 최고의 가수를 말한다. 소리꾼 중에서 득음의 경지에 오른 사람을 상가수라고 할 수 있다. 판소리에서는 이러한 상가수의 목소리를 '천구성'과는 다른 '수리성'이라고 부른다. 수리성이란 목에서만 나오는 맑은 소리가 아니라 온갖 신산고초(辛酸苦楚)를 몸으로

6 서정주, 『미당 시전집 1』, 민음사, 1994, 344쪽.

체득한 소리로 흔히 그늘 혹은 한이 서린 소리라고 할 수 있다. 이러한 최고의 소리를 똥오줌 항아리나 푸는 일개 농군이 한다는 것은 유쾌한 반전의 묘미를 불러일으키기에 충분하다. 가장 숭고하고 아름다운 소리가 가장 더럽고 천한 똥과 오줌의 이미지를 통해 구현된다는 사실은 유쾌한 상대성의 원리를 드러내는 것이라고 할 수 있다.

노동의 힘겨움, 슬픔과 노래의 즐거움, 기쁨이 공존하는 세계는 그 자체가 그로테스크하다. 미와 추의 결합을 통해 구현된 유쾌한 상대성의 원리야말로 그로테스크 리얼리즘 미학이 추구하는 방향이라고 할 수 있다. 그로테스크 리얼리즘 미학이 보여주는 세계는 단순히 유쾌한 상대성의 차원에만 머무는 것이 아니라 삶과 죽음 혹은 이승과 저승의 경계를 넘나드는 우주적인 생성의 차원에 닿아 있다. 상가수의 노래가 '이승과 저승에 뻗쳐 있는 것'이나 '똥오줌의 명경이 하늘의 별과 달을 비춘다는 것'이 바로 그것이다. 우주적인 생성의 원리에서 보면 이승과 저승, 지상의 똥오줌과 하늘의 별과 달은 모두 하나의 순환론적인 생성의 관계망 속에 놓여 있는 것이다. 이러한 차원에서 보면 상가수이면서 동시에 똥을 푸는 농군의 그로테스크함은 결코 과장되거나 이상한 것이 아니다. 우주적인 생성의 원리 차원에서 새롭게 정립될 수 있는 리얼리즘의 단초를 여기에서 발견할 수 있다.

이러한 사실은 그로테스크 리얼리즘이라는 의미 차원이 단순히 근대적인 리얼리즘의 범주 안에서의 민중의 개념을 넘어선 민속적인 차원의 민중이라든가 우주적인 생성 원리까지를 포함하는 좀 더 넓은 의미로 해석되어야 한다는 것을 말해준다. 질마재에서 발견할 수 있는 그로테스크함은 모두 이와 같은 우주적인 생성의 원리에서 이해할 수 있는 것들이다. 가령, 「來蘇寺 大雄殿 丹靑」을 보면 변신 혹은 변형으로서의 몸이 주요 모티프이다. 사람의 몸이 새의 몸으로 바뀌고 다시 그 새의 몸이 호랑이의 몸으로 바뀐다. 이것은 단순히 하나의 몸이 셋으로 분리된다는 것을 의미하는 것이 아니라 사람의 몸, 새의 몸, 호랑이의 몸이 하나도 아니고 둘도 아닌, 즉 불일이불이(不一而不二)의 관계에 놓여 있다는 것을 의미한다. 몸의 자유로운 변신은 그것이 무정형이기 때문에 가능한 것이지만 그 이면에는 각각의 존재들의 윤회하고 순환하는 우주적인 생성의 원리가 작동하고 있는 것이다. 동서양의 신화 속에서 흔히 볼 수 있는 반인반수도 이러한 그로테스크함으로 표출되는 우주적인 생성 원리의 한 반영으로 볼 수 있다. 그러나 우주적인 생성 원리 차원에서 전개되는 몸의 그로테스크함은 이 시에서처럼 이미지의 변신으로 그치지 않고 직접적인 생식의 차원으로까지 그려지고 있다.

> 왼 마을에서도 品行方正키로 으뜸가는 총각놈이었는데, 머리숱도 제일 짙고, 두 개 앞이빨도 사람 좋게 큼직하고, 씨름도 할라면이사 언제나 상씨름밖에는 못하던 아주 썩 좋은 놈이었는데, 거짓말도 에누리도 영 할 줄 모르는 숫하디 숫한 놈이었는데, 〈소 × 한 놈〉이라는 소문이 나더니만 밤 사이 어디론가 사라져 버렸다. 저의 집 그 암소의 두 뿔 사이에 봄 진달래 꽃다발을 매어 달고 다니더니, 어느 밤 무슨 어둠발엔지 그 암소하고 둘이서 그만 영영 사라져 버렸다. 「四更이면 우리 소누깔엔 참 이뿐 눈물이 고인다」 누구보고 언젠가 그러더라나, 아마 틀림없는 聖人 녀석이었을거야. 그 발자취에서도 소똥 항내쯤 살풋이 나는 틀림없는 틀림없는 聖人 녀석이었을거야.[7]
>
> —서정주, 「소 × 한 놈」 전문 인용

7 위의 책, 388쪽.

소와의 수간(獸姦)이 윤리적으로 문제가 되지 않는 세계란 현실에서는 존재할 수 없다. 하지만 질마재라는 신화의 세계에서는 그것이 가능하다. 소와의 수간이 '우주적인 주기를 맞아 행하는 지극히 자연스러운 행위'[8]라는 차원에서 보면 총각의 수간은 우주적인 순리에 따르는 것이라고 할 수 있다. 총각, 다시 말하면 인간됨됨이의 척도를 우주적인 질서에 순응하느냐 아니냐하는 것으로 평가하는 것이다. 우주적인 질서에 순응하는 총각이야말로 인간 중의 최고의 인간, 질마재의 화법으로 이야기하면 '상인간'이 되는 것이다. 시 속의 총각은 품행이 방정하고 몸도 준수하고 아주 진실한 '숫하디 숫한 놈'이다. 하지만 이 모든 것들보다 총각의 됨됨이를 알 수 있는 것은 "四更이면 우리 소누깔엔 참 이쁜 눈물이 고인다"고 한 총각의 말이다. 소의 눈에 고인 눈물을 볼 줄 아는 사람이란 우주의 불일이불이의 원리를 깨달은 사람이라고 할 수 있다. 시인은 그런 총각에 대해 '聖人'이라고 명명한다.

우주의 질서에 승순(承順)하는 삶을 최고의 인간 덕목으로 친다면 '음력 스무날 무렵부터 다름 달 열흘까지 달 안 좋은 보름 동안 개피떡 장사를 하는 알뫼댁'(「알뫼집 개피떡」)이나 '센 오줌 기운을 무 밭에 쏟아 부어 그것을 무성하게 가꾸는 이 생원네 마누라'(「小者 李 생원네 마누라님의 오줌 기운」), '똥하고 오줌을 누어 두는 소망 항아리 서너 개씩 가지고 싶어 하는 질마재 사람들'(「소망(똥깐)」), '남편의 바닷물이 자기 집 마당에 몰려 들어오는 것을 보고 말도 못하고 얼굴 붉히는 외할머니'(「해일」) 등은 모두 총각과 다르지 않다고 할 수 있다. 어쩌면 이렇게 질마재 사람들처럼 우주의 질서에 승

8 고은숙, 「서정주의 『질마재 神話』에 나타나는 그로테스크 연구」, 부산대 석사논문, 2004, 19~20쪽.

순하면서 사는 삶이 올바른 삶이라고 할 수 있을 것이다. 이런 점에서 질마재 사람들의 삶을 우스꽝스럽고 기이하게 인식하는 것은 우주적인 질서에 승순하는 삶으로부터 멀어진 현대인들의 모습을 반영하는 것으로 볼 수 있다.

질마재 사람들의 그로테스크한 일련의 행위들이 우주의 역동적인 차원을 반영하는 것이라면 그것은 근대 이후 우리가 상실한 우주 생명의 문제를 반성하게 하는 계기를 제공해 줄 수 있을 것이다. 우리는 지금 우주 자체를 공포의 대상으로 간주하고 있다. 그것은 우주의 질서에 승순하지 않고 그것을 대상화하고 자기중심적으로 해석한데서 비롯된 것이다. 우주의 공포에 해학으로 대응하는 질마재 사람들의 그로테스크한 역동성이야말로 그것이 혼돈처럼 보이지만 기실은 그 안에 오묘한 우주적인 질서가 놓여 있다. 다만 질마재 사람들의 삶을 지배해 온 동학혁명 같은 '거대한 역사의 회오리가 구체적으로 반영되어 있지 않은 것'[9]이 사실이다. '분질러진 불칼'의 상징성이 동학과 무관하다고 할 수 없지만 우리 역사의 거대한 사건인 동학혁명을 표상하기에는 부족함이 있다. 민중의 삶에 커다란 영향을 준 역사적인 사실을 배제하고 소외시킴으로써 진정한 의미의 그로테스크한 리얼리즘의 토대가 되는 현실에 대한 긴장과 변혁의 문제가 다루어지지 않았다고 할 수 있다. 『질마재 신화』가 드러내는 우주적인 삶의 역동성과 보편성이 역사의 일상 속으로 침투해 들어오지 못한 것은 그의 시의 한계인 동시에 한국 현대시에서의 그로테스크 리얼리즘의 한계를 노정한 것이라고 할 수 있다.

---

9 김지하, 『김지하 전집』 3, 실천문학사, 2002, 296쪽.

2) 풍자적 그로테스크와 윤리적 상상력

김지하의 『五賊』(1985)은 민중 문학의 가능성을 열어 보인 작품이다. 이때의 민중 문학이란 서구식의 형식과 내용이 아닌 우리식의 전통적인 형식과 내용을 통해 구현된 것을 말한다. 『五賊』은 우리의 전통적인 민중 문학 양식인 판소리를 현대적으로 변용하여 당대의 사회, 정치를 신랄하게 풍자하고 있다. 판소리는 그 본질에 있어서 "웃음과 해학성은 물론 그로테스크(grotesque) 현상과 매우 밀접한 친화력을 가진 특수 미학의 세계"[10]를 보여준다. 시인이 『五賊』의 형식을 판소리로 한 이유도 이와 무관하지 않다고 할 수 있다. 판소리의 걸쭉한 사설과 리듬은 양반의 점잖고 절제된 문화에서는 볼 수 없는 서민이나 민중의 삶과 문화를 반영한다고 할 수 있다. 이러한 서민이나 민중의 문학, 예술은 지배 계층인 양반에 의해 억압 받고 고통 받는 서민이나 민중의 해방구 역할을 해 온 것이 사실이며, 이로 인해 여기에는 이들의 슬픔과 기쁨, 즐거움과 괴로움, 분노와 희망 등이 강하게 투영되어 있다.

판소리나 마당극 같은 전통적인 민중 문학과 예술이 당대의 지배 권력인 양반을 불러내 그들을 조롱하고 풍자했듯이 『五賊』에서 시인은 '재벌, 국회의원, 고급공무원, 장성, 장차관' 등 다섯 도적들을 불러내 한국 사회 전반에 만연한 부정부패 문제와 그 주범들을 신랄하게 조롱하고 또 풍자한다. 조롱과 풍자의 대상이 된 오적들은 시 속에서 일그러진 모습으로 시인에 의해 호명되며, 그 그로테스크한 모습은 카타르시스를 넘어 신명 혹

10 이재선, 앞의 책, 32쪽.

은 신명풀이의 차원에까지 이른다. 카타르시스가 갈등과 비극적인 요소를 중시하는데 비해 신명은 극중 갈등에 관객이 개입하여 등장인물과 함께 조화를 역동적으로 추구한다. 이것은 카타르시스가 외향적인 것을 내면으로 투사하는 방식을 지향한다면 신명은 내면적인 것을 밖으로 투사하는 방식을 지향한다는 것을 의미한다. 이런 점에서 볼 때 판소리에서의 신명은 자신보다 신분이 높은 위치에 있는 대상인 양반 등의 지배계급을 온갖 속되고 비하적인 언설과 우스꽝스러운 행동을 통해 피지배계급인 관객들 아래로 끌어내림으로써 일종의 유쾌한 상대성의 미학을 구현하는 것이다.

> 사람마다 뱃속이 오장육보로 되었으되
> 이놈들의 배안에는 큰 황소불알 만한 도둑보가 겉붙어 오장칠보,
> 본시 한 왕초에게 도둑질을 배웠으나 재조는 각각이라
> 밤낮없이 도둑질만 일삼으니 그 재조 또한 神技에 이르렀것다.
> 하루는 다섯놈이 모여
> 십년전 이맘때 우리 서로 피로써 맹세코 도둑질을 개업한 뒤
> 날이날로 느느니 기술이요 쌓이느니 황금이라, 황금 십만 근을 걸어 놓고
> 그간에 일취월장 妙技를 어디 한번 서로 겨룸이 어떠한가.
> 이렇게 뜻을 모아 盜짜 한자 크게 써 걸어놓고 도둑시합을 벌이는데
> 때는 陽春佳節이라 날씨는 화창, 바람은 건 듯, 구름은 둥실

저마다 골프채 하나씩 비껴들고 꼰아잡고
행여 질세라 다투어 내달아 秘傳의 神技를 자랑해 쌌는다.
첫째도둑 나온다 狾猘이란 놈 나온다
돈으로 옷해 입고 돈으로 모자해 쓰고 돈으로 구두해 신
고 돈으로 장갑해 끼고
금시계, 금반지, 금팔지, 금단추, 금넥타이 핀, 금카후스
보턴, 금박클, 금니빨, 금손톱, 금발톱, 금작크, 금시계줄.
디룩디룩 방댕니, 불룩불룩 아랫배, 방귀를 뽕뽕뀌며 아그
작 아그작 나온다
저놈 재조봐라 저 재벌놈 재조봐라
장관은 노랗게 굽고 차관은 벌겋게 삶아
초치고 간장치고 계자치고 고추장치고 미원까지 톡톡쳐서
실고추 파 마늘곁들여 날름
세금받은 은행돈, 외국서 빚낸 돈, 왼갖 특혜 좋은 이권
은 모조리 꿀꺽
이쁜년 꾀어서 첩삼아 밤낮으로 작신작신 새끼까기 여념
없다[11]

— 김지하, 「五賊」 부분 인용

소위 최고 권력을 휘두르는 최고위층을 하나씩 불러내 언설의 장에 세운 뒤 천하고 속될 뿐만 아니라 더럽고 추한 신체어를 동원하여 그들을 사정없이 조롱하고 비하한다. 시인에 의해 오적들은 졸지에 개나 소보다도 못한 존재로 추락한다. 평소에는 감히 눈을 들어 마주볼 수도 없을 정도로

11 김지하, 『五賊』, 동광출판사, 1985, 21∼23쪽.

높은 신분과 지위를 가진 사람들이 시인의 언설의 장에서는 위치가 전도되어 서민이나 민중의 발아래에 놓인다. 시인은 이들을 사정없이 조롱하고 비하하면서 언설의 장을 둘러싸고 있는 서민이나 민중 관객들과 그 과정을 공유한다. 마치 판소리에서 창자의 흥을 돋우기 위해 장단을 짚는 고수(鼓手)가 창(唱)의 군데군데에서 '좋다', '좋지', '으이', '얼씨구', '흥'과 같은 소리로 호응하듯이 시에서도 시인의 언설에 서민이나 민중 관객들이 함께 호응할 수 있는 그런 형식으로 되어 있다. 시인의 언설이 판소리의 사설과 같아서 중간 중간에 청자가 끼어들 수 있는 그런 열린 구조라고 할 수 있다. 창자와 관객 혹은 시인과 독자가 하나의 장 속에서 서로 어울림이 있는 구조가 바로 판소리, 다시 말하면 이 시의 구조인 것이다.

시인에 의해 묘사되고 말해지는 오적의 모습이란 추하고 천한 그래서 더욱 그로테스크하게 형상화되어 있다. 이들의 그로테스크함은 평소의 모습을 일그러뜨린 데서 비롯된 것이며, 이것이 시에 활기를 불어 넣는다. 오적과 관객이 수직 관계가 아니라 수평 관계 속에 놓임으로써 그동안 이들 사이에 존재해 온 온갖 금기와 규율이 한 순간에 해체되면서 그로테스크한 장면이 연출되는 것이다. 추하고 천하며 못생기고 일그러진 존재를 등장시킴으로써 희극적인 쾌감은 물론 일상의 규범과 규칙으로부터 자유와 해방감을 느끼게 되는 것이다. 이것은 판소리나 마당극과 같은 예술이 서민이나 민중들의 내면에 잠재해 있는 역동적인 힘과 정신을 일깨워주고 그것을 통해 이들이 연대할 수 있는 계기를 마련해주는 소중한 장으로서 기능한다는 것을 의미한다. 서구의 카니발은 공식적으로 허용된 수평 관계의 장에서 이루어지는 축제지만 우리의 판소리나 마당극은 판이나 마당이 말해주듯이 어느 때나 자유롭게 벌어지는 축제라고 할 수 있다.

일상이 하나의 축제의 공간이 됨으로써 서민이나 민중의 힘이 정신이나 관념에 머물지 않고 그것이 몸을 통해 실제 현실 속으로 침투해 들어가 그것이 이들을 살아가게 하는 동력으로 작용하게 되는 것이다. 정신과 육체, 관념과 현실, 말과 행동 사이의 경계가 해체되는 것이야말로 리얼리즘의 진정한 구현이라고 할 수 있을 것이다. 「五賊」의 목적이 어디에 있는가 하는 것은 시인의 의도가 너무나 강하게 밖으로 흘러넘치기 때문에 우리는 그것을 쉽게 알아차릴 수 있다. 이것은 시 속에 투영되어 있는 그로테스크함이 오적에 대한 풍자를 위해 존재한다는 것을 의미한다. 이런 점에서 이 시는 그로테스크 시인이 흔히 드러내는 '옳고 그름에 의해, 혹은 진위에 의해, 분석하고 가르치지 않을 뿐만 아니라 그것을 구분하려고 애쓰지도 않는다'[12]는 것과는 일정한 거리가 있다. 이 시에서는 그로테스크가 풍자를 위해 존재한다고 할 수 있다.

> 여기 저기서 와크르르르
>
> 똥이야!
>
> 이 거리 저 거리에서 우르르르르
>
> 똥이야! 똥 보라 저 똥 봐라!
>
> 민주주의 같이 생긴 파시즘똥, 공산주의같이 생긴 자본주의
>
> 똥, 자유주의같이 생긴 전체주의똥, 평화주의같이 생긴 제
>
> 국주의똥, 四海동포주의같이 생긴 식민주의똥,
>
> 大東亞共榮性 제五인터내쇼날의 깃발이 달린 똥,
>
> 체 게바라 초상화를 들고 있는 자본가의 똥, 모택동 어록을

12 필립 톰슨, 김영무 역, 『그로테스크』, 서울대 출판부, 1986, 58쪽.

들고 있는 자위대 간부의 똥,

평화헌법의 활자 속에 미소짓는 東條의 콧구멍 곁에 붙은 똥, 人肉 곁에 人道主義, 人道主義 곁에 사람 피로 만든 포도주, 그 곁에 슈바이처 곁에 손목튀김, 발목구이, 엉덩이 스틱, 그 곁에 미소짓는 배불뚝이 아가리 속에서 질질질질 흘러나오는 똥, 陰毛로 만든 가발을 뒤집어 쓴 老教授의 입술에 묻은 똥, 혁명기술 수출로 축재한 天才들의 별같이 생긴 붉은 똥, 그 곁에 겁탈당한 계집이 숨죽여 우는 똥, 착취당한 노동자의 한숨짓는 똥, 감옥에 갇힌 자의 탄식하는 똥, 힘없는 女工똥, 맥없는 농민똥, 먼 도시로 떠나가는 離農民 밤열차 변소 속의 꼬불꼬불한 똥, 달아난 에미를 부르며 우는 아이의 쌩똥, 피 팔아먹고 사는 놈 핏기없는 똥[13]

— 김지하, 「똥바다」 부분 인용

가장 천하고 더러운 것으로 간주되는 똥을 전면에 내세워 위악으로 가득 찬 세상을 신명나게 풍자하고 있는 시이다. 세상의 모든 허위, 이념, 법, 악, 소외 등이 천하고 더러운 똥과 결합되면서 그로테스크한 분위기를 연출한다. 똥 벼락이 내리고 그것이 흘러넘쳐 바다를 이룬다는 상상 자체가 환멸의 정서를 강하게 불러일으키면서도 우스꽝스러움을 유발하는 것이 사실이다. 똥이란 현대 문명이 추방해버린 가장 강력한 압젝션(abjection)[14]의 대상 중의 하나이다. 이런 점에서 똥의 귀환은 그러한 문명에 대한 전복

13 김지하, 앞의 책, 224~225쪽.

14 압젝션(abjection)의 개념은 일찍이 『문명과 타부』에서 문명의 성립을 위해서는 외디푸스 전 단계, 다시 말하면 에고가 아버지의 법을 수용하는데 장애가 되는 어머니의 몸(천박한 몸)을 배제해야 한다는 프로이트의 논리를 시작으로 바흐찐, 라캉을 거쳐 크리스테바의 압젝션(abjection) 이론으로 이어지면서 하나의 거대한 기획을 성립시킨다.

과 해체를 환기한다고 할 수 있다. 현대 문명과 그것의 구조화된 세계의 전복과 해체는 똥이 다른 그 무엇보다도 강력한 저항의 도구라는 것을 의미한다. 똥의 출현, 그것도 바다라는 말을 통해 알 수 있듯이 전면적인 출현은 문명의 구조화된 체계에 의한 억압으로부터의 해방이라는 의미를 강하게 드러낸다. 문명의 구조화된 체계에 의해 억압받아 온 힘을 전도함으로써 여기에서 오는 쾌감을 극대화하려는 목적이 이 시에 내재해 있다고 할 수 있다.

똥의 생명력이 우주적인 생성을 직접적으로 환기하지는 않지만 몸과 세계의 경계를 해체하면서 단순한 미학적인 차원에 머물지 않고 현실의 차원으로 침투해 들어오고 있다는 느낌을 강하게 환기 받는다. 똥의 생명력이 미학적인 차원에만 머물면 그로테스크 자체에 탐닉하게 되어 현실에 대한 비판과 풍자라는 의미를 상실하게 된다. 똥의 건강한 생명력은 이처럼 미학적인 차원을 넘어 현실의 차원으로 확장될 때 온전히 이루어질 수 있는 것이다. 가장 고귀하고 건강하다고 인식되어 온 문명이 기실은 그 안에 가장 추하고 더러운 것을 지니고 있다는 사실을 똥이라는 질료를 통해 폭로함으로써 이 시는 카타르시스는 물론 그것을 넘어선 한바탕 신명나는 한풀이의 장을 펼쳐 보이고 있다. 이것은 이 시가 목적으로 하는 것이 미학적인 차원을 넘어 윤리적인 차원에 닿아 있다는 것을 말해준다. 윤리가 없고 미학만 존재하는 카니발은 진정한 차원의 그로테스크 리얼리즘을 구현할 수 없다.

미학과 윤리의 균형 감각이야말로 우리의 전통적인 민중 문학과 예술이 견지해 온 일급의 덕목이다. 판소리라는 우리의 전통적인 서민 혹은 민중 양식을 과감하게 시에 수용하여 시인이 겨냥한 것도 바로 이러한 미학과 윤리의 통합이라고 할 수 있다. 미당의 그로테스크 리얼리즘이 가지는 한계가 바로 이러한 윤리적 감각의 부재라고 할 수 있다. 그의 미학의 도저함은 누구나 인정하는 바이지만 윤리의 차원에서는 그 누구도 그것을 인정하지 않고 있다는 사실은 미당의 시의 한계가 된다. 김지하가 미당의 『질마재 신화』에 대해 '민중들이 일상성과 무궁성을 통하고 땅하고 직접 하늘과 통하는 세계를 보여준다'고 하여 그 그늘의 가능성을 인정하면서도 그 '그늘에 감동 혹은 수리성이 없다'[15]고 한 이유가 여기에 있는 것이다.

3. 모더니즘적 그로테스크와 소외의 상상력

1) 그로테스크한 공포와 소외의 감각

한국 현대시에서 그로테스크와 관련하여 기형도의 존재는 남다른 데가 있다. 그가 남긴 것은 『입 속의 검은 잎』(1989)이 유일함에도 불구하고 한국 현대시사에서 그가 남긴 발자취는 결코 만만한 것이 아니다. 그의 유별난 죽음을 신화화했다는 비판이 없는 것은 아니지만 그것이 곧 그의 시의 가치를 폄하할 수는 없다. 그의 시의 우울하고도 악마적인 미학은 세기말의 정서와 맞물려 90년대 시인들에게 절대적인 영향을 준 것이 사실이다. 장정일의 유희성과 함께 그의 우울과 악마성은 80년대 한국 시사의 한 장으로 기록될 것이다. 그의 시의 미학에 대한 탐구는 꾸준하게 계속되어 왔

15 김지하, 『김지하 전집』 3, 실천문학사, 2002, 296쪽.

으며, 그 중의 하나가 바로 그로테스크이다. 그의 시의 미적 특성을 그로테스크의 차원에서 규정한 이는 김현이다.

김현은 『입 속의 검은 잎』을 해설하면서 '그로테스크 리얼리즘'이라는 용어를 사용한다. 그는 기형도의 시가 그로테스크한 이유를 "타인들과의 소통이 불가능해져 자신 속에 자라나는 죽음을 바라다보는 개별자, 갇힌 개별자의 비극적 모습이, 마치 무덤 속의 시체처럼 뚜렷하게 드러나 있다"[16]는 데에서 찾고 있다. 김현이 보기에 기형도는 죽음만이 유일한 꿈이자 현실이었던 것이다. 그의 식으로 이야기하면 "현실적인 것에서 시적인 것을 이끌어내, 추함으로 아름다움을 만드는 데 있는 것이 아니라 시적인 것이 현실적인 것이며, 현실적인 것이 시적인 것이라는 것을 아니, 차라리 시적인 것이란 없고, 있는 것은 현실적인 것뿐이라는 것을 분명하게 보여준다"는 점에서 기형도는 "진흙탕을 진흙탕이라고 고통스럽게 말하는 현실주의자"[17]라는 것이다. 김현의 논리대로라면 기형도의 시를 그로테스크 리얼리즘이라고 명명한 것은 비극에 대한 태도의 진정성 때문이라고 할 수 있다.

하지만 기형도가 보여준 진흙탕을 진흙탕이라고 고통스럽게 말하는 것이 리얼리즘인지에 대해서는 의문이 든다. 그로테스크 리얼리즘에서 강조하고 있는 것은 비극적인 상황에 대한 단순한 공포나 들추어냄이 아니라 그것을 웃음이나 해학으로 풀어내는 그 역동적인 힘에 대한 찬양이라고 할 수 있다. 그로테스크 리얼리즘의 논리로 보면 개별자의 비극이 자아내는 공포와 소외는 삶의 총체성이라는 보다 큰 관계를 이해하고 깨닫는 과

---

16 김현, 「영원히 닫힌 빈방의 체험」, 『입 속의 검은 잎』, 문학과지성사, 1994, 146쪽.
17 위의 글, 152~153쪽.

정 속에서 극복되거나 회복된다. 심지어 우주의 물질적인 공포도 인류의 몸적인 물질성으로 극복할 수 있다는 논리가 바로 그로테스크 리얼리즘이다.[18] 이런 맥락에서 보면 기형도의 시가 보여주는 세계는 그로테스크 리얼리즘과는 거리가 있다. 소외와 공포라는 부정성을 천하고 속된 몸을 통해 긍정성으로 바꿔놓는 그로테스크 리얼리즘의 원리는 부정성을 부정성 그 자체로 인식하고 있는 기형도와는 일정한 차이를 보이기 때문이다.

서구의 카니발리즘적인 문학·예술이든 우리의 전통적인 서민이나 민중 문학·예술이든 여기에 드러난 그로테스크 리얼리즘이 추구하는 것은 개체를 소외시키거나 배제하지 않은 상태에서의 통합과 융화의 상상력이다. 기형도 시의 화두는 누구나 다 알고 있는 것처럼 '죽음'이다. 이 사실은 그가 죽음을 어떻게 바라보고 있고 또한 그것을 어떻게 극복하고 있는가 하는 문제와 맞물려 있다는 것을 말해준다. 기형도의 시는 시집 전체가 죽음의 이미지로 가득 차 있다고 해도 과언이 아니다. 시인은 「오래된 書籍」에서 "나를 / 한 번이라도 본 사람은 모두 / 나를 떠나갔다, 나의 영혼은 / 검은 페이지가 대부분이다, 그러니 누가 나를 / 펼쳐볼 것인가"[19]라고 노래하고 있다. "나의 영혼"이 "검은 페이지가 대부분이"기 때문에 나는 소외되고 그것이 나를 불안하게 하는 것이다. 시인은 이 죽음을 상징하는 검은 이미지를 자신의 시의 중심에 두고 있으며, 그것과 함께 살아간다고 해도 과언이 아니다. 죽음만이 그의 유일한 꿈이라는 김현의 말이 결코 과장된 것이 아님을 우리는 다음 몇 편의 시를 통해서도 확인할 수 있다.

---

18 미하일 바흐찐, 앞의 책, 90~520쪽 참조.

19 기형도, 『기형도 전집』, 문학과지성사, 1999, 47쪽.

이곳은 처음 지나는 벌판과 황혼,
내 입 속에 악착같이 매달린 검은 잎이 나는 두렵다[20]

— 기형도, 「입 속의 검은 잎」 부분 인용

밤은 그렇게 왔다. 포도 압착실 앞 커다란 등받이 의자에 붙어 한 잎 식물의 눈으로 바라보면 어둠은 화염처럼 고요해지고 언제나 내 눈물을 불러내는 저 깊은 空中들.[21]

— 기형도, 「포도밭 묘지 2」 부분 인용

植木祭의 캄캄한 밤이여, 바람 속에 견고한 불의
立像이 되어
싱싱한 줄기로 솟아오를 거냐, 어느 날이냐 곧이
어 소스라치며
내 유년의 떨리던, 짧은 넋이여[22]

— 기형도, 「植木祭」 부분 인용

장님처럼 나 이제 더듬거리며 문을 잠그네
가엾은 내 사랑 빈집에 갇혔네[23]

— 기형도, 「빈집」 부분 인용

시인이 풀어놓은 검은 죽음의 이미지가 늪처럼 깊고 또 불길하다. 죽음

20 위의 책, 73쪽.
21 위의 책, 82쪽.
22 위의 책, 86쪽.
23 위의 책, 89쪽.

의 이면에 도사리고 있는 고통과 암담함이 전율처럼 느껴지고 그것을 넘어서는 어떤 암시도 주어져 있지 않다. 이것은 이 시편들이 죽음 다음에 삶이 오고, 삶 다음에 다시 죽음이 온다는 그런 우주적인 생성의 원리가 드러나 있지 않다는 것을 의미한다. 삶과 죽음은 다른 것이 아니라 늘 함께 하기 때문에 죽음이 주는 공포와 소외는 영원히 지속되는 것이 아니라 일정한 과정을 거쳐 생성의 기쁨으로 거듭날 수 있다는 논리가 여기에서는 성립되지 않는다. 이러한 사실은 기형도의 시가 '고통만 늘어놓았지 그 고통을 삭이고 그늘로 반전시킬 수 있는 과정이 부재하다'[24]는 지적과 맥을 같이 한다.

김지하는 그의 시의 이러한 그늘의 부재를 죽임의 문명과 살림의 자연 사이의 합일에 대한 부재에서 찾고 있다.[25] 자연이 살림의 원리이고 우주적인 생성의 원리를 함축하고 있다는 점에서 보면 그의 지적은 타당한 면이 있다. 기형도의 시가 드러내는 죽음에 대한 공포와 소외는 현대인들이 자연으로부터 멀어짐으로써 발생한 실존적인 사건이라고 할 수 있다. 자연과 분리됨으로써 개별자는 보편적인 우주의 구조로부터 소외되는 비극이 초래된 것이고, 모더니즘 미학의 표상이 되어버린 파편화와 소외라는 개념이 성립된 것이다. 모더니즘이 가지는 딜레마를 극복하기 위해 포스트모더니즘이나 해체주의가 등장했지만 그것 역시 절대적인 대안은 될 수 없다. 기형도에서 비롯된 죽음에 대한 탐닉이 세기말과 맞물려 하나의 유행 사조처럼 90년대 시단을 휩쓸고 지나갔지만 그것이 과도한 욕망과 허무 의식만을 증폭시킨 채 유명무실하게 된 이유도 따지고 보면 기형도의

24 김지하, 앞의 책, 297쪽.

25 위의 책, 299쪽.

미학이 처한 죽음에 대한 딜레마로부터 벗어나지 못했기 때문이다. 죽음이 공포나 소외에 머물지 않고 그것이 삶의 역동적인 생성의 원리 속에 놓일 때 그 의미가 깊어지고 또 확장될 것이다.

비록 기형도의 죽음의 미학이 이러한 한계를 지니고 있는 것은 사실이나 개별자가 처한 공포와 소외의 문제를 날카롭게 제기하고 있다는 점에서 주목에 값한다고 할 수 있다. 개별자의 고통과 고뇌의 문제는 커다란 보편자와의 관계 속에서 다루어져야 하지만 그 개별자의 각자 각자는 그 자체로 자유롭고 자율적인 영역을 지니고 있어야 한다. 흔히 리얼리즘 문학에서는 총체성을 이야기하고, 모더니즘 문학에서는 파편성을 이야기한다. 그러나 이때의 파편성은 총체성에 흡수되는 것이 아니라 그 자체의 고유성이 유지되는 차원에서의 융화를 지향해야만 한다. 김현의 그로테스크 리얼리즘에서 시작된 기형도의 미학에 대한 평가는 그것이 단순히 리얼리즘이냐 모더니즘이냐의 문제가 아닌, 보다 근본적인 차원의 문제를 제기하고 있다는 점에서 향후 더 심도 있는 논의가 필요하리라고 본다. 기형도의 미학은 개별자의 소외와 공포가 중심을 이루고 있다는 점에서 모더니즘적인 그로테스크에 가깝다고 할 수 있다. 하지만 바흐찐이 제기한 그로테스크 리얼리즘도 모더니즘적인 그로테스크함이 내재해 있으며, 그 반대도 역시 가능하다. 바흐찐 미학의 골간은 형식주의와 맑스주의, 리얼리즘과 모더니즘 사이의 대화이기 때문이다. 기형도의 모더니즘적인 그로테스크함의 미학이 보다 깊어지고 온전해지기 위해서는 죽음에 대한 우주적인 생성 원리를 드러내고 있는 그로테스크 리얼리즘과의 상호보완과 대리 충족이 필요하다고 할 수 있다.

2) 추와 무의 그로테스크한 상상력

최승호 시의 그로테스크함은 도시의 문명에 대한 반성적인 사유에서 기인한다. 그의 눈에 비친 도시는 이미 타락할 대로 타락한 세속적인 세계이다. 도시는 일그러져 있고 괴기스러움이 지배한다. 그 속에서 살아가야 하는 시인으로서는 여간 곤혹스러운 것이 아니다. 시인은 그러한 세속적인 도시의 그로테스크함을 외면하거나 피하지 않고 오히려 그것을 즐긴다. 하지만 이것은 다분히 역설적인 의미를 지닌다. 세속 도시를 즐겁다고 말하는 시인의 태도는 이중적이다. 시인은 세속 도시를 향유하면서도 그러한 타락한 곳에서 살 수밖에 없는 자신에 대해 심한 자의식을 느낀다. 이렇게 되면 세속 도시에서 벌어지는 모든 사건들이 시인의 자의식을 자극하기에 이른다. 심지어 시인은 변기 속에 빠진 귀뚜라미를 보고 여기에 자의식을 투사하여 자신이 '거대한 변기의 감옥 속에서 죽어간다'[26](「변기」)고 상상한다. '귀뚜라미-변기-감옥-시인'이 그로테스크한 상황을 연출하면서 강한 비극성을 환기한다.

그의 시의 그로테스크한 현상은 기본적으로 도시 문명이 지니는 야만성에서 기인한다. 야만적인 도시 문명은 하나의 괴물의 형상을 하고 그 속에서 살아가는 인간들을 위협하기 때문에 시인은 여기에서 심한 불안과 공포를 경험한다. 도시가 죽어 있을 때보다 살아 있는 괴물의 형상을 하고 다가올 때 느끼는 불안과 공포는 상상을 초월한다. 시인은 도시가 행사하는 이러한 불안과 공포를 「공장지대」에서 섬뜩하게 드러내고 있다.

---

26 최승호, 『세속도시의 즐거움』, 세계사, 1990, 59쪽.

무뇌아를 낳고 보니 산모는
몸 안에 공장지대가 들어선 느낌이다.
젖을 짜면 흘러내리는 허연 폐수와
아이 배꼽에 매달린 비닐끈들.
저 굴뚝들과 나는 간통한 게 분명해!
자궁 속에 고무인형 키워온 듯
무뇌아를 낳고 산모는
머릿속에 뇌가 있는지 의심스러워
정수리 털들을 하루 종일 뽑아낸다.[27]

—최승호, 「공장지대」 전문 인용

'산모와 공장지대', '굴뚝과 나'의 간통은 '무뇌아'의 생산이라는 결과로 이어진다. 결코 일어날 수도 또 일어나서도 안 되는 일이 도시에서는 버젓이 일어나고 있는 것이다. 비록 시인의 상상 속에서 일어난 일이지만 그것이 전혀 개연성이 없는 일로 느껴지지 않고 현실감 있게 다가오는 것은 실제로 문명에 대해 그런 불안과 공포를 가지고 있기 때문이다. 미당의 『질마재 신화』에서 볼 수 있는 인간과 동물의 수간이 우주적인 질서 속에서 행해지는 역동적인 생명의 그로테스크함을 환기한다면 이 시에서의 '산모와 공장지대', '굴뚝과 나'의 간통은 죽임의 그로테스크함을 환기한다고 할 수 있다. 죽임의 그로테스크함을 끊임없이 생산하는 도시 문명의 메커니즘을 가능하게 하는 것은 '온몸이 혓바닥뿐인 벌건 인간의 욕망'(「몸」)[28]이다.

인간의 욕망이 도시를 점점 속되게 하고 타락하게 하는 원천으로 작용

27 위의 책, 14쪽.
28 위의 책, 11쪽.

하면서 이러한 죽임의 문명을 낳은 것이다. 인간의 욕망이 도시를 점점 죽임의 문명 쪽으로 몰고 갈수록 시인의 자의식은 점점 강해지고 그것에 대한 냉소와 환멸도 점점 커지게 될 것이다. 시인의 냉소와 환멸은 '산모와 공장지대', '굴뚝과 나'를 간통한 것으로 간주하는 대목에서 극명하게 드러난다. 『세속도시의 즐거움』에는 시집 전편에 걸쳐 도시 문명과 인간의 벌건 욕망에 대한 시인의 냉소와 환멸로 가득 차 있다고 해도 과언이 아니다. 시인의 냉소와 환멸은 죽임의 문명을 살림의 문명으로 바꿀 수 있는 생성의 힘을 결하고 있다는 점에서 위험하다고 할 수 있다. 하지만 시인의 냉소와 환멸은 인간의 벌건 욕망에 대한 것이라는 점에서 그러한 위험성으로부터 벗어나 있다고도 할 수 있다.

시인이 인간의 벌건 욕망이 날뛰는 도시의 문명 속으로 깊숙이 들어가 그것을 들추어내려는 자의식이 존재하는 한 냉소와 환멸이라는 끔찍한 일은 벌어지지 않을 것이다. 시인이 욕망하는 것은 이렇게 점점 죽임과 불모의 차원으로 변해가는 도시 문명을 그 근본에서부터 해체하여 비판과 반성의 거리를 확보하는 일이다. 시인의 이러한 태도는 『회저의 밤』(1993)에 오면 구체화되어 드러난다. 『세속도시의 즐거움』에서 보여주었던 세속의 흉성스러움이 『회저의 밤』에 오면 좀 더 철저한 비판과 반성의 문맥 속에서 내면화되기에 이른다. 시인이 궁극적으로 겨냥하고 있는 세계는 철저한 무화의 세계이다. 하지만 "그것은 무로 돌아가자는 의미의 무화가 아니라 그 무까지도 박살내려는 무화, 가둠과 갇힘의 모든 형식들을 남김없이 깨부수려는 무화"[29]인 것이다. 이런 점에서 그의 무화는 없음을 전제로 한

29 도정일, 「최승호 시인의 10년」, 『회저의 밤』 해설, 세계사, 1993, 117쪽.

없음인 서구의 'nothing'이 아니라 있음을 전제로 한 없음인 동양의 '無'의 세계를 의미한다고 할 수 있다.

> 온 몸의 살이 썩고
> 온몸의 뼈가 허물어져서
> 재 밑의 재로 나는 돌아가리라
>
> 지금은 살이 썩고 곪아도
> 손으로 다 긁지 못하지만
> 터뜨리지 못하는 고름주머니 육신의
> 심한 가려움증도 그 재의 밤엔 다 나아 있으리
>
> 온몸의 살이 썩고
> 온몸의 뼈가 다 허물어져서
> 재 밑의 재로 나는 돌아가리라[30]
>
> —최승호, 「회저」 부분 인용

시인이 궁극적으로 지향하는 것이 '재 밑의 재로 돌아가는 것'이라면 그 재의 대상이 되는 것은 세속 도시의 욕망이라고 할 수 있을 것이다. 시인이 이처럼 재 밑의 재로 돌아가려고 하는 이유는 세속 도시의 욕망을 온전히 재로 만들어버리는 일이 불가능하다는 것을 누구보다도 잘 알기 때문이다. 만일 시인이 그 일이 가능하다고 했다면 그것은 진정성이 없는 태도를

30 최승호, 『회저의 밤』, 세계사, 1993, 14쪽.

드러낸 것이라고 할 수 있다. 세속 도시의 욕망은 그 누구도 재로 만들어버릴 수 없을 뿐만 아니라 그것의 소멸은 곧 인류 문명의 소멸을 의미하는 것이다. 시인이 재 밑의 재로 돌아가려는 것은 욕망의 소멸이 아니라 욕망에 대한 철저한 비판과 반성을 의미하는 것이다. 온몸의 살이 썩고, 뼈가 허물어져서 재 밑의 재로 돌아가는 일련의 과정은 그로테스크한 무를 환기한다고 볼 수 있다.

썩고 허물어지고 재 밑의 재가 되는 과정이야말로 우리의 전통적인 미의 하나인 '삭힘'이나 '그늘'과 다른 것이 아니다. 삭히는 과정이 철저해야 그늘의 경지에 이를 수 있다는 판소리와 같은 우리의 전통 미학의 원리가 시인의 시 속에서도 드러나는 것은 그의 상상력의 기반이 '無'나 '虛', '空' 같은 동양의 사상이나 종교에 맥을 대고 있다는 것을 의미한다. 이 '無'나 '虛', '空'은 서구에 의해 정립된 우리의 모더니티나 모더니즘이 결하고 있는 영역들을 보충해 줄 수 있는 개념들이라고 할 수 있다. 시인이 시 속에 이러한 원리를 수용하고 있다는 것은 우리의 모더니티와 모더니즘에 대한 반성의 의미를 지닌다는 것을 말해준다. 재 밑의 재의 의미가 서구의 'nothing'이 아니라 동양의 '無'의 세계를 함축하고 있다면 시인의 철저한 반성은 또 다른 세계로의 이행을 전제한 행위라고 할 수 있다.

욕망으로 질퍽거리는 세속의 도시로부터 그것을 넘어서는 새로운 대안을 모색하려는 시인의 노력의 일단이 잘 투영되어 있는 시편이 바로 『반딧불 보호 구역』(1995)이다. 이 시집에서 시인이 보여주려는 것은 욕망으로 질퍽거리는 세속 도시를 넘어 회저의 긴 어둠도 넘어선 우주적인 조화와 질서로 가득 찬 코스모스적인 세계이다. 우주 생성의 원리를 승순한다는 것은 그로테스크 리얼리즘 문학이나 예술이 드러내는 공통된 영역이다.

시인의 시적 궤적을 놓고 보면 그가 지금까지 견지해 온 세계는 리얼리즘보다는 그로테스크한 모더니즘에 가깝다. 하지만 문명 비판과 생태에 대한 관심을 드러내면서 그로테스크 리얼리즘 문학이나 예술이 추구해 온 우주적인 차원의 통합과 융화 그리고 상생 같은 원리를 시 속에 수용하고 있다. 그러나 도시 문명의 그로테스크한 모더니즘 시를 써 온 시인이 선뜻 우주적인 혹은 자연적인 통합과 융화 그리고 상생을 이야기하는 데에는 일정한 시간이 필요하리라고 본다.

시인 역시 그러한 자의식을 「종달새」에서 드러내고 있다. 시인은 "나는 나귀처럼 귀가 두 개 달려 있지만 들을 수 있는 소리만 듣도록 생겨 먹었다. 그렇다면 들을 수 없는 엄청난 우주의 소리들이 온몸을 섬광처럼 뚫고 지나가도, 나는 아무런 메시지도 받지 못하는 것이리라"[31]라고 노래한다. 우주의 소리를 듣는 것의 어려움을 솔직하게 발설하고 있다. 어쩌면 우주의 소리에 대한 시인의 자의식이 문명인들의 공통된 감각이라고 할 수 있다. 근대 이후 문명화되면서 우리는 우주 혹은 자연으로부터 너무 멀리 떨어진 채 살아왔기 때문에 우주의 소리(律呂)를 듣지 못하는 것이 당연한지도 모른다. 시인이 일상 속에서 우주의 소리를 듣고 그것을 삶의 차원으로 승화시키는 것이야말로 인간의 욕망에 의해 죽임을 당한 우리의 문명을 되살릴 수 있는 길이 될 것이다. 이런 점이 바로 우리가 시인의 추와 무로서의 그로테스크한 미학을 주목하는 이유이다.

---

31 최승호, 『반딧불 보호구역』, 세계사, 1995, 18쪽.

4. 그로테스크 미학의 과제

한국 현대시에서 그로테스크는 하나의 미학으로 정립될 수 있는 가능성을 내장하고 있다. 특히 그로테스크 리얼리즘이라고 명명할 수 있는 현대시의 경우에는 판소리나 마당극 등 우리의 전통적인 민중 문화 · 예술의 양식을 새롭게 수용하여 그것을 변용시킴으로써 한국 현대시에 독특한 미적 영역을 개척하였다고 볼 수 있다. 서정주가 『질마재 신화』에서 보여준 몸과 몸의 섞임과 뒤엉킴 속에 우주적인 생명의 역동성으로서의 그로테스크 리얼리즘이나 김지하가 『오적』에서 우리의 전통적인 민중 문화 · 예술 양식인 판소리를 현대적으로 변용하여 보여준 당대의 사회, 정치에 대한 신랄한 풍자는 그 본질에 있어서 웃음과 해학성은 물론 그로테스크(grotesque) 현상과 매우 밀접한 친화력을 가진 특수 미학의 세계를 창출하였다. 또한 기형도의 죽음에 대한 소외와 공포로서의 모더니즘적인 그로테스크함, 최승호의 인간의 욕망이 야기한 도시 문명의 그로테스크함을 동양적인 무, 허, 공 등의 원리를 수용하여 우주적인 생성의 원리를 탐색한 것은 모두 우리 한국 현대시의 가능성으로 존재한다고 할 수 있다.

이들 시인들이 보여주는 그로테스크함이 리얼리즘적이든 아니면 모더니즘적이든 여기에서 중요한 것은 당대적인 현실에 대한 긴장과 반성 그리고 그것을 넘어선 우주적인 생성의 원리에 대한 자각이다. 이것은 현실의 온갖 부정과 전망의 부재를 치유할 수 있는 새로운 그로테스크 미학의 창출을 의미한다. 흔히 90년대 이후 포스트모더니즘 그로테스크라는 이름으로 전개되고 있는 우리 젊은 시인들의 작업은 이것과는 다른 방향으로 나아가고 있다. 언어와 이미지의 기괴함 내지 심리의 기괴함을 드러내는 시가 확산되면서 민중적인 힘의 역동성이라든가 건강성은 자연스럽게 배제되었다. 역동적이고 생성 가능한 세계보다는 표피적이고 감각적인 세계가 '지금, 여기'의 현실을 장악하고 점차 그것이 확산되면서 전망의 상실이라는 암담한 허무주의를 양산하고 있는 것이 사실이다. 이러한 현상은 그로테스크 미학이 기교를 위한 기교에 함몰되어 버린다거나 가치 있는 삶의 윤리와 전망 자체를 포기하거나 망각하는 것이 위험할 수도 있다는 것을 말해준다. 암담한 허무주의는 자기 연민적인 고통의 산물일 뿐이며 그것이 보다 생산적인 차원으로 나아가기 위해서는 그로테스크 미학이 견지해 온 윤리적인 감각을 회복해야 할 것이다.

제2장

한국 현대시와 데카당스

1. 데카당스의 한국적 수용 양상

한국 현대시사의 가장 큰 특징 중의 하나는 서구의 다양한 문예사조의 유입이다. 이미 서구 문예사조의 유입은 갑오경장 이듬해인 1895년부터 개화기의 학자 및 저술가들을 통해 행해져 왔지만 이 경우는 대개 '서양을 알리려는 저작물들 틈에 끼어 서양 문학을 소개하는 극히 초보적인 수준'[1]

1 이 시기에 행해진 서구 문학의 유입으로 "게일 목사에 의한 『천로역뎡』(1895)의 譯刊, 이동역으로 된 『유옥역전』(『아라비안 나이트』의 번역, 1895) 등의 번역 작품과 때를 같이 하여 兪吉濬의 『西遊見聞』(1896)을 위시한 각종 學報와 『漢城旬報』(1883), 『漢城周報』(1886) 등 신문의 발간과 『태셔신사』(1897)를 위한 각종 교과서 및 준교과서들이 雨後竹筍格으로 쏟아져 나왔다."(김병철, 『韓國 近代 西洋文學 移入史 研究 上』, 을유문화사, 1980, 7쪽)

에 지나지 않았다. 서구의 문예사조가 본격적으로 유입된 것은 1920년을 전후한 시기로, 주로 일본 유학생들을 중심으로 이루어졌다. 이때 유입된 대표적인 문예사조로는 낭만주의, 자연주의, 상징주의, 예술지상주의, 사실주의, 데카당스 등을 들 수 있다. 장구한 역사적인 배경과 이론적인 기반을 가지고 형성된 서구의 문예사조가 1920년대 시공간 속에 이렇게 한꺼번에 수용된 것은 세계사적인 보편성의 차원에서 보면 진정성을 획득하기 어려운 아이러니한 현상이라고 할 수 있다.

그러나 이러한 현상은 세계사적인 보편성의 차원이 아닌 한국적인 특수성의 차원에서 보면 달리 해석될 수 있는 여지를 가진다. 1920년을 전후로 수용된 다양한 문예사조는 '사조'로서의 의미보다는 당시 한국 문단의 특수한 상황과 문학사적인 요청이라는 차원이 더욱 강하게 투영된 현상이라고 할 수 있다. 당시의 문단은 춘원 이광수와 육당 최남선으로 대표되는 '내셔널리즘과 계몽성에 대한 강박'[2]으로부터 벗어나려는 움직임이 활발하게 전개된 시기이면서 동시에 근대문학의 형성이라는 문학사적인 요청이 팽배한 그런 시기이기도 하다. 내셔널리즘과 계몽성에 대한 강박으로부터 벗어나기 위해서는 개인적인 주체의 발견과 그 내면에 대한 탐색이 절실하게 필요했던 것이다. 개인적인 주체와 내면의 발견은 곧 근대적인 주체에 대한 발견에 다름 아니다. 이러한 근대적인 주체에 대한 발견은 이미 오랜 역사적 배경과 이론적인 기반을 통해 그것을 문예의 형식으로 형상화해 온 서구의 사조들은 단순한 동경의 차원을 넘어 현실적인 실천의 대상으로 존재하기에 이른 것이다.

---

2 박승희, 「1920년대 데카당스와 동인지 시의 재발견」, 『한민족어문학』 제47집, 314쪽.

근대적인 주체의 발견과 그것의 문학적 실천은 주로 일본 유학생 그룹이 주도하여 만든 『창조』(1919년 창간), 『폐허』(1920년 창간), 『장미촌』(1921년 창간), 『백조』(1922년 창간) 등을 통해 이루어진다. 흔히 염세적이고 퇴폐적인 문학의 산실로 평가받고 있지만 이것은 어디까지나 "치욕과 인고의 시기를 극복하고 역사의식을 바탕으로 한 문학사의 기술이라는 시대적인 요청에 부응한 결과"[3]라고 할 수 있다. 이러한 평가는 문학사에서 이 동인지들의 존재를 오랜 동안 규정하는 하나의 논리로 작용해 온 것이 사실이다. 그 결과 이 동인지들이 표방하고 있는 근대에 대한 열망이 은폐되거나 배제되기에 이른다. 이 동인지들이 상징주의, 낭만주의, 예술지상주의, 데카당스 등의 서구의 문예사조를 표방하고 있는 이유가 바로 여기에 있다. 이것은 이 문예사조가 민족주의와 국가주의 그리고 계몽주의라는 협소하고 반미학적인 것을 넘어 근대적인 주체를 통한 근대미학을 정립하는데 일정한 계기와 근거를 제공해준다는 것을 의미한다.

이런 맥락에서 볼 때 이 동인지들이 내세우는 논리가 하나같이 '새로운 변화'에 있다는 것은 결코 우연이 아니다. 『창조』가 표상하는 것이 새로운 변화이듯이 『폐허』가 표상하는 것 역시 새로운 변화이다. 창조와 폐허는 다른 것이 아니다. 『폐허』 창간호에서 오상순이 "어린 싹이 將次 長成하야, 廢墟를 덥는 茂盛한 生命樹가 될 것"이라고 밝힌 것, 김억이 "『廢墟』에 새싹을 심어, 써, 새 꽃을 피우게 한"다고 한 것은 『창조』 2호에서 주요한이 "날근 時代에서 새 時代를 금긋는"다고 한 의미와 서로 통한다. 이들의 새로운 변화에 대한 열망이 서구의 문예사조에 대한 수용으로 이

---

3 윤상인, 「데카당스와 문학적 근대」, 『아시아문화』 제13호, 237쪽.

어지고, 그것이 서구에 비해 역사와 이론적인 토대가 없는 우리의 근대 혹은 미적 근대의 공백을 채워줄 중요한 대상으로 부상하게 된 것이다.

그러나 이러한 논리만으로 모든 것이 해결될 수 있는 것은 아니다. 이들의 새로운 변화에 대한 열망을 하나로 이어줄 미학적 토대가 없다면 어떤 보편타당한 감수성과 형식을 갖춘 새로운 문학은 발생하지 않을 것이다. 그렇다면 어떤 문예사조가 이러한 미학적 토대를 제공하고 있는가? 이와 관련하여 윤상인은 "데카당스의 관념이야말로 이들 간에 형성된 미학적 연대의 접착제였다"[4] 고 말한다. 그것은 데카당스가 파괴를 통한 신생과 재생이라는 이념과 세련된 감각과 내면의 탐구를 통한 근대적인 주체에 대한 자각을 함축하고 있는 미학이라는 데에 그 이유가 있다고 할 수 있다. 이처럼 데카당스의 관념이 문학적 근대 혹은 근대적 문학을 형성하는데 일정한 토대를 제공한 것은 사실이다. 하지만 1920년대를 전후로 수용된 데카당스라는 관념이 단순히 파괴를 통한 신생과 재생, 세련된 감각과 내면의 탐구를 통한 근대적인 주체의 의미를 지닌 사조로 수렴될 수 있는가 하는 의문이 제기되는 것은 왜 일까? 사실 데카당스는 다양한 역사적인 발생 배경과 문맥을 거느리고 있는 문예사조로, "문화현상으로서 데카당스를 특징짓는 요소는 우선 그것의 실체를 명확하게 포착할 수 없다는 점"[5]에 있다. 데카당스와 관련하여 다양한 용어가 난립하고 이와 관련된 공식적인 선언문 같은 기록이 부재하고, 데카당스와 데카당이 불일치[6]하는 현상은 데카당스가 얼마나 복잡한 문화 현상인지를 잘 말해준다.

---

4 위의 글, 251쪽.

5 류진현, 「문화현상으로서의 '데카당스'」, 『불어불문학 연구』 제58집, 2004, 472쪽.

6 류진현, 위의 글, 472~480쪽 참조.

데카당스에 대한 이러한 복잡한 현상을 해결하기 위해서는 먼저 이 용어가 출현하게 된 역사적인 배경과 그것이 어떻게 다양하게 의미를 확장하고 있는지, 그리고 그것을 하나의 문예사조로 수용하는 과정에서 어떤 인식을 드러내고 있고 또한 그것이 어떻게 실천적으로 문학의 장 속으로 편입되고 있는지, 그것에 대한 고찰이 있어야 한다. 데카당스와 관련하여 이러한 본격적인 논의 없이 문예사조로서의 수용의 문제만 강조한 측면이 없지 않다. 주로 『창조』, 『폐허』, 『장미촌』, 『백조』 등에 드러난 데카당스에 대한 단편적인 논의와 그것은 한국적인 근대라는 특수한 상황에의 적용에 초점이 모아지면서 정작 이러한 문제는 배제되거나 은폐되어 온 것이 사실이다. 1920년대 엘리트 지식인들이 데카당스를 수용한 이유가 이미 우리보다 앞선 근대적인 주체와 근대문학을 향유하고 있는 서구에 대한 뒤쳐짐과 낙후에서 오는 불안의식 때문이라면 데카당스에 대한 역사적인 발생 배경과 전개 양상 그리고 개념 규정 및 그것의 한국적인 수용에 대한 구체적인 고찰은 반드시 이루어져야 할 선결 조건이라고 할 수 있다.

2. 데카당스 미학의 개념과 범주

한국 현대시사에서 데카당스(decadence)의 미학은 '프랑스 상징주의 시와 시론[7]을 소개하면서 널리 확산'[8]된다. 데카당스 미학의 확산에 결정적

7 백대진의 「二十世紀初頭九州諸大文學家를 追憶홈」(『新文界』 4~5호, 1916.5), 김억의 「프란스 詩壇」(『泰西文藝新報』 10~11호, 1918.12), 황석우의 「日本詩壇의 二大傾向」(『廢墟』 1호, 1920.7) 등이 대표적이다.

8 이승훈, 『모더니즘 시론』, 문예출판사, 1995, 33쪽.

인 역할을 한 이는 김억이다. 그는 「프란스 詩壇」(『泰西文藝新報』 10~11호, 1918.12)에서 데카당스의 개념을 설명하고 있을 뿐만 아니라 「스핑크스의 고뇌」(『廢墟』 1호, 1920.7.25)에서는 데카당스 시론을 소개한다. 「프란스 시단」에서 그는 데카당스의 유래를 '로마 제국 문화의 末期的인 현상'에서 찾고 있다. 로마제국 말기는 '暗潮, 沒理想, 懷疑, 悶苦'으로 점철된 시대이며, 史家들은 이것을 지칭해 'Decadence latine'라고 한데서 이 말이 유래되었다는 것이다. 그리고 이것이 하나의 운동으로 촉발된 것은 19세기에 들어와서인데, 이 운동이 궁극적으로 겨냥한 것은 '고답파에 대한 해체'(1885)에 있다는 것이다.[9] 그는 고답파의 특성을 '권위적', '감정, 상상의 멸시', '냉정한 객관미의 중시'로 보고 있으며, 이들의 공덕으로는 '시형의 절대적 완미', '기교', '조형의 미'를 들고 있다.[10] 그는 이러한 고답파의 특성을 점진적으로 혹은 단계적으로 해체하고 있다.

「스핑크스의 고뇌」에서 그는 '데카당스파에서 심볼리스트(Symbolistes)가 생기고, 심볼리스트에서 베르 립리스트(Vers-libristes)가 생겼다'고 말한 뒤, 이 모두를 '데카당스 시가'라고 명명한다. 이것은 이미 「프란스 시단」에서도 한 말이다. 이렇게 명명할 수 있는 근거를 그는 '神經'과 '정조'에서 찾는다. 그리고 이것을 토대로 창작된 시를 '神經의 시', '情調의 시'라고 부른다. 이 시는 '熱情의 시'와는 변별된다. 데카당스가 단순한 열정이 아니라 신경의 예민함과 정조의 섬세함이 전제되어야 한다는 것을 의미한다. '외형이나 객관적 사실보다는 내면 정서의 암시, 경직된 조형보다는 부드러운 음악과의 관련성을 강조'[11]하는 시가 데카당스와 연결된다는 논리는

9 김억, 「프란스 詩壇」, 『泰西文藝新報』 10~11호, 1918.12.7.

10 김억, 「스핑크스의 苦惱」, 『廢墟』 1호, 1920.7.25.

데카당스와 상징주의를 동일시하고 있다는 점에서 이미 예견된 것이다. 상징주의는 그 차가움으로 인해 '암시'를 '근본적 생명'으로 한다. 상징주의에서 암시는 '눈에 보이는 세계와 눈에 보이지 않는 세계, 물질과 영계, 무한과 유한을 상통시키는 매개자'인 것이다.

상징주의에서의 암시는 그것이 하나의 '의미'의 차원으로 드러나는 것이 아니라 '언어'의 차원으로 드러난다는 것을 말해준다. 이때의 언어는 '음악과 같이 신경에 닥치는 음향의 자극'이다. 이것이 바로 말라르메식의 상징의 언어인 것이다. 상징주의에서 말하는 이러한 음악은 '유형적 율격'을 기반으로 하는 것이 아니다. 그것은 '미묘한 언어의 음악', 다시 말하면 '무형의 율격'을 기반으로 하는 음악을 의미한다. 그는 이러한 무형의 율격이 '시인의 내부생명'을 추동하고 표현하는 것이라고 본다. 시와 음악 혹은 시와 회화의 새로운 결합이 '자유시'를 잉태하고, 그것은 '시인의 내부생명의 탐색'을 지향한다. '무형적인 시', 다시 말하면 근대적인 시가 탄생하는 것이다. 이 근대적인 시의 탄생이야말로 데카당스 시가 궁극적으로 겨냥하고 있는 세계이다. 근대적인 시의 탄생은 곧 고답파의 시의 해체를 의미한다.

김억의 데카당스에 대한 이러한 이해는 전적으로 프랑스의 세기말적인 문화 현상에 대한 이해로부터 빚지고 있다. '1880년에서 1900년에 이르는 시기에 프랑스는 한 사회 혹은 한 문화의 쇠락과 종말에 대한 불안과 위기의식'에 사로잡혀 있었으며, 여기에 인식론적 토대를 제공한 것은 '1734년에 나온 몽테스키외의 『로마인의 흥망 원인에 대한 고찰』'이다. 고대의 황

11 김재홍, 「상징주의」, 『문예사조』, 이우출판사, 1985, 122쪽.

금시대를 구가하던 로마제국의 몰락은 감상적이고 퇴폐적인 분위기나 감수성의 차원을 넘어 '한 사회의 발생, 성장, 완숙, 쇠퇴, 소멸의 구도에 따른 변화'를 지칭하는 개념으로 그 의미가 확장되기에 이른다. 이것은 데카당스를 사회, 역사적인 차원에서 이해하고 해석한 결과라고 할 수 있다. 하지만 데카당스는 '사회, 역사적인 차원을 넘어 문화적인 움직임과 연관'되어 이해되고 또 해석되기에 이른다.[12] 이러한 사실은 데카당스가 기존의 고답적인 문화에 대한 부정과 저항을 통해 새로운 문화를 추구하는 힘을 내재하고 있다는 것을 말해준다.

김억을 통해 드러나는 사실은 그가 데카당스와 상징주의의 수용을 단순한 소개의 차원에서 인식하고 있지 않다는 점이다. 또한 그것이 3.1운동 실패 이후 실의에 빠진 지식인들의 자기도피적인 수단으로 인식하고 있지도 않다는 점[13]이다. 데카당스 혹은 상징주의와 관련하여 그의 대표적인 두 편의 글을 통해 드러난 사실은 기존의 질서를 변화시키고 해체하려는 강한 의지이다. 데카당스의 중요한 개념 중의 하나인 '몰락'이나 '고답파에 대한 해체'에 있다는 점을 인식하고 그것을 한국적인 상황에 적용시켜 보려고 한 것이다. 계몽과 민족으로 대표되는 이광수와 최남선의 협소하고 반미학적인 체계를 넘어 세계사적인 요청인 근대적 주체의 자각과 미적 근대에 대한 열망을 데카당스와 상징주의의 문예사조를 통해 드러낸 것이라고 할 수 있다.

그러나 김억으로 대표되는 1920년대 데카당스와 상징주의 문예사조의 수용은 표피적이고 일면적인 차원을 넘어서지 못하고 있는 것이 사실이

---

12 류진현, 앞의 글, 470~472쪽 참조.

13 송재영, 「한국근대시와 데카당티슴」, 『문학과 지성』 1980 봄호, 133~141쪽 참조.

다. 이것은 이러한 문예사조의 수용이 주체적이 아니라 일본을 통해 이루어졌기 때문에 여기에 대한 구체적이고 깊이 있는 인식이 부재할 수밖에 없었으며, 문예사조의 발생지인 서구에서조차도 데카당의 경우 그 특징을 규정짓고 실체를 파악할 수 없을 정도로 애매모호한 문화 현상으로 간주되어 그것에 대한 체계화가 이루어지지 않았기 때문이다. 데카당스에 대한 이론적인 체계화는 20세기 후반 M. 칼리니스쿠(Matei Calinescu)에 의해 이루어진다. 그는 보들레르(C. Baudelaire)로부터 시작되는 미적 모더니즘을 아방가르드와 데카당스로 양분해서 이해하고 있다. 『모더니티의 다섯 얼굴(Five Faces of Modernity)』에서 그는 데카당스와 관련해서 크게 네 가지의 주요한 문제를 제기한다. 첫째가 데카당스에 대한 해석의 문제이고, 둘째가 니체의 데카당스론이고, 셋째가 마르크스주의와 데카당스이며, 넷째가 일 데카덴티스모이다.

먼저 데카당스에 대한 해석의 문제에서 칼리니스쿠는 '유태 기독교 전통에 의해 초래된 시간관과 역사관'에 주목한다. 이러한 시간관과 역사관을 끌어들인 것은 데카당스가 '세계의 종말을 알리는 고통스러운 전주곡'으로서 기능하고 있다는 것을 강조하기 위해서이다. 그는 이와 관련해서 진보의 개념을 전경화시킨다. 그는 '진보와 데카당스는 너무나 긴밀하게 서로를 함축하고 있다'고 인식한다. 그래서 그는 진보와 데카당스를 일반화시킨다. '진보는 데카당스이며 역으로 데카당스는 진보'라는 결론이 바로 그것이다. 여기에는 데카당스가 '정지가 아니라 운동 속에 존재'하며, '하나의 구조가 아니라 하나의 방향 혹은 경향'이라는 의미가 내재되어 있다고 할 수 있다. 그는 이러한 진보에 대한 믿음이 '모더니티, 아방가르드, 데카당스 같은 무한히 애매한 신화들을 만들어 왔다'고 보고 있다. 그래서 그는 이러한 진보로 인해 '우리는 아프다'고 말한다.[14] 진보로 인한 고통은 종말론적인 전망을 갖고 있는 마르크스주의의 비판의 대상이 되기에 이른다.

칼리니스쿠는 니체의 데카당스론에 주목한다. 그는 '데카당스가 니체의 철학적 경력에서 중심 주제였다'고 지적하였다. 그것은 주로 바그너에 대한 비판과 맥을 같이 한다. 니체가 보기에 바그너는 '속임수를 쓰려는 거짓말쟁이의 전략을 구사하는 전형적인 데카당'이다. 그래서 니체는 '데카당스 정신이 어느 정도로 기만적인가를 깨달아야 한다'고 말한다. 니체의 바그너 비판의 요체는 '몰락의 승인과 촉진, 살려는 의지의 상실'을 표상하는 바그너의 낭만주의적 정신은 '정상적인 시각을 허위로 만들고 그 자신의 귀결들을 원인으로 나타내기 때문'에 사기라는 것이다. 니체의 바그너에 대한 부정적인 인식은 모더니티에 대한 부정으로 이어진다. 칼리니스쿠는 이것을 '바그너 음악의 이상도착은 특정 예술의 특성에서 발생한 우연적인 일탈'이 아니며, 그것은 '모더니티의 전면적인 위기를 드러내는 것'으로 그 의미를 확장한다. 니체가 이렇게 모더니티를 데카당스한 것으로 보는 것은 그 '모더니티가 기독교로부터 물려받은 삶에 대한 적대감' 때문이라고 그는 단정한다. 즉 칼리니스쿠는 니체가 '모더니티의 시간의식이 유태 기독교의 시간 개념과 실질적으로 다르지 않다는 통찰력 있는 직관을 가지고 있었'기 때문에 그러한 인식을 보여준 것이라고 말한다. 칼리니스쿠는 니체의 데카당 이론의 의의를 다음과 같이 표 나게 드러낸다.

> 니체의 데카당스 이론은 궁극적으로 이데올로기 이론이자 이데올로기 비판이

14 M. 칼리니스쿠(Matei Calinescu), 이영욱 외역, 『모더니티의 다섯 얼굴』, 시각과언어, 1993, 190~206쪽 참조.

다. 비록 '허위의식'이라는 의미의 현재 이데올로기 개념이 마르크스에게서 유래했다 할지라도, 니체의 데카당스 분석, 특히 근대 데카당스 분석은 모더니티 이데올로기를 포함하여 근대 부르주아 이데올로기들(정치적, 사회적, 문화적)을 특별히 강조하면서 이데올로기 일반에 대한 포괄적이고도 급진적인 비판을 시도했던 첫 번째 예라는 사실을 주목해야 한다. 이데올로기 문제에 대한 마르크스와 엥겔스의 단편적인 견해를 제외한다면, 19세기 전체를 통틀어도 니체의 데카당스 철학이 가지고 있는 변증법적 복잡성과 심오함에 접근할 만한 것은 아무 것도 없다. 20세기 지식사회학에서 주도적인 인물이었던 칼 만하임(Karl Manheim)은 마르크스와 니체가 이데올로기의 새로운 비판에서 중요한 두 명의 선구라고 인정했다.[15]

니체의 데카당스 철학의 의의를 칼리니스쿠는 모더니티 이데올로기와 근대 부르주아 이데올로기에 대한 비판의 차원으로 확대하고 있다. 모더니티와 근대 부르주아 이데올로기 속에 은폐된 허위의식에 대한 니체의 공격은 진정한 삶의 육체성이 배제된 이성이나 진리를 온전한 것으로 인식해 온 근대 전반에 대한 비판으로서는 충분히 납득할 만한 것이라고 할 수 있다. 니체의 데카당스 철학의 문제는 여기에 있는 것이 아니라 그 양가성에 있다. 그가 바그너의 음악을 비판할 때 보인 태도는 분명 자신이 비판했던 소크라테스주의자의 모습을 하고 있다. '도덕적이고 이성적이고 합리적인 예술관이 데카당스한 예술을 비판할 때 사용하는 그런 언어를 니체가 바그너를 비판하기 위해 반복적으로 사용하고 있다'는 것이다. 이것은 니체의 바그너 비판이 일면적인 것이 아니라 양면적인 언어로 이루어지고 있다는 것을 의미한다. 니체 자신의 사유와 글쓰기도 데카당스한 차

15 위의 책, 232쪽.

원에 놓인다는 점이다. 즉 그것은 '불완전하고 미세한 글쓰기, 체계적이고 전체적인 형식을 파괴하는 그의 아포리즘적인 글쓰기 형식'이 '고전주의자들이 보기에 데카당스한 것으로 비추어질 수 있다는 것'이다. 이것은 니체의 바그너 비판이 '한편으로는 분명하지만 다른 한편으로는 데카당스 특성과 관계된 언어 자체는 결코 부정적이지 않다는 것'을 말해준다고 할 수 있다. 결과적으로 니체는 '데카당스한 소재나 형식을 모두 수용함으로써 자신의 영역을 확장시켜 나갔던 자율적 예술의 역사와 깊은 관계를 맺고 있는 것으로 볼 수 있다.[16] 예술의 확장은 데카당스를 통해 이루어지며, 그것은 곧 기존의 예술의 해체라는 아방가르드적인 속성을 지닌다는 것이다. 달리 말하면 그것은 '데카당은 아방가르드 속에 존재한다'[17]는 말과 일맥상통한다.

마르크스주의 비평에서의 데카당스의 문제는 상부구조와 하부구조와의 관계에 대한 탐색의 연장선상에서 이해된다. 하지만 마르크스와 엥겔스의 저술 어디에서도 '사회 형태의 몰락과 예술적 데카당스가 불가피하게 병행할 수밖에 없다는 견해를 정당화하는 언급은 발견할 수 없다.' 다만 이들의 이론에서 중요한 것은 '물질적 생산의 발전 단계와 예술적 생산의 발전 단계가 동일하지 않다는 점'과 '광범위한 사회적 의미의 데카당스 개념은 그들의 역사 유물론에 한 구성요소로 들어 있다'는 점이다. 이 말은 데카당스가 '지배 계급이 더 이상 진보적인 역할을 수행하지 못할 때 도래하는 개념'이라는 사실을 의미한다. 마르크스주의자 중에서 데카당스에

16 최문규, 「"심미적 현상의 정당화"—니체 예술론의 현재적 의미」, 『독일언어문화』 제31집, 2006.3, 295~298쪽.

17 M. 칼리니스쿠(Matei Calinescu), 앞의 책, 214쪽.

대한 정연한 이론을 제기했던 사람은 G.V. 플레하노프(Plekhanov)이다. 그의 논의의 핵심은 부르주아적 생활양식과 낭만적이고 퇴폐적인 부정주의는 역사적으로 연결된다는 점이다. 그의 이러한 주장에 대해 칼리니스쿠는 '경직되고 거친 도식일 뿐 아니라 그것들을 조금도 화해시키려고 하지 않은 채 뻔뻔스러운 모순을 포괄하고 있다'고 비판한다. 또한 그의 이론은 '한편으로는 자연스러운 현상, 즉 죽어가는 사회가 산출하는 문화의 불가피한 형태로 간주하면서도 다른 한편으로는 그것을 작가나 예술가들의 자유롭고 의식적인 반동적 선택의 결과로 간주하고 있다'는 데서 모순된다고 비판한다.

데카당스에 대한 이러한 마르크스주의자들의 통찰은 도식적인 부분이 없지 않다. 그것은 우리가 니체나 슈펭글러(Oswald Spengler)에게서도 볼 수 있는 현상이다. 이와 관련하여 T.W. 아도르노(Adorno)는 '좌파뿐 아니라 우파에 이르기까지 적잖이 남용된 데카당스 개념을 부정과 부정성이라는 그의 사상의 주요 테마로 가져와 자기 견해의 정당함을 입증'하려 한다. 그는 데카당스를 '보다 나은 잠재력의 피신처'일 수 있다고 본다. 그 이유는 데카당스가 '냉혹한 부정성으로 인해 유토피아의 숨겨진 힘을 자유롭게 할 수 있기 때문'이다. 이처럼 아도르노는 데카당스를 '부정의 문화로서 인식하면서 마르크스주의적이며 변증법적인 이데올로기 이론의 한계 내에서 미적 데카당스 개념을 재평가 할 수 있는 가능성을 제시'한다.[18]

데카당스에 대한 옹호는 이탈리아에서 집단적으로 일어난다. 데카당스, 다시 말하면 '데카덴티스모(decadentismo)'는 이탈리아 비평의 특징적인 한

18 M. 칼리니스쿠(Matei Calinescu), 위의 책, 249쪽.

범주가 될 정도로 광범위하게 사용된다. 그것은 베네데토 크로체(Benedetto Croce)의 '근대적 데카당스의 비난에 대한 반작용의 결과'이다. 크로체는 낭만주의를 '근대의 질병이자 모든 데카당스의 출발점'이라고 비판한다. 크로체는 '데카당주의를 표방하는 모든 것을 거부하기 위해서만 데카당주의의 개념을 역사화'한다. 그러나 마리오 프라츠(Mario Praz)는 '데카당주의가 낭만주의적 위기감이 변화한 결과라고 보기를 거부'하면서 그는 데카당주의를 고전주의처럼 '미적으로 합법적'이라고 주장한다. 이러한 주장은 발터 비니 등 이탈리아 비평가들의 옹호를 받으면서 '데카덴티스모를 모더니티와 동일시'하게 되는 결과로 이어진다. 이것은 이들이 '미학적인 데카당주의 개념을 지적 모더니티의 보다 더 보편적인 특징들을 포괄하여 설명할 수 있을 만큼 확장시켰다'는 것에 다름 아니다.[19]

칼리니스쿠의 견해를 중심으로 살펴본 데카당스라는 문예사조는 복잡한 역사적인 배경과 그 전개 과정을 함의하고 있는 개념임을 알 수 있다. 이것은 칼리니스쿠도 지적한 것처럼 단순한 미학적인 개념을 넘어 모더니티의 개념과 연결될 때 그 실체가 드러날 수 있는 그런 용어라고 할 수 있다. 이것이 바로 '모더니티 관념과 관련된 것으로서의(문학) 데카당스 개념의 이후 발전과정을 추적하기 위해서는 프랑스 밖으로 이동해야 하는 이유'[20]인 것이다. 이런 맥락에서 한국 현대시사에서의 데카당스를 보면 그것이 얼마나 협소한 인식의 차원에 놓여 있는지 잘 알 수 있을 것이다. 데카당스와 관련된 논의의 대부분이 1920년대를 전후한 『창조』, 『폐허』, 『장미촌』, 『백조』 등 동인지 중심의 시와 시론에 국한되어 있다. 데카당스

19 M. 칼리니스쿠(Matei Calinescu), 위의 책, 250~260쪽 참조.
20 M. 칼리니스쿠(Matei Calinescu), 위의 책, 216쪽.

의 범주가 이 시기를 넘어서지 못하고 있다는 것은 칼리니스쿠가 지적한 것처럼 프랑스 상징주의 미학에 머물러 있기 때문이다. 데카당스의 범주를 모더니티의 차원으로 확장하면 그것의 역사적인 맥락이 드러날 뿐만 아니라 모더니즘, 아방가르드, 데카당스의 한국적인 전개 양상이 드러날 것이다. 하지만 이것은 기존의 것을 모두 부정하고 새로운 개념과 범주를 설정하는 것을 의미하는 것은 아니다. 기존의 연구 성과의 바탕 위에서 어떤 새로운 가능성을 모색하는 차원에서 이루어져야 할 것이다. 이때 새로운 가능성이란 이러한 데카당스의 확장된 이론을 통해 새롭게 기존의 텍스트를 해석하는 것을 의미할 수도 있다.

3. 데카당스의 자기정체성과 변주 가능성

데카당스에 대한 이론의 요체는 그것이 진보에 대한 회의와 그것을 토대로 한 자본주의 문명의 노쇠함과 피로를 그 안에 내장하고 있다는 것, 하지만 그것이 단순한 정신적인 퇴행의 에너지가 아닌 새로운 미학적인 가능성을 함축한 형식이라는 것, 다시 말하면 내용으로서의 퇴행과 형식으로서의 아방가르드가 공존하는 양식이 데카당스라는 것이다. 이런 점에서 데카당스를 냉혹한 부정성으로 인해 유토피아의 숨겨진 힘을 자유롭게 할 수 있기 때문에 '보다 나은 잠재력의 피신처'로 본 아도르노의 견해는 주목을 받는다. 이것은 그가 데카당스를 부정의 문화로 인식하면서 마르크스주의적이며 변증법적인 이데올로기 이론의 한계 내에서 미적 데카당스 개념을 재평가 할 수 있는 가능성을 제시하고 있다는 것을 의미한다. 비록 니체가 데카당스를 생의 의지가 결핍된 것이라 하여 비판하고 있지만 그 역시 데카당스의 이러한 미학적인 측면을 부정하고 있는 것은 아니다. 결국 이것은 데카당스가 미적 근대의 차원에서 논의될 수 있는 가능성을 지니고 있다는 것을 말해준다.

한국 현대시사에서 데카당스에 대한 평가는 주로 의미론적인 차원에서 그것의 퇴폐성 아니면 새로운 가능성의 차원에서 이루어져 왔을 뿐 그것이 어떻게 근대 미학을 추동하고 있는지에 대해서는 구체적인 논의들이 없었다. 1920년대를 전후하여 『창조』, 『폐허』, 『장미촌』, 『백조』 등의 동인지들을 중심으로 전개된 데카당스 현상에 대한 미학적인 접근이 이루어지지 않고 있기 때문에 논의의 답보 상태가 계속되고 있는 것이다. 이 동인지들이 드러내는 데카당스한 현상이 과연 우리 근대 미학을 추동하는 하나의 계기를 마련했는지, 만일 그렇다면 혹은 그렇지 않다면 그것은 어떤 이유에서인지 그것에 대한 논의가 전제되어야만 한국 현대시사에서의 데카당스 논의는 일정한 진전을 보게 될 것이다. 이와 관련하여 주목해야 할 것은 이들의 데카당스가 기존의 계몽주의적이고 고답적인 문학에 대한 반동이면서 이것이 근대 문학 혹은 미적 근대의 문제와 결합되어 있다는 사실이다.

이런 점에서 주요한을 먼저 언급하는 것은 그 나름의 이유가 있다. 그는 근대시 논의에서 늘 첫머리에 놓이는 시인이라는 것은 주지의 사실이며, 그 중심에 「불놀이」가 놓인다는 것 또한 주지의 사실이다. 흔히 「불놀이」를 한국 최초의 근대시로 평가한다. 이 작품은 비록 산문시와 자유시에 대한 구분에 있어서 일정한 혼란을 불러일으키고 있을 뿐만 아니라 그 리듬조차 '전통적인 사설리듬이 존재한다'[21]는 지적이 없는 것은 아니지만 형태와 리듬에서 기존의 시와는 다른 새로움을 보여주고 있다. 「불놀이」의 새로움은 그가 프랑스 상징주의 영향을 받았다는 점과 관계있다. 일본 메이지 학원 유학시절 일본의 상징파 시인인 가와치 류우코오(天路柳虹)로부터 시를 배웠으며, 앙리 드 레니에 등 프랑스 데카당파 시인들에게 심취했다는 것이 이를 뒷받침해 준다. 하지만 주요한은 데카당스를 '병적 문학'으로 규정한 뒤 이러한 경향에 대해 '피하기를 주의하였다'[22]는 말을 한다. 데카당스의 심취자에서 데카당스 비판자로의 변화는 자유시를 '민족 정서와 사상을 바로 해석하고 표현 하는 것'[23]이라고 언급한 점과 무관하지 않다.

이러한 주요한의 태도의 변화는 민족적인 것에 대한 관심과 애착을 통해 새로운 근대적인 시를 창작해보려는 의도로 볼 수 있다. 이것은 민족적인 특수성과 세계사적인 보편성을 추구하려는 것으로 이해할 수 있다. 하지만 그의 문제는 여기에 있는 것이 아니라 데카당스에 대한 이해의 부족에 있다. 그의 데카당스에 대한 이해는 '단편적이고 피상적'이다. 그는 데카당스를 '문예미학의 개념이 아닌 단순히 사회적이고 도덕적인 쾌락의 차원으로만 이해하고 또 평가'[24]하고 있다. 데카당스에 대한 이러한 태도는 고스란히 「불놀이」에도 드러난다.

> 아아날이저므다. 西便하늘에, 외로운江물우에, 스
> 러져가는 분홍빗 놀(…중략…) 아아 해가저물면 해가저물
> 면, 날마다 살구나무 그늘에 혼자 우는밤이 쏘오것마

---

21 조창환, 『한국현대시의 운율론적 연구』, 일지사, 1986, 143쪽.
22 주요한, 『아름다운 새벽』 후기, 조선문단사, 1924, 168쪽.
23 주요한, 「노래를 지으시려는 이에게」, 『조선문단』 창간호, 1924, 47쪽.
24 윤상인, 앞의 글, 246쪽.

는, 오늘은四月이라 패일날, 큰길을물밀어가는 사람소
리는 듣기만하여도 흥셩시러운거슬 웨나만혼자 가슴
에눈물을 참을수업는고?
　아아 춤을 춘다, 춤을춘다, 싯벌건불덩이가, 춤을춘
다. 잠잠한城門 우에서 나려다보니, 물냄새 모랫냄
새, 잠을깨물고 하늘을깨무는횃불이 그래도무어시不
足하야 제몸까지물고뜨들때, 혼자서어두운가슴품
은 절믄사람은過去의러런꿈을 찬江물우에 내여던지
나, 無情한물결이 그기름자를 멈출리가이스랴? ―
아아 꺽거서 시둘지안는 꼿도업것마는,[25]

— 주요한, 「불놀이」 부분 인용

이 시에서는 쇠락과 소멸이라는 시간성에 대한 데카당스한 이미지가 스며들어 있다. 하지만 그러한 쇠락이나 소멸이 기존의 것에 대한 강한 부정성 혹은 냉혹한 부정성으로 이어지지는 못하고 있다. 이 시에서는 단순히 쇠락하고 소멸해 가는 것에 대한 병적인 애환이 강하게 배어 있을 뿐이다. 이 시가 데카당스한 시보다는 낭만주의 시로 인식될 수 있는 여지가 바로 여기에 있다. 만일 이 시가 데카당스한 시가 되기 위해서는 기존의 세계에 대한 냉혹한 부정성을 통해 유토피아의 숨겨진 힘을 자유롭게 드러내 보여주어야 한다. 아도르노 식으로 이야기하면 그것은 '보다 나은 잠재력의 피신처'를 우리에게 보여주어야 한다는 것이다. 또한 이 시가 데카당스한 시가 되기에 부족한 것은 비유적 언어와 이미지를 확장적으로 시도하여 리듬과 억양을 생산하는 자유시의 특성을 제대로 보여주지 못하고 있다는

25　주요한, 『창조』 창간호, 1~2쪽.

사실이다. 이것은 이 시가 데카당스가 함의하고 있는 근대적인 문학 혹은 미학적인 근대로서의 특성을 보여주기에는 미흡하다는 것을 의미한다.

한국 근대시와 관련해서 주요한 못지않게 중요한 시인은 김억이다. 다른 어떤 시인보다 그는 자유시의 문제를 이론적으로 탐구하였을 뿐만 아니라 서구의 시와 시론을 본격적으로 소개하여 우리 근대시의 형성에 일정한 역할을 했다. 특히 그는 「프란스 詩壇」과 「스핑크스의 苦惱」를 통해 서구의 데카당스와 상징주의 이론을 소개하여 1920년대를 전후하여 싹트기 시작한 근대시 운동에 커다란 영향을 미쳤다. 그에 의해서 소개된 데카당스라는 용어는 근대 혹은 근대적 양식이라는 말과 등가로 쓰였으며, 비로소 한국 현대시에 미학에 대한 자의식이 본격화되는 계기를 제공하기에 이른다. 그는 프랑스의 데카당스 시인들과 상징주의 시인들의 시와 시론을 적극적으로 수용하여 자신의 시 쓰기의 한 전범으로 삼는다. 이렇게 말할 수 있는 것은 번역시집인 『오뇌의 무도』(1921.3)와 창작시집인 『해파리의 노래』(1923.6) 사이의 연관성 때문이다. 보들레르, 말라르메, 베를레느 같은 프랑스 상징주의 시를 번역 소개하고 있는 『오뇌의 무도(懊惱의 舞蹈)』의 상징풍의 시적 경향을 『해파리의 노래』에서 모방하고 있는 것은 이런 연관성을 잘 말해준다. 하지만 데카당스와 상징주의 시와 시론에 대한 그의 적극성에도 불구하고 그것에 대한 성과는 기대에 미치지 못한다. 가령,

> 첫가을의 해볏에 빨갓케도 닉은
> 복송아빗과도 갓튼 짜님의입살에
> 사람은 붉은키쓰의 무덤을 쌋코는
> 높히나놉게 [忘却]의碑石을 세워라.[26]

—김억, 「붉은 키쓰」 전문 인용

에 드러난 감각은 다분히 데카당스적이고 상징주의적이다. 감상적인 정조가 없는 것은 아니지만 그것을 감각적인 비유와 이미지를 통해 표현하고 있다. 특히 '忘却의 碑石'의 표현은 관념적이면서도 암시적인 어떤 효과를 드러낸다. 이것은 감정이 아닌 감각의 산물에 더 가깝다. 보들레르의 가장 예민한 감각이 취각이었으며, 그것이 모호한 뉘앙스를 환기하듯이 김억 역시 시각, 촉각 등의 감각을 통해 그것을 실현하고 있다. 하지만 그의 이러한 데카당스적이고 상징주의적인 감각은 더 이상 심화되고 확대되지 못한 채 소박한 감상벽이나 민요적인 세계로 전락하고 만다. 율격에 대한 해석이 자유시, 다시 말하면 근대적인 시의 한 조건이라는 것을 누구보다도 잘 인식하고 있었음에도 불구하고 그는 이러한 율격의 계발에까지는 나아가지 못한다. 이것은 지나친 서구 추종주의가 낳은 결과라기보다는 주요한의 경우처럼 우리의 율격을 계발하여 그것을 근대적인 자각으로 연결하려는 노력이 낳은 결과라고 할 수 있다. 주요한이든 아니면 김억이든 이러한 강박, 다시 말하면 서구와 조선 혹은 서구와 민족 사이에서 빚어지는 강박으로부터 자유롭지 못했던 것이다. 어쩌면 이 딜레마야말로 한국 근대시의 한 특성이라고 할 수 있다.

한국 현대시사에서 데카당스와 관련해서 가장 문제적인 시인 중의 하나로 평가받고 있는 이는 이상화이다. 그것은 이 시인이 보여주고 있는 미에

26 김억, 『해파리의 노래』, 조선도서주식회사, 1923, 58쪽.

대한 새로움 때문이라고 할 수 있다. 여기에서 말하는 새로움이란 1920년대적인 것으로, 그것은 이광수나 최남선으로 대표되는 계몽주의적이고 고답적인 문학으로부터 벗어나 개인의 내면의 발견과 미적 주체에 대한 근대적인 자각을 의미한다. 미가 진리이고 그것이 영원하다는 인식은 한국 현대시사에서 시가 하나의 예술로 독자적인 영역을 가진다는 것을 드러낸 것이다. 그의 시는 1920년대 다른 어떤 시인들의 시보다 이러한 미에 대한 내적 파토스를 강하게 표출하고 있다. 이러한 것이 데카당스와 깊은 연관을 가진다고 할 수 있다. 1920년대 데카당스한 시를 대표하는 것으로 평가받고 있는 「末世의 欷嘆」이나 「나의 寢室로」를 보면 여기에는 세기말적인 몰락과 우울, 불안, 공포의 정조가 강하게 투영되어 있으며, 도덕적이고 윤리적인 가치를 넘어선 새로운 가치에 대한 희구가 또한 강하게 투영되어 있다. 이것은 세계에 대한 부정성의 표출이다. 「나의 寢室로」에서 그것은 악마성으로 표상된다.

「마돈나」지금은밤도, 모든목거지에, 다니노라 疲困하야돌아가려는도다,
아, 너도, 먼동이트기전으로, 水密桃의네가슴에, 이슬이맷도록달려오느라.

「마돈나」오렴으나, 네집에서눈으로遺傳하든眞珠는, 다두고몸만오느라,
빨리가자, 우리는밝음이오면, 어댄지도모르게숨는두별이어라.

「마돈나」구석지고도어둔마음의거리에서, 나는두려워떨며기다리노라,
아, 어느듯첫닭이울고— 뭇개가짓도다, 나의아씨여, 너도듯느냐.

「마돈나」지난밤이새도록, 내손수닥가둔寢室로가자, 寢室로!

낡은달은빠지려는데, 내귀가듯는발자국— 오, 너의것이냐?

「마돈나」 짧은심지를더우잡고, 눈물도업시하소연하는내맘의燭불을봐라,
羊털가튼바람결에도窒息이되어, 얄푸른연긔로꺼지려는도다.

「마돈나」 오느라가자, 압산그름애가, 독갑이처럼, 발도업시이곳갓가이오도다,
아, 행여나, 누가볼는지— 가슴이뛰누나, 나의아씨여, 너를부른다.

「마돈나」 날이새련다, 빨리오렴으나, 寺院의쇠북이, 우리를비웃기전에
네손이내목을안어라, 우리도이밤과가티, 오랜나라로가고말자.

「마돈나」 뉘우침과두려움의외나무다리건너잇는내寢室열이도업느니!
아, 바람이불도다, 그와가티가볍게오렴으나, 나의아씨여, 네가오느냐?

「마돈나」 가엽서라, 나는미치고말앗는가, 업는소리를내귀가들음은—
내몸에피란피—가슴의샘이, 말라버린듯, 마음과목이타려는도다.

「마돈나」 언젠들안갈수잇스랴, 갈테면, 우리가가자, 쓰을려가지말고!
너는내말을밋는「마리아」! 내寢室이復活의洞窟임을네야알년만…….

「마돈나」 밤이주는꿈, 우리가얽는꿈, 사람이안고궁그는목숨의꿈이다르지안흐니,
아, 어린애가슴처럼歲月모르는나의寢室로가자, 아름답고오랜거긔로

「마돈나」 별들의웃음도흐려지려하고, 어둔밤물결도자자지려는도다,
아, 안개가살아지기전으로, 네가와야지, 나의아씨여, 너를부른다.[27]

— 이상화, 「나의 寢室로」 전문 인용

이 시의 시적 화자는 '마돈나', 다시 말하면 '마리아'를 애타게 부르고 있다. 그 이유는 그녀와 함께 침실로 들고 싶기 때문이다. 이것은 신에 대한 불경이다. 이러한 욕망은 관능적일 뿐만 아니라 성상 파괴적이기까지 하다. 시인이 부르는 대상이 마리아라는 것은 신에 대한 도전인 동시에 금기에 대한 해체라고 할 수 있다. 신에 대한 불경스러움 자체가 악이며, 이것은 곧 악마의 현현인 것이다. 악마성이 깃든 관능은 육체를 풍요롭게 하는 것이 아니라 '내 몸에 피란 피 가슴의 샘을 마르게 하고 마음과 목을 타들어 가게' 한다. 이 시의 관능성이 이 정도라면 그것은 세계에 대한 파멸을 목적으로 하고 있다는 것을 의미한다.

그러나 이 시의 관능성은 세계의 파멸로 이어지지 않는다. 그것은 이 시의 시적 화자가 보여주는 악마성이 깃든 관능은 현실에서 실현되는 것이 아니라 꿈속에서 실현되는 것이기 때문이다. "가장 아름답고 오랜 것은 오직 꿈속에만 있다"는 시인의 말은 그가 보여주는 관능이 현실의 혼돈이 아니라 나이브한 자아의 백일몽 속에서 정립되고 있다는 것을 드러내는 것이다. 이것은 곧 시인이 불러들인 "마리아"의 육체가 육체로서의 기능을 제대로 수행하지 못하고 있다는 것을 말해준다. 마리아의 육체를 범함으로써 신의 금기를 해체하고, 세계에 대한 악마의 지배력을 행사하리라는 기대는 기대로 그칠 수밖에 없다. "마리아"의 육체를 범하는 대신 시인이 선택한 것은 정신 혹은 영혼에 의한 그것의 고양이다. 정신이나 영혼에 의한 육체의 고양은 타락한 육체가 아니라 순결한 육체에 대한 희구일[28] 뿐이다.

순결한 육체에 대한 시인의 희구가 표상하는 것은 예술을 고양된 영혼

27 이상화, 『백조』 3호, 1923, 13~14쪽.

28 이재복, 「악마가 되기 위한 기나긴 도정」, 『비만한 이성』, 청동거울, 2004, 184~185쪽.

의 순수한 결정체로 인식한 당대의 예술관이다. 시인이 육체에 대해 이야기하면서도 그 육체를 정신이나 영혼으로 이상화시켜 바라본다는 것은 곧 당대의 예술이 제대로 된 육체성을 가지고 있지 못하다는 것을 말해준다. 예술의 진정한 현대성이 정신이나 영혼으로부터 벗어나 육체가 스스로의 존재성을 인정받는 것이라면 시인이 보여주고 있는 이러한 일련의 사실은 그것에 대한 미달 현상을 드러내는 것이라고 할 수 있다. 하지만 이것은 그의 한계이자 서구의 데카당스한 시인들의 한계이기도 하다. 데카당스한 예술이 근대성 혹은 현대성에 대한 자각을 통해 세계사적인 예술로 나아가는데 일정한 한계를 드러낼 수밖에 없는 이유가 바로 여기에 있다.

이상화와 더불어 1920년대 가장 주목받은 데카당스한 시인은 오상순이다. 그의 데카당스에 대한 인식은 내면을 강조하고 있다는 점에서 주목된다. 그리고 이 내면은 언제나 시대적인 인식으로 이어진다. 그가 파악한 시대는 '俗的으로 醜惡하게 發展해 가는' 그런 시대이다. 그가 보기에 '새로운 者'든 '無知한 者'든 모두 '낡고 放蕩하고 奸巧해간다'는 점에서는 부정적인 존재들이다.[29] 시대와의 이러한 불화는 그의 데카당스한 인식을 허무에의 의지 쪽으로 기울게 한다. 허무에의 강렬함은 그의 시 「虛無에의 선언」에 잘 드러나 있다. 시인은

> 虛無야
> 오— 虛無야
> 불꽃을 끄고
> 바람을 죽이라!

29 오상순, 「時代苦와 그 犧牲」, 『廢墟』 창간호, 1920.7.

그리고 虛無야

너는 너 自體를

깨물어 죽여라![30]

— 오상순, 「虛無魂의 宣言」 부분 인용

라고 노래한다. 시인의 허무에의 의지는 '虛無'를 호출하여 명명하는 어법을 통해 생생하게 표출된다. '虛無'로 하여금 '불꽃', '바람' 그리고 마지막에는 '허무 자체도 죽이라'고 명령하는 것은 허무에의 소멸을 통한 그 허무를 넘어서려는 의지를 표상한다. 데카당스의 이념이 소멸의 시간성을 지향한다면 그것의 궁극은 '허무에의 죽음 혹은 소멸'이 되어야 한다는 것이 바로 시인의 인식이다. 데카당스의 주요한 시적 질료인 쇠락이나 몰락의 문제를 단순히 감상벽이나 퇴폐적인 의미로 인식하고 있는 것이 아니라 그것을 허무라는 차원으로 인식함으로써 보다 심오한 미의 세계를 획득하고 있다.

시에 허무의 차원을 수용함으로써 그의 시는 데카당스나 상징주의 시인들의 미적 표상으로 활용하는 암시의 효과를 불러일으키고 있다. 이로 인해 그의 시는 시적 세련성을 얻게 된다. 이러한 미적 세련성은 어디에서 기인하는가? 이 물음에 대한 암시는 「廢墟의 제단」에 있다. 시인은 여기에서 "입을 닫고 / 눈을 감고 / 廢墟祭壇 밑에 엎드려 / 心臟 울리는 / 世界가 무너져버릴 듯한 / 그 呻吟을 들으라"[31]고 말한다. 세계가 무너져버리는 폐허의 순간에도 입을 닫고 눈을 감고 그 신음을 들으라는 것이 시인의 주

30 오상순, 「虛無魂의 宣言」, 『공초 오상순 시선』, 자유문화사, 1963, 24~25쪽.

31 오상순, 「廢墟의 제단」, 위의 책.

문이다. 폐허의 순간에 격한 감정을 쏟아내는 것이 아니라 오히려 입을 닫고 눈을 감으라는 주문은 세계에 대한 그의 인식 태도를 보여주고 있다는 점에서 주목된다. 이것은 내면으로의 침잠 내지 탐색을 의미하는 것으로 데카당스의 또 다른 변주 가능성을 암시한다. 이 점이 바로 1920년대 다른 데카당스한 세계를 노래한 시인들과 그의 차이라고 할 수 있다.

4. 열린 결말과 사적(史的) 양식으로서의 데카당스

한국 현대시에 대한 논의에서 데카당스는 1920년대에 머물러 있다. 주로 동경 유학생들이면서 귀국 후 『창조』, 『폐허』, 『장미촌』, 『백조』 등을 중심으로 활동한 주요한, 김억, 이상화, 오상순, 황석우 시인들에 그 논의가 국한되어 있다. 이러한 사실은 이들에 대한 이해의 정도나 해석의 깊이에 관계없이 일정한 한계를 가질 수밖에 없다는 것을 의미한다. 1920년대에 국한된 연구는 데카당스가 가지는 미학으로서의 역사성을 스스로 축소하거나 한계 짓는 것에 다름 아니다. 일반적으로 데카당스를 어느 한 시기에 국한된 운동으로 이해하고 있는 것이 사실이지만 그것은 데카당스 미학에 대한 제대로 된 이해라고 할 수 없다. 데카당스는 실체를 명확하게 포착할 수 없는 문화 현상이다. 이것은 데카당스가 시대를 초월하여 출몰할 뿐만 아니라 미학으로서의 어떤 보편타당한 속성을 지니고 있다는 것을 말해준다.

한국 현대시의 경우 데카당스는 1920년대만의 현상이 아니라 지금까지 계속되고 있는 미학적인 사건이다. 1920년대 김억, 오상순, 이상화의 시에 못지않게 그것은 오장환이나 서정주의 시에서도 반복적으로 출몰한다. 오장환의 제2시집인 『獻詞』(1939)에 보이는 비애와 우울 그리고 죽음의 이미지로 가득한 세계는 그 자체가 데카당스의 미학을 그대로 계승하고 있는 것으로 볼 수 있다. 이것은 서정주의 경우에도 마찬가지이다. 그의 시집인 『花蛇』(1941)를 보면 여기에는 서구의 상징주의적인 세계가 수용되어 있다. 그중에서도 보들레르의 악마성은 그의 초기시에 커다란 영향을 주고 있다고 할 수 있다. 『화사집』의 첫 장을 여는 「자화상」에서 시인은 신의 세계로부터 영원히 추방당한 저주받은 예술가의 초상을 그려내고 있다. 신이 아니라 예술이 구원의 길이 될 수 있다는 믿음 속에는 금기에 대한 해체를 욕망하는 보들레르적인 악마성이 숨어 있다. 『화사집』의 중심 상징인 '화사'의 등장은 '신의 배반을 통해 미적 자율성과 창조성을 확보하려는 시인의 악마성의 표출인 동시에 현대성에 대한 암시'[32]라고 할 수 있다. 서정주의 악마성은 후기시로 오면 육체성을 얻지 못하고 정신의 세계 속으로 함몰되고 만다. 이것은 이원론의 극복으로도 볼 수 있지만 이것으로 인해 미학적인 긴장이 떨어진 것 또한 사실이다.

이들 이후에도 데카당스의 흐름은 사라진 것이 아니라 다시 1980년대 후반 기형도에 의해 화려하게 부활한다. 그의 시가 암시하는 우울은 단순히 그 개인의 것만이 아닌 어떤 보편타당성을 획득하면서 미학으로서의 견고한 입지를 가지게 된다. 기형도의 우울은 그대로 1990년대 젊은 시인들로 이어지면서 세기말의 데카당스한 감성과 만나 주도적인 미학으로 자리를 잡기에 이른다. 기형도의 시가 가지는 우울은 퇴폐적이거나 감상벽

32 이재복, 앞의 글, 186～187쪽.

의 과잉이 아니다. 그의 우울은 대단히 섬세하고 세련되어 있을 뿐만 아니라 죽음에 대한 모던한 해석을 감행하고 있다. 그는 우리에게 도저한 죽음의 심연 속에 갇혀 죽음을 통해 삶을 사는 진경 혹은 죽음만이 망가져 있지 않은 시인의 유일한 꿈임을 보여주고 있다.[33] 그의 시적 자아는 '끝없는 추락 속에 놓여 있으며, 세계에 대한 부정으로 일관하고 있다. 그의 시 어디에도 시적 자아를 구원해 줄 신은 보이지 않는다. 구원으로서의 신의 존재를 부정하는 그의 세계관은 '신은 죽었다'고 선언한 니체의 세계관이나 아도르노의 부정성에 그 맥이 닿아 있다.'[34] 신을 부정함으로써 검은 영혼을 가진 시적 자아는 금기에 대한 해체 욕망과 죽음에 대한 환상 그리고 신과의 관계를 벗어난 단독자적인 고독에 대한 향수를 통해 새로운 현대성 혹은 미적 현대성을 구현하고 있는 것이다.

이처럼 데카당스는 한국 현대시사에서 열린 결말로 놓여 있다. 그것은 한국시사의 미래태이다. 이런 점에서 우리는 데카당스에 대한 논의를 사적인 맥락에서 고찰할 필요가 있다. 사적인 맥락에서 보면 데카당스 역시 하나의 양식적인 속성을 드러낸다고 할 수 있다. 데카당스가 미학으로서의 이러한 사적인 맥락을 유지해 왔다면 이제 체계화된 이론 구축과 그것을 통한 새로운 해석이 있어야 한다. 이와 관련하여 이승훈은 주목할 만한 발언을 한다. 그는 '우리 현대시의 경우 긍정적인 의미로든 부정적인 의미로든 데카당스라는 개념이 적용될 수 있는 시대는 1960년대 이후, 특히 70년대와 80년대 시인들의 일부 작품에서 이런 특성들이 나타난다'[35]고 말한

---

33 김현, 『입 속의 검은 잎』 해설, 문학과지성사, 1989, 148쪽.

34 이재복, 앞의 글, 195~196쪽.

35 이승훈, 『모더니즘 시론』, 문예출판사, 1995, 38쪽.

다. 이러한 발언은 이 글에서 강조하고 있는 데카당스 논의의 사적 전개의 필요성을 말하고 있다는 점에서 뿐만 아니라 이 글에서 다루지 못한 부분들에 대한 언급을 하고 있다는 점에서 시사 하는 바가 크다고 할 수 있다.

제3장

한국 현대시와 숭고

—이육사와 윤동주를 중심으로

1. 숭고의 부상과 한국 현대시

한국 현대시사에서 미학에 대한 탐구는 아주 미미한 수준이다. 이것은 미학이 한국 현대시 해석에서 하나의 보편적인 인식의 대상으로 존재하지 않는다는 것을 의미한다. 미학이 '감성(感性)의 학'[1]이라면 문학 장르 중에서 가장 감성적인 장르인 시와는 단순한 관계 이상의 친연성을 지닌다고 할 수 있다. 실제로 바움가르텐(A. G. Baumgarten)에 의해 미학이 처음으로 새로운 학문으로 지칭된 것은 詩에 관한 몇몇 철학적 성찰에서이다. 시에

1 김문환 편, 『미학의 이해』, 문예출판사, 1989, 68쪽.

대한 철학적 성찰은 명석하고 합리적인 인식에 의거하는 철학과 불투명하고 비합리적인 감성과 정서에 의거하는 시와의 만남이라는 점에서 일견 모순되어 보인다.[2] 하지만 이러한 성찰을 통해 철학은 새로운 미지의 차원을 사유의 대상으로 열어놓음으로써 시의 해석을 보다 풍요롭게 하는데 일정한 계기를 제공하기에 이른다.

시의 해석에 미학이 수용되면 시는 다양하고 유연한 방식으로 사유될 수 있다. 시의 해석 과정이 감각(감성), 인지, 이해, 판단이라고 할 때 미학은 철학이 배제하고 있는 감각(감성)의 단계를 포괄하기 때문에 시를 생경한 개념 혹은 이념이나 이데올로기적인 해석의 도그마로부터 자유롭게 할 수 있다. 시 해석의 자유로움은 한편의 시가 은폐하고 있는 아름다움을 어떠한 도구적 연관성 없이 탈은폐 될 수 있다는, 예술만이 존재의 본질적인 연관들을 해명할 수 있다[3]는 논리로까지 나아간다. 그러나 미학은 시의 해석에서 아름다움만을 드러내는 차원에 머무는 것이 아니라 일체의 미를 초월하는 새로운 미에 대한 탐구까지 그 영역을 확장할 수 있다. 미학이 탐구해 온 미를 초월하는 이 새로운 미가 바로 '숭고(sublime)'이다.

숭고의 개념은 롱기누스(Longinus)의 『숭고함에 대하여』에 이론적 원천을 두고 있으며, 이것이 하나의 미학으로 정립된 것은 버크(E. Burke)의 『숭고와 아름다움의 이념의 기원에 대한 철학적 탐구』와 칸트(I. Kant)의 『판단력 비판』 등 이른바 근대미학의 전개 과정을 통해서이다. 롱기누스 이전 아리스토텔레스의 『시학』 7장의 아름다움과 크기[4]에 대한 언급까지 고려

2 위의 책, 25~26쪽.

3 베르너 융, 장희창 역, 『미메시스에서 시뮬라시옹까지』, 경성대 출판부, 2006, 206쪽.

4 아리스토텔레스, 천병희 역, 『시학』, 2002, 56~58쪽.

한다면 숭고는 오랜 전통을 유지해 온 역사적 개념이다. 비록 그 오랜 역사에 비해 미학의 주류를 형성하지 못했지만 숭고는 "근대 초기로부터 우리 시대에 이르기까지 한 번도 중단된 적이 없는 유행, 지속적인 동시에 불연속적이고, 잠잠하면서도 느닷없이 분출하는 유행"[5]을 형성해 왔을 뿐만 아니라 "서구문화사에서 하나의 전통문화가 역사적 한계에 도달했을 때 새로운 생성을 가능하게 하는 문화혁신의 미학"[6]으로 기능해 왔다. 최근에 숭고가 새롭게 부상한 이유도 이런 맥락에서 이해할 수 있다. 서구의 이성중심주의 문화에 대한 불신과 반성의 차원에서 숭고의 개념을 새롭게 해석하고 있는 리오타르는 숭고를 근대에서 탈근대로의 이행 혹은 변혁의 산물로 이해한다. 그에 의하면 숭고는 '의지가 계속해서 지배하고 착취하는 것으로 설정되어 있는 자본주의, 결정되어 있지 않은 무한을 추구하는 실제적인 낭만주의가 되어버린 자본주의는 인간의 욕망을 존재론적으로 무한에 탄원시키는 숭고의 미학을 동력으로 하고 있다'[7]는 것이다.

리오타르의 이러한 해석은 숭고가 탈근대의 문화논리라는 것을 의미한다. 여기에서 우리가 주목해야 할 대목은 이 논리가 드러내는 강한 현실 부정성이다. 자본주의, 좀 더 구체적으로 말하면 후기자본주의 문화논리는 현실의 규칙에 종속되지 않고 그것의 해체를 통해 새롭게 현실을 창조해 내는 것이다. 현실과의 화해 가능성을 열어놓고 있지 않다는 점에서 이 논리는 방향 상실과 전망 부재의 위험성을 내포하고 있지만 현실을 부정하고 그것을 해체하고 넘어서려는 강한 의지의 표현이라는 점에서 보면 그

---

5 장-뤽 낭시, 김예령 역, 「숭고한 봉헌」, 『숭고에 대하여』, 문학과지성사, 2005, 50쪽.

6 안성찬, 『숭고의 미학』, 유로서적, 2004, 24쪽.

7 위의 책, 191쪽.

것은 문화적 아방가르드의 특성을 지닌다. 리오타르의 숭고에 대한 해석은 현실의 부정과 화해 불가능성을 강하게 내포하고 있지만 그것이 탈근대의 한 지배적인 현상을 반영하고 있다는 점에서 그 의의가 있다.

숭고가 단순한 수사학적인 논리를 넘어 삶의 현실을 반영하는 논리라는 사실은 이 개념의 부상이 어떤 시대사적인 의미를 가진다는 것을 말해준다. '지금, 여기'에서의 자본주의 문화논리가 인간 욕망의 존재론적인 무한성을 추구하는 숭고와 유비 관계에 놓인다는 리오타르의 견해 이외에도 언어의 구조가 결정 불가능한 실재를 안고 있다는 탈근대적인 인식에서 출발해 그 근원적인 결여를 메우기 위해 환상과 이데올로기를 연결시키고 있는 슬라보예 지젝의 견해 등이 바로 그것이다.[8] 지젝은 리오타르의 숭고가 드러내는 현실 부정과 해체의 논리와는 달리 헤겔의 변증법을 현실화하여 그 속에서 현실 변혁의 준거를 마련하고 있다. 이러한 논의를 통해 알 수 있는 것은 숭고의 현실 반영성과 반성적인 성격을 통해 이들이 세계에 대한 진정성을 추구하고 있다는 사실이다.

이들의 숭고에 대한 열망은 후기자본주의 시대로 접어들면서 매체를 토대로 하는 새로운 미학의 등장과 무관하지 않다. '지금, 여기'에서 매체에 의해 성립되는 미학은 주로 눈에 보이는 시각화된 이미지로 드러난다. 눈에 보이지만 이 세계는 실재가 아닌 가상의 세계이다. 그러나 이 세계는 가상이지만 그것을 실재보다 더 실재적인 것으로 믿는 '가상실재(simulacre)'의 세계인 것이다. 이때 '가상'은 "흉내 낼 대상이 없는 이미지이며, 이 원본 없는 이미지가 그 자체로서 현실을 대체하고, 현실은 이 이미지에 의해서

8 슬라보예 지젝, 이수련 역, 『이데올로기라는 숭고한 대상』, 인간사랑, 2002, 390쪽.

지배받게 되므로 오히려 현실보다 더 현실적인 것"[9]을 의미한다. 가상이 현실을 대체하고, 그것을 마치 실재하는 것으로 믿어버리는 후기자본주의 사회가 지속되면 그만큼 가상에 대한 무의식의 영역도 증가할 것이다.

무의식의 영역이 증가한다는 것은 가상실재에 대해 틈이나 구멍이 존재한다는 것을 의미한다. 이때 가상실재에 난 틈이나 구멍은 가상이 제거된 실재에 대한 욕망으로 볼 수도 있지만 여기에서의 그것은 가상으로 드러나지 않는 혹은 가상이 포괄하지 못하는 진정한 세계에 대한 욕망으로 볼 수 있다. 가상이 커질수록 이렇게 진정한 세계에 대한 욕망도 커진다고 할 수 있다. 이처럼 "숭고와 시뮬라크르는 마치 동전의 양면처럼 서로 대립하고 동시에 보족하면서 현대인의 현실 체험을 이루는 두 기둥"[10]인 것이다. 후기자본주의 사회에서 가상과 숭고가 같이 갈 수밖에 없다면 숭고가 미학의 한 원리로 자리하게 될 것이라는 예상은 매체가 미학의 토대가 될 것이라는 예상만큼이나 자명한 것이다.

한국 현대시 해석에서 숭고의 개념이 미학의 한 원리를 이룬다면 그것은 이런 맥락에서 이해할 수 있을 것이다. 시는 가상의 세계가 포괄하거나 드러낼 수 없는 숭고의 세계를 그 안에 지니고 있다. 시가 궁극적으로 겨냥하고 있는 것은 누구도 흉내 낼 대상이 없는 이미지의 창조에 있는 것이 아니라 그 뒤에 은폐된 진정한 세계의 창조에 있다고 할 수 있다. 롱기누스가 숭고미 이론에서 궁극적으로 강조한 것이 수사학이 아니라 언어와 말의 숭고에 있다는 사실 역시 이것을 잘 말해준다.[11] 진정한 세계의 창조를 겨

---

9 장 보르리야르, 하태환 역, 『시뮬라시옹』, 민음사, 1992, 9쪽.

10 진중권, 『현대미학 강의』, 아트북스, 2003, 255쪽.

11 롱기누스, 김명복 역, 『롱기누스의 숭고미 이론』, 연세대 출판부, 2002와 Longinus, Cassius, *Longinus on the Sublime-The Peri Hupsous in Translations by Nicolas Boileau-Depreaux*, Academic

낭하고 있는 시에는 정도의 차이는 있지만 숭고함이 내재해 있다. 숭고함으로서의 이 진정성은 가상이 지배적인 흐름으로 기능하는 후기자본주의 사회에서는 일종의 자기 콤플렉스 같은 것이라고 할 수 있다. 이것이 바로 시가 후기자본주의 사회에서 소외되는 이유이면서 동시에 존재해야 하는 이유인 것이다.

2. 숭고 개념의 역사적 전개와 미학으로서의 숭고

한국 현대시와 숭고에 대한 논의는 매우 빈약하다.[12] 이것은 현대시에 대한 논의에서 미학에 대한 관심의 부족과 맥을 같이 한다. 숭고에 대한 논의가 1990년대 이후 칸트의 『판단력 비판』에 대한 해석을 시작으로 조금씩 철학이나 미학의 영역에서 산발적으로 언급되어 온 점을 고려한다면[13] 현대시에서 숭고 미학에 대한 부재는 어쩌면 당연한 것이라고 할 수 있다. 『판단력 비판』에서 칸트가 말하고 있는 숭고는 '크기'와 관련된다. 이때 크기는 '절대적으로 큰 것'[14]을 말하는 것으로 그것은 우리 내부의 주관성에

Resources Corp, 1975 참조.

12 이태동, 「비극적 숭고미 : 정지용의 시세계」, 『문화예술』, 1992.7.
이세재, 「윤동주 시의 숭고미」, 『우석어문』, 전주 우석대, 1993.
박현수, 「일제강점기 시적 '숭고' 고찰」, 『한국시학연구』 1집, 1998.
김점용, 「이육사 시의 숭고」, 『한국시학연구』 17집, 2006.

13 김광명 외, 「칸트와 미학」, 『칸트연구』 3, 민음사, 1997.
김상봉, 「칸트와 숭고의 개념」, 『칸트연구』 3, 민음사, 1997.
한동원, 「칸트 철학의 숭고에 대한 연구」, 『철학』 54, 1998.
최준호, 「칸트의 숭고함과 타자의 존엄」, 『철학』 64, 2000.
______, 「칸트 철학에서의 자연, 예술, 정치; 칸트의 숭고함과 예술성」, 『칸트연구』 10, 2002.
______, 「칸트의 미와 숭고」, 『철학 연구』 63, 2003.

14 김상봉, 앞의 글, 223쪽.

토대를 둔 심미적 판단으로부터 발생한다. 이것은 숭고가 본질적으로 감성에 매개된 체험, 특히 긍정적 쾌감에 대비되는 불쾌한 쾌감이라는 것을 의미한다. 이런 맥락에서 칸트는 숭고를 '수학적 숭고'와 '역학적 숭고'로 나눈다. 전자는 물리적인 크기를 후자는 힘과 권력과 관련된 크기를 말한다.[15] 칸트의 미학에 대한 논의를 통해 촉발된 숭고의 개념은 이후 롱기누스, 버크에 대한 관심으로 이어진다.[16] 칸트가 숭고를 정의할 때 내세운 '크기'는 롱기누스의 '높이'와 다른 것이 아니다. 그의 숭고의 중심에는 언제나 신이 존재한다. 신은 지상이 아닌 천상의 존재이다. 신은 완전하며 그가 '부리는 말은 우주적인 거리감으로 파악'[17] 할 수 있다. 이런 점에서 신의 크기는 '완전성의 크기'인 동시에 '우주적인 크기'인 것이다. 이 크기가 개념이 아닌 감성적인 방식으로 드러난다면 그것은 공포와 불안을 동반한 '압도적인 크기'로 나타날 것이다. "신적인 것이 실현하고 있는 존재론적 완전성의 감성적 외화(外化) 그것이 모든 숭고한 것의 크기인 것"[18]이다.

이처럼 '크기'와 '높이'의 차원에서 칸트와 롱기누스의 숭고 사이에는 의미상 공통점이 존재한다. 하지만 숭고의 본질 차원에서 보면 일정한 차이가 드러난다. 롱기누스가 숭고의 크기를 이야기할 때 신과 감성을 모두 언급하고 있지만 그가 진정으로 강조하고 있는 것은 신이다. 감성이란 신의 완전하고 압도적인 크기를 드러내기 위한 도구에 불과하다. 이것은 인간

---

15 안성찬, 앞의 책, 140쪽.

16 김상봉, 「롱기누스와 숭고의 개념」, 『서양고전학연구』 9, 1995.
롱기누스, 김명복 역, 『롱기누스의 숭고미 이론』, 연세대 출판부, 2002.
기정희, 「버크의 『철학적 탐구』에 나타난 숭고의 관념」, 『미학』 32, 2002.
에드먼드 버크, 김동훈 역, 『숭고와 아름다움의 이념의 기원에 대한 철학적 탐구』, 마티, 2006.

17 롱기누스, 앞의 책, 36쪽.

18 김상봉, 앞의 글, 226쪽.

감성의 궁극적인 목표가 신의 완전성을 드러내고 그것에 봉사하는 일이라는 사실을 말해준다. 숭고의 뿌리가 신에게 있는 롱기누스와는 달리 칸트의 그것은 인간, 좀 더 정확히 말하면 인간의 이성에 있다. 그에게 인간의 감성은 신의 완전성을 드러내기 위한 수단이 아니라 그 자체가 목적인 것이다. 그 역시 초월성과 무제한성을 숭고의 본질적인 것으로 이해하고 있지만 그것은 어디까지나 신이 아닌 인간의 차원에서이다. 이런 점에서 그에게 숭고는 "신적인 것의 외화라기보다는 인간의 자기반성으로 이해"[19] 된다.

숭고의 기반이 신이냐 인간이냐의 문제는 크기의 의미를 결정하는데 중요한 준거가 될 수 있다. 롱기누스가 자신의 숭고를 전개하면서 그 텍스트로 호머의 『일리아드』와 『오디세이』를 인용하고 있는 이유도 바로 여기에 있다. 이 두 텍스트의 주체는 인간이 아닌 신이다. 인간의 척도로는 도저히 상상할 수도 또 측정할 수도 없는 우주적인 차원을 단위로 하고 있기 때문에 여기에서 체험하는 것은 인간을 초월한 세계에 대한 충격과 황홀[20] 이다. 이처럼 롱기누스에게 있어서 숭고는 기본적으로 인간 이상을 초월한 신적인 차원에서 발생하는 것이지만 그것이 보다 효과적인 기능을 하기 위해서는 탁월한 수사학적인 표현이 전제되어야 한다는 것이다.

롱기누스가 수사학적인 표현을 숭고의 중요한 원리로 내세웠다면 칸트는 감성에 매개된 체험의 쾌와 불쾌를 중요 원리로 내세웠다. 그에 의하면 숭고의 쾌감은 조화와 질서와 안정의 감정이 아니라 부조화와 무질서와 불안정의 감정이라는 것이다. 쾌감의 대상이 압도적이기 때문에 우리를 삼켜버릴 것 같은 두려움과 공포를 불러일으켜 부정적인 쾌감을 동반할 수밖에 없다.

---

19 위의 글, 228쪽.
20 박현수, 앞의 글, 194쪽.

숭고의 체험은 아름다움의 체험과 비교해 보면 그 차이가 분명히 드러난다. 아름다움과 비교해서 숭고의 체험은 '매혹이 아니라 감동'이고, '놀이가 아니라 진지함'이며, '사랑이라기보다는 외경 혹은 존경심'[21]인 것이다. 이러한 숭고의 체험은 모두 간접적인 동시에 부정적인 것이며, 또한 이러한 "여러 가지 느낌들은 결코 그것을 불러일으키는 외부 사물의 성질에 기인하지 않"고 그것은 오히려 "모든 사람들 각각의 고유한 감정"[22]에 기인한다.

칸트의 숭고의 개념에서 중요한 위치를 차지하고 있는 불쾌의 문제는 이미 버크에 의해 제기된 바 있다. 버크는 『숭고와 아름다움의 이념의 기원에 대한 철학적 탐구』에서 숭고와 아름다움을 우리 인간에게 내재하는 두 가지 본능과 연관시킨다. 그에 의하면 숭고는 자기보존 본능과 아름다움은 종족보존 본능과 관련되어 있다는 것이다. 그리고 이 자기보존 본능은 공포와 두려움을 느낄 때 더 강하게 작용한다는 것이다.[23] 이것은 마치 두려움에 떨면서 느끼는 기쁨과 같은 것이다. 우리는 압도적으로 큰 대상과 마주했을 때 본능적으로 공포와 두려움을 느끼고, 그 대상으로부터 멀어질 때 안도감을 체험한다. 숭고는 바로 이 과정에서 생겨난다. 그의 숭고에 대한 이러한 규정은 추한 것과 끔찍한 것이 숭고와 결합될 수 있음을 보여줌으로써 숭고와 키치 혹은 숭고와 컬트 사이의 경계를 탐구하는데 이론적인 기초를 제공하고 있다.

칸트의 불쾌의 개념은 버크로부터 상당부분 빚지고 있는 것이 사실이다. 하지만 버크의 숭고 개념은 칸트의 그것처럼 어떤 체계나 구조를 탐구

---

21 김상봉, 앞의 글, 229~230쪽.

22 이마누엘 칸트, 이재준 역, 『아름다움과 숭고함의 감정에 관한 고찰』, 책세상, 2005, 127쪽.

23 에드먼드 버크, 앞의 책, 34쪽.

하지는 않는다. 버크의 숭고는 대상이 불러일으키는 감정에 대해 본질이 아닌 현상, 철학이 아닌 심리학적인 탐구 차원에 머물러 있다. 이것은 그의 숭고 개념이 존 로크에서 데이비드 흄으로 이어져 온 경험론적인 사고방식을 반영하고 있다는 것을 말해준다. 그는 숭고와 관련하여 "우리의 마음 속에서 일어나는 심리적 현상과 그러한 심리 현상에 영향을 미치는 외적 대상, 그리고 이 둘 사이의 관계를 가능하게 하는 자연법칙에 대해 면밀하게 조사하고 탐구하여야 한다"[24]고 말하고 있다. 그러나 이 조사와 탐구는 숭고에 대한 어떤 보편타당한 인식이나 구조를 반영하고 있지는 않다.

반면에 칸트의 숭고는 보편타당한 인식이나 구조를 반영하고 있다. 이것이 가능한 것은 숭고에 대한 판단이 보편적 합의를 통해 이루어지기 때문이다. 이 말은 곧 숭고에 대한 판단의 근저에 판단력의 반성을 위한 어떤 보편적 척도가 놓여 있다는 것을 의미한다. 이때 보편적 척도는 경험이 아니라 선험에 의해 만들어지는 것이다. 숭고는 제시할 수 없는 것을 제시하는 것을 본질로 하는 합목적성을 내포하고 있는 이념에 의해 가능한 것이다. 숭고는 외부적인 자극에 의해서가 아니라 인간 정신의 자율적이고 능동적인 반성적 판단에 의해 성립된다고 할 수 있다. 우리가 느끼는 쾌와 불쾌의 감정은 칸트 식으로 이야기하면 그것은 판단력과 합목적성에 의해 구성되는 하나의 정신 능력[25]이다. 이런 맥락에서 볼 때 "숭고의 체험이 가능하기 위해서는 우리 인간이 정신의 고양에 이를 수 있을 만큼 문화적으로 성숙되어 있어야 한다"는 것을 의미한다. 즉, '숭고한 감정을 가지려면

---

24 안성찬, 앞의 책, 93쪽.

25 김광명, 「칸트 철학 체계와의 연관 속에서 본 『판단력비판』의 의미」, 『칸트연구』 3, 민음사, 1997, 38쪽.

우리의 정신이 직관에 의한 감성을 버리고 보다 높은 합목적성을 내포하고 있는 여러 가지 이념으로 이루어져야 한다'는 것이다.[26]

이처럼 숭고의 개념을 판단력과 합목적성을 토대로 한 부정적 이성 개념의 현시에서 찾고 있는 칸트의 사유는 "단순한 자연을 넘어서는 이성이라는 인간 능력의 근본적 우월성에 대해 성찰한 근대 합리주의자의 신념"[27]을 드러낸다고 할 수 있다. 칸트의 숭고는 자연의 숭고를 넘어서는 것으로 그것은 기본적으로 문화와 윤리적인 이념 같은 보다 차원 높은 교양이 전제될 때 가능한 것이다. 만일 인류 역사에서 문화와 윤리적인 이념의 발전이 없다면 인간은 자연의 압도적인 힘에 의해 파괴된 것으로부터 비참함과 위험과 고통만을 보게 될 것이다.[28]

문화나 윤리적인 이념이 숭고의 개념을 이해하는데 하나의 척도로 작용한다는 칸트의 논리는 쉴러 같은 고전주의자에 의해 계승된다. 그는 칸트와 마찬가지로 숭고의 본질을 '혼합된 감정'으로 정의하고 있다. '극단적으로는 전율로서 나타나는 슬픔과 황홀에까지 상승하는 기쁨의 혼합'이 숭고체험의 근본적 특징을 이룬다는 것이다. 이처럼 숭고에서 체험되는 모순된 감정을 그는 '육체적 인간'과 '도덕적 인간'이라는 말로 표현하고 있다. 숭고에 대한 그의 사상에서 새로운 측면은 역사에 대한 해석에서 드러나는데, 그는 '역사적인 대상으로서의 세계는 여러 가지 자연의 힘들 사이의 또 여러 자연의 힘들과 인간의 자유 사이의 갈등 이외의 아무것도 아니며 역사는 그러한 투쟁의 결과를 우리에게 보여 준다'는 것이다. 이런 맥락

---

26 안성찬, 앞의 책, 137쪽.

27 베르너 융, 장희창 역, 『미메시스에서 시뮬라시옹까지』, 경성대 출판부, 2006, 254쪽.

28 위의 책, 255쪽.

에서 그는 '자연과 도덕, 감성과 이성 사이의 일치로서 나타나는 미적 조화보다는 이들 사이의 모순과 불일치로부터 솟아나는 숭고한 자유를 훨씬 높은 가치로서 평가'하고 있다.[29]

버크와 칸트, 그리고 쉴러에 이르기까지 이들의 숭고론은 주로 철학적 관점에서 논의되어 왔다고 할 수 있다. 이러한 논의는 숭고의 개념을 지나치게 철학, 특히 주체철학과 의식철학의 영역에 가둠으로써 그것이 가지는 '지금, 여기'라는 현재성과 현장성의 생동감을 상실하고 있다. 리오타르는 칸트의 공통감과 주체 및 의식철학을 비판하면서 "과거에로 향하는 우울한 이해로서의 향수와 미래에로 향하는 새롭게 하는 이해로서의 혁신 중 후자에 더 치중"하여야 하며, 또한 숭고는 "잃어버린 절대자에 대한 표상에로 향하기보다는 유연한 실험의 무한성에로 향해 있어야 한다"[30]고 주장한다. 리오타르의 이러한 주장은 숭고를 "20세기 초반의 고전적 아방가르드 운동의 흐름으로부터 출발하여 탈근대주의의 예술을 이 범주 안에서 사유하려고 시도한 것"으로 볼 수 있다. 또한 그는 예술을 "미감의 저 너머에서, 감각이 아니라 전적으로 비감각적인 비밀로부터 유래하는 무(無)를 드러내고 밝히려는 노력으로만 지속된다"고 한 뒤 이어서 "말할 수 없는 것을 말하는 것이 아니라, 말할 수 없는 것을 말할 수 없다고 말하"[31]는 것을 예술이라고 명명하고 있다.

리오타르는 아도르노의 이념과 감성의 화해에 대한 향수와 칸트와 쉴러의 초월적 이념의 세계와 같은 유토피아를 거부한다. 무의 심연 위에서 차

29 안성찬, 앞의 책, 146~147쪽.
30 김석수, 「칸트의 반성적 판단력과 현대 철학」, 『칸트연구』 3, 민음사, 1997, 379쪽.
31 베르너 융, 앞의 책, 255쪽.

이의 유희만을 강조하고 있는 그의 숭고의 논리는 데리다에게서도 발견할 수 있다. 데리다의 논리에 따르면 숭고함이란 "우리가 마주하고 있는 대상이 너무나 거대하여 그것을 느끼려고 하면 이미 주관에 의해서 그 크기가 잘려나가 상처를 입게 되고, 그 상처를 주지 않고 내가 그 크기를 온전하게 느끼려고 하면 나의 부족함에 공포스러운 전율감을 느끼게 되는 것"을 말한다. 이것은 곧 "숭고함에 있어서는 크기가 자르기로, 유한과 무한이 차연과 보충 대리의 모습을 띠고 나타난다"[32]는 것을 의미한다.

숭고의 개념을 새롭게 해석함으로써 근대 이후 현대 사회・문화적 상황을 날카롭게 해부하고 있는 탈근대론자로 슬라보예 지젝을 들 수 있다. 그는 라캉의 정신분석학에 근거해 헤겔의 변증법을 새롭게 읽어내고 있다. 『이데올로기라는 숭고한 대상』에서 그는 미와 숭고의 차이를 매개와 무매개의 관계로 파악하고, 표상 너머에 물자체가 있다는 칸트의 전제를 해체하여 숭고를 '절대 부정성으로서의 순수한 무, 공백으로서의 사물의 빈자리를 차지하고 대체하고 채워버리는 대상'[33]으로 규정한다. 사회・문화 속에서 어떤 대상이 숭고의 대상으로 기능한다는 것은 무 혹은 실재의 부재 상태를 인식하지 못한 채 그것을 사실로 받아들이는 일종의 이데올로기에 대한 환상이 작동하고 있다는 것을 의미한다. 그의 이러한 숭고론은 개념의 나열이나 추상적 논의가 아닌 영화, 대중소설, 통속적인 농담 등 대중매체 분석을 통해서 실현되고 있다는 점에서 숭고 개념의 확장을 드러냄과 동시에 '지금, 여기'의 새로운 심급 단위로 부상한 문화 전반에 대한 심화된 해석의 계기를 제공하고 있다.

---

32 김석수, 앞의 글, 382쪽.
33 슬라보예 지젝, 앞의 책, 345쪽.

3. 크기, 높이 그리고 깊이로서의 숭고

한국 현대시사에서 숭고의 개념이 본격적으로 문제가 되고 그것이 하나의 진정성으로 드러난 시기는 일제강점기라고 할 수 있다.[34] 일제강점기란 주체로서의 삶을 상실한 시대이다. 이것은 이 시기가 우리의 삶의 실존적인 위기를 반영하고 있다는 것을 의미한다. 주체성을 상실한 삶은 그 자체가 사이비적인 삶이다. 주체적인 의식 없이 타자에 의해 자신의 삶이 지배당하고 억압당하는 상황에서 그것에 순응하든 아니면 저항하든 모두 이러한 사이비적인 삶의 부채로부터 자유로울 수 없다. 하지만 순응과 저항은 삶의 목적과 방향을 달리하기 때문에 실질적으로 그것이 드러나는 결과는 큰 차이를 보인다고 할 수 있다. 만일 이러한 상황에 순응해 버리면 그 사이비적인 삶 뒤에 놓여 있는 진정한 세계에 대한 열망은 사라지고 말 것이다.

그러나 여기에 저항하면 그만큼 사이비적인 삶을 넘어 진정한 세계로 초월하려는 의지가 커지게 된다. 진정한 세계로의 초월의지는 '지금, 여기'의 삶의 무가치함과 비속함 그리고 비루함과는 다른 삶의 가치와 성스러움으로 가득 찬 세계에 대한 욕망을 드러낸다. 이때 욕망은 저항으로 온전히 수렴될 수 없지만 일제강점이라는 차원에서 보면 진정한 세계에 대한 욕망을 하나의 저항으로 간주하는 것은 충분히 개연성이 있다. 일제강점기 하에서 진정한 세계로의 초월의지는 그 자체가 현실에 대한 부정이 될

34 박현수는 이 시기의 문학이 숭고의 이중성과 주관성을 가장 잘 보여주고 있으며, 특히 극단적인 형태로 나아간 면을 극명하게 보여주고 있다는 점에서 숭고의 적용이 의미를 지닌다고 보았다(박현수, 앞의 글, 205쪽). 하지만 그는 일제 강점기의 문학이 왜 그러한 숭고의 특성을 드러내는지에 대해서는 언급을 하지 않고 있다. 이것은 숭고의 사회 역사적인 맥락을 괄호 친 상태에서 서구의 숭고론을 적용하고 있다는 점에서 해석의 몰역사성을 노정할 위험성이 있다.

수 있다는 점에서 그렇다는 것이다. 일제강점기의 저항은 대부분 국가이데올로기에 대한 부정이나 해체를 통해 새로운 국가나 민족이데올로기를 만들어내려는 이중적인 역설의 속성을 지닌다.

새로운 국가나 민족이데올로기는 제도화된 현실 속에서 실현되는 것이 아니라 관념이나 이상의 형태로 존재하는 것이기 때문에 늘 거리의 개념과 여기에서 비롯되는 고양된 의식을 동반할 수밖에 없다. 현실적인 실감의 대상으로 존재할 때 국가나 민족은 그저 평범하고 일상적인 대상이 되지만 그것이 돌연 닿을 수 없는 거리의 심연을 드러낼 때 그 대상은 숭고함(Sublime)을 띠게 된다. "숭고한 대상이란 그 자체로 아무것도 아닌데 우연히 욕망의 위치에 놓여져 찬란한 빛을 발하는 실재계의 산물"인 것이다. 숭고한 대상은 상징계로 들어서면 그 빛을 잃게 된다. 그러나 그것은 여분을 남겨 욕망을 지속시킨다. 이 "남겨진 잔여물이 우리를 계속 살게 만드는 욕망의 미끼, 혹은 잉여 쾌락"[35]인 것이다.

일제강점기 국가와 민족은 숭고의 대상으로 존재하면서 식민지 시대를 계속 살게 만드는 삶의 동력이다. 국가와 민족이 숭고의 대상이 될 때 이데올로기의 과잉으로 인해 자칫하면 그것이 쇼비니즘이나 파시즘으로 전락할 위험성이 있는 것은 사실이다. 이차 세계대전 당시 독일의 나치즘이나 일본의 군국주의 역시 국가와 민족에 대한 숭고함의 과잉이 만들어낸 비극적인 예들이다. 숭고함의 과잉을 넘어서기 위해서는 그것에 대한 반성적인 판단이 전제되어야 한다. "존재의 의미에 대한 궁극적 물음이 회피되고 사랑의 깊이가 상실된 곳에서는 정치적 이데올로기와 결합된 형이상학

---

35 권택영, 「대중문화를 통해 라깡을 이해하기」, 『현대시사상』 1999 여름호, 100~103쪽.

적 숭고가 부정적 숭고의 자리를 채우게 된다. 나치즘은 숭고의 미학이 정치적 이데올로기와 결합했을 때 초래될 수 있는 파국적 상황을 여실히 보여주고"[36] 있다. 숭고는 인간 실존이 지니는 부정성을 통해 인간과 삶에 대한 참된 본질을 드러내 보여주어야 한다. 이런 점에서 일제강점기 시인들에게 국가와 민족은 단순한 삶의 대상이 아니라 그들이 처해 있는 부정적인 조건들과의 대면을 통해 정신의 크기를 고양시키고, 인간 존재의 유한성을 극복하는 길을 제시하는 실존적이고 존재론적인 대상이다.

일제강점기 숭고의 이러한 면을 깊이 있게 드러내고 있는 시인으로는 윤동주와 이육사를 들 수 있다. 이 두 사람은 우리 문학사에서 저항시인으로 불리어진다. 하지만 이 두 시인은 "여러 가지 의미에서 서로 다른 체질의 시인"으로 평가된다. "이육사가 마지막 벼랑 끝까지 밀린 민족의 위기를 초인에 대한 기원으로 극복하려 하고 있는데 비해서 윤동주는 초월적 세계에서 그 극복의 가능성을 발견하려 하지 않는다"[37]는 것이다. 두 시인의 차이에 대한 이러한 평가는 숭고와 관련하여 일정한 시사점을 제공한다. 민족적 위기 극복의 가능성을 초월적 세계에서 발견하느냐 그렇지 않느냐에 따라 두 시인의 차이를 비교하고 있는 대목은 그 나름의 설득력이 있다.

그러나 이 두 시인이 처한 실존 상황이 일제강점기라는 점을 고려한다면, 다시 말해 이 두 시인이 일제강점기라는 현실 상황에 대해 부정성을 강하게 드러내고 있다는 점을 고려한다면 이야기는 달라질 수 있다. 자신이 처한 실존 상황에 대해 강한 부정성을 드러내 보인다는 것은 그러한 현실을 넘어서는 어떤 이상적인 실존 상황을 꿈꾼다는 것을 의미한다. 사이비

---

36 안성찬, 앞의 책, 164쪽.

37 김현 · 김윤식, 『한국문학사』, 민음사, 1991, 207~208쪽.

적인 국가나 민족의 부정적 상황을 넘어서는 이상적인 국가와 민족을 이 두 시인 모두 강하게 희구하고 있다. 자신이 처한 현실 상황의 부정성이 강하면 강할수록 그것을 초월하려는 의지 역시 더 강하게 드러난다. 이육사는 자신이 처한 상황의 부정성을 「絶頂」, 「曠野」에서 강렬한 이미지와 상징을 통해 드러내고, 윤동주는 그것을 「무서운 시간」, 「또 다른 고향」, 「참회록」, 「간」, 「자화상」 등에서 자기 고백적인 형식을 통해 드러내고 있다.

1) 북방과 광야의 크기와 높이

이육사의 상황 인식은 '절정'이 표상하듯 부정성의 한 극한을 보여준다.

> 매운 季節의 채쭉에 갈겨
> 마츰내 北方으로 휩쓸려오다
>
> 하늘도 그만 지쳐 끝난 高原
> 서릿발 칼날진 그 우에서다
>
> 어데다 무릎을 꿇어야 하나
> 한발 재겨 디딜곳조차 없다
>
> 이러매 눈 감아 생각해 볼밖에
> 겨울은 강철로 된 무지갠가 보다[38]
>
> — 이육사, 「絶頂」 전문 인용

38 이육사, 김용직 · 손병희 편, 『이육사전집』, 깊은샘, 2004, 29쪽.

시인이 처한 실존의 극한이 파노라마처럼 동적인 차원에서 숨 가쁘게 전개되고 있다. 이 파노라마가 숨 가쁜 것은 그것이 자의가 아닌 타의에 의해 이루어지기 때문이다. 타의에 의해 더 이상 나아갈 수 없는 막다른 지경까지 이른 극한 상황을 시인은 "하늘도 그만 지쳐 끝난 高原 / 서릿발 칼날진 그 우에서다", "어데다 무릎을 꿇어야 하나 / 한발 재겨 디딜곳조차 없다"는 식으로 극단적인 수사를 통해 강렬하게 표현하고 있다. 여기에서 우리가 주목해야 할 것은 시인의 의식의 수직적인 상승과 숭고이다.

시인의 의식의 수직적인 상승은 숭고한 대상이 존재하기 때문에 가능한 것이다. 그렇다면 그 숭고한 대상이란 무엇일까? 우선 시인이 압도당할 정도로 크기와 높이를 지닌 대상이 존재해야 한다. 시의 문맥만 놓고 보면 그것은 "高原"이다. 그 '고원'은 "하늘도 그만 지쳐 끝난" 무제한적이고 절대적인 높이의 세계를 드러낸다. 고원은 "하늘보다 더 높거나 적어도 맞먹는"[39] 높이를 지닌다. 이 높이에 시인은 "무릎을 꿇"는다. 이것은 고원이 주는 위압감의 한 표현이다. 고원은 위압감만 주는 것이 아니라 "서릿발 칼날진"이 환기하듯이 두려움과 공포를 불러일으킨다. 고원이 불러일으키는 이러한 감정은 불쾌의 감정이다. 고원이 드러내는 높이는 시인을 압도하기 때문에 불쾌감을 유발하지만 그것이 이성에 의해 판단의 과정을 거치고 나면 오히려 반대급부적으로 강렬한 쾌감과 감동을 유발한다. 이것은 우리 외부의 자연에게 위협당하고 위험에 처하게 되는 자기보존과는 완전히 다른 종류의 자기보존의 근거가 된다.[40]

이렇게 이 시에 드러난 숭고는 고원이라는 자연적 대상에서 비롯된다.

---

39 김점용, 앞의 글, 34쪽.

40 이마누엘 칸트, 김상현 역, 『판단력 비판』, 책세상, 2006, 109쪽.

하지만 숭고를 유발하는 궁극적인 대상은 고원이 아니다. 고원이라는 자연적 대상은 또 다른 숭고함을 위한 매개에 지나지 않는다. 시인이 진정으로 압도당하고 여기에서 숭고함을 느끼는 대상은 따로 있다. 이것은 시인이 절정의 순간에 설 수밖에 없는 이유와 맥을 같이 한다. 시인의 절정에 이름이 자의가 아니라 타의에 의해서 이루어진 것이라는 사실을 "매운 계절의 채쭉에 갈겨 / 마츰내 북방으로 휩쓸려오다"를 보면 알 수 있다. 시인은 피치 못할 사정으로 혹은 "매운 계절의 채쭉에 갈겨"가 환기하듯이 고통과 억압에 못 이겨 북방으로 쫓겨 온 것이다. 이 사실은 시인이 북방으로 쫓겨 오기 전, 다시 말하면 이토록 혹독한 억압과 고통이 없는 세계가 존재한다는 것을 의미한다. 시인에게 이 세계는 다시 돌아가고 싶은 아름답고 이상적인 곳이 되는 것이다.

그러나 그 세계는 지금 시인으로부터 너무 멀리 있다. 이 세계는 현실적인 실감의 대상으로 존재할 때는 그저 평범하고 일상적인 대상으로 존재한다. 하지만 그것이 돌연 닿을 수 없는 거리의 심연을 드러낼 때 그 대상은 숭고함을 띠게 되는 것이다. 숭고한 대상이란 그 자체로 아무것도 아닌데 우연히 욕망의 위치에 놓여져 찬란한 빛을 발하는 실재계의 산물인 것이다. 이 대상은 북방이 점점 실존적인 한계를 드러낼수록 더욱 강하게 숭고함을 띠게 된다. 시인에게 북방은 이 대상의 숭고함을 드러내기 위한 질료에 지나지 않는다. 시인이 희구하는 숭고함의 대상은 바로 조국과 민족이다. 이런 점에서 볼 때 하늘보다 더 높거나 적어도 맞먹는 진정한 숭고의 대상은 조국과 민족인 것이다. 조국과 민족에 대한 숭고함으로 인해 "겨울은 강철로 된 무지개"가 될 수 있는 것이다.

「絶頂」이 '높이'로서의 숭고를 드러낸다면 「曠野」는 '크기'로서의 숭고를 드러낸다.

까마득한 날에
하늘이 처음 열리고
어데 닭 우는 소리 들렸스랴

모든 山脈들이
바다를 戀慕해 휘달릴때도
참아 이곳을 犯하든 못하였으리라

끊임 없는 光陰을
부즈런한 季節이 피어선 지고
큰 江물이 비로소 길을 열었다

지금 눈 나리고
梅花香氣 홀로 아득하니
내 여기 가난한 노래의 씨를 뿌려라

다시 千古의 뒤에
白馬타고 오는 超人이 있어
이 曠野에서 목놓아 부르게 하리라[41]

— 이육사, 「曠野」 전문 인용

이 시의 모든 시어들은 '광야'로 수렴된다. 이때 문제가 되는 것은 모든

41 이육사, 앞의 책, 54~55쪽.

시어들의 특성이다. 광야로 수렴되는 모든 시어들이 하나같이 시공성을 지니고 있다. "까마득한 날", "닭 우는 소리", "끊임 없는 光陰", "부즈런한 季節", "눈", "梅畵香氣" 등은 시간성을 강하게 지니고 있고, "하늘", "산맥", "바다", "강물", "길" 등은 공간성을 강하게 지니고 있다. 이러한 시공성의 시어들은 무한성을 드러낸다. 까마득히 먼 과거로부터 '지금, 여기'를 거쳐 다시 천고의 뒤까지 이어지는 무한한 시간 속에서 하늘이 열리고 산맥과 바다가 생겨나고 강물이 길을 여는 것이다.

이러한 무한한 시공성을 수렴하고 있는 대상이 바로 광야이다. 이것은 광야가 크기의 문제를 내포하고 있다는 것을 의미한다. 광야의 크기를 어떻게 규정할 수 있을까? 광야는 '그냥 크다'라고 말할 수 있는 크기는 아니다. 그것은 '단적으로 큰 것' 혹은 '일체의 비교를 넘어서는 절대적으로 큰 것'을 말한다. 이 크기는 수학적 크기가 아니라 감성적 크기에 의해 성립되는 것으로 수에 의한 크기의 수학적 평가가 일으킬 수 없는 감동을 야기한다.[42] 그러나 감성적 크기라는 것도 절대적 척도를 필요로 한다. 이것은 감성적 크기가 이성에 의해 현시될 것을 요구받는다는 것을 의미한다. 또한 "이성은 무한한 것(공간과 흘러간 시간)마저도 이러한 요구에서 제외하지 않고, 오히려 이 무한한 것을(보통의 이성의 판단에 있어서) 전부 주어진 것으로(그 총체성에 있어서) 생각하도록 만든"[43]다.

이런 점에서 광야는 "우리의 감성을 넘어서는 어떤 것을 생각하게 한다"[44]고 할 수 있다. 여기에서 그 어떤 것이란 바로 우리의 감성이나 인간

---

42 이마누엘 칸트, 위의 책, 86~87쪽.

43 이마누엘 칸트, 위의 책, 97쪽.

44 박현수, 앞의 글, 208쪽.

의 사유가 도달할 수 없는 무한의 세계 곧 숭고를 말하는 것이다. 광야의 숭고성은 크기의 무한성에서 비롯된 것이지만 그 크기란 곧 높이와 넓이를 포괄하고 있는 개념이라고 할 수 있다. 수직적인 무한성과 수평적인 무한성이 교차하는 지점으로서의 광야는 신생의 의미를 함축하고 있는 것으로 볼 수 있다. 신생에 대한 강렬한 메타포가 곧 "白馬 타고 오는 超人"인 것이다. 이런 점에서 볼 때 「광야」는 신생을 노래한 시라고 할 수 있다. 그러나 "白馬 타고 오는 超人"은 "千古의 뒤에" 온다. 시간적인 거리의 아득함으로 인해 가망 없는 희망으로 들릴 수도 있지만 이 말은 오히려 그것으로 인해 더욱 숭고함을 자아낸다.

'광야'는 「絶頂」의 '북방'과 크기와 높이라는 관점에서 보면 숭고의 특성이 다소 차이를 드러낸다. 하지만 여기에서 중요한 것은 둘 사이의 맥락을 강조하는 것이다. 이 차원에서 보면 광야와 북방은 다른 것이 아니다. 그것은 상실한 조국과 민족을 드러내기 위한 하나의 질료이다. 광야와 북방처럼 조국과 민족 역시 숭고의 대상으로 존재한다. 오히려 시인이 궁극적으로 겨냥하고 있는 것은 전자가 아니라 후자라고 할 수 있다. 만일 숭고한 대상으로서의 조국과 민족을 북방이나 광야와 같은 높이와 크기를 지닌 질료가 아닌 생경한 질료를 통해 드러낸다면 지금과 같은 미적 효과를 창출해내지 못 할 것이다. 북방의 높이와 광야의 크기는 시인의 상실된 조국과 민족에서 기인하는 숭고 체험을 더욱 예각화하고 또 극대화하는 데 기능적으로 작용하고 있다고 할 수 있다.

2) 우물의 깊이와 자기반성의 순도

이육사의 숭고가 높이와 크기를 겨냥한다면 윤동주의 숭고는 여기에 깊이를 하나 더 추가한다. 윤동주의 시는 육사의 그것처럼 외부로 돌출된 이미지와 어조를 통해 숭고를 발생시키지는 않는다. 그렇지만 그의 시에는 누구도 쉽게 부정할 수 없는 숭고함이 내재해 있다. 그의 숭고함은 감히 범접할 수 없는 그 무엇이 '그' 혹은 '그의 시'에 존재한다는 것으로 보아도 무방할 것이다. 그 무엇이 바로 우리를 두려움과 전율로 몰아넣고 있는 것이다. 그것은 일종의 외경(畏敬)이다. 우리에게 시인의 모든 것은 외경스러움으로 존재한다. 조선 땅이 아닌 만주 북간도에서의 출생과 용정에서의 삶이 그렇고, 불령선인으로 2년 형을 언도받고 후쿠오카 형무소에서 28세의 나이로 옥사한 것이 그렇고, 생전에 출간을 시도했으나 실패하고 사후에 『하늘과 바람과 별과 시』라는 이름으로 출간된 유고시집 등이 또한 그렇다.[45]

시인의 생은 우리가 일상적으로 보는 평범함과는 거리가 멀다. 그것은 우리의 일상적인 상상력을 초월한 자리에 그의 생이 존재한다는 것을 의미한다. 무엇보다도 우리와 그의 생 사이에는 죽음이 가로 놓여 있다. 죽음은 상상력의 종합적 표상능력을 훨씬 뛰어넘는 엄청난 모습으로 갑자기 우리 앞에 나타나고 상상력은 그 앞에서 위축을 겪게 된다. 그의 생에 다가가기 위해서는 이러한 죽음의 심연을 넘어서야 한다. 느닷없이 우연히 찾아온 죽음은 인간의 능력으로는 해명할 수 없는 불가해한 것이고 여기에 인간은 불안과 공포를 느낀다. 이렇게 되면 그의 생은 우리의 손이 쉽게 닿

45 윤동주, 홍장학 편, 『정본 윤동주전집』, 문학과지성사, 2006, 162~167쪽.

을 수 없는 먼 거리에 놓이게 된다. 그 때문에 그의 생은 숭고의 대상이 된다. 늘 곁에 있던 것이 어느 날 갑자기 도저히 닿을 수 없는 위치에 놓이게 될 때 그 대상은 숭고성을 띠게 되는 것이다.

그러나 그의 생이 숭고한 대상으로 존재하는 데에는 단순히 한 개인의 죽음을 넘어서는 또 다른 요인이 있다. 이것은 그의 죽음이 개인의 비극적인 수난사의 차원을 넘어선다는 것을 의미한다. 그의 생이 보다 더 숭고한 것은 개인적인 차원을 넘어서는 민족적인 차원의 수난의 의미가 내포되어 있기 때문이다. 개인보다 민족이 개입되면 숭고를 결정하는 크기 자체가 더 커질 수밖에 없다. 하지만 이때의 크기는 개인과 민족의 수학적인 크기를 의미하는 것은 아니다. 수학적인 크기에서는 최대라는 것이 없다. 최대는 감성적 크기 평가에 의해 성립되며, 이 최대가 절대적 척도로써 그 이상 더 큰 것은 주관적으로는 불가능하다고 판정된다면 이 최대는 숭고의 이념을 수반하게 된다.[46]

개인이 아닌 민족적인 차원의 죽음 혹은 수난사로 의미가 확장되면 숭고의 개연성이 높아질 수 있다. 하지만 그것을 결정하는 것은 수학적인 크기가 아니라 감성적인 크기이다. 이 사실은 주관화된 감성에 입각해 시인이 민족을 어떻게 바라보고 또 형상화하고 있는지 하는 문제와 숭고가 관련되어 있다는 것을 의미한다. 그에게 민족은 숭고의 대상이지만 그것을 드러내는 방식은 철저하게 대상을 향해 있는 것이 아니라 주체 자신을 향해 있다. 시인에게 민족은 숭고하며, 그 숭고한 대상에 대해 시인은 언제나 철저한 반성적인 사유를 통해 부끄러움을 드러낸다. 일반적으로 숭고는

---

46 이마뉴엘 칸트, 김상현 역, 앞의 책, 92쪽.

대상의 압도적인 크기와 이로 인해 생겨나는 불안과 공포의 산물이다. 이런 점에서 볼 때 숭고의 대상으로부터 부끄러움의 감정이 생겨나는 것을 어떻게 이해해야 할까?

어떤 대상의 압도적인 크기에서 불안과 공포를 느끼지만 이것이 곧바로 숭고로 이어지는 것은 아니다. 이때의 불안과 공포의 감정은 부정적인 쾌감 곧 불쾌이다. 이 불쾌가 쾌가 될 때 숭고가 발생하는 것이다. 그렇다면 부끄러운 감정은 무엇일까? 이 물음에 대한 답은 쉽지 않지만 우선 이야기할 수 있는 것은 부끄러운 감정이 대상의 압도적인 크기에서 직접적으로 기인하는 감정이 아니라는 것이다. 부끄러운 감정은 대상에 압도당한 데서 생겨난다기보다는 대상에 대한 인식 주체의 반성적인 성찰에서 생겨난다고 할 수 있다. 가령 「참회록」에서

파란 녹이 낀 구리거울 속에
내 얼골이 남어있는것은
어느 왕조의 유물이기에
이다지도 욕될까

나는 나의 참회의 글을 한줄에 줄이자.
— 만 이십사년 일개월을
무슨 기쁨을 바라 살아왔는가

내일이나 모레나 그 어느 즐거운 날에
나는 또 한줄의 참회록을 써야한다.
— 그때 그 젊은 나이에

왜 그런 부끄런 고백을 했든가[47]

— 윤동주, 「참회록」 부분 인용

라고 했을 때 시인의 부끄러운 감정은 민족의 역사와 관련되어 있다. 그것은 곧 '어느 왕조의 욕된 유물'이라는 부정적인 감정에서 기인한다. 그러나 시인의 부끄러운 감정은 비록 '어느 왕조의 욕된 유물'이 일정한 계기를 제공하고 있지만 그것이 절대적으로 그 감정을 불러일으키고 있는 것은 아니다. 시인이 어느 왕조의 유물이 욕되다고 인식하더라도 부끄러움 없이 그 대상에 대해 경멸이나 냉소 같은 감정을 드러낼 수 있다. 시인의 부끄러움이란 이런 태도에서 비롯되는 것이 아니다. 그것은 오히려 나의 욕됨, 좀 더 정확히 말하면 나의 욕됨에 대한 반성적인 인식에서 비롯된다고 할 수 있다.

대상이 아니라 시인 자신이 주가 되는 이러한 반성적인 인식은 '참회'나 '고백'의 형식이 적절하다. 시인의 참회는 "밤이면 밤마다" 이루어지고, "손바닥 발바닥"에서 알 수 있듯 온몸으로 행해진다. 욕된 역사에 대해 비판하고 과감히 그것과 맞서 싸워 그것을 극복하려는 의지의 표현이 이렇게 시인 자신의 참회나 고백의 형식으로 이루어짐으로써 저항에 대한 독특한 태도를 낳고 이것이 결국 그의 시의 숭고의 독특함으로 이어진다. 우리의 역사를 욕되게 하고 시인으로 하여금 부끄러움을 체험하게 한 대상에 대해 저항하는 것은 독특할 것이 없다. 하지만 이때의 저항은 일반적으로 대상에 대한 외적 투사의 경향이 강하게 드러나는 것이 사실이다. 시인의 저

47 윤동주, 최동호 편, 『원본 윤동주 시집』, 깊은샘, 2011, 153~154쪽.

항은 이와 달리 내적 투사 혹은 내적 응축으로서의 저항이다. 그것의 백미는 「간」이다.

바닷가 햇빛 바른 바위우에
습한 간을 펴서 말리우자.

코카사쓰 산중(山中)에서 도망해 온 토끼처럼
둘러리를 빙빙 돌며 간을 지키자.

내가 오래 기르든 여윈 독수리야!
와서 뜯어먹어라, 시름없이

너는 살지고
나는 여위어야지, 그러나,

거북이야!
다시는 용궁의 유혹에 안떨어진다.

프로메디어쓰 불상한 프로메디어쓰
불 도적한 죄로 목에 멧돌을 달고
끝없이 침전하는 프로메디어쓰[48]

— 윤동주, 「간」 전문 인용

이 시의 긴장은 '나'와 '독수리' 사이에 있다. 나와 독수리는 서로 갈등과

48 윤동주, 위의 책, 150~151쪽.

대립 관계에 놓이지만 나의 독수리에 대한 태도는 저항의 일반 형식을 위반하고 있다. 이러한 관점에서라면 시에서의 나와 독수리의 관계는 일방적이다. 독수리에 대해 나는 아무런 저항도 하지 않고 있다. 저항은커녕 독수리로 하여금 자신의 육신을 "뜯어 먹으"라고 말한다. 이것은 싸움이 되지 않는, 좀 더 정확히 말하면 성립될 수 없는 싸움이다.

그러나 저항에 대한 관점을 달리해서 보면 이 싸움에 대한 해석은 달라진다. 이 싸움에서의 진정한 승자는 독수리가 아니라 바로 나이다. 독수리에 대한 나의 일방적인 패배가 아니라 오히려 그 반대이다. 싸움이 시작되기 전 독수리는 이미 전의를 상실할 수밖에 없다. 그것은 싸움이 시작되기 전 이미 나는 나 자신을 스스로 죽인 상태이기 때문이다. 나는 나 자신을 죽여 독수리의 면전에 바친다. 어서 와서 '나를 뜯어 먹고 너는 살지고 나는 여위어야 한다'는 태도가 바로 그것이다. 이렇게 스스로 나를 죽여서 그것을 상대의 면전에 바치는 이 태도야말로 상대로 하여금 공포에 사로잡혀 아무런 저항도 할 수 없게 하는 '절대적인 저항'인 것이다.

나 자신을 스스로 죽이는 행위는 내적 응축으로서의 저항의 한 극단을 보여주는 것이다. 이 시의 언어는 죽음의 한 극단에서 건져 올린 삶의 언어이다. 다시 말하면 이 시의 언어는 "죽음에 대항하여 죽음으로부터 낚아챈 말"[49]이다. '프로메테우스'가 환기하듯이 이때의 언어는 삶과 죽음 사이에 있는 것이다. 죽음에 대항하여 죽음으로부터 말을 낚아챌 때 숭고가 발생하는 것이다. 삶을 위한 삶의 추구나 죽음을 위한 죽음의 추구에서는 숭고가 발생할 수 없다. 죽음을 통한 그의 시의 숭고는 그의 생에서의 죽음의

---

49 미셸 드기, 김예령 역, 「고양의 언술」, 『숭고에 대하여』, 문학과지성사, 2005, 20쪽.

숭고와 중첩되면서 '희생양'으로서의 고양된 감정을 유발한다. 그의 시에서 우리가 단순한 쾌감이 아닌 감동을 체험하는 이유가 여기에 있는 것이다.

숭고가 크기와 높이에서 발생하는 것이라면 그의 시의 숭고는 이것뿐만 아니라 깊이라는 요소를 하나 더 거론해야 할 것이다. 그의 숭고는 「무제」(일반적으로 '서시'라는 제목으로 널리 알려져 있다)[50]에서처럼 크기, 높이, 깊이가 모두 작동하고 있다. 가령 이 시에서의 '하늘', '별'은 육사의 '북방'이나 '광야'의 크기와 높이에 대응될 만한 것이다. 다만 여기에 하나가 더 있다면 그것은 '죽음'이나 '부끄러움', '괴로움'으로 표상되는 반성적인 인식이다. 이것은 그의 숭고를 깊이의 차원에서 바라볼 수 있도록 해 준다. 그의 시에서의 깊이란 하늘과 별과 같은 수직적인 상승의 질료를 통해 드러나기도 하지만 보다 그것을 잘 드러내고 있는 것은 수직적인 하강의 질료인 '우물'이다. 우물은 '거울'의 기능도 하면서 그것보다 더 깊은 의미를 지니고 있는 질료이다.

> 산모퉁이를 돌아 논가 외딴우물을 홀로 찾어가선 가
> 만히 들여다 봅니다.
>
> 우물속에는 달이 밝고 구름이 흐르고 하늘이 펼치고
> 파아란 바람이 불고 가을이 있습니다.
>
> 그리고 한 사나이가 있습니다.
> 어쩐지 그 사나이가 미워저 돌아갑니다.

---

50 윤동주, 앞의 책, 122쪽.

돌아가다 생각하니 그 사나이가 가엾어집니다. 도로
가 들여다 보니 사나이는 그대로 있습니다.

다시 그 사나이가 미워져 돌아갑니다.
돌아가다 생각하니 그 사나이가 그리워집니다.

우물 속에는 달이 밝고 구름이 흐르고 하늘이 펼치고
파아란 바람이 불고 가을이 있고 追憶처럼 사나이가
있습니다.[51]

— 윤동주, 「자화상」 전문 인용

'우물'은 '달', '구름', '하늘'과 '물 속'의 경계에 놓인다. 이것은 단순히 천상과 지상의 경계를 넘어서는 내면과 외면의 경계라는 중층적인 의미를 지닌다. 우리는 하늘의 크기에 압도당하기도 하지만 우물 속과 같은 깊이에 압도당하기도 한다. 우물은 그 안에 하늘같은 세계를 담기도 하고, 또한 그 깊이를 헤아릴 수 없을 정도로 불투명한 세계를 지니기도 한다. 육사의 고원이 "넓이를 제거함으로써 높이를 더욱 상승시키는 효과"[52]를 극대화하고 있다면 우물은 넓이를 제거함으로써 깊이를 더욱 극대화하고 있다. 그 때문에 우물은 다른 어떤 숭고의 대상보다 더욱 강한 불안과 공포를 불러일으킬 수 있다.

우물의 숭고함은 '달', '구름', '하늘'과 같은 질료처럼 무한한 시공성을 통해 드러난다. 이 무한한 시공성 속에 시인은 자신의 존재를 투사한다. 이

51 윤동주, 위의 책, 30~31쪽.
52 김점용, 앞의 글, 34쪽.

것은 자기반성 혹은 자기성찰의 무한성을 통해 깊이를 심화하고 있는 것으로 볼 수 있다. 우물 속에 비친 그 사나이에 대한 끝없는 연민의 감정은 이 자기반성의 심화에 대한 한 표상인 것이다. 시인의 이러한 자기반성의 심화는 결국 욕된 역사를 회복하려는 의지에 다름 아니다. 욕된 역사의 회복이 자기반성을 통해 이루어진다고 할 때 시인의 자기반성은 '감성적 신체적 자신을 보존하려는 욕구를 넘어 이성적 정신적 자신을 보존하려는 욕구를 드러낸 것'이라고 할 수 있다. '이성적 정신적 존재자로서의 자신을 발견하고, 그런 자신이 오히려 고양됨을 느끼는 감정으로 전환될 때 숭고가 성립되'[53]는 것이다.

이런 점에서 볼 때 숭고에서 중요한 것은 이성적 정신적인 고양이라고 할 수 있다. 시인은 끊임없이 자기반성을 통해 이것을 추구해 왔고, 이 고양된 세계에 대한 열망을 아름답게 드러낸 시 중의 하나가 바로 「또 다른 고향」이다. 시인의 자기반성이 궁극적으로 겨냥하고 있는 것은 욕된 역사의 회복, 다시 말하면 상실된 조국과 민족의 회복이다. 시인에게 조국과 민족의 회복은 곧 '고향으로의 돌아옴'으로 형상화된다. 그러나 시인은 고향으로의 돌아옴을 자기반성적인 고양의 끝으로 보지 않는다. 시인은 돌아온 고향에서 다시 '또 다른 고향'을 꿈꾼다. 또 다른 고향에 가기 위해 시인은 자신의 '백골조차도 곱게 풍화 작용'시킨다. 결국 시인은 "아름다운 혼"으로 충만한 "아름다운 또 다른 고향"에 "쫓기우는 사람처럼"[54] 가고자 한다.

윤동주의 숭고는 자기반성에서 비롯되며 이것은 언제나 초월적인 의식의 고양과 맞물려 있다. 그의 초월적인 의식의 고양은 죽음조차도 넘어서

---

53 이마뉴엘 칸트, 김상현 역, 앞의 책, 167쪽.
54 윤동주, 앞의 책, 118쪽.

고 있으며, 무한한 시공성 속으로 자신의 이성이나 정신을 끊임없이 투사함으로써 숭고의 정도를 높이고 있다. 그의 이러한 숭고함의 정도를 체험함으로써 우리는 여기에서 무한한 감동을 받는다. 그의 시는 우리가 닿을 수 없는 자기반성의 순도 높은 세계에 위치해 있기 때문에 늘 숭고함으로 존재한다. 이것이 바로 그의 시의 존재 이유이자 한국 현대시사에서 그의 시가 차지하는 중요한 위치인 것이다.

4. 숭고의 재발견과 미학으로서의 진실

한국 현대시와 숭고에 대한 논의는 열린 상태로 남아 있다. 이 말은 한국 현대시와 숭고에 대한 많은 논의를 전제로 한 것은 아니다. 숭고에 대한 이론이 하나의 담론으로 부상한 것은 1990년대 중반 이후의 일이며, 그것을 한국 현대시 해석에 적용한 것은 또 한참 후의 일이다. 숭고에 대한 학문적인 기반이 제대로 이루어지지 않은 상태에서 이에 대한 뚜렷한 연구 성과를 요구하는 것은 무리라고 할 수 있다. 지금까지의 논의는 거의 초보 수준에 불과하다. 대개 롱기누스, 버크, 칸트의 숭고의 개념을 한국 현대시에 도식적으로 대입하는 수준에 머물러 있는 것이 사실이다.

그러나 리오타르와 데리다, 지젝에 의해 숭고의 개념이 포스트모던 시대의 새로운 미학으로 부상하면서 그동안 근대 미학에 대한 반성과 해체를 기획한 연구자들을 중심으로 그것이 일정한 관심을 불러일으키고 있다는 것은 주목할 필요가 있다. 문화, 특히 대중문화가 사회나 경제를 대신해 새로운 인식의 심급 단위가 되면서 기존의 근대적인 미학으로는 해석할 수 없는 여러 미적 현상이 발생하게 되고, 이것을 넘어서는 새로운 미학에 대한 기대치가 높아지면서 숭고는 일체의 미를 넘어서는 새로운 이 시대의 미학적인 사유로 인정받게 된 것이다.

이러한 거대한 흐름 속에서 숭고가 탈근대의 새로운 지배적인 미적 사유로 인정받고 있다는 사실을 현대시의 입장에서 어떻게 해석해야 할까? 시와 미학의 친연성을 고려한다면 숭고에 대한 관심은 한편으로 당연한 것이지만 그것이 사회·문화적인 흐름에 편승한 헤게모니 전략의 일환이라면 그것은 비생산적인 해석의 과잉만 양산할 것이다. 그러나 탈근대의 어떤 개념보다도 숭고가 시의 속성과 닮아 있다는 사실은 이러한 불안으로부터 우리를 자유롭게 하고 있다. 탈근대적인 맥락에서 보면 숭고는 아우라의 상실과 가상실재, 복제 같은 후기자본주의 문화 현상 뒤에 존재하는 진실하고 진정한 세계에 대한 욕구를 반영하고 있는 포괄적인 문화 개념이라고 할 수 있다. 이 대목이 바로 숭고와 시가 만나는 지점이라고 할 수 있다. 탈근대의 문화 현상을 반영하고 있는 시의 경우 언제나 이러한 가상과 실재, 현실과 초월의 이중적인 세계를 드러낸다. 이것은 숭고가 혹은 '지금, 여기'에서의 시가 '세계와의 끊임없는 만남을 통해 스스로를 지각하는 생생한 느낌이지 신이나 저 멀리 동떨어져 존재하는 초감각적인 본체에 도달했다고 믿는 형이상학적인 착란은 아니라는 것'[55]을 의미한다.

---

55 장뤽 낭시, 앞의 책, 342쪽.

제4장

한국 현대시와 키치

1. 대중문화와 키치 현상

한국 현대시에서 키치와 관련된 논의는 미미한 편이다. 키치의 토대가 되는 대중사회의 형성과 대중문화의 확산이 70년대 중반 이후 80년대 초라는 점을 고려한다면 이러한 현상은 의외라고 할 수 있다. 이 의외성은 대중 혹은 대중성에 대한 우리의 인식 태도가 얼마나 순수 지향적이고 보수적인가를 잘 말해준다. 대중문화가 문학의 상상과 표현의 영역에 깊이 침투하여 그 존재 기반을 이루는 중요한 요소로 자리잡았음에도 불구하고 의식과 제도의 면에서 그것을 외면한 데에는 여전히 문사적인 전통과 계몽으로서의 문학이라는 근대적인 사유가 작용하고 있다는 것을 의미한다.

대중문화에 대한 이러한 인식 태도는 대중을 문학으로부터 멀어지게 하는 원인이 되었을 뿐만 아니라 문학의 확장과 심화에도 부정적인 영향을 미쳤다고 할 수 있다. 하지만 그것보다 더 중요한 것은 정치나 경제보다 더 핵심적인 심급 단위가 된 대중문화를 외면함으로써 문학에서의 현실성을 상실하게 되었다는 점이다. 현실은 대중문화적인 양태로 흘러넘치고 있는데 그것을 기존의 문학 양식으로 수렴한다는 것은 불가능함에서 오는 허무와 혼란을 초래할 수밖에 없다는 것을 의미한다. 이런 점에서 문학이 대중문화를 수용하는 것은 현실적인 당위성을 드러내는 것인 동시에 당위적인 현실성을 드러내는 것이라고 할 수 있다. 문학이 대중문화라는 지배적인 현실을 외면해버리면 남는 것은 고답적인 관념과 동어반복에서 오는 진부함뿐이다.

문학 내에서 대중문화와 관련해 주목할 만한 태도를 보인 이는 김현이다. 그는 1969년 10월에 「武俠小說은 왜 읽히는가—虛無主義의 否定的 表出」을 『세대』지에 발표한다. 여기에서 그가 주목한 대중문화 양식은 '무협 소설'이다. 그는 "武俠小說은 왜 예술이 아닌가?"[1]라고 묻는다. 이 물음에 대해 그는 "예술은 순간적인 쾌락이 아니라, 오히려 계속적인 자기 각성"이며, 그것은 또한 "고문이며 자기 확인"[2]이라는 답으로 무협지가 왜 예술이 아닌지를 이야기하고 있다. 무협소설을 비평의 한 대상으로 인식하고 있다는 점은 당시로 보아서는 선구자적인 것이다. 하지만 무협소설이 교양 소설에 비해 열등하다는 그의 논리는 일정한 한계를 드러낸다고 할 수 있다.

---

1 김현, 「武俠小說은 왜 읽히는가—虛無主義의 否定的 表出」, 『세대』, 1969.10, 300쪽.
2 김현, 위의 글, 303쪽.

대중문화 양식에 대한 김현의 관심은 무협소설에서 만화로 옮겨간다. 1975년 5월에 발표한 「漫畵도 藝術인가」(『서울평론』)와 1977년 1월에 발표한 「만화는 문학이다」(『뿌리깊은 나무』)가 바로 그것이다. 전자에서는 '대중예술과 엘리트 예술 사이의 구분의 무의미성과 예술 개념 자체에 대한 재정립'[3]을 주장하고 있고, 후자에서는 '만화도 예술'이며 그것 또한 '엄숙한 것이 될 수 있다'[4]고 주장하고 있다. 만화의 예술 혹은 대중예술로서의 가치 재정립은 「무협소설은 왜 읽히는가」에서 보여준 대중문화 양식에 대한 부정적인 태도와는 다른 것이라고 할 수 있다. 비록 만화가 문학의 한 장르가 되어야 한다는 문학중심주의의 오류를 드러내고 있기는 하지만 이 글은 대중문화 양식을 예술 혹은 문학으로 인정하고 있다는 점에서 의의를 지닌다.

김현의 대중문화에 있어서의 문학중심주의는 1978년 4월에 발표한 「대중문화의 새로운 인식」(『뿌리깊은 나무』)에 오면 사라진다. 그는 '문학에만 고유한 어떤 것이 있다'는 생각에서 벗어날 것을 주장한다. 그는 "뛰어난 수준의 쇼는 엉터리 발레보다 예술적이며, 뛰어난 수준의 만화는 사이비 그림보다 더 큰 즐거움을 준다"고 말한다. 또한 그는 단순한 엘리트주의적인 입장에서 대중문화를 바라보는 것을 경계하고 있을 뿐만 아니라 대중문화에 무조건 동조하고 그것을 추구하는 것을 경계하고 있다. 이것은 '대중문화에 대한 그의 균형 잡힌 인식'[5]을 드러낸 것이라고 할 수 있다.

김현이 보여준 대중문화에 대한 이러한 인식 태도는 근대 자본주의의 양식이 지배력을 행사하기 시작한 70년대 이후 우리의 현실을 직시한 사

---

3 김현, 「漫畵도 藝術인가」, 『서울평론』, 1975.5, 41쪽.

4 김현, 「만화는 문학이다」, 『뿌리깊은 나무』, 1977.1, 66~73쪽 참조.

5 권성우, 「김현론 : 매혹과 비판 사이」, 『한국 현대 비평가 연구』, 강, 1995, 369쪽.

람이라면 능히 가질 수 있는 태도이다. 하지만 보수성이 강한 우리의 현실에서 그것은 대단한 용기와 모험을 필요로 하는 일이라고 할 수 있다. 이런 이유로 문학 특히 시에서의 대중문화의 수용은 주로 진보적이고 실험성이 강한 시인들에 의해 이루어진다. 80년대 오규원, 황지우를 시작으로 장정일을 거쳐 유하로 이어지는 시의 흐름이 바로 그것이다. 오규원은 상품광고를 시에 수용하여 자본에 의해 점점 물신화되어 가는 사회를 패러디와 패스티쉬 기법을 통해 비판하고 있고, 황지우는 TV 연속극 안내문이나 만화, 신문기사, 광고 등을 콜라주와 몽타주 기법을 시에 수용하여 억압적인 정치 현실에 의해 조장된 소비문화를 과감한 형식 파괴를 통해 비판하고 있다. 장정일 역시 상품광고를 시에 수용하여 후기자본주의 문화논리 속에서 소외되고 배제된 존재의 욕구와 욕망을 경쾌하면서도 도발적으로 드러내고 있다. 유하는 무협소설, 영화, 만화, 광고, 프로레슬링 등 다양한 대중문화 양식들을 시에 수용하여 그것들을 소비하는 방식을 밝히려고 한다. 이 과정에서 그는 대중문화에 대한 향유와 비판을 동시에 보여준다.

이러한 일련의 과정을 통해 알 수 있는 것은 이들 시인들이 모두 대중문화를 하나의 시적 질료로 삼고 있다는 사실이다. 시에 수용되는 대중문화의 양식이 시인에 따라 차이가 있기는 하지만 대체로 매스미디어를 통해 대중에 의해 소비된다는 점에서는 동일하다고 할 수 있다. 이것은 대중문화의 시적 수용에서 중요한 것은 단순한 소비가 아니라 그것을 바라보는 시인의 태도라는 것을 잘 말해준다. 오규원과 황지우가 대중문화에 대해 비판적이라면 장정일과 유하는 보다 우호적이다. 그만큼 장정일과 유하의 시가 키치(kitsch)에 더 가깝다고 할 수 있다. 이 두 시인은 키치의 어법 자체를 과감하게 시에 수용하여 대중문화 속에 은폐되어 있는 욕망을 보다 적극적으로 드러낸다. 시인이 구사하고 있는 키치의 어법은 그것을 향유하는 대중의 욕망을 고스란히 반영하고 있다는 점에서 일종의 동일시(identification)를 지향한다고 볼 수 있다.

동일시의 지향은 주체를 수동적인 존재로 만들어버릴 수 있다. 이것은 키치의 세계로의 함몰을 의미한다. 하지만 이 시인들은 이러한 태도로만 일관하지 않는다. 그들은 키치가 사이비 예술적 기만성으로 존재하는 것을 넘어 부정과 해체의 수단으로 존재하기를 바란다. 키치를 통한 패러디 · 야유 · 풍자 · 공격 · 도발 · 희화화 등이 바로 그것이다.[6] 이것은 시인들이 키치를 통해 "이른바 상업성, 문화산업적 요소, 나아가 문화적 총체성을 어떻게 미적으로 비판할 것인가"[7]하는 문제를 함의하고 있다. 두 시인 중에서 여기에 좀 더 가까운 시적 태도를 보인 이는 유하이다. 유하는 키치를 통해 희화화와 미적 비판을 동시에 수행한다. 키치의 어법을 시에 적극적으로 수용하여 그가 겨냥하고 있는 것은 대중매체의 이미지를 통해 드러나는 키치화된 세계에 대한 희화화와 풍자이다. 그러나 그가 궁극적으로 지향하고 있는 것은 키치화된 세계를 벗어난 숭고하고 건강한 세계이다. 흔히 '하나대'로 표상되는 세계가 바로 그것이다. 그의 시는 키치화된 세계에 대한 향유와 비판을 동시에 내포하고 있다는 점에서 비동일시(disidentification)를 지향한다고 볼 수 있다.

유하의 시가 보여주는 이러한 특성은 한국 현대시와 관련하여 키치에 대한 개념 규정이 쉽지 않다는 것을 말해준다. 키치가 향유와 비판을 동시에 드러낸다면 그것이 진정 온전한 키치 혹은 키치시일까? 키치의 어법을

---

6 이성욱, 「문학과 키치」, 『문학과 사회』 1998 겨울호, 1540쪽.
7 이승훈, 「키치의 미학과 역설」, 『모더니즘 시론』, 문예출판사, 1995, 185쪽.

빌려 온 '상징적 정치시' 혹은 '사회비판의 풍자시'[8]가 아닌가? 그렇다면 키치는 대상인가 아니면 태도인가? 키치 비판이라고 할 때 그 비판의 논거는 어떤 미학적 기초 위에 있는가? 그 미학이 아방가르드라면 키치와 아방가르드는 어떤 관계에 있는 것일까? 또한 포스트모더니즘과 키치는 어떤 관계에 있는 것일까? 키치를 이러한 미학과의 관계 속에서가 아닌 키치 그 자체로 규정할 수 있는 근거는 없는가? 키치의 비심미성은 하나의 미학으로 존립할 수 없는가? 이 다양한 물음에 대한 진지한 고민이 전제되지 않는다면 한국 현대시에서의 키치에 대한 논의는 무의미할 수 있다.

2. 키치의 발생 배경과 의미의 중층성

키치(kitsch)의 어원은 다양한 유래를 지니고 있다. 이중에서 가장 유력한 설은 키치가 영어의 sketch에서 유래했다는 것이다. 1860~1870년대에 뮌헨의 예술가들이 팔던 값싼 그림과 조각상들을 영국계 미국인들이 스케치라고 불렀고, 이것이 독일어식으로 변형되면서 키치가 되었다는 것이다. 이 외에도 '값싸게 만든다'는 뜻을 가진 독일 메를렌부르크 방언인 verkitschen에서 유래했다는 설도 있고, '얼룩 혹은 진흙을 가지고 놀기'라는 독일어에서 왔다는 설도 있다. 또한 그것은 독일어 동사인 kitschen이 어원이라는 설이 있는데 그것은 '거리의 쓰레기 줍기' 혹은 '낡은 가구로 새 가구 만들기' 같은 뜻을 지닌다.[9] 독일어 이외에도 '건방지고 우쭐댄다'는 뜻을 지닌

8 김수이, 「삶, 무한 욕망과의 유한 경주－유하론」, 『현대문학』, 2001.4, 239~256쪽.
9 김소연, 「미적 · 미 외적 현상으로서의 키치, 그 가치평가를 위한 소론」, 『미학 · 예술학 연구』

러시아어인 keetcheetsya에서 유래했다는 설도 있다.[10]

이러한 어원을 기반으로 키치의 의미를 정리해 보면, 첫째 그것은 진짜가 아닌 가짜, 자기 기만적이고 자기 모멸적인 것, 둘째 싸구려에다 더러운 것, 셋째 쓰레기에다 허위적이고 표피적인 것, 넷째 자기 과시적이고 부도덕한 것 등으로 간주될 수 있다. 키치의 어원을 통해 알 수 있는 것은 그것이 얼마나 부정적인 의미를 지니고 있는 대상인가 하는 점이다. 키치의 부정성은 지금까지도 계속되고 있는 중요한 한 현상이다. 이 사실은 키치가 비록 부정적으로 인식되고 있기는 하지만 인간의 삶의 조건을 드러내는데 필수불가결한 것임을 잘 말해준다. 따라서 키치라는 현상을 독일이나 유럽사회에만 국한된 현상으로 간주해서는 안 된다는 것이다. '키치라는 개념, 키치와 결합된 인간의 행동 양식 그리고 더 나아가서는 키치에 의해 창조된 미적인 제품 모두가 세계 도처에서 발견되는 한 현상으로 이해해야 한다'[11]는 것이다.

키치 현상의 이러한 보편성은 발생 조건 혹은 발생 시기의 보편성을 의미하는 것이다. 키치는 "시민사회의 문명이 발전하는 과정에서 격렬한 기세로 등장했으며, 그 시기는 그 사회가 풍요로워지기 시작한 시기와 일치"한다. 일단 "사회가 풍요로워지면 욕구보다도 욕구를 충족시킬 수단이 많아지게 되며, 그 결과 일부에서는 장식이나 부록 같은 무상행위가 나타나"게 된다. 이러한 상황 속에서 "시민계급이 자신들의 논리와 규범을 예술작품의 생산에도 적용하고자 했을 때 거기에서 키치가 등장하"[12]는 것이다.

---

3 · 4호, 1984, 24쪽.

10 Gilbert Highet, "Kitsch", *A Clerk of Oxenford*, New York : Oxford University Press, 1954, p.211.

11 아브라함 몰르, 엄광현 역, 『키치란 무엇인가?』, 시각과 언어, 1995, 10쪽.

12 아브라함 몰르, 위의 책, 11쪽.

시민사회의 풍요와 발전은 국가에 따라 시간적인 편차가 있지만 이것과 키치의 등장과는 불가분의 관계에 있음을 알 수 있다.

키치는 시민사회 풍요의 산물이지만 그것은 단순히 주어지는 것이 아니다. 키치는 시민계급의 논리와 규범에 의해 만들어지는 것이다. 이런 점에서 키치는 구체적인 사물이나 양식이 아니다. 키치는 인간이 사물과 맺는 관계의 한 유형이다. 인간은 나쁜 취미 대상들을 생산하고 소비하며, 그 속에서 어떤 정서나 욕구를 드러낸다. 이것은 키치가 인간 존재방식의 한 유형에 가깝다는 것을 의미한다. 키치에서 인간 존재방식을 문제 삼는 것은 곧 키치적 태도를 부각시키는 것에 다름 아니다. 바로 이러한 키치의 객관화된 형태가 키치의 양식이 되는 것이다. 키치가 나쁜 취미 대상과의 관계를 통한 그것의 생산과 소비, 태도, 정서, 욕구나 요구 차원까지 포괄하는 개념이라는 사실은 키치 연구가 중층성을 띨 수밖에 없다[13]는 것을 말해준다.

키치의 중층성은 그것과 관련된 담론들이 논쟁의 성격을 지닌다는 것을 의미한다. 키치와 관련된 논쟁은 상당히 포괄적이긴 하지만 단순화시켜 보면 그것은 키치가 가지는 부정성에 대한 탐색에서 비롯된다고 할 수 있다. 키치의 부정성은 이미 어원의 발생 과정을 통해 드러난 사실이지만 그것이 보다 본격적으로 담론화된 것은 모더니즘과의 관련 속에서이다. 모더니즘은 소수 엘리트 지향적인 예술이다. 모더니즘은 객체보다는 주체, 외적 경험보다는 내적 경험, 집단의식보다는 개인의식을 강조한다. 이렇게 함으로써 모더니즘은 예술가의 창조성 혹은 창조적인 예술가의 개념을 확립하기에 이른다. 개별화된 주체의 창조성을 강조한다는 것은 그것이

13 김소연, 앞의 글, 26쪽.

차이를 통한 소수 엘리트주의를 지향하고 있다는 것을 의미한다. 소수 엘리트들만을 위한 예술을 위한 예술, 난해성, 비역사성, 비정치성, 권위주의, 보수성 등이 모두 모더니즘의 이런 지향성과 관련이 있다.

모더니즘의 소수 엘리트 지향성은 결국 예술에서의 대중의 배제와 소외로 드러난다. 대중은 산업사회의 도래와 함께 도시에 이주한 프롤레타리아나 소부르주아 계급을 가리킨다. 이들은 부르주아들과는 다른 취향과 문화를 가지게 되면서 여기에 적합한 욕구를 드러내게 된다. 이러한 이들의 문화적 욕구를 위해 탄생한 것이 키치인 것이다.[14] 이들의 문화적 욕구는 고상함이라든가 진지함, 난해함과는 거리가 먼 지극히 통속적이고 가벼우면서도 쉽고 재미있는 것을 추구하기에 이른다. 이처럼 키치는 대중의 일차적인 욕구를 충족시켜주는 문화 양식인 것이다. 이것은 키치가 욕구 대상에 관심이 있다는 것을 의미하는 것은 아니다. 키치가 진정으로 관심을 두는 것은 욕구 대상이 아니라 욕구 그 자체이다. 키치에서는 "작품 그 자체에 내재한 완결성이나 심미적 가치는 무의미한 것"이 된다. 즉 "작품 자체에 대한 관심은 지엽적인 것이 되고 예술 작품은 단지 자기 감상을 위한 하나의 기회로 전락하게 되는 것"[15]이다.

키치의 이러한 대중성은 소수 엘리트성을 지향하는 모더니즘 입장과는 대립한다. 모더니즘 입장에서 보면 키치는 진정한 예술을 위협하고 위기로 내모는 나쁜 예술(bad art)인 것이다. 프롤레타리아와 소부르주아의 부상은 곧 부르주아 계급의 불안을 증폭시켰고, 그 대안으로 계급 내의 체제와 의식을 새롭게 하려는 새로운 문화운동으로서 아방가르드를 탄생시킨

14 박일호, 「진지한 예술과 키치」, 『美學』 제52집, 2007. 12, 153쪽.
15 조중걸, 『키치, 우리들의 행복한 세계』, 프로네시스, 2007, 57~58쪽.

다. 모더니즘 특히 아방가르드는 이러한 역사적인 맥락에서 키치와 충돌한다. 하지만 그 충돌은 상호간의 전적인 배제를 의미하지는 않는다. 이 둘은 상호간에 전적으로 배제할 수 없는 모더니티라는 공통분모를 내재하고 있기 때문이다.

모더니티의 차원에서 보면 아방가르드와 키치는 서로 대립하면서 통합된다. 아방가르드는 미적 모더니티를, 키치는 기술적인 모더니티를 기반으로 한다. 아방가르드는 키치의 기술적 모더니티와의 야합을 경계한다. 그 이유는 기술적 모더니티가 개인의 주관적 시간을 불가능하게 하기 때문이다. 개인의 주관적 시간은 자아를 무한히 확대하려는 충동과 관련된 것으로 이것은 인습적이고 상투적인 질서에 대한 분노 혹은 저항을 드러낸다.[16] 이러한 논리는 기술 합리성이 인간의 자율성을 속박한다는 미적 모더니즘의 관점을 반영한 것으로 볼 수 있다. 그러나 여기에서 한 가지 주목해야 할 것은 아방가르드에서 경계한 기술적 모더니티가 이후의 아방가르드를 가능하게 한 핵심 요소라는 사실이다. 기술의 발달로 아방가르드 예술은 사라진 것이 아니라 새로운 예술의 형식으로 재탄생된다. 벤야민의 '기술복제시대의 예술'이 잘 말해주듯이 기술은 예술을 탄생시키는 수단으로 작용하면서 사진, 만화, 광고, 영화 같은 새로운 예술 양식을 생산하기에 이른다.

이렇게 기술을 수단으로 하여 생산된 양식은 아방가르드적이면서 키치적인 특성을 지닌다. 가령 앤디 워홀의 「마릴린 먼로」나 리히텐슈타인의 「행복한 눈물」 같은 팝아트들은 복제기술이 발달하지 않았다면 탄생 자체

16 이승훈, 앞의 책, 171쪽.

가 불가능한 예술 작품이라고 할 수 있다. 이 작품들은 기존의 예술 형식을 과감하게 해체하고 있다는 점에서 아방가르드적이지만 복제기술을 수단으로 하고 있다는 점, 소재가 대중스타와 만화 같은 대중에게 익숙한 이미지와 조형방법을 사용하고 있다는 점에서 키치적이다. 하나의 작품 안에 문화산업의 저급하고 통속적인 이미지가 하나의 소재로 수용되어 재맥락화 혹은 갱신의 과정을 거쳐 아방가르드적인 작품이 탄생한다는 것은 둘 사이의 경계를 명확하게 구분 짓기가 어렵다는 것을 말해준다.

어떤 시각에서 보느냐에 따라 아방가르드와 키치는 분리될 수도 있고 또 통합될 수도 있는 것이다. 아방가르드를 전위, 키치를 후위라고 하여 둘을 대립시킨 그린버그(Clement Greenberg)의 관점이 있을 수 있고, 키치가 보여주는 열악한 취미가 고상한 취미라는 문학적 인습을 전복시키려는 의도를 역설적으로 내포하고 있는 길버트 하이트(G. Highet)의 관점이 있을 수 있으며, 미적 전복성과 반어적 목적 때문에 아방가르드는 키치에 관심을 두며 키치는 미적으로 보수적인 목적을 위해 아방가르드적 창조과정을 이용한다는 칼리니스쿠(M. Callinescu)의 관점이 있을 수 있다. 그린버그의 관점은 분리를, 하이트와 칼리니스쿠의 관점은 통합을 겨냥하고 있다고 할 수 있다. 하지만 분리든 통합이든 중요한 것은 이 둘이 서로 긴밀한 관계를 유지하고 있다는 점이다. 따라서 이 둘을 분리나 통합 어느 한 쪽을 선택하여 논의할 것이 아니라 둘 사이의 긴장 속에서 논의를 전개하는 것이 좋을 것 같다.

아방가르드와 키치를 통해 드러나듯 키치와 다른 예술 사이의 경계 해체에 대한 탐색은 대중문화의 지배력에 비례해 점점 확산되고 있는 것이 사실이다. 특히 포스트모더니즘과 키치와의 관계는 아방가르드와 키치의 그것 못지않게 많은 논란을 불러일으키고 있다. 아방가르드 예술에도 키치가 수용되듯이 포스트모던 예술에도 마찬가지이다. 포스트모더니즘 예술은 모더니즘이 가지는 진리, 자율성, 중심 등의 현존을 부정한다. 그 방법 중의 하나가 패러디와 패스티쉬이다. 이것은 키치의 특성인 '절충주의'와의 관련성을 드러낸다. 따라서 이 둘의 관계를 다음과 같이 규정하는 것은 애매한 구석이 있다.

> 포스트모더니즘 키치는 이미지들의 차용, 전통적인 구분의 탈피, 다양한 매체들 간의 혼합과 같은 방식들이 하나의 새로운 의미를 창출해내기 위해 차용되어지지 않을 때 생겨난다. 즉 포스트모더니즘적 키치는 이미지들의 무절제한 차용, 전통적 구분들의 의도적인 파괴, 다양한 매체들의 혼합 그 자체에만 머물고, 그것들을 통해 혼란스럽게 만들고 해체적 분위기를 흉내내려 할 때 만들어진다. (…중략…) 팝아트와 마찬가지로 포스트모더니즘 미술에는 대중매체나 일상생활 속의 순간적 인상들을 지배하는 요소들이 등장한다. 그렇지만 그것들 속에 있는 키치적 요소의 원리들은 포스트모더니즘 작품에서 새롭고 복합적인 맥락으로 통합되어 있어 새롭고 아이러닉한 의미들을 획득하게 된다. 이런 맥락에서 포스트모더니즘 작품은 키치와는 달리 해석을 필요로 한다. 심지어 어떤 포스트모더니즘 비평가는 작품은 해석이다라고 주장한다. 즉 작품에 있는 모든 것은 해석들일 뿐이라고 말한다. 이런 점에서 포스트모더니즘 작품들은 키치와는 다르다.[17]

키치와 포스트모더니즘이 '의미의 창출', '해체와 모방', '해석'의 차원에서 구분이 가능하다는 논리는 포스트모더니즘을 모더니즘과의 연속성의 측면에서 바라보고 있다는 증거이다. 포스트모더니즘을 모더니즘과의 단

---

17 박일호, 앞의 글, 174쪽.

절의 측면에서 보면 여기에는 아무런 목적 없는 표피적인 모방, 텅 빈 신념, 무작위성과 우연성의 논리와 키치적 특성이 내재해 있음을 알 수 있다. 이것은 포스트모더니즘을 부정적인 측면에서 바라보는 그린버그의 경우에도 잘 드러난다. 그는 모더니즘이 "마네 및 인상주의와 함께 태어난 이래 예술영역에서 나쁜 취미 또는 키치의 잠식에 대항하는 영웅적인 투쟁을 벌여왔다"고 주장한다. 이에 반해 포스트모더니즘은 "세련된 전진으로 위장하면서 예술의 통합성에 도전하고 있는 상업적인 나쁜 취미를 칭하는 가장 최근의 이름일 뿐"[18]이라고 말한다. 그린버그는 포스트모더니즘을 '상업적인 나쁜 취미' 곧 키치와 다를 바 없는 것으로 인식하고 있는 것이다.

아방가르드와 키치, 포스트모더니즘과 키치의 관계는 한국 현대시에서의 키치를 이해하는데 기본적인 토대를 제공할 것이다. 한국 현대시에 드러난 키치는 이 모든 요소들이 뒤섞여 있다. 따라서 이런 논의 과정 없이 키치를 해석해버리면 그것의 실체가 제대로 드러나지 않을 것이다. 대중문화의 시적 수용이 1970년대 이후 계속되어 왔음에도 불구하고 여기에 대한 깊이 있는 논의가 이루어지지 않은 데에는 사회적인 분위기 이외에도 이러한 미학 전반에 대한 통찰의 어려움이 작용한 것으로 볼 수 있다. 키치에 대한 미학적인 통찰은 문학을 넘어서는 문화 혹은 대중문화의 영역 전반에 대한 이해가 전제되어야만 가능한 일이다.

---

18 M. 칼리니스쿠, 이영욱 외역, 『모더니티의 다섯 얼굴』, 시각과언어, 1993, 353쪽.

3. 아방가르드와 키치 사이

한국시사에서 본격적으로 대중문화의 이미지를 시에 수용한 것은 80년대 황지우와 오규원이다. 황지우의 『새들도 세상을 뜨는구나』(1983), 『겨울—나무로부터 봄—나무에로』(1985)와 오규원의 『가끔은 주목받는 생이고 싶다』(1987)는 언어에 대한 실험과 해체의 방식을 통해 사회 비판적인 메시지를 지적으로 보여주고 있는 시로 평가되고 있지만 기실 그것의 시사적인 의미는 여기에 머무는 것은 아니다. 이 시집들의 의미는 시와 문화 혹은 시와 대중문화의 차원에서 새롭게 조명할 때 그 시사성이 좀 더 온전히 드러나리라고 본다. 이 시집들은 모두 후기 자본주의 사회의 생산과 소비의 양식을 시 속에 적극적으로 수용하여 그것을 재맥락화하고 있다는 점에서 공통점을 드러낸다.

황지우는 TV 연속극 안내문이나 만화, 신문 기사, 광고 등을 콜라주와 몽타주 기법을 통해 억압적인 정치 현실에 의해 조장된 소비문화를 과감한 형식 파괴의 방식으로 비판한다. 그가 보여주고 있는 형식 파괴의 정도는 아방가르드적인 전위에 가깝다. 이것은 그의 시가 대중문화 이미지들을 수용하고 있지만 그것과의 화해보다는 비판을 겨냥하고 있다는 것을 의미한다. 시인은 대중문화 이미지들을 적극적으로 향유한다기보다는 끔찍한 모더니티의 해체를 위해 그것과 비판적인 거리를 유지하고 있다고 할 수 있다. 과격한 재맥락화를 통한 전위의 예각화는 "전통미학에 의해 재생될 수도 있는 자본주의 이데올로기를 해체하는 데 기여하"[19]고 있다는

19 이상진, 「한국 현대 소비문화에 대한 시적 대응양상 연구」, 대구대 박사논문, 2005, 70쪽.

점에서 강한 정치성을 띤다. 시인의 이러한 시적 태도는 모더니즘이 가지는 한계를 극복하기 위해 탄생한 아방가르드의 예술 정신을 계승하고 있는 것으로 볼 수 있다.

오규원 역시 후기 자본주의 사회의 다양한 대중문화 이미지를 시에 수용하여 그것을 재맥락화하고 있다. 이 과정에서 그가 즐겨 사용하는 재맥락화의 방식은 레디 메이드(ready made)와 패러디(parody)이다. 레디메이드는 팝아트의 한 방식이다. 이미 만들어진 것(기성품)을 단순히 가져다 쓰는 것이 아니라 그것을 자신의 기지와 상상력으로 선택, 재구성하는 것이다. 레디메이드는 대중 매체를 통해 대중에게 익숙한 이미지와 익숙한 조형 방법임에 틀림없지만 선택과 재구성이라는 해석을 필요로 한다는 점에서 그것이 키치를 만들어낸다고는 할 수 없다. 시인 역시 이점을 분명히 하고 있을 뿐만 아니라 팝아트에서의 레디메이드와 시에서의 그것을 동등한 것으로 보지 않고 있다. 시인은 '뒤샹의 공간이동'이나 '리히텐슈타인의 모사'를 '예술행위 혹은 예술적 대상이라는 관념에 대한 반성의 논리적 세계'로 인정하면서도 '대상이라는 한 실체에 관한 창조적인 세계'로는 보지 않는다. 이들 작품이 가지는 창조성의 부재를 시인은 그림이나 조각이 가지는 매체적인 특성에서 찾는다. 그림이나 조각은 '문자언어'로 이루어진 시에 비해 '비판적 혹은 해석적 의미가 훨씬 약하게 드러난다'[20]는 것이다. 이러한 사실은 그가 레디메이드를 단순한 '암시적 효과를 위한 수단이 아니라 시적 대상으로 사용하고 있다는 것'[21]을 말해준다. 그만큼 그의 레디메이드는 해석의 여지가 은폐되어 있다.

---

20 오규원, 「인용적 묘사와 대상」, 『문예중앙』, 1987 겨울호.
21 이남호, 「자유와 부정과 사실에의 충실」, 『文學의 僞足』, 민음사, 1990, 129쪽.

레디메이드된 대상들을 재맥락화하는 방식 중의 하나가 패러디이다. 그의 시에서 패러디가 문제가 되는 것은 레디메이드에서도 드러난 것처럼 그의 재맥락화가 보여주는 특성이 모방 대상에 대한 비판과 반성을 내포하고 있기 때문이다. 이 점이 바로 모방의 동기도, 모방하는 대상을 비판하거나 풍자하려는 의도도 없는 패스티쉬와는 다른 것이다. 그의 시에서 패스티쉬의 방식이 전혀 드러나지 않는 것은 아니다. 그의 시 「제라늄, 1988, 신화」를 보면 레디메이드된 여러 광고 문안들이 혼합되어 있어서 그것을 모방하려는 의도나 목적이 부재한 패스티쉬를 연상시킨다. 하지만 조금만 섬세하게 행간을 살펴보면 이 시가 겨냥하는 세계가 패스티쉬가 아니라 패러디라는 것을 알 수 있다.

드봉 미네르바
브라 스스로가 가장 아름다운 바스트를 기억합니다
비너스 메모리브라
　　　　　국회의원 선거 이후 피기 시작한
　　　　　아이비 제라늄이 4, 5월이 가고
꽃과 여인, 아름다움과 백색의 피부,
그곳엔 닥터 벨라가 함께 갑니다. 원주통상
　　　　　6월이 되었는데도 계속 피고 있다
착한 아기 열나면 부루펜시럽으로 꺼주세요
　　　　　여소야대 어쩌구 하는 국회가
까사렐 ― 빠리쟌느의 패셔너블센스
　　　　　개원되고 5공비리니 광주특위의
사랑의 심포니 ― 상일가구

말의 성찬이 6월에서 7월로 이사하면서[22]

— 오규원, 「제라늄, 1988, 신화」 부분 인용

내어 쓴 부분은 광고 문안들이고, 들여 쓴 부분은 정치 현실을 진술한 것들이다. 병렬적으로 나열된 이 두 부분을 겹쳐 읽으면 '말의 성찬에 불과한 일상의 광고들처럼 정치 현실도 실속 없는 언어들이 남발되는 현장'[23]에 불과하다는 해석이 가능하다. 우리의 정치 현실을 광고 언어로 치환함으로써 그것이 지니고 있는 과장되고 허황된 세계를 적나라하게 폭로하고 있는 것이다. 이것은 이 시가 모방 대상에 대한 비판과 풍자를 목적으로 하고 있다는 것을 잘 말해준다. 이런 점에서 볼 때 시인은 모더니즘 그 중에서도 아방가르드의 전위에 있는 패러디스트라고 할 수 있다.

황지우와 오규원의 전위성은 흔히 후위의 미학이라고 하는 키치의 존재를 질적인 차이로 인식한 결과이다. 이들이 비판하고 풍자하려고 한 궁극적인 대상은 후기 자본주의 사회의 소비문화이고 그것을 제도화하고 구조화한 자본주의 이데올로기이다. 이들이 보기에 키치는 자신들이 비판하고 풍자하려고 한 대상과 야합한 저속하고 상투화된 부정의 산물인 것이다. 비록 키치적인 양식들을 시 속에 수용하기는 했지만 그것의 목적은 화해가 아니라 그것들을 이용한 아방가르드적인 미적 전복과 반어에 있는 것이다. 키치적인 양식들은 비심미적이고 상투적인 속성을 지니고 있기 때문에 이것을 전복시키면 반어나 역설에서 비롯되는 미적 효과를 극대화할 수 있는 것이다.

---

22 오규원, 『오규원 시 전집 2』, 문학과지성사, 2002, 58쪽.

23 정끝별, 「서늘한 패러디스트의 절망과 모색」, 『오규원 깊이 읽기』, 문학과지성사, 2002, 233쪽.

그러나 키치가 보여주는 나쁜 취미가 고상한 취미라는 문학적 인습을 전복시키려는 의도를 내포함으로써 미적인 효과를 창출한다는 논리는 결국 나쁜 취미를 어떻게 보여주느냐의 문제로 귀결된다는 것을 의미한다. 나쁜 취미를 좋게 보여주는 것이 아니라 나쁘게 보여줌으로써 그 효과를 극대화할 수 있는 것 아닌가. 그렇다면 어떻게 나쁘게 보여줄까? 다시 말하면 어떻게 키치적으로 보여줄까? 적어도 이 문제에 있어서는 오규원이나 황지우보다 장정일이나 유하가 여기에 더 근접해 있다고 할 수 있다. 이것은 시인과 키치적 대상과의 거리를 통해서도 알 수 있다. 황지우나 오규원보다 장정일이나 유하의 거리가 훨씬 가깝다. 이들의 경우 시 속의 화자들은 그 대상 속으로 보다 가까이 들어가 그것들의 양태를 적극적으로 모방한다. 시인이 키치의 세계와 늘 일정한 거리를 유지하는 것이 아니라 그 속에 밀착해 들어가 그것을 직접 향유하는 것이다.

향유의 차원에서 장정일은 키치의 세계에 대한 화해를 넘어 어떤 욕구나 욕망을 강하게 드러낸다. 이것은 시인이 가지는 강한 유희성 때문이다. 시인의 유희성은 『아담이 눈 뜰 때』(1990)에서 '뭉크 화집과 글 쓸 타자기 하나를 위해 자기 몸뚱어리를 유기해버리는 아담'과 『너에게 나를 보낸다』(1992)에서 '주체 사상과 포르노를 결합'하거나 '타자기 두 대를 마주 놓고 수음을 즐기'는 이 놀라운 아담의 후예들의 상상력을 통해 강렬하게 표출된 바 있다. 이 유희성은 그대로 「샴푸의 요정」으로 이어진다.

> 옷을 벗는 요정. 담뱃불 자국이 송송한 소파에
> 비스듬이 눕는 요정. 신비스레 신비스레
> 가라앉는 요정. 뜨거운 입술로

이리 오세요 예쁜 아기, 속살거리는 요정
환영이 들끓는 밤 열두시, 이윽고 샴푸의 요정은
그의 머리를 끌어당겨
냄새를 맡아본다. 제가 권한 것을 쓰셨겠지요
물론 그리 하셨겠지요?
(…중략…)
꿈에서 깨어나
사내는 타자기를 두드려댄다.[24]

— 장정일, 「샴푸의 요정」 부분 인용

이 시가 키치적인 것은 대상에 대한 욕구가 최종적인 목적이 아니라 욕구 자체가 최종적인 목적이기 때문이다. 이 시의 전반부에서는 사내의 욕구의 대상이 "샴푸의 요정"임을 알 수 있다. 하지만 중략 이후를 보면 그것이 '사내 자신'임을 알 수 있다. 키치가 진정으로 키치인 것은 "그것이 대상에 대한 직접적인 욕구를 불러일으켜서가 아니라, 예술 감상의 정서가 작품 그 자체로부터 감상자의 내면으로 옮겨가도록 조장하기 때문"[25]이다. 따라서 이 시에서는 욕구의 대상인 "샴푸의 요정"에 대한 어떤 비판이나 희화화도 드러나지 않는다. 다만 이 시가 어떤 비판이나 희화화를 드러낸다면 그것은 소비 사회에서의 상품에 대한 충족되지 않는 욕구나 욕망을 지닐 수밖에 없는 '키치맨'[26]으로서의 사내에게서이다.

키치와 관련해서 볼 때 한국시사에서 가장 문제적인 시인은 유하라고

24 장정일, 『햄버거에 대한 명상』, 민음사, 1987, 58~59쪽.
25 조중걸, 앞의 책, 57쪽.
26 M. 칼리니스쿠, 앞의 책, 316~320쪽.

할 수 있다. 그가 문제적인 것은, 그가 "키치 중독자이며, 키치 반성자"[27]이기 때문이다. 황지우와 오규원은 키치 중독 없는 키치 반성자였고, 장정일은 키치에 대한 중독도 또한 반성도 모두 뭉크 화집과 타자기로 표상되는 심미적인 유희 추구 속에서 이루어졌다. 하지만 유하는 키치와 진정으로 몸을 섞음으로써 그 두 가지를 모두 성취하기에 이른다. 먼저 그의 키치 중독은 『武林일기』(1989)를 시작으로 『바람부는 날이면 압구정동에 가야 한다』(1991)와 『세운상가 키드의 사랑』(1995)을 거쳐 『천일馬화』(2000)로 이어진다. 이 과정에서 그는 만화, 만화 영화, 프로 레슬링, 무협소설, 무협시, 영화, 삼류 포르노 영화, 삼류 포르노 소설, 마분지 소설, 재즈, 뽕짝, 팝송, TV 광고, 경마 같은 다양한 키치적인 양식들을 즐긴다. 이 양식들은 모두 자본주의 사회로 진입하면서 생산된 대중적인 향유물들이다.

이러한 체험은 유독 유하에게만 국한된 것은 아니다. 황지우 역시 "내 걸신들린 사춘기를 키운 것은 바로 몇 권의 값싼 에세이집들, 다이어리와 라디오" 같은 "근대의 모조품들, 키치"였다고 고백한다. 하지만 그는 이러한 키치를 "그 당시 군사적인 근대화 작전에 병발하여 나온 급한 결과들, 혹은 덜 익은 과실들 가운데 하나"로 간주한 뒤 그러한 "키치들을 즐기고 이내 버린"다. 그리고 그는 이 키치가 자신의 "계몽의 계기"가 되었으며, 이런 점에서 그것이 자신의 "모더니티의 기원"[28]이라고 말한다. 그의 고백을 통해 알 수 있는 것은 키치에 대한 체험에 있어서 태도가 중요하다는 사실이다. 키치적 태도에 따라 키치 중독자도 되고 또 키치 반성자도 된다는

27 김현, 「키치 비판의 의미」, 『武林일기』, 중앙일보사, 1989, 144쪽.

28 황지우, 「격류 위의 나뭇잎 : 모더니티, 대중문화사회, 시」, 『경계를 넘어 글쓰기』, 민음사, 2001, 506~507쪽.

것이다. 황지우가 키치 중독자가 되지 못하고 키치 반성자가 된 이유가 바로 여기에 있다.

황지우처럼 유하의 사춘기를 키운 것 역시 키치이다. 유하는 스스로를 '세운상가 키드'라고 명명한다. 세운상가는 어떤 곳인가? 세상의 온갖 키치들이 모여 있는 곳이다. 특히 이곳에는 시간의 무게에 짓눌리고, 이미 그 시효가 끝난 키치들이 골동품이 되어 뒤섞여 있는 그런 곳이다. 그가 이곳을 추억하는 것은 여기에 모여 있는 키치들이 자신이 유년시절과 청년시절에 향유한 것들이기 때문이다. 황지우는 이것들에 환멸에 가득 찬 시선을 보낸 다음 한 치의 망설임도 없이 그것들을 버린다. 하지만 유하는 여기에 환멸 대신 한없는 애정을 표한다.

> 흠집 많은 중고 제품들의 거리에서
> 한없이 위안받았네 나 이미, 그때
> 돌이킬 수 없이 목이 쉰 야외 전축이었기에
> 올리비아 하세와 진추하, 그 여름의 킬러 또는 별빛
> 포르노의 여왕 세카, 그리고 비틀즈 해적판을 찾아서
> 비틀거리며 그 등록 거부한 세상을 찾아서
> 내 가슴엔 온통 해적들만이 들끓었네
> 해적들의 애꾸눈이 내게 보이지 않는 길의 노래를 가
> 르쳐주었네[29]
>
> — 유하, 「세운상가 키드의 사랑 1」 부분 인용

29 유하, 『세운상가 키드의 사랑』, 문학과지성사, 1995, 92쪽.

키치적인 양식들에 위안을 받고, 심지어는 자신의 길을 암시받았다고 시인은 고백한다. 시인에게 키치는 하나의 삶의 양식이었던 것이다. 이것은 시인이 키치적 양식들을 반성에 앞서 먼저 향유한다는 것을 말해준다. 그의 향유의 정도는 중독에 가깝다. 이것은 그가 향유한 키치적 양식들의 다양함과 지속성을 통해서도 드러나지만 무엇보다도 중요한 것은 매체가 다른 레디메이드된 양식들을 시의 양식으로 재구성하는 방식에서 더 잘 드러난다고 할 수 있다. 오규원의 지적처럼 시는 미술이나 조각과 매체가 다르기 때문에 레디메이드를 재구성하는데도 일정한 차이를 드러낼 수밖에 없다. 후기 산업사회로 들어서면서 레디메이드된 양식들이 영상매체가 생산한 것이기 때문에 사진이나 이미지가 대부분이며 그것을 수용하는 과정에서 미술이나 조각은 시보다 훨씬 원본에 충실할 수 있다. 오규원은 이것을 비판과 해석의 차원에서 바라본 다음 시가 미술이나 조각보다 그것들이 훨씬 강하게 드러난다는 결론을 내린다. 문자와 영상의 차이를 고려한다면 그의 이러한 견해는 충분히 수긍할 만한 여지가 있다.

그러나 이것이 곧 키치적 양식들을 시적으로 재구성해 내는 것이 불가능하다는 것을 의미하는 것은 아니다. 그 가능성을 유하가 보여주고 있다. 재구성의 과정에서 문제가 된 것이 언어라는 것은 그 언어에 해결의 방법이 존재한다는 것을 의미한다. 유하는 시의 언술을 통해 그것을 구현해 내고 있다. 그의 시의 언술은 곧 '키치적 언술'인 것이다.

> 당금 무림계는 폭풍전야처럼 조용하다
> 불초의 최루장풍을 받아보시오 펑— 으악—
> 지랄장풍의 맛은 어떻소이까 펑— 으악—
> 껄껄 각구목 검법이다 앗, 저건 곤봉초식!

기실 무공을 모르는 무림의 그외 다수들은
그동안 사대문파를 비롯한 흑백양도의 검객들
제 잘난 맛에 휘두르는 장풍과 칼부림 속에서 얼마나
새우등 터지듯 안녕하셨던가
내공이 삽갑자가 넘는 절정고수가 탁 손뼉을 치니
억, 진기가 격탕되어 죽고
달마대사의 금강장보다 더 독랄한 최루직격장에 산
화하고[30]

— 유하, 「空心大師」 부분 인용

강시의 핍박을 받은 피해자들이 항의차 그들의 지존
을 찾아가면,
범상한 필부의 얼굴을 한 지존은
겸손하고 온화한 자태로 쾌소를 날린다
허허, 우리 아이들이 너무 경거망동한 것 같소이다
뭣들하느냐, 정중히 모시지 않고
함과 동시에 전음입밀의 수법으로
환영대법을 펼쳐 탈혼강시들에게 명령한다
오늘 오신 분들을 정중히 척살하라![31]

— 유하, 「강시천하」 부분 인용

무협소설의 언술을 시로 재구성한 작품이다. 시의 언술이 무협소설의 언술을 차용하고 있다고 볼 수 있다. '무림계', '장풍', '검법', '내공', '진기',

30 유하, 『武林일기』, 중앙일보사, 1989, 39쪽.
31 유하, 위의 책, 42쪽.

‘격탕’, ‘전음입밀’, ‘척살’ 등 무협의 일상어들이 자연스럽게 사용되고 있고, 허황되고 과장되어 보이는 어투와 다소 도식적이고 상투적인 포즈와 그 속에 내포된 긴장, 속도감 있는 사건 진행과 거듭되는 반전 등 무협의 기본 구조가 그대로 드러나 있다. 마치 무협소설 한편을 읽고 있는 듯한 재미를 체험하게 되는 것이다. 이것은 기본적으로 시인이 무협소설이라는 키치적 양식을 차용한데서 기인한 것이지만 그것보다 더 중요한 요인은 무협소설을 무협소설답게 재구성할 수 있는 시인의 키치적 언술 능력 때문이다. 무협소설을 그대로 모사한다고 해서 이러한 재미를 주는 것은 아니다. 여기에서의 재미는 무협소설을 무협소설로서 읽어내고 그것을 시적 언어로 재현해 낸 시인의 기지와 상상력 때문에 가능한 것이다.

시인의 키치적 언술 능력은 무협소설처럼 문자로 된 양식을 차용함으로써 이루어지기도 하지만 영화나 광고처럼 영상으로 된 양식을 차용함으로써 이루어지기도 한다. 그러나 두 양식 모두 시인의 키치적인 언술의 묘미를 필요로 한다는 점에서 크게 다르지 않다고 할 수 있다. 어떤 키치적 양식이든지 시인의 언술을 통하기만 하면 그것은 여지없이 아주 흥미진진한 키치의 세계를 드러낸다. 가령 「프로레슬링은 쇼다!」를 보면 프로레슬링보다 오히려 시인의 그것에 대한 언술이 더 흥미진진하다.

> 박통시절, 박통터지게 인기있었던 프로레슬링
> 김일의 미사일 박치기에 온국민이 들이받쳐서
> 박통 터지게 티브이 앞에 몰려들던 프로레슬링
> 흡혈귀 브라쉬
> 인간산맥 압둘라 부처

전화번호부 찢기가 전매특허인 에이껭 하루까
필살의 십육문 킥 자이안트 바바
빽드롭의 명수 안토니오 이노끼
그 세계적인 레슬러들을 로프반동
튕겨져 나오는 걸 박치기! 당수![32]

— 유하, 「프로레슬링은 쑈다!」 부분 인용

이 시의 재미는 우선 그 말의 운용에 있다. "박통시절"을 "박통 터지게"와 연결한 것이라든가, 레슬링 선수들의 무시무시하고 위악스런 닉네임을 연이어 여럿 나열한 것, 그리고 그 무시무시하고 위악스러운 것이 박치기와 당수로 급전되는 말의 운용 등은 다채로움(variety)에서 오는 재미와 즐거움을 제공한다. 이것만으로도 이 시는 충분히 재미있고 또 즐겁다. 하지만 이 시의 재미와 즐거움은 여기에만 있는 것은 아니다. 이 시를 읽고 즐거운 것은 '박통시절'과 '레슬링'을 연결하면서 느끼는 일종의 배설의 즐거움에서 오는 쾌감 때문이라고 할 수 있다. '박통터지다'에서 '박통'은 '박(식물)'일 수도 있고 또 '박정희'일 수도 있다. 따라서 '박통터지다'는 '박정희가 터지다'의 의미로 해석될 수도 있는 것이다. 그렇다면 어떻게 터지는가? 바로 '박치기'와 '당수'로 터지는 것이다. 이때 그를 가격하는 주체는 그 프로레슬링을 "박통터지게" 보는 "온국민"이 되는 것이다.

그런데 시인은 갑자기 "프로레슬링은 쇼"라고 말한다. 이렇게 되면 때리는 "온국민"도 터지는 "박통"도 모두 쇼를 하고 있는 것이다. 왜냐하면 정치는 "박통"만 하는 것이 아니라 "온국민"도 함께 하는 것이기 때문이다.

---

32 유하, 위의 책, 57쪽.

이런 맥락에서 시인은 "그의 정치도 친애하는 국민 여러분들도, 실은 쑈쑈쑈였다!"고 말한다. 이것은 프로레슬링이 단순한 카타르시스가 아니라 자기비판과 자기반성의 의미를 함축하고 있는 단어라는 것을 말해준다. 프로레슬링처럼 그의 시의 언어들은 대부분 개인과 사회에 대한 알레고리적인 의미 구조를 지닌다. 하지만 프로레슬링과는 달리 알레고리적인 의미 구조가 표층에 그대로 드러나는 경우도 흔하다. '하남 대혈검', '무협신문', '개방대학', '무공과외', '최루장풍', '미란(靡爛)타', '이전벽해(李田碧海)', '장군본색' 등은 사회 현실에 대한 비판과 풍자의 의미를 단어의 표층에 투사함으로써 반성의 직접성을 강하게 환기시킨다.

그가 이렇게 키치 반성자가 되어 비판하고 풍자하려는 것은 무엇일까? 그것은 우선 키치를 양산하는 우리 시대의 자본과 권력이라고 할 수 있다. 자본과 권력은 그 속에서 살아가는 인간을 욕망의 존재로 만들어 버린다. '무림'과 '압구정동'으로 표상되는 세계에서 살아간다는 것은 결국 자본과 권력의 이면에 도사리고 있는 욕망의 구조를 몸에 익히는 것이다. "체제가 만들어낸 욕망의 통조림 공장인 압구정동"[33]에 들어가기 위해 여기에 맞는 몸과 이미지와 자본을 소유하려는 인간 군상들의 모습은 이제 낯선 풍경이 아니다. 이것은 마치 경마장에서 욕망에 사로잡혀 끝없이 달려야 하는 말의 운명과 같은 것이다. 이 세계에서의 욕망은 "속도를 만들고 속도는 다시 그 욕망을 욕망하는 기계를 생산한"[34]다.

시인은 이러한 욕망에 사로잡힌 자의 비극을 안다. 이 비극에 대한 불안

---

33 유하, 「바람부는 날이면 압구정동에 가야 한다 2」, 『바람부는 날이면 압구정동에 가야 한다』, 문학과지성사, 1991, 60쪽.

34 유하, 「마라톤 주자」, 『천일馬화』, 문학과지성사, 2000, 47쪽.

과 공포가 만들어낸 공간이 바로 '하나대'[35]이다. '하나대'는 '무림'이나 '압구정동'과는 대척점에 놓인 시공간이다. '하나대'는 "고향이나 유년 시절이 회귀의 지향점으로서 안온한 모성적 세계"이자 "우리들의 삶을 전체적으로 지배하고 있는 문명에 대한 대척점으로서의 자연"[36]이다. 그의 시에서 다소 나이브(naive)하게 보이는 '하나대'는 만일 우리가 키치 중독자이자 키치 반성자로서의 그의 존재를 모르면 제대로 그 의미를 파악할 수 없는 세계이다. 그가 키치 반성자가 아닌 중독자라면 '하나대'는 존재하지 않았을 것이다. 어쩌면 그의 키치 반성의 힘은 여기에서 비롯된 것인지도 모른다. 그러나 유하처럼 '하나대', 다시 말하면 자연에 대한 기억이 없는 시인들은 키치 반성의 힘을 어디에서 얻어야 할까? 문명의 발달은 우리를 점점 자연으로부터 멀어지게 하고, 그것이 생산한 키치는 점점 더 지배력을 확장해 가고 있는 상황에서 키치에 대한 반성은 진정 가능한 것일까? 아니면 키치에 대해 우리는 반드시 반성자가 되어야 하는가? 이러한 물음들은 한국 현대시의 미래를 위해서 한번쯤 제기할 수 있는 문제라고 할 수 있다.

4. 네오키치와 비심미성

한국 현대시에서 키치는 여전히 아방가르드의 범주 안에 있다. 키치의 양식들이 80년대 이후 우리 시에 수용되어 다양한 시적 형태를 생산해 왔

35 유하, 『바람부는 날이면 압구정동에 가야 한다』, 문학과지성사, 1991, 107∼140쪽.
36 박철화, 「'하나대'와 압구정동 사이의 긴장」, 『바람부는 날이면 압구정동에 가야 한다』, 문학과지성사, 1991, 143쪽.

음에도 불구하고 여전히 독립된 미학으로 존재하지 못하고 있다. 이것은 키치에 대한 인식이 부정적이라는 것을 의미한다. 키치는 모더니즘 혹은 아방가르드나 포스트모더니즘과 긴밀한 관계를 드러내고 있음에도 불구하고 늘 이들과의 관계에서 소외되어 온 것이 사실이다. 키치는 이들 미학의 존립 근거를 역설적으로 제공해 왔다. 키치와 이들 미학과의 차이를 부각시킴으로써 키치는 언제나 나쁜 예술(bad art)이 되어 온 것이다.[37]

이렇게 키치를 예술 자체를 위협하는 위험한 존재로 인식한다는 것은 여전히 키치를 심미성의 차원에서 바라보고 있다는 것을 의미한다. 모더니즘이나 아방가르드 그리고 포스트모더니즘 모두 심미성을 토대로 한 순수 예술일 뿐이다. 모더니즘이 가지는 한계를 극복하기 위해 출현한 포스트모더니즘 역시 그것이 궁극적으로 지향하는 것은 심미성의 해체이다. 해체는 파괴가 아니라 비판과 반성의 인식 방법이다. 모더니즘이 지니는 체계와 의미에 있어서의 인습에 대한 상투성의 파괴가 바로 포스트모더니즘인 것이다. 포스트모더니즘과 키치는 이 시대의 현실주의를 토대로 하고 있지만 그 근본은 다르다고 할 수 있다.

미술이나 조각에 비해 문학, 그 중에서도 시에서의 키치는 이러한 모더니즘과 포스트모더니즘의 심미성으로부터 어느 정도 자율성을 확보할 수 있을 지가 관건이다. 그림이나 영상에 비해 문자는 오성이나 이성의 영역에 가깝다. 시가 미술이나 조각에 비해 더 비판적이고 해석적일 수 있다고 말할 수 있는 근거가 바로 여기에 있다. 만일 시가 이런 특성을 탈각한다면 어떤 일이 벌어질까? 우리는 이러한 현상을 청소년 대상 시집이라고 하여

---

37 C. Greenberg, "Avant-Garde and Kitsch", *Pollock and After*, ed. by Francis Francina, New York : Harper and Row Publishers, 1985 참조.

출간된 시집들[38]에서 목도할 수 있다. 이 사실은 어쩌면 키치시가 "몇몇 신세대 시인들의 작업에서와는 달리 엉뚱하게 저 사춘기 청소년의 가슴 부푼 꿈으로부터 부풀어 오른"[39] 것인지도 모른다는 생각을 하게 한다. 과연 이 시들을 시라고 인정해 줄 수 있을까?

모더니즘이나 포스트모더니즘의 차원에서 보면 이 시들은 그야말로 쓰레기에 불과한 것이다. 이 시들은 심미성을 가장한 비심미적인 것일 뿐이다. 이런 시들이 시의 차원으로 편입되려면 심미성이라는 기준이나 평가를 통과해야 한다. 하지만 이 시들은 그렇게 해야 할 무슨 필연적인 이유가 없는 것이다. 이 시들은 이대로 존재하면서 대중들의 정서를 위무하고 위로하면 되는 것이다. 이들은 대중의 취향이나 기호에 적절한 상품을 끊임없이 생산하여 그들로 하여금 그것들을 소비하게 하면 되는 것이다. 이제 키치는 수동적인 차원을 보다 적극적으로 대중 속으로 침투해 들어가는 경향을 보여준다. 바야흐로 네오키치(Neo Kitsche)의 시대인 것이다.

그러나 우리 시의 상황은 이러한 비심미성과 네오키치의 개념을 수용할 만큼 개방적이지 못하다. 아직 키치에 대한 이해와 해석의 폭이 그다지 넓지 못한 것이 사실이다. 황지우, 오규원, 장정일, 유하 등을 통해 알 수 있듯이 키치가 비판과 반성의 형식을 드러내야 한다는 것이 무의식화되어 있다. 키치가 키치 그 자체로 존재하는 것을 무의적으로 거부하고 있는 것이다. 키치시라고 하더라도 그것은 향유의 차원을 넘어 비판과 반성의 차

---

38 김미선, 『편지』, 소담출판사, 1989.
김정민, 『널 사랑하기 전의 내 모습은 아무것도 그려지지 않은 백지였다』, 소담출판사, 1991.
김기만, 『내가 여전히 나로 남아야 함은 아직도 널 사랑하기 때문이다』, 소담출판사, 1991.
이풀잎, 『이별은 헤어짐이 아니라 간직함이라더니 거봐 너도 울잖아!』, 나라원, 1991.
이동식, 『하나가 아닌 둘은』, 영언문화사, 1992.

39 신범순, 「키메라의 언어」, 『글쓰기의 최저 낙원』, 문학과지성사, 1993, 124쪽.

원을 드러내야 한다는 것이 이들 시인들이 지니고 있는 무의식이다. 우리 시인들 중에 가장 키치에 가까운 시 세계를 보여주고 있는 유하의 경우에도 그것이 순수한 키치가 아닌 패러디화된 키치 혹은 키치 패러디인 것이다. 이렇게 되면 문제는 단순히 시와 키치가 아니라 순수와 대중 혹은 순수성과 대중성으로 확대된다. 대중 혹은 대중성의 확대는 키치에 커다란 영향을 미친다. 따라서 순수와 대중 혹은 순수성과 대중성, 이 둘의 경계를 모색하고 더 나아가 그것을 해체하는 것이 시와 키치의 관계를 새롭게 정립하는데 우선한다고 할 수 있다.

제 2 부

한국 현대시와 패러디
한국 현대시와 서술성
한국 현대시와 다다이즘
한국 현대시와 해체
한국 현대시와 선(禪)

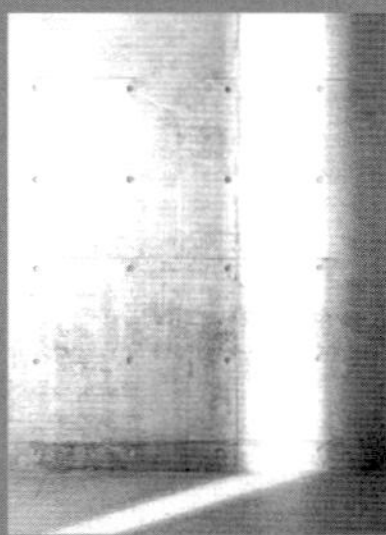

제1장

한국 현대시와 패러디

1. 고갈의 위기와 패러디의 재발견

90년대 이후 패러디의 문제는 우리 사회·문화 전반으로 급격하게 확산되기에 이른다. 여기에는 우선 20세기를 지배해 온 거대 이념의 해체라는 '패러다임의 전환' 문제가 자리하고 있다. 거대 이념은 그 강력한 이데올로기성으로 인해 선택과 배제, 주체와 소외의 변증법을 확산시킴으로써 중심이나 본질에 대한 환상을 발생시켜 왔다. 중심이나 본질에 대한 환상은 결과적으로 세계에 대한 닫힌 체계와 구조를 공고히 하는데 기능적으로 작용하면서 끊임없이 자족적이고 자기방어적인 담론을 생산해 왔다고 할 수 있다.

그러나 구소련과 동구권의 몰락은 단순한 사회주의의 몰락이라는 차원을 넘어 체계와 구조 일반의 해체라는 차원으로 그 의미가 확대되어 나타난다. 이것은 그동안 배제되고 소외받아 온 주변부적인 것들이 귀환하면서 새롭게 담론을 형성한다는 것을 의미한다. 패러디의 부상 역시 이러한 맥락으로 볼 수 있지만 그것은 '재발견'의 의미가 강하다. 패러디는 아리스토텔레스의 『시학』에 등장한 이래[1] 지금까지 인류 사회 · 문화 양식을 형성하는데 일정한 토대를 제공해 온 것이 사실이다. 인류의 역사가 계승과 비판 혹은 차이와 반복에 의한 패러디의 역사라고 해도 과언이 아닌 이유가 바로 여기에 있다.

이러한 존재론적인 지위를 부여받아 온 패러디가 그동안 배제되고 소외되어 온 것은 순수한 영혼의 형식과 자율적이고 창조적인 것을 신성시하는 리얼리즘과 모더니즘 이데올로기 때문이라고 할 수 있다. 리얼리즘과 모더니즘으로 대표되는 근대의 미학은 주체의 자율성을 강조함으로써 패러디에 의한 생산 행위를 은폐하는 이중성을 보여 왔다고 할 수 있다. 근대 미학의 이러한 이중적인 태도는 복제나 복사, 표절에 대해 보인 과장되고 히스테리컬한 반응을 통해 잘 드러난다. 근대 미학의 순수성에 대한 경도는 분화와 분리라는 근대적인 생산 이데올로기와도 밀접한 관련을 가진다. 또한 그것은 다른 계층과 자신들을 차별화하려는 근대 부르주아지의 이데올로기와도 밀접한 관련을 가진다고 할 수 있다.

하지만 근대 미학은 이미 그 안에 모순을 내포하고 있기 때문에 일정한 조건의 변화에도 곧 와해되고 마는 허약함을 드러낸다. 후기 자본주의 사

1 아리스토텔레스, 천병희 역, 『시학』, 문예출판사, 2002, 31~61쪽 참조.

회가 도래하면서 근대 미학의 순수성은 해체되고 그 자리에 탈경계와 상호관계성을 표방하는 혼성 미학이 자리하게 된다. 순수성의 해체는 자연스럽게 패러디에 대한 재발견으로 이어진다. 이것은 표면적으로 보면 단순히 패러디에 대한 재발견이 되지만 그 이면을 들여다보면 여기에는 근대적인 생산양식의 고갈이라는 의미가 숨어 있다.[2] 고갈에 대한 불안은 이미 근대에도 하나의 징후로서 드러났지만 그것이 본격적으로 표면화된 것은 후기 자본주의의 문화 논리와 기술 복제 시대의 미적 논리가 영향력을 행사하기 시작한 20세기 중반 이후라고 할 수 있다.

이 시기에 오면 테크놀로지가 미학의 토대로 작용하면서 근대적인 차원의 미에 대한 아우라가 해체된다. 아우라가 사라진 이후 테크놀로지의 용이성과 기능성에 의한 복제, 짜깁기, 베끼기 같은 표피적인 미학이 그 자리를 대신하기에 이른다. 여기까지 오면 패러디는 근대적인 양식의 고갈에서 오는 불안을 해소해 줄 새로운 구세주의 지위를 부여받게 된다. 모든 미적 행위가 패러디라는 이름으로 통용되면서 '의미의 영점화'가 아니라 '예술의 영점화'[3]로 귀결된다. 하지만 이때의 미는 근대적인 심미성의 개념을 말하는 것이다. 따라서 예술의 영점화는 비심미성(아이스테지스 aesthesis)[4]의 개념까지 포괄하는 그런 미의 개념은 아니다.

최근 멀티미디어에 의해 생산된 다양한 문화 양식 사이에서 행해지는 패러디의 양상은 근대적인 미적 개념으로는 포괄할 수 없는 복잡성을 드러낸다. 이 사실은 다양한 문화 양식에 대한 패러디의 과정을 통해 생산되

---

2 Barth, John, *The Literature of Exhaustion*, Atlantic(August), 1967, pp.98~133.

3 아놀드 하우저, 최성만, 이병진 역, 『예술의 사회학』, 한길사, 1983, 411~418쪽.

4 최문규, 「'소통의 물질성'과 심미적 예술의 새로운 코드화」, 『문학동네』, 1995 여름호, 26쪽.

는 최근의 우리 시의 복잡성을 말해주는 것으로 볼 수 있다. 최근 우리 시를 둘러싸고 전개되는 이러한 양상들이 고갈을 넘어 소멸의 징후인지 아니면 또 다른 쇄신 내지 생성의 징후인지 그 의문에 대한 답은 패러디에 있다. 패러디는 시대에 따라 또는 시인, 독자에 따라 그 의미가 끊임없이 변화하는 열린 텍스트성을 지향하기 때문에 그것에 대한 탐색은 우리 시의 미래에 대한 전망을 가능하게 할 것이다.

2. 패러디의 개념과 범주에 대한 혼란

최근 우리 문학 및 문화 현상 전반을 아우르는 개념으로 빠르게 부상한 패러디는 그 관심에 비해 그것이 내포한 문제의식에 대해서는 심도 있는 논의가 부족하다고 할 수 있다. 패러디의 개념에 대한 정의는 대개 린다 허천(Linda Hutcheon)이나 마가렛 로즈(Margaret A. Rose), 프레드릭 제임슨(Fredric Jameson)의 이론에 의지하거나, 공자의 '술이부작(述而不作)' 개념이나 서거정, 유희재, 이규보, 이인로, 정약용 등의 문집에서 '용사(用事)'와 '환골탈태(換骨奪胎)', '점철성금(點鐵成金)', '점화(點化)', '습용 · 도습(襲用 · 蹈襲)' 등의 개념을 패러디에 견주어 사용하고 있다.[5]

서양의 패러디와 동양의 용사 등의 개념은 모두 오랜 역사적인 맥락을 지니고 있다. 이 사실은 두 용어가 역사의 흐름 속에서 변화에 노출되어 있는 열린 의미 구조를 지니고 있다는 것을 말해준다. 패러디는 고대 희랍부

5 정끝별, 『패러디의 시학』, 문학세계사, 1997, 31쪽.

터 현대(후기르네상스 이후)를 거쳐 후기모던, 포스트모던 시대로 이어지면서 '코믹한 모방과 변형', '파라트라고디아(paratragoedia)' → '우수꽝스러운 전도·몇 단어를 바꾸어 시를 뒤집는 것·벌레스크(burlesque)·절망의 조소·이중의 목소리·예술적 혹은 선동적 모방' → '반해석·논쟁과 왜곡·희극적인 것 그러나 카니발적이고 진지한 위반·리얼리티에 대한 비판·비정상적인 것·힘 지향성 그리고 차이의 결핍·비지배적인 것·상호텍스트적인 것 그러나 때때로 생경한 것·텍스트의 변형·모던하고 풍자적인 것·차이를 둔 반복·무정부적인 것·비정상적이고 비연속적인 세계의 제시' → '메타픽션/상호텍스트적이고 희극적인 것·복합적이고 희극적인 것·희극적/유머러스한 것'등으로 그 개념이 변화한다.[6]

이러한 시대에 따른 패러디 개념의 변화는 그만큼 이 용어가 다양하게 변이될 수 있는 여지를 그 안에 내재하고 있다는 것을 의미한다. 이 변화의 맥락에서 보면 패러디는 텍스트와 텍스트 혹은 텍스트 자체 내에서 일어나는 모든 모방과 상호작용 관계를 포괄하는 개념임을 알 수 있다. 패러디의 개념이 곧 혼란과 혼돈의 역사적인 문맥을 지니고 있기 때문에 그것을 체계화하는 일은 거의 불가능에 가깝다고 할 수 있다. 린다 허천이나 마가렛 로즈, 프레드릭 제임슨 같은 현대의 대표적인 패러디 이론가들에게도 그것은 일정한 부담으로 작용하고 있다. 린다 허천은 패러디를 '비평적 차이를 둔 반복'[7]으로 정의한다. 그의 이러한 정의는 다분히 중립적인 것으로 그것은 현대 패러디 작품에 대한 보다 광범위한 적용과 효과의 범주를 허용해 주려는 의도가 숨어 있다.

---

6 이미란, 『한국 현대소설과 패러디』, 국학자료원, 1999, 13~15쪽 참조.
7 린다 허천, 김상구·윤여복 역, 『패로디 이론』, 문예출판사, 1992, 36쪽.

비평적 거리를 강조한 린다 허천과는 달리 데이빗 로즈는 패러디를 '희극적 효과를 내면서 이전에 형성된 문학적 언어를 비평적으로 인용한 것'[8]으로 정의한다. 그녀의 정의의 특징은 '인용'을 강조하고 있다는 점이다. 이에 대해 린다 허천은 '모든 패로디가 인용이라고는 생각하지 않는다'[9]고 하여 그녀의 정의를 비판한다. 그가 볼 때 인용은 비평이 개입되지 않은 차원을 의미하는 것이다. 비평적 거리를 허용하면서 연속성이 명기된 방법으로 작용하는 것을 패러디라고 정의한 그의 관점에서 볼 때 이것은 패러디를 단절의 한 양식으로 본 것에 지나지 않는다. 프레드릭 제임슨은 패러디를 린다 허천과는 다른 관점에서 접근한다. 그는 패러디의 모방의 대상이 존재한다는 점은 인정하면서도 허천의 정의와는 달리 모방에는 동기가 없다고 말한다. 여기에서 그의 '공허한 패러디'로서의 패스티쉬(pastiche)의 개념이 등장하는 것이다. 그의 이러한 관점은 개인적인 경험과 이데올로기의 종언 이후 스타일의 개혁이 더 이상 가능하지 않은 후기 자본주의 소비사회의 심미적 딜레마를 반영한다고 할 수 있다.[10]

패러디에 대한 개념의 혼란과 입장 차이는 동양의 용사에 대한 개념에서도 그대로 드러난다. 용사에 대한 개념이 다르고 통일되어 있지 않을 뿐만 아니라 전거를 사용하는 방법 또한 시인에 따라 시편들에 따라 각기 다르다. 가령 용사법 중의 대표적인 형태인 정용(正用), 반용(反用), 차용(借用), 암용(暗用)의 경우에도 전거에 대한 시인의 태도에 따라 용사법이 각기 다르게 선택되고 또 활용된다. 특히 용사의 쓰임이나 효용에 대해 첨예한

---

8 Rose, *Margaret, Parody / Metafiction*, Lodon : Croom Helm, 1979, p.59.

9 린다 허천, 앞의 책, 70쪽.

10 F. Jamson, 할 포스터 편, 윤호병 역, 「포스트모더니즘과 소비사회」, 『반미학』, 현대미학사, 1993, 176~197쪽 참조.

대립을 보인다. 용사는 경제적인 상황 제시, 극적 효과 증대, 실용적 사유 활용, 심상 혹은 의미에 복합성 수용 등의 순기능적 측면을 강조하는 경우[11]와 의미가 불분명한 것, 수박 겉핥기식으로 인용한 것, 너무 많이 끌어 쓴 것, 판에 박은 듯한 전고, 과도한 옛사람의 이름 차용 및 인용 등을 사용할 때는 소통에 장애를 일으킨다고 하여 그것의 역기능적인 측면을 강조하는 경우[12]가 대립한다.

패러디 개념에 대한 혼란은 범주 설정의 혼란으로 이어질 수밖에 없다. 패러디의 범주를 어디까지 인정할 것인가? 이 문제는 결국 패러디와 유사한 속성을 지닌 다른 형식들과의 구분을 어렵게 하여 차이에 의한 개념의 정체성을 확립하는데 장애를 일으킨다. 패러디의 개념과 범주 설정의 혼란은 연구자들에게 일정한 부담으로 작용해 논의의 초점을 제대로 잡을 수 없게 한다. 이 말은 패러디 연구가 심화·확대의 차원이 아니라 단순한 동어반복과 외연 확장 차원으로 전개되고 있다는 것을 의미한다. 패러디에 관한 대표적인 연구서인 정끝별의 『패러디의 시학』(1997)[13], 김준오 편의 『한국 현대시와 패러디』(1996),[14] 고현철의 『현대시의 패러디와 장르 이론』(1997)[15] 등에서도 이러한 양상은 그대로 드러난다.

정끝별의 『패러디의 시학』은 그녀의 박사논문인 「한국 현대시의 패러디 구조 연구」(1996)를 수정, 보완한 것으로 패러디 연구에 한 장을 열어놓은 저서로 평가할 수 있다. 이 저서의 미덕은 패러디 연구에 대한 나름대로

11 劉若愚, 이장우 역, 『중국시학』, 대만문화공사, 동화출판공사, 1984, 188~209쪽.
12 이병한 편저, 『중국 고전시학의 이해』, 문학과지성사, 1992, 179쪽과 이규보, 『백운소설』 참조.
13 정끝별, 『패러디의 시학』, 문학세계사, 1997.
14 김준오 편, 『한국 현대시와 패러디』, 현대미학사, 1996.
15 고현철, 『현대시의 패러디와 장르이론』, 태학사, 1997.

의 자의식과 동서양의 패러디 이론을 상세히 소개하고 그것에 입각해 한국 현대시를 분석하고 있다는 점이다. 그녀는 한국 현대시의 패러디 양상을 크게 전통장르, 비문학장르, 서구문학 수용, 한국 현대시간의 교류의 차원에서 유형화하고 있다. 이러한 그녀의 분석은 그 정치함에 비해 그것을 객관적으로 통어할 수 있는 통시적인 시각의 확보에 실패함으로써 패러디가 한국 시사 혹은 한국문학사에서 어떤 위치를 점하고 있는지 그것을 제대로 보여주지 못하고 있다.

김준오 편의 『한국 현대시와 패러디』는 모두 12명의 연구자들이 참여해 패러디에 대한 다각적인 모색을 하고 있는 저서이다. 패러디 시학에 대한 모색, 문학사적인 의의, 고전과 현대를 아우르는 한국 시에 나타난 패러디적인 제양상에 대한 고찰 등 패러디에 관한 다양한 문제의식들을 포괄하고 있지만 하나의 집중화되고 구체적인 흐름 없이 논의가 전개됨으로써 동어반복과 통일성 없는 해석 층위에서 오는 혼란을 야기하고 있다. 고현철의 『현대시의 패러디와 장르이론』은 전통구비 장르와 대중문화 장르에 초점을 맞춰 논의를 전개하고 있다. 패러디 연구의 여러 층위 가운데 장르에 초점을 맞춤으로써 논의의 집중화라는 미덕을 확보하고 있다. 하지만 전통구비 장르와 대중문화 장르 사이의 연속성에 대한 논의가 이루어지지 않음으로써 통시적인 시각 확보에 실패하고 있다. 또한 장르론적 시각만이 가지는 특수성과 구체성이 제대로 드러나지 않음으로써 패러디에 대한 일반 논의와 그 변별점을 찾기가 어렵다.

패러디 연구가 가지는 이러한 혼란은 그것을 하나로 통어할 수 있는 이론적인 개념이나 맥락을 확보하는 것이 무엇보다 중요하다는 것을 말해준다. 이런 점에서 패러디가 성립되기 위한 조건을 탐색하는 것은 그 나름의 의의를 가진다. 패러디는 패러디되는 대상과 패러디스트 그리고 독자에 의해 성립된다. 이때 중요한 것은 패러디 주체의 대상에 대한 인식 태도이다. 패러디 주체가 대상에 대해 어떤 인식 태도를 보이느냐에 따라 패러디의 양상이 달리 드러나기 때문이다. 한국 현대시는 패러디 주체의 대상에 대한 인식 태도가 시대에 따라 각기 다르게 드러나기 때문에 이러한 관점으로 접근하는 것이 패러디에 대한 개념의 혼란을 막고 집중화된 논의를 위해 그 나름의 의미가 있다고 할 수 있다.

3. 한국 현대시와 패러디 주체의 변모 양상

1) 원전에 대한 숭배와 정예주의

패러디 연구의 중요한 목적 중의 하나는 과거와 현재의 소통이라고 할 수 있다. 이 소통은 과거 텍스트와 현재 텍스트 간의 대화를 전제로 하지만 그것의 양상은 단순한 인용의 차원을 넘어 구조적인 차원까지 이른다. 과거 텍스트와 현재 텍스트의 소통 구조는 유비적인 관계에 놓인다. 과거든 현재든 패러디의 소통 구조는 패러디되는 대상과 패러디스트 그리고 독자와의 관계 속에서 이루어진다. 따라서 과거의 소통 구조에 대한 이해는 현재의 소통 구조의 이해 혹은 그 이상의 의미를 지닌다.

과거 텍스트의 패러디적인 소통 구조는 '용사' 개념으로 드러난다. 용사는 "경서나 사서 또는 제가의 시문이 가지는 특징적인 관념이나 사적을 2, 3의 어휘에 집약시켜서 원관념을 보조하여 관념의 소생이나 관념배화(觀念

倍化)에 원용하는 일종의 수사법"[16]이다. 용사를 일종의 수사법으로 정의하고 있지만 그것은 "시의 구성 원리의 하나로서 인유적 기능에 제한되지 않"을 뿐만 아니라 그것은 "시 창작의 제일의적 방법"이나 "작품 전체를 지배"[17]하는 방법으로 기능하는 시 전반을 포괄하는 개념이다. 이 사실은 용사에서 패러디스트의 역할과 의미를 강조하고 있는 것으로 볼 수 있다. 패러디스트에 대한 강조는 "용사에 얽매이지 않고 자유자재로 활용할 것을 주장"[18]한 강가나 진석승의 예나 '전거의 사용이 요령을 얻으면 비록 작은 일이라도 큰 성과를 거둘 수 있다'[19]고 한 유협의 예에서도 찾아볼 수 있다.

이러한 일련의 예들은 용사에서 패러디스트의 전거에 대한 인식 태도를 반영하고 있는 것으로 볼 수 있다. 여기에서 강조하고 있는 것은 전거에 대한 일급의 수용 태도이다. 그것은 '환골탈태(換骨奪胎)'에 잘 드러나 있다. 하지만 환골탈태는 본질주의적이고 근원주의적인 모방론이다. 전거에 대한 절대적인 신뢰를 바탕으로 모방이 이루어짐으로써 패러디 정신의 토대가 되는 비평적 거리 확보가 제대로 드러나지 않는다. 전거에 대한 회의와 비판을 통한 재해석의 과정을 거치는 것이 아니라 전거에 대한 이해와 해독의 차원에만 머물러 있기 때문에 진정한 패러디 정신을 구현하는 데는 한계가 있다. 또한 우리의 고전시가는 대부분 전거의 대상을 중국의 고전에서 찾고 있다는 점에서도 그것은 일정한 한계를 드러낸다. 전거의 대상이 되는 이러한 중국의 고전 혹은 고사(故事)는 지식에 속하는 것이지 체험에 속하는 것은 아니다.

---

16 최신호, 「초기 시화에 나타난 용사이론의 양상」, 『고전문학연구』 제1집, 한국고전문학연구회, 1971, 117쪽.

17 강명관, 「고전시학과 패러디」, 『한국 현대시와 패러디』, 현대미학사, 1996, 295쪽.

18 이병한, 앞의 책, 197쪽.

19 유협, 최동호 역, 『文心雕龍』, 민음사, 1994, 445~457쪽 참조.

> 故事를 알아야 詩를 지을 수도 있고 詩를 읽을 수도 있다는 것이 作詩의 用事論이며 讀詩의 用事論이었다. 이러한 用事論은 우리의 시문학에서 漢詩가 주류를 형성하는 과정을 무리없이 수용하게 하였던 것이다. 여기서 '用事'의 '事'가 우리의 시문학에서 우리의 시정신을 계발하는 데 부정적인 요인으로 작용하였다는 진단을 가능하게 한다. 왜냐하면 그 '事'란 것이 삶을 가능하게 하고 인간의 의식을 깨이게 하는 체험적인 事物이 아니라 관념적으로 익혀서 얻어진 知識의 事物이었기 때문이다. 그러므로(…중략…) 시정신은 詩 속의 事物은 故事의 구속에 안주하게 하였던 결과를 빚었던 것이다. 이러한 결과는 漢詩라는 詩法的 形式性의 모방뿐만 아니라 詩想의 모방마저 요구했던 것이다.[20]

용사가 시적 체험을 불가능하게 하고 있다는 지적은 그것의 근대적인 의미로서의 미적인 지위를 인정받고 있지 못하다는 것을 말한다. 근대적인 차원의 미(aesthetic)란 '감각하는(되는) 것(the feeling · the felt), 지각하는(되는) 것(the perceiving · the perceived), 이해하는(되는) 것(the understanding · the understood), 판단하는(되는) 것(the judging · the judged)을 결합하여 이루어지는 창조 행위 그 자체인 것'[21]이다. 인간의 체험을 실현하는 감각 · 인지 · 이해 · 판단 등이 부재함으로써 시정신의 토대인 창조 행위는 일정한 한계를 지닐 수밖에 없다.

그러나 용사와 관련해서 더 중요한 문제는 "패러디스트가 백과사전적이어야 하고 많은 학식과 교양을 갖추어야 한다는 정예주의"[22]라고 할 수 있다. 패러디스트의 이러한 정예주의는 독자에게도 똑같이 적용된다는 점

---

20 윤재근, 『시론』, 둥지, 1990, 515쪽.
21 윤재근, 위의 책, 46쪽.
22 김준오, 「문학사와 패러디 시학」, 『한국 현대시와 패러디』, 현대미학사, 1996, 34쪽.

에서 문제적이라고 할 수 있다. 이 사실은 용사의 소통 구조가 소수 엘리트층에 국한되어 실현되었다는 것을 말해준다. 용사에서 전거의 대상이 되는 것이 경서나 사서 또는 제가의 시문이라는 것은 패러디스트에게 그것은 유희나 쾌락의 대상이 아니라 진지하게 받아들여야 할 삶의 경전이자 도덕이나 윤리적인 지표 같은 것이라고 할 수 있다. 삶과 지식 혹은 삶과 예술이 분화되지 않은 상황에서 그것에 대해 비판적인 거리를 유지한다는 것은 거의 불가능한 것이다. 용사 전반에 대한 이러한 소통 구조와 관련하여 김준오 교수는 매우 시사적인 발언을 하고 있다.

> 용사의 시론에서 주목되는 것은 이 용사론이 작시법뿐만 아니라 독시법까지 내포하고 있는 점이다. 학식이 시창작을 지탱하는 보조역이라고 했을 때 원전을 원용하는 용사의 기법은 바로 학식의 문제가 된다 하겠다. "시를 배우면 군자와 더불어 말할 것이 있다(學而 有以言與君子)는 것은 단순히 모방론이나 시가 지배계층의 계급적 장르라는 계급적 의미만을 함축하지 않는다. 이것이 비록 인격수양을 겨냥한 것이지만 작시법과 동시에 독시법을 시사한 것으로 재해석되어야 한다. '시를 배운다'의 행위는 작시와 시 감상을 분명히 포괄하고 있기 때문이다. 상호텍스트성은 작가와 텍스트의 관계뿐만이 아니라 독자와 텍스트 사이의 관계도 포함한다. 상호텍스트성은 텍스트의 조건, 저자의 창조적 기능보다는 오히려 독자의 텍스트 지각능력, 해독 능력에 관심을 초점화한다.[23]

그의 발언의 요체는 ① 용사론이 작시법과 독시법을 동시에 내포한다는 점, ② 원전을 원용하는 용사의 기법이 학식의 문제가 된다는 점, 그리고

23 김준오, 앞의 글, 33쪽.

③ 상호텍스트성에서 독자의 텍스트 지각능력, 해독능력이 저자의 창조력보다 더 초점화된다는 점 등이다. 그의 이러한 주장은 크게 문제 될 것이 없다. 다만 한 가지 문제가 있다면 그것은 용사에서 저자의 창조능력과 독자의 텍스트 지각능력과 해독능력을 인격수양의 한 방법으로 간주하고 있지 않다는 점이다. 이 둘을 분리해서 본다는 것은 삶과 예술을 분리해서 보는 근대적인 사고방식에서 기인한다고 할 수 있다.

용사에서 저자보다 독자를 더 강조하는 것은 그것이 갖는 상호텍스트성의 차원으로 보면 당연한 것이다. 하지만 여기에서의 상호텍스트성이란 저자의 전거에 대한 학식과 교양의 테두리 안에서 결정된다는 점에서 일정한 한계를 드러내는 것이 사실이다. 또한 저자에 의해 용사된 것을 독자가 지각하고 해독할 때도 이에 대한 학식과 교양이 필요하다는 사실은 독자의 지위를 강조하고 있는 현대적인 패러디의 소통구조에서 볼 때도 일정한 한계를 가질 수밖에 없다는 것이다. '태양 아래 새로운 것이 없다'지만 그것은 언제나 패러디스트와 독자의 지각능력과 해독능력이 전제될 때에만 의미가 있는 것이다.

2) 자기동일성의 추구와 민족 이데올로기

한국 현대시의 패러디 소통 구조는 원전에 대한 숭배와 경외감의 약화 과정으로 이해해도 무방할 것이다. 개화기를 거쳐 근대로 접어들면서 패러디의 대상은 동양의 경전으로부터 벗어나 민요, 설화, 무가, 판소리 같은 전통적인 민중의 양식 등으로 다양화되기에 이른다. 패러디의 원전이 경전에서 민요 등 민중 예술 양식으로 바뀐 데에는 양식사적인 차원을 넘어서는 시대사적인 차원의 문제가 강하게 작용하고 있다. 이것은 원전의 선택에 패러디스트의 의식이 강하게 투영되어 있다는 것을 의미한다.

패러디의 원전으로 대중적인 양식을 선택하게 된 것은 자기동일성을 추구하려는 패러디스트의 의식 때문이라고 할 수 있다. 패러디의 원전으로 민요가 즐겨 사용된 시기는 개화기와 식민지 시대이다. 여기에는 민요개작 운동이나 시조부흥 운동과 같은 민족주의적인 문예부흥 운동이 영향을 미친 것이 사실이다. 이 시기는 개화와 보수, 외세와 민족 세력 간의 헤게모니 싸움이 첨예화된 그런 때이다. 헤게모니 싸움에서 승리하기 위해서는 당시 민중들의 의식을 지배할 수 있는 양식이 필요했던 것이다.

> 개화구국기, 특히 1900년대는 당시에 유행하던 유흥민요의 내용을 비판하고 이 내용을 새롭게 개작해야 한다는 이른바 민요개작운동이 한 흐름을 형성하고 있었다. 『대한매일신보』에 1908년 4월 10일에 발표된 금혜(琴兮)의 「가곡개량(歌曲改良)의 의견」은 이를 대표하는 주장이다. 그리고 『대한매일신보』 국문판에 민요 개작의 실제 작품들이 실려 있다. 민요개작운동은 이미 있는 유흥민요의 사설 내용을 비판하고 시대적 사명을 고취하는 내용으로 바꾼 것이다.[24]

"개화구국기"로 지칭되는 이 시기 민요는 외세와 민족 세력 모두에게 패러디의 대상으로 존재한다. 외세는 '유흥민요'를 통해 당시 민중과의 동일성을 추구하려고 하였고, 이에 비해 민족 세력은 '유흥민요'를 패러디한 작품을 통해 당시 민중과의 동일성을 추구하려고 하였다. 양 세력은 각각 추구하려는 목적은 달랐지만 민요를 패러디하여 그것을 달성하려고 한 점에

---

24 고현철, 앞의 책, 44쪽.

서는 동일하다고 할 수 있다. 특히 '유흥민요'를 패러디한 민족 세력들의 개작한 작품들은 유흥적이고 애정편향적인 것에서 벗어나 위기의식을 고취시키고 그 대안을 마련하려는 패러디스트의 의도를 강하게 드러내고 있다고 할 수 있다.

민족 세력이 보여주었던 이러한 민요에 대한 패러디스트의 태도는 그대로 식민지 시대의 시인들에게로 이어진다. 1920 · 30년대 민요시를 창작한 주요한, 김억, 김소월, 홍사용 등이 바로 그들이다. 이들의 민요시에는 개화기에 비해 목적의식이 겉으로 드러나지 않지만 이들이 쓴 시론에는 민요시 창작 의도가 드러나 있다. 이들이 내세운 창작 의도는 '외국문학의 전제에서 벗어난 국민적 독창문학'과 '조선 사람된 개성을 지닌 문학 즉 조선혼 혹은 조선심을 담은 문학'[25]이다.

'조선혼', '조선심'이라는 것이 관념성을 벗어나지 못한 애매한 말이긴 하지만 이들이 민요시를 창작하게 된 이유가 자기동일성 추구를 통한 민족 이데올로기를 강화하려는 것임을 알 수 있다. 이들의 동일성 전략은 소월에 의해 일정한 성취를 이루었다고 볼 수 있다. 민요를 직접 차용한 「巷間愛唱명쥬딸기」나 「팔베개 노래조」, 변형된 민요 형식에 설화를 차용한 「접동새」, 「산유화」 등이 대표적인 작품이다. 「접동새」는 서북지방(황해도, 평안도, 함경도)에 널리 회자되던 의붓어미와 전처 소생의 남매 사이의 갈등과 그로 인한 죽음을 모티프로 하는 설화를 원텍스트로 하고 있다. 그러나 설화를 차용하고 있지만 그것의 이야기 형식을 그대로 가져오지 않고 그것을 민요의 형식으로 변형시켜 형상화하고 있다. 이 사실은 자기동

---

25 고현철, 위의 책, 54~57쪽.

일성 추구를 통한 민족적 이데올로기의 강화를 드러내는 것으로 볼 수 있다. 접동새의 설화를 촉나라로 돌아갈 수 없는 망제의 혼의 환생이라는 중국의 설화가 아닌 의붓어미와 전처 소생의 남매 사이의 형제애를 다룬 서북 지방 설화를 모티프로하고 그것을 민요의 형식에 담았다고 하는 점이 바로 그것이다. 「산유화」는 '산유화가'라는 이름으로 백제로부터 전승되어 오던 우리의 옛 노래로 그것은 민요, 한시, 설화 등으로 다양화게 변형되어 그 존재성을 형성해 왔다.[26] 다양한 형식으로 재창작되고 향유되어 온 '산유화가'를 현대시의 형식으로 새롭게 재구해냄으로써 전통에 기반한 집단적인 원형심상의 구현이라는 점에서 민족적인 아이덴티티를 드러내고 있는 것으로 볼 수 있다. 이러한 소월 시의 미학적 성과에 대해 정끝별은 다음과 같이 평가하고 있다.

> 현대시에 민요의 양식적 특성을 차용함으로써 현대시에 전통 율격을 접목시키고, 소재 수용의 다변화를 이룩했다는 데서 찾아볼 수 있다. 뿐만 아니라 독자의 능동적인 공백 메꾸기를 유도하는 시적 애매성을 획득한 점에서도 찾아볼 수 있다. 또한 설화의 차용에서 비롯되는 알레고리를 효과적으로 활용하여 현실에 대한 우회적 내용을 용이하게 하고, 민중적 정서와 공감에 기대어 대중적 독자의 저변 확보에 기여하고 있다는 점도 간과할 수 없는 부분이다. 소월 시의 모방적 패러디야말로 그의 시가 오늘날까지 대중적 친화력을 유지할 수 있었던 중요한 요인인 셈이다.[27]

'소월 시의 모방적 패러디'를 높이 평가하고 있는 그녀의 주장의 근거는

26 김기현, 「산유화가의 전승과 교섭 양상」, 『어문논총』 21집, 1987, 97쪽.
27 정끝별, 앞의 책, 97쪽.

충분히 납득이 가지만 정작 중요한 원인 하나를 간과하고 있다. 오늘날까지 계속되고 있는 소월 시의 대중적인 친화력은 민요(원전)에 대한 시인(패러디스트)의 뛰어난 해석에 있는 것이다. 주요한, 김억, 홍사용 등 민요시를 쓴 시인들과는 달리 그는 민요를 단순한 잣구와 같은 운율의 형식 차원에서 해석한 것이 아니라 그것을 우리의 몸에서 자연스럽게 생성되는 호흡의 차원에서 해석하고 있다. 변형된 민요 형식에 설화를 차용한 시로 평가받고 있는 「산유화」를 보면

> 山에는 쏫피네
> 쏫치픠네
> 갈 봄 녀름업시
> 쏫치픠네
>
> 山에
> 山에
> 픠는쏫츤
> 저만치 혼자서 픠여잇네
>
> 山에서우는 적은새요
> 쏫치죠와
> 山에서
> 사노라네
> 山에는쏫지네
> 쏫치지네
> 갈 봄 녀름업시

꽃치지네[28]

— 김소월, 「산유화」 전문 인용

에서처럼 이 시는 7・5라는 잣구에서 벗어나 6・4, 6・4, 4・4, 6・4, 5・4, 7・4, 6・4, 6・4 등으로 자연스러운 호흡을 통해 생성되는 리듬을 만들어내고 있다. 이것은 이 시가 드러내는 리듬이 단순히 7・5조라는 잣구의 변형으로 볼 수 없다는 것을 말해준다.

시의 리듬을 호흡에 맞춤으로써 독자와의 공감을 극대화할 수 있었던 것이다. 원전에 대한 이러한 해석이야말로 그의 시의 자기동일성이 오늘날까지 대중적 친화력을 유지할 수 있었던 가장 중요한 요인인 셈이다. 이것은 민요라는 패러디 원전의 본질적인 속성이 어디에 있는지를 정확히 간파해낸 패러디스트로서의 그의 일급의 감수성을 드러내는 것으로 볼 수 있다. 또한 이것이 바로 그를 주요한, 김억, 홍사용뿐만 아니라 김기진, 김동환, 양우정, 정노풍, 권구현 등 계급주의 및 계급주의와 민족주의를 통합한 중도주의 계열의 민요시를 창작했던 시인들과도 차별화되게 하는 점이라고 할 수 있다.

3) 비평적 거리의 확보와 풍자의 날

패러디의 대상이 된 민중 예술의 양식 중에서 70년대에 접어들어 새롭게 부상한 것은 판소리이다. 민요나 설화에 비해 판소리와 무가가 부상한

28 김소월, 오하근 편, 『원본 김소월전집』, 집문당, 1995.

것은 70년대 이후 한국 사회의 복잡성을 반영하고 있는 현상이라고 할 수 있다. 판소리는 극과 서사의 양식이 결합된 것으로 민요의 서정, 설화의 서사와는 장르적인 성격이 다르다. 서사에 극이 결합됨으로써 현장성과 운동성이 강화되는 효과를 창출하기에 이른다. 이것은 70년대의 산업화와 유신체제라는 모순된 개발독재의 파시스트적인 속도성과 복합성을 드러내는데 이 양식이 효과적이라는 것을 말해준다. 또한 70년대는 민중의 개념이 새롭게 발견되고 재정립된 시기이며 민족문학론, 민중문학론, 노동문학론 같은 리얼리즘 문학론이 대두된 시기이기도 하다.

이러한 70년대적인 상황은 개화기나 식민지시대의 민중적인 예술 양식의 출현 때와는 사회·문화적인 토대가 다르다. 이질적인 동서양의 사상과 삶의 양식의 충돌과 카프의 생경한 이념성과 제한적일 수밖에 없는 민족주의의 표출 등은 당시 사회를 비판적인 거리를 두고 보기에는 그 조건이 성숙되지 않은 시기였다고 할 수 있다. 사회에 대한 비판적인 거리가 확보된 상태에서 그 사회의 총체적인 모습을 담아낼 수 있는 양식 또한 출현하는 것이다. 이런 점에서 김지하가 들고 나온 '담시(譚詩)'의 양식은 시대적인 의미를 가진다고 할 수 있다.

첫째 대목

해결사 水山이라는 놈이 서울 장안에 살았것다.

사시미 칼로 다짜고짜 사람 배때기 허벅지 엉덩이를 푹푹 쑤시고 돈 받아먹는 해결사 수산이라는 놈이 서울 장안에 살았는데

서울 장안에서도 그중 밤도깨비 득시글득시글 영동

영동에서도 그중 칼도깨비 왁시글왁시글 신사동 영동시장 두 얼품에
왼갖 나이트클럽 디스코클럽 싸롱에 캬바레하며
(…중략…)
그리 한창 삐까삐까 광내며 설치다 그만 한탕한 것이 된코에 걸려 수갑 철커덕 차 버렸다.
어허 그놈 잘되었다 그 모진 놈 잘되었다
허벌나게 콩밥 한참 씹어돌리게 생겼다.
잘되긴 똑 잘되었으나
한편 가만히 생각해보니 그놈 인생이 참으로 가련쿠나
(…중략…)
여봐라 세상사람들아
이 수산이란 놈 족보하며 이놈 살아온 내력을 굽이굽이
시시콜콜 고부살티구까지 어디 한번 이 광대놈 사설로 들어봐라[29]

— 김지하, 大說「南」 부분 인용

그의 대표적인 담시 중의 하나인 大說 『南』이다. 그러나 『五賊』과 대설 『南』으로 대표되는 그의 담시를 '판소리시'[30]로 부르는 것은 무리가 있어 보인다. 그것은 담시가 "판소리 사설과 비교할 수 없을 정도로 그 길이가 짧고, 행과 연갈이를 의식하여 쓰여졌으며, 실제적인 가창법(창법과 아니리) 등을 명시하고 있지 않다는 점"[31]에서 그렇다는 것이다. 하지만 외화 · 내화로 짜여진 전체 구조라든가 외설스럽고 잡스러운 어법과 풍자적이고 해학적인 형상화 방식 등은 판소리의 양식과 다르지 않다고 할 수 있다. 이런 점에

---

29 김지하, 大說 『南』, 창작과비평사, 1982, 28~31쪽.
30 고현철, 앞의 책, 112쪽.
31 정끝별, 앞의 책, 127쪽.

서 보면 담시는 판소리 양식을 기본 골격으로 해서 민요, 설화, 민담, 탈춤 등이 혼합된 장르라고 할 수 있다.

이러한 사실은 판소리가 가지는 혼합 장르적인 특성을 더욱 강화시켜 줌으로써 담시의 혼성적인 담론성을 극대화하는데 하나의 동인으로 작용한다. 그가 판소리를 비롯해 다양한 민중적인 양식이 혼합된 장르를 선택한 것은 그것에 대한 호의를 넘어서는 강한 애정이 있었기 때문이다. 즉 그는 '원전의 고유성과 의도를 왜곡 · 조롱한 것이 아니라 그것을 우월적인 기준으로 삼아 당대의 사회 · 정치적 의미를 부각시키려고 한 것'[32]이다. 이런 점 때문에 그의 시는 강한 풍자성을 드러낸다. 하지만 원전이 가지는 풍자성과 패러디 그 자체를 해독하는 것은 독자이다. 독자의 해독 능력에 따라 풍자의 성공 여부는 결정되기 때문이다. 독자의 입장에서 보면 패러디스트(시인)가 구현해 내는 풍자는 권력을 가진 자와 가지지 못한 자, 부를 가진 자와 가지지 못한 자, 지위가 높은 자와 낮은 자의 위치를 전도시킴으로써 자신의 안에 억압된 것을 밖으로 표출하는 신명풀이 과정에서 오는 유쾌한 웃음과 쾌감을 체험하게 한다.

70년대 담시로 대표되는 민중 예술 양식의 패러디는 80년대로 오면 무가가 그 자리를 대신한다. 이것은 80년대의 정치 · 사회적인 상황이 깊이 개입한 결과다. 80년의 중심에는 5 · 18이 있었고, 시인들은 부채의식에 사로잡혀 죽은 혼들을 달래줄 수 있는 대중 예술 양식인 무가를 불러낼 수밖에 없었던 것이다. 진혼은 '무가의 주술성'[33]에 의해 그 존재성이 드러날 수 있다. 이때 주술은 아이러니한 의미를 띤다. 현실이 주술의 세계 같고

32 이순옥, 「풍자와 패러디」, 『한국 현대시와 패러디』, 현대미학사, 1996, 195쪽.
33 고현철, 「80~90년대 상황과 시적 지향」, 『국어국문학』 제33집, 1996, 208쪽.

주술의 세계가 현실 같은 상황이 펼쳐지는 것이다. 80년대의 대표적인 진혼시인 하종오의 「오월굿」, 고정희의 「사람 돌아오는 난장판」이나 「마당굿을 위한 장시」를 보면 진혼의 형식이 잘 드러나 있다. 특히 연희성이 강한 고정희의 작품들은 죽음을 통해 새로운 삶이 드러나는 과정이 현실감 있게 제시됨으로써 진혼에 대한 리얼리티를 획득하고 있다.

홍도깨비 ……
에라, 빌어먹을!
도깨비 신세 이 판국에
족벌 따져 무엇하리
엎어진 물 썩을 때까지
깨진 그릇 던져두고
시월 상달 달 밝은 밤
우리 함께 놀아보세—
(청도깨비 깨끼리로 홍에게 다가가 마주보며 짐걸이—고기잡이—멍석말이—곱사위—여닫이—깨끼춤을 추다가 중앙에 자리를 잡고 발림)

청 · 홍도깨비 설죽인 놈 다 죽이고
되살아나는 놈 능지처참하고
미쳐버린 놈 앞장 세우고
반항한 놈 재갈 물려(장고—쿵떡)

벌려보세 벌려보세
도깨비잔치 벌려보세

(도깨비잔치 좋을 시고 [추임새])

땅따먹기 돈따먹기
외팔이 불러 놀아보세
시월 상달 달 밝은 밤에
니캉 내캉 미쳐보세[34]

—고정희, 「사람돌아오는 난장판」 부분 인용

이처럼 「還人祭」와 「사람 돌아오는 난장판」에 드러나는 사설에는 타령조와 주술조 같은 일정한 곡조와 판소리에서 볼 수 있는 추임새와 발림이 있다. 시가무(詩歌舞)가 있는 흥겨운 굿판의 광경이 눈앞에 펼쳐지고 있는 듯할 정도로 동적인 리얼함이 있다. 슬픔의 감정보다는 어우러짐에서 오는 흥겨움이 먼저 느껴진다. 서로 서로 어우러지다보면, 다시 말해 고통을 고통으로 즐기다보면 슬픔의 감정이 일정한 순화 작용을 일으키면서 보다 큰 생의 감각을 체험하게 되는 것이다. 이 생의 감각에 대한 체험이란 결국 산 자의 몫 아닌가?

그녀가 벌이는 '난장판'(굿판)은 우리가 흔히 말하는 '카니발'과 같으면서도 다르다고 할 수 있다. 크게 보면 둘 다 억압적인 것으로부터의 해방을 겨냥하지만 카니발에는 그녀의 시에 드러나는 삶과 죽음의 경계를 무너뜨리고 여기에 도사리고 있는 원과 한을 즐겁게 넘어서는 '신명'의 의미가 엿보이지 않는다. 일단 카니발에는 죽은 자를 불러내어 산 자와 즐긴다는 의미가 들어있지 않다. 삶과 죽음을 분리하는 서구적인 문화 전통에서는 당

34 고정희, 『초혼제』, 창작과비평사, 1983, 124~126쪽.

연한 것이라고 할 수 있다. 또한 카니발은 원과 한 같은 슬픔보다는 기쁨을 배경으로 거느리고 있을 뿐만 아니라 유희에 행사의 주목적이 있다. 그러나 그녀가 벌이는 굿판은 삶의 비애로부터 출발하며 이것을 즐겁게 풀어 내는데 그 주된 목적이 있는 것이다.

이런 맥락에서 그녀가 보여주고 있는 원과 한은 프로이트류의 정신분석학에서 말하는 트라우마로 해명할 수 없는 그 무엇이라고 할 수 있다. 서구의 정서로 포괄할 수 없는 원과 한을 풀어내기 위한 다양한 양식들이 만들어지면서 우리의 예술은 형성되어 왔다고 볼 수 있다. 그녀가 '굿' 혹은 '마당굿'이라는 우리의 전통 양식의 토대 위에서 자신의 시적 상상력과 표현력을 개진하고 있다는 것은 정서적인 유대라는 측면에서 주목할 만한 것이라고 할 수 있다. 사회 · 역사적인 의식이 강한 시에서 발견할 수 있는 관념의 생경함이 그녀의 시에서는 굿의 양식 안으로 들어오면서 많이 상쇄되고 있을 뿐만 아니라 일정한 생명력까지 얻고 있다. 이렇게 된 원인 중에는 무엇보다도 그녀의 『초혼제』 시편이 가지는 리듬을 들 수 있을 것이다. 특히 초혼제 제4부 「還人祭」와 제5부 「사람 돌아오는 난장판」의 리듬은 우리의 생의 리듬과 닮아 있다.[35]

고정희와 하종오의 무가라는 패러디의 원전에 대한 선택은 80년대의 지배적인 권력에 대한 죽음을 선고한다는 차원을 넘어 우리의 근대에 대한 죽음을 선고하고 있다고 할 수 있다. 식민지와 개발독재로 점철된 우리의 근대가 5 · 18이라는 피의 상징적인 사건을 통해 종말을 맞이했다는 점을 제의적으로 보여주고 있는 것이다. 이것 역시 김지하가 보여준 담시를 통

35 이재복, 「초혼제 별사」, 『타자비평』 4호, 2003, 69쪽.

한 유쾌한 웃음과 쾌감처럼 진혼의 시적 양식을 통해 낡고 부정한 근대적 인 권력 및 제도에 대해 죽음을 선고함으로써 독자들에게 신명풀이의 미적 효과를 제공하고 있다고 볼 수 있다.

4) 자기 반영성과 주체의 해체

90년대에 들어서면서 80년대까지 이어져 온 원전에 대한 재현가능성에 대한 인식은 본격적으로 재현에 대한 위기, 재현 거부, 재현 불가능성으로 바뀌기 시작한다. 이제 표현할 수 없는 것의 표현으로서의 숭고미는 사라지고 생산자로서 모던 예술의 아우라도 불필요한 것이 된다. 이러한 재현 불가능성 속에서 예술이 선택할 수 있는 길은 기존 이미지들에 대한 노골적인 몰수와 인용, 발췌, 누적, 반복이거나[36] 예술로서 예술을 이야기하는 자기 반영적 양식에 대한 탐닉이다.

예술의 자기 반영성은 메타적인 형식으로 드러난다. 다시 말하면 메타성은 시가 현실을 반영하는 것이 아니라 시가 바로 현실을 형성하는 자기 반영적인 미학인 것이다. 이러한 자기 반영성은 이미 차이를 내포한 반복, 비평적 아이러니의 거리를 지닌 패러디가 잉태하고 있는 속성이다. 메타성은 이러한 반복과 비평적 모방을 통해서 시장르와 관련된 자기 반영적 예술 비평 형식의 의미를 획득하게 되는 것이다.[37] 우리 시에서 자기 반영성의 문제는 '시론시'라는 이름으로 드러난다. 90년대에 들어와 유행처럼 번지고 있는 시론시는 "적의 부재라는 시대인식과 연관되어 새로운 세계

---

36 김성곤, 『포스트모던 소설과 비평』, 열음사, 1993, 23쪽.

37 박남훈, 「패러디와 메타성」, 『한국 현대시와 패러디』, 1996, 74쪽.

와 스타일은 이미 모두 시도되어 더 이상 독창적인 것, 스타일상의 개혁이 불가능해졌다는 시인들(특히 일부 시인들)의 고갈 의식"[38]을 반영하고 있다.

이러한 고갈 의식은 이미 80년대 황지우, 박남철, 장정일, 장경린, 오규원 등의 시에서도 드러난다. 황지우의 「도대체 시란 무엇인가」, 「심인」, 오규원의 「용산에서」, 「버스정류장에서」, 장정일의 「길안에서의 택시잡기」, 박남철의 「지상의 尺度」 같은 시에 잘 드러나 있다. 자기 반영성의 문제는 90년대의 시론시 이외에도 만화, 영화, 대중가요, 탐정소설, 공상과학소설, 사진, 광고 등 대중예술을 패러디하는 시에서도 잘 드러난다. 유하로 대표되는 대중예술을 패러디한 시에는 대상에 대한 반영보다 자기 반영이 더 우세한 양상을 보인다. 그의 시가 대중문화에 대한 향유이면서 동시에 비판이라는 패러디적인 문맥을 거느리고 있는 것이 바로 그것을 잘 말해준다. 시가 이렇게 자기 반영성을 드러낼 수밖에 없는 이유를 박남철은 "이 世上 위에는 尺度가 없"(「지상의 尺度」)기 때문이라고 말한다. 그의 이 말은 중심성의 상실과 연결되며, 이것은 곧 모방할 수 있는 어떤 대상도 세상에는 존재하지 않는다는 것을 의미한다. 만일 시인이 모방할 수 있는 대상이 있다면 그것은 바로 자기 자신 밖에 없다는 사실을 암시하고 있는 것이다.

모방 대상이 자기 자신 밖에 없다는 것은 모방 대상이 부재하다는 것이 아니라 그 모방에 어떤 내적 동기도 없다[39]는 것을 의미한다. 아무런 풍자적 충동이나 희극적인 요소도 찾아 볼 수 없는 혼성모방(pastiche)이 발생하는 것이다. 시가 이렇게 혼성모방의 단계까지 이르면 그것은 패러디적인

38 김준오, 앞의 책, 38~39쪽.

39 이승훈, 「포스트모더니즘 시론」, 세계사, 1991, 254쪽.

주체 혹은 시적 주체의 소외가 아니라 소멸로 보아야 할 것이다. 시적 주체란 누구인가?가 아니라 시적 주체는 존재하는가? 하는 문제의식이 대두하게 되는 것이다. 여기까지 오면 시적 주체는 '시를 쓰지만 무엇을 하는지 모르는'(이승훈의 「그는 그가 무엇을 하는지 모른다」) 아이러니한 상황이 벌어지는 것이다. 시적 주체는 소멸하고 남는 것은 텅 빈 모방의 흔적뿐이다. 주체의 소외가 모더니즘 미학을 표상한다면 이러한 주체의 소멸은 포스트모더니즘 미학을 표상한다고 할 수 있다.

주체가 소멸하면 패러디의 대상은 존재하지만 패러디스트와 대상 사이에는 어떤 내적 동기도 필연성도 부재한 세계가 탄생하는 것이다.

서울 안의 사람들이
서울 밖의 사람들을 미워할 때
서울은 크지 않는 법

서울 밖의 사람들이
서울 안의 사람들을 미워할 때
서울은 크지 않는 법

서울 안 서울 밖 사람들이
서울 밖 서울 안 사람들을
서로서로 사랑할 때

우리 서울은 북악이 뜨고
남산이 웃고 대공원에서

마음 놓고 연애할 수 있는

더욱 큰 도시가 되는 법
풍성한 도시가 되는 법
아아아아 사랑의 서울 안팎[40]

— 박상배, 「컬트詩 · 2」 전문 인용

이 시는 박상배의 「戱詩 · 2」이다. 이 시는 자신의 작품인 「안팎 · 6」과 상호텍스트성을 보여준다. 시인은 「안 · 팎6」의 '부산'을 '서울'로 바꾸고 이런 지역 변경의 필연적 결과로 4연의 이미지들을 바꾼 것 외에는 자신의 기성품을 그대로 가져와 한편의 시를 완성하고 있다. 이런 점에서 이 두 텍스트 사이에는 어떤 내적인 연관성도 동기도 없이 구성되어 있다. 즉 원전에 대한 모방 동기가 없다. 동기가 없다는 것은 모방되는 텍스트를 비판하거나 풍자하려는 의도가 없음을 암시한다. 이것은 패러디 시의 경우처럼 의식적으로 앞선 작품이나 앞선 형식을 끌어들여 그것을 희화화시키거나 전복시켜 다른 얘기를 하려는 의도가 여기에는 부재하다는 것을 의미한다. 이 시는 '앞선 작품들을 단순히 섞어 놓은 평면적 구도'[41]를 드러낼 뿐이다.

이것은 패러디의 부재 혹은 텅 빈 패러디를 암시하는 것이다. 프레드릭 제임슨이 말하는 패스티쉬의 미학에 중심을 내어주게 된다. 패스티쉬는 패러디와는 다른 시적 효과를 준다. "패스티쉬란 남들의 작품을 어떤 신념

40 박상배, 「컬트詩 · 2」, 『시와 하늘』, 민음사, 2001, 70쪽.
41 권택영, 「패러디 · 패스티쉬 그리고 독창성」, 『현대시사상』, 1992 겨울호, 188쪽.

없이, 그러니까 무작위적으로 혹은 우연의 논리에 의해 모방"하는 것으로, "이런 기법이 환기하는 것은 총체성에 대한 갈망이 와해되는 포스트모더니즘의 세계관, 혹은 주체의 소멸에 대한 미적 반영"[42]이다. 패러디의 양상이 여기까지 이르면 우리 시의 고갈 의식 또한 극단에 이르게 된다. 패러디의 자기 반영성으로 드러나는 고갈 의식은 시의 죽음이라는 불안으로 연결되고, 그것이 다시 우리 문화·문명 전반으로 번지면 우리 시 전반에 대한 종말론적 비관론은 걷잡을 수 없이 확산될 수 있다. 이 비관론은 곧 패러디 미학의 존립 근거와도 맞물려 있다는 점에서 그 안에 또 다른 문제의식을 내재하고 있다고 할 수 있다.

4. 현대시의 소멸과 갱신

근대적인 양식에 대한 고갈 의식이 확산되면서 우리 사회·문화 전반의 새로운 중심 개념으로 대두한 패러디는 시의 위기 혹은 갱신과 관련하여 일정한 문제의식을 제공하기에 이른다. 근대적인 창작 주체의 순수성과 자율성을 강조하는 미학은 테크놀로지가 급속하게 발달하면서 혼성과 복제를 강조하는 미학에 중심을 내어주게 된다. 이 과정에서 근대의 대표적인 순수와 자율성의 미학의 하나인 시 역시 일정한 변모 양상을 드러낸다. 시 양식은 시대에 따른 변모가 다른 양식에 비해 크지 않은 것이 사실이다. 그것은 시가 외부 대상이나 현실보다는 개인의 내면을 중시하는 고백이나

42 이승훈, 「모더니즘시론」, 문예출판사, 1995, 162쪽.

독백의 양식으로 규정되어 왔기 때문이다.

이런 식의 규정은 시의 고갈을 심화시키는 쪽으로 작용해 왔다고 할 수 있다. 시를 고백이나 독백으로 규정함으로써 다른 다양한 장르 및 양식과의 상호작용을 통한 새로운 변모와 재창조의 가능성을 배제하거나 약화시키기에 이른다. 하지만 시의 양식은 고백이나 독백으로 규정할 수 없는 개방성과 상호작용성을 이미 그 안에 가지고 있다. 패러디의 문제가 부상하면서 시의 이러한 특성들이 드러나게 된 것이다. 시의 고백성과 독백성은 그것이 어떤 특수한 형식이라기보다는 보편적인 인간의 정서적인 형식이라고 할 수 있다. 이것은 곧 시의 고백성과 독백성이 시대를 초월하여 시적 주체들에 의해 상호작용하고 있다는 것을 의미한다.

우리 시의 경우 이러한 시의 특성을 잘 말해주는 것 중의 하나가 바로 용사론이다. 전거가 될 만한 경서나 사서 혹은 제가의 시문을 차용하여 텍스트를 창작하는 용사론은 상호텍스트성의 한 전범이다. 용사는 전거에 대한 패러디스트의 수용 태도에 따라 텍스트의 양상이 달라질 수 있다고는 하지만 이것은 텍스트에 대한 정예주의를 벗어나지 못하고 있다는 점에서 패러디와는 거리가 있다. 차이에 의한 반복이 패러디의 개념을 규정하는 것이라면 용사는 '차이'의 차원에서 일정한 한계를 드러낸다고 할 수 있다. 이 차이는 근대적인 양식으로서의 시와 근대 이전의 양식으로서의 시 사이의 차이를 반영하는 것으로 볼 수 있다.

우리 근현대시에서의 패러디는 식민지와 분단 그리고 개발독재와 이념과 운동의 시대를 관통하면서 독특한 형식을 창출해내고 있다. 1920 · 30년대 시에서는 그것이 자기동일성의 추구라는 민족적인 이데올로기의 형식으로 드러나고, 분단 이후 1960～80년대를 거치면서 그것은 체제에 대한 강한 저항의 형식으로 드러난다. 이런 점에서 근대의 모순이 첨예하게 드러난 이 시기의 시는 세계에 대한 부정과 풍자라는 패러디의 정신이 잘 구현되어 있는 것으로 볼 수 있다.

하지만 90년대에 들어서면서 사정은 달라진다. 본격적으로 재현에 대한 위기, 재현 거부, 재현 불가능성의 문제가 제기되면서 표현으로서의 숭고미는 사라지고 생산자로서의 모던 예술의 아우라도 불필요한 것이 되기에 이른다. 이러한 재현 불가능성 속에서 우리 시가 선택할 수 있는 길은 기존 이미지들에 대한 노골적인 몰수와 인용, 발췌, 누적, 반복이거나 시로서의 시를 이야기하는 자기 반영의 양식에 대한 탐닉이다. 이 자기고백적인 시는 근대적인 양식의 고갈을 극단적으로 반영하고 있는 것으로 볼 수 있다.

패러디에서 부정과 풍자 정신의 고갈이 곧 창작 주체의 소멸로 이어지면서 시의 위기 혹은 죽음의 문제가 한층 예각화되기에 이른다. 그러나 패스티쉬의 출현이 곧 시의 위기나 죽음으로 이어진다고 보는 것은 지나친 비관론이다. 시의 위기나 죽음의 문제는 90년대 이후 줄곧 제기되어 왔지만 그것이 어떤 결말을 보여준 것은 아니다. 시는 이 시대의 감각에 맞게 새롭게 그 모습을 바꾸면서 여전히 존재하고 있는 것이 사실이다. 시에서 패러디의 문제가 부상하는 것도 아우라의 상실과 기술복제 시대라는 이러한 사회·역사적인 맥락과 밀접하게 관련되어 있다. 시의 사회·역사적인 맥락성은 이것이 시의 소멸을 넘어 또 다른 갱신의 이유를 내재하고 있다는 점에서 의의를 지닌다고 할 수 있다.

제2장

한국 현대시와 서술성

1. 서술시 혹은 시학의 부재

서술시(narrative poem)가 시학의 한 장르로 규정되는 것에 대해 이의를 달 사람은 없을 것이다. 서술시의 연원이 우리의 고대시가는 물론 서사무가 · 판소리 · 서사민요 등의 구비시가 등으로 거슬러 올라간다는 점을 감안한다면 이에 대한 관심의 미미함은 오히려 이상할 정도다. 여기에는 '시는 서사가 아니라 서정이라는, 아니 서정이어야 한다'는 사고가 깊이 작용한 결과이다. 이러한 사고는 '시는 잡스러워서는 안 되고 언제나 사무사(思無邪)의 순수하고 개결한 서정의 세계를 담고 있어야 한다'는 동양의 미학적 전통이 무의식화된 결과라고 할 수 있다. 동양시의 미학적 전통에서 보면 서술시적인 특성을 드러내는 고대시가나 서사무가 · 판소리 · 서사민요 등은 그 잡스러움으로 인해 선택이 아닌 배제의 대상이 될 수밖에 없는 것이다.

시에서의 서술시에 대한 배제는 동양뿐만 아니라 서구에서도 별반 다른 것이 아니다. 장르적인 속성을 잘 해석해낸 이론가로 평가받고 있는 바흐찐의 경우를 보자. 바흐찐은 시와 소설의 장르적인 특성을 '언어의 대화성'에 기초해 비교적 명쾌하게 구분하고 있다. 그에 의하면 "시는 언어 고유의 대화성이 예술적으로 활용되는 일이 일어나지 않을 뿐만 아니라 시적 장르에서의 말은 자족적인 것이기 때문에 자신의 경계 너머에 다른 발언들이 있음을 전제할 필요를 느끼지 않는다"[1]는 것이다. 따라서 "시의 세계는 시인이 그 세계의 내부에서 아무리 많은 모순과 갈등을 전개시켜 보인다 해도 항상 단 하나의 절대적 담론의 조명을 받도록 되어 있"으며, "모순과 갈등과 회의는 대상 속에 관념 속에, 그리고 체험 속에, 요컨대 소재 속에 머물러 있을 뿐, 언어 그 자체 안으로 들어가지 못해 시 속에서는 회의에 대한 담론조차 회의가 불가능한 담론으로 주조된다"[2]는 것이다.

시가 이러하다면 소설은 어떤가? 그에 의하면 "소설은 굴절에 의해서만 작가의 의도를 표현하는, 타인의 언어에 의한 타인의 발언"[3]에 의해 성립되는 장르라는 것이다. 소설에서의 이러한 발언은 "이중음성적 담론이라는 특수한 유형의 담론을 만들어내"며, "이것은 동시에 두 사람의 화자에 봉사하고 서로 다른 두 의도, 즉 이야기하는 인물의 직접적 의도와 작가의 굴절된 의표를 함께 표현해주는 담론"이라는 것이다. 소설의 담론 속에는

1 미하일 미하일로비치 바흐찐, 전승희 외역, 『장편소설과 민중언어』, 창작과비평사, 1988, 94쪽.
2 위의 책, 95쪽.
3 위의 책, 140쪽.

항상 "두 개의 음성, 두 개의 의미, 두 개의 표현이 있"기 때문에 시종일관 두 음성은 대화적인 상호관련성을 갖"을 수밖에 없다는 것이다. 이 이중음성적 담론은 소설이라는 장르가 단편소설 · 서정가곡 · 시 · 극적 장면 등 예술적인 장르는 물론 일상적 · 수사적 · 학문적 · 종교적 장르 등 비예술적 장르까지 모두 통합할 수 있는 그런 속성을 지니고 있다는 것을 의미한다.

시와 소설에 대한 바흐찐의 해석을 통해 드러난 사실은 그가 지나치게 시 자체의 완결적이고 자율적인 구조를 강조하고 있다는 점이다. 여기에서의 해석대로라면 그는 시에 관한한 철저하게 구조주의적인 시각에 머물러 있다. 시가 소설에 비해 좀 더 자기 독백적이고 완결성과 자율성을 가진 장르임에는 분명하지만 그것을 일체의 회의조차도 불가능한 담론의 집적체로 본 것은 지나친 감이 있다. 시의 언어가 완결성과 자율성[4]을 넘어 어떤 누빔점도 없이 세계를 탈영토화하고 있는 후기구조주의적인 현상황에서 보면 그의 해석은 후기구조주의와 포스트모던 사상의 큰 길을 열어 보인 선구자라는 명성이 무색할 정도다. 흔히 대화주의자로 일컬어지는 그가 시와 소설의 장르를 비교하는 대목에서는 전혀 대화적이지 못하고 이분법적인 독단에 빠져 자기 독백의 단선논리로 일관하고 있다는 사실은 하나의 아이러니이다.

바흐찐의 해석과는 달리 시와 소설의 언어 사이에는 그다지 큰 차이가 없다. 소설의 언어에 대해 그가 강조한 '언어의 대화성', 다시 말하면 언어의 발화가 가지는 원심적인 속성은 시에서도 드러난다. 시의 언어는 그가

4 바흐찐식으로 표현하면 구심적인 언어가 된다. 그는 언어를 구심적인 것과 원심적인 것으로 구분하고 있다. 그에 의하면 구심적인 언어는 자기 고백적이고 자기 독백적인 특성을 드러내고, 원심적인 언어는 대화지향적이고 타자지향적인 특성을 드러낸다. 이 각각의 특성에 대응되는 대표적인 문학 장르가 바로 시와 소설이다.

정의한 것처럼 자기 독백적인 것만은 아니다. 자기 독백이란 시에서의 발화를 자기 환원적인 것으로 간주한 데서 얻어진 결과물이지만 시에서의 발화는 어떠한 경우에도 완전하게 발화자에게로 환원되지 않는다. 시에서의 발화는 그것이 아무리 자기 독백적인 것이라고 하더라도 이 독백은 발화 주체만이 들을 수 있는 것이 아니라 언제나 엿듣는 또 다른 대상이 존재할 수밖에 없다. 가령 시 혹은 서술시에서의 발화의 경우, 그 발화의 주체는 실제시인일 수도, 내포시인일 수도, 또는 내적(외적)서술자일 수도 있지만 그 발화는 고스란히 그들에게로 환원되는 것이 아니라 내적(외적)피서술자, 내포독자, 또는 실제독자라는 또 다른 엿듣는 대상과의 대화를 통해 성립되는 것이다.

특히 최근의 문학의 독서 행위에서 독자의 중요성을 부각시키고 있는 독자반응비평 혹은 수용미학을 상기해보면 시의 발화가 자기 독백적이라는 해석이 얼마나 허약한 논리적인 토대 위에 서 있는지 잘 알 수 있을 것이다. "작품과 텍스트의 구분을 비롯, 독자에 의한 텍스트의 능동적인 구성 및 재구성, 독서 행위에서 '미확정성의 자리(Unbestimmtheitsstelle)'가 독자에 의해 채워진다는 사실을 넘어 텍스트의 구조가 독자에 의해 새롭게 생성내지 구체화되고 여기에서 새로운 의미생산이 이루어진다"[5]는 독자반응비평 이론에서 보면 시에서의 발화는 결코 발화자에게로만 환원될 수 없는 성질의 것임을 알 수 있다. 이 사실은 발화의 주체가 단일하거나 고정된 것이 아니라 복합적이고 유동적이라는 사실을 말해주는 것이다.

시에서의 발화에 대한 바흐찐의 해석은 많은 오류를 내장하고 있다. 이

5 차봉희 편저, 『독자반응비평』, 고려원, 1993, 55~63쪽.

오류는 그의 시에 대한 무지함에서 비롯된 것이라기보다는 소설에 대한 새로운 서사미학을 정립하려는, 다분히 전략적인 데서 기인한 것이라고 할 수 있다. 서사학은 구모룡이 한국서술시의 시학을 이야기하면서 적절히 지적해낸 것처럼 "시학에 비해 이렇다 할만한 전통과 체계화된 미학을 가지고 있지 못하기 때문에 이론의 정체성을 모색하기 위해 서사 범주에서 시를 배제하고, 둘 사이의 인위적인 대립을 지속해"[6] 온 것이 사실이다. 선택과 배제의 논리를 통해 자기증식을 해 온 서사학은 바흐찐 이후 채트먼과 구조주의적 이론가들에 와서는 그 허약한 토대를 공고히 하기 위해 행위로서의 이야기보다는 서술 구조에 집착하게 된다. 서술 구조에 대한 집착은 서술이 인간의 언어 · 행위 · 문화 전반에 걸쳐 나타난다는 사실을 은폐하게 되어 결과적으로는 소설에서의 서술성만을 특화하기에 이른다. 이것은 서술 혹은 서술 구조와 관련된 대부분의 논의가 소설에 국한되어 있는 현실을 통해서도 드러나는 바이다.

이런 점에서 서술시에 대한 논의는 그 의미가 크다고 하지 않을 수 없다. 서술이 소설 해석의 전유물이 아니라 시의 은폐된 의미를 들추어내는 하나의 인식론적인 틀이 된다는 것은 그동안 서정성의 틀 안에서 정의되어 온 시에 대한 개념의 확장이라고 할 수 있다. 또한 이 사실은 시의 중요한 속성이면서 종종 서사성과 대립적인 것으로 이야기되어 온 서정성에 대한 부정의식을 드러내는 것이라기보다는 오히려 그것에 대한 긍정의식을 드러내는 것으로 간주할 수 있을 것이다. 이러한 긍정의식하에서 시의 서정성은 서술성의 측면에서 새롭게 발견될 수도 있고, 서정성과 서사성 사이

---

6 현대시학회 편, 「현대시학과 서사의 문제」, 『한국서술시의 시학』, 태학사, 1998, 70쪽.

의 긴장을 통한 새로운 미학을 성립시킬 수도 있다.

그러나 무엇보다도 중요한 것은 1990년대 이후 우리시가 기존의 서정성의 양식으로부터 벗어나 빠르게 서술화되는 경향이 있다는 점이다. 인간의 언어 · 행위 · 문화 전반이 점점 탈경계화 · 탈범주화 · 탈영토화되면서 기존의 서정성의 양식으로는 그러한 현상을 형상화하기가 불가능하게 되자 그 대안으로 대두된 것이 서술화의 경향이라고 할 수 있다. 서술은 그것이 이야기라든가 담론의 양태로 존재하는 것은 무엇이든지 가리지 않고 이론화하고 실천적인 적용을 가능하게 하는 복합적이고 통합적인 코드이다. 따라서 1990년대 이후 우리 서술시의 경향을 탐색하는 일은 우리시의 정체성 및 그것의 가능성과 불가능성을 짚어보는 중요한 작업이 될 것이다.

2. 서술 주체의 존재론적인 회의와 파편화된 세계

우리 현대시사에서 서술시는 낯선 것이 아니다. 현대시의 미적 조건에 미달되기는 하지만 당대의 소명의식을 주도한 개화기의 시가들,[7] 행위와 사건이 지배소가 된 김소월과 백석의 시, 카프의 생경한 이념을 대중에게 전파할 목적으로 쓰여진 임화의 시, 시와 소설의 융합을 시도한 김동한의 「국경의 밤」, 신라시대의 설화에서 시적 모티프를 발견하고 그것을 형상화한 서정주의 후기시, 민중문학적인 감각을 획득한 신동엽의 「금강」, 농

7 문학 장르보다 당대 소명의식을 주도한 개화기 시가들, 예컨대 많은 개화기 가사, 동학가사, 의병가, 육당의 「한양가」, 「경부철도가」 등의 창가, 이광수의 신체시 「옥중호걸」, 「극웅행」 등도 서술시의 범주에 든다.(김준오, 「서술시의 서사학」, 『한국서술시의 시학』, 태학사, 1998, 34쪽)

촌의 궁핍한 현실을 리얼하게 보여주고 있는 신경림의 시, 근대의 이념이나 이데올로기의 가치를 앞세운 진보와 계몽에 대한 신뢰의 의미보다는 그것에 대한 비판과 반성 그리고 극단적인 부정에서 비롯되는 해체를 노래한 이성복과 황지우의 시, 우리시에 유희 혹은 놀이로서의 텍스트의 개념을 도입한 장정일의 시에 이르기까지 서술시는 우리 현대시의 한 맥락을 형성하고 있다고 할 수 있다.

이러한 서술시의 전통은 90년대로 이어진다. 하지만 90년대의 서술시는 이전의 서술시와는 다른 경향을 보여준다. 90년대에 두드러진 서술시의 경향 중의 하나는 서술 자체가 파편화되어 있다는 점이다. 서술의 파편화는 80년대 이성복 · 황지우의 시에서도 드러난다. 이성복의 「그날」이나 황지우의 「꽃말」을 보면 서술의 흐름 자체가 "인과성을 벗어나 우연성의 지배하에 놓이면서 기존의 전통적인 서술시가 보여주는 통일성 · 질서 · 조직 · 압축"[8]을 철저하게 위반하고 있다. 이 위반이 겨냥하고 있는 것은 기존의 권위적이고 종속적인 존재 형식에 대한 해체이며, 시적 자아와 긴장을 유지하고 있는 세계에 대한 인식론적인 회의이다. 그리고 이러한 인식론적인 회의를 통해 이들은 시적 자아를 둘러싸고 있는 세계의 부조리함을 전경화한다.

부조리한 세계에 맞서 시적 자아가 할 수 있는 것은 부조리를 체계화하고 있는 언어의 구조에 저항하는 일이다. 부조리한 언어를 다시 언어를 통해 해체하려는 이들의 전략은 정치성을 띨 수밖에 없다. 이 사실은 이들의 서술시가 비록 세계에 대한 위반과 해체를 지향하지만 시적 자아와 세계

8 김준오, 위의 책, 42쪽.

와의 대립이 포기된다거나 허무주의적인 '덧없음'의 의미로 표상되지 않는다는 것을 의미한다. 이들의 서술시에서는 여전히 세계는 싸움의 대상인 동시에 새롭게 구성되어야 할 그 무엇인 것이다. 이들이 이처럼 '나는 누구인가? 세계의 본질은 무엇인가? 이 세계 내에서 어떻게 사는 것이 가치 있는 삶인가?'를 문제삼는다는 것은 이들이 인식론적인 회의를 통해 세계 구성의 의지를 포기하지 않고 있다는 것을 말해준다. 여기에 이들의 서술시가 가지는 80년대적인 의미가 있다.

그러나 90년대 신세대 시인들을 중심으로 대두된 서술시는 이들과는 다른 의미역을 거느리고 있다. 90년대에 대두된 서술시에서는 이성복이나 황지우가 문제 삼았던 인식론적인 회의가 보이지 않는다. 90년대 서술시에서는 '나는 누구인가? 세계의 본질은 무엇인가? 어떻게 사는 것이 가치 있는 삶인가? 하는 것보다 '나 혹은 세계는 과연 존재하는가?'하는 것을 더 문제 삼고 있다. 이것은 90년대의 서술시가 '있다', '없다'와 같은 존재에 대한 회의에 빠져있다는 것을 의미한다. 그렇다면 90년대에 대두된 서술시는 '왜, 나 혹은 세계에 대한 존재 자체를 문제 삼고 있는 것일까?' 그 의문에 대한 답은 결코 간단하지 않다. 그것은 90년대 서술시에서 드러난 존재에 대한 회의가 의식적 차원으로는 해명할 수 없는 무의식에 대한 자각과 긴밀하게 연결되어 있기 때문이다.

80년대에서 90년대로 넘어가면서 우리 시인들의 시적 자아는 현실 그 자체가 지워지면서 낱말들(words)이 바로 세계(worlds)가 되는 그런 체험을 하게 된다.[9] 이것은 현실이 재현의 대상이 되어 온 종전의 시적 논리를 위

9 이승훈, 『모더니즘 시론』, 문예출판사, 1995, 147쪽.

반하는 것이다. 현실이라는 재현 대상이 상실될 때 시에서 남는 것은 시적 자아의 무의식적인 욕망이다. 시적 자아의 무의식적인 욕망은 텍스트 내 발화의 결정력의 문제와 함께 형식상의 불안정, 다시 말하면 서술시의 파편적인 구조의 문제를 제기한다. 먼저 서술시에서의 발화의 결정력의 문제는 발화 주체에 대한 정체성의 혼란을 통해 드러난다. 90년대 서술시에서의 발화 주체는 스스로를 의심하고 회의한다.

이 의심과 회의는 발화 주체의 단일성을 거부하는 것이라고 할 수 있다. 90년대 이전까지의 서술시에서도 종종 발화 주체의 단일성이 거부되기는 했지만 어디까지나 에고를 해체하지 않은 상태에서 그것의 부정 아니면 '에고'를 중심에 둔 상태에서 '이드'와 '슈퍼에고'의 통합적 차원에서였다. 이것은 비록 단일한 주체에 대한 부정을 내장하고 있는 논리이긴 하지만 '에고 중심주의'와 '주체 중심주의'의 미망에서 벗어난 것이라고 볼 수 없다. 그러나 90년대에 와서는 '에고 중심주의'와 '주체 중심주의'는 해체되기에 이른다. 이런 점에서 90년대 서술시의 파편화 경향은 80년대의 이성복이나 황지우보다는 장정일 쪽에 그 발생론적 연원을 두고 있다고 할 수 있다.

> 길안에 갔다.
> 길안은 시골이다.
> 길안에 저녁이 가까워 왔다, 라고
> 나는 썼다. 그리고 얼마나
> 많이, 서두를 새로 시작해야 했던가?
> 타자지를 새로 끼우고, 다시 생각을
> 정리한다. 나는 쓴다.

길안에 갔다.
길안은 아름다운 시골이다.
그런 길안에 저녁이 가까워 왔다.
별이 뜬다.

이렇게 쓰고, 더 쓰기를
멈춘다. 빠르고 정확한 손놀림으로
나는 끼워진 종이를 빼어,
구겨 버린다. 이놈의 시는
왜 이다지도 애를 먹인담. 나는
테크놀러지와 자연에 대한 현대인의
갈등을 추적해 보고 싶다. 종이를 새로
끼우고, 다시 쓴다.

— 장정일, 「길안에서의 택시잡기」 부분 인용[10]

이 텍스트는 우리가 일반적으로 인식하고 있는 서술시의 소통 구조와는 다른 양상을 보여준다. 적어도 일반적인 서술시의 소통 구조하에서라면 '실제시인 → 내포시인 → 외적(내적) 서술자 → 이야기 → 외적(내적) 피서술자 → 내포독자 → 실제독자'의 구도가 성립되어야 한다. 하지만 이 텍스트에서는 실제시인 · 내포시인 · 외적(내적)서술자 · 이야기 사이의 관계가 애매모호하다. 실제시인과 내포시인의 구분이 불가능할 뿐만 아니라 서술자가 이야기의 안에 있는지 밖에 있는지의 구분도 또한 불가능하다. 아울러 이 텍스트의 서술자가 이야기하고 있는 대상이 내적 피서술자가 되는

10 장정일, 『길안에서의 택시 잡기』, 민음사, 1988, 86~87쪽.

지 아니면 외적 피서술자가 되는지도 명확하게 밝혀지지 않고 있다. 이것은 이 텍스트가 메타적인 서술 구조를 보여주기 때문이다.

시에 대한 시 쓰기에 대해 이야기함으로써 이 텍스트는 파편화된다. 시인과 텍스트(내포시인, 외적 · 내적 서술자, 이야기, 외적 · 내적 피서술자, 내포독자) 사이의 경계가 해체되면서 안정되고 통일적인 서술시의 소통 구조가 깨지고 그 대신에 불안정하고 파편적인 서술시의 소통구조가 생성되는 것이다. 이 파편적인 소통구조는 텍스트 생산에 있어서의 창조 주체의 절대성과 세계에 대한 본질적인 무엇이 존재한다는 것에 대한 회의와 그것의 해체를 드러낸다고 할 수 있다. 따라서 이렇게 존재에 대한 회의와 해체를 드러냄으로써 파편적인 서술 경향을 보이는 시 쓰기가 겨냥하는 것은 현실을 모방하고 재현하는 전통적인 시 쓰기에 대한 부정과 해체이다. 이런 류의 시 쓰기는 결국 언어에 대한 자의식과 시 쓰기 자체에 대한 자기반영성을 강하게 드러낼 수밖에 없다. 장정일이 보여주고 있는 이러한 존재 자체에 대한 회의는 90년대에 들어와 우리시의 한 흐름을 형성하게 된다. 이승훈의 다음 시는 그것의 첨예한 반영이라고 할 수 있다.[11]

---

11 이승훈의 자아와 세계에 대한 존재론적인 회의는 시론집인 『비대상』과 『해체시론』을 통해 일목요연하게 드러나 있다. 특히 『해체시론』은 『비대상』에서 보여준 자아의 개념을 넘어 주체의 소멸 문제로 나아간 그의 사유를 집약적으로 보여주고 있다. 그 대표적인 글이 「시적인 것은 없고 시도 없다」와 「비빔밥 시론」이다. 『해체시론』에 실린 서른여덟 편 중에서 이 두 편의 글은 다른 무엇보다도 주체 소멸을 지향하는 자신의 시 쓰기에 대한 분명한 자의식과 시각을 견지하고 있다. 여기에서 그의 주체 소멸의 문제는 나의 소멸, 나를 지우기, 지금 여기 있는, 그동안 믿어 온 나를 없애기라는 개념으로 제시된다. 그는 '나'에 대해서 회의한다. 그는 '나는 시를 쓴다. 지금 나는 달이 뜬 밤 나는 A시에서 술을 마신다고 쓴다. 시라고 합시다. 시 속에 나오는 나는 지금 이 방에서 이 글을 쓰고 있는 나가 아니다. 그리고 그런 나이다. 그럼 내가 A시에서 술을 마신다고? 시를 쓰는 나는 시 속으로 들어가지만 그 나는 지금 시를 쓰는 나가 아니다. 그렇다면 시를 쓰는 나는 누구이며 시 속에 있는 나는 누구인가? 독자 여러분 한 번 생각해 보시오. 시를 쓸 때 시를 쓰는 나는 사라지고 다른 나, 말하자면 시 속의 나가 생긴다. 탄생한다'(「시적인 것은 없고 시도 없다」, 18쪽)라고 말하고 있다. 이것은 결국 내가 없다는, 나의 부재를 증명하는 언술에 다름 아니다. 그러면 이렇게 내가 없다면 누가 있는 것일까? 그에 의하면 언어만이 있을 뿐이

이승훈 씨는 바바리를 걸치고 흐린 봄날
서초동 진흥 아파트에 사는 시인 이승훈 씨를
찾아간다 가방을 들고 현관에서 벨을 누른다
이승훈 씨가 문을 열어준다 그는 작업복을
입고 있다 아니 어쩐 일이오? 이승훈 씨가
놀라 묻는다 지나가던 길에 들렀지요 그래요?
전화라도 하시지 않고 아무튼 들어오시오
이승훈 씨는 거실을 지나 그의 방으로 이승훈 씨를
안내한다 이승훈 씨는 그의 방에서 시를 쓰던
중이었다 이승훈 씨가 말한다 당신이 쓰던 시나
봅시다 이승훈 씨는 원고지 뒷장에 샤프펜슬로
흐리게 갈려 쓴 시를 보여 준다.[12]

— 이승훈, 「이승훈 씨를 찾아간 이승훈 씨」 부분 인용

이 텍스트 역시 장정일의 「길안에서의 택시잡기」처럼 우리가 일반적으

다. '나'가 없고 언어만 있다는 그의 논리는 곧 언어가 나 혹은 자아에 앞선다는 것을 의미한다. 자아보다 언어가 앞선다는 것은 선험적이며 초월적인 자아가 존재하지 않는다는 것으로 이것은 반휴머니즘적인 세계관을 드러내는 것으로 볼 수 있다. 자아가 휴머니즘을 상실했다면 그 자아는 싸늘한 자아, 다시 말하면 물화된 자아라고 할 수 있다. 이러한 물화된 자아는 그가 '나'를 '그'라는 3인칭 대명사로 부르고 있는 것과 맥을 같이한다고 볼 수 있다. '나'를 '그'라고 명명할 때 드러나는 것은 동일성의 세계의 파괴이다. '나'를 '그'라고 명명할 때 이 '그'는 인격적이기보다는 비인격적인 사물의 느낌이 강하며, 이로 인해 '나'를 '너'라고 명명할 때 어느 정도 성립되던 대화적인 관계가 여기에서는 단절되고 만다. '나'가 곧 '그'라는 이러한 사유는 그 이면에 주체의 소멸, 주관성의 허위, 의식적 주체에 대한 병적인 반감 따위를 포함하고 있다고 할 수 있다. 자아에 앞서 언어가 있다는 혹은 주체가 있는 것이 아니라 언어가 있다는 그의 논리는 해체로 이어진다. 그가 시 쓰기를 통해 탐구해 온 나 혹은 자아는 시 속에서 하나의 차이와 연기의 상태로 존재할 뿐이다. '나'는 있으면서 없고, '나'는 시니피앙이라는 기호의 흔적에 불과할 뿐이다. 곧 '나'는 이 세계에 실체가 아니라 이미지로만 존재하는 부재한 존재인 것이다. '나는 누구인가'가 아니라 '나는 과연 존재하는가' 하는 존재론적인 회의가 그의 시적 사유를 지배하고 있는 것이다(졸고, 「허무와 소멸의 미학」, 『심상』, 1999.6, 81~83쪽).

12 이승훈, 『밝은 방』, 세계사, 1995, 36쪽.

로 인식하고 있는 서술시의 소통 구조와는 다른 양상을 보여준다. 이 텍스트에서는 '실제하는 시인 이승훈'과 '텍스트 내의 이승훈' 사이의 경계가 해체되어 있고, '텍스트 내의 이승훈'은 다시 "서초동 진흥 아파트에 사는 이승훈"과 "흐린 봄날 그를 찾아간 이승훈"으로 분열되어 있다. '이승훈'이라는 기표가 이렇게 분열된 양태를 보인다는 것은 곧 시 쓰기의 주체 혹은 발화 주체가 분열되어 있다는 것을 의미한다. 발화 주체의 분열은 이 텍스트에서처럼 서술시 자체의 성립을 불가능하게 한다기보다는 서술시의 소통 구조 자체를 안정된 체계가 아닌 불안정하고 불확실한 체계로 만들어 그 소통이 어렵다는 사실을 강조하고 있는 것으로 볼 수 있다. 발화 주체가 분열되고 이것이 극단화되면 그 주체는 소멸될 수밖에 없다. 발화 주체의 소멸은 그것이 '없다'는 것을 의미하는 것이 아니라 '너무 많다'는 것을 의미한다. 이 텍스트만 놓고 보아도 발화 주체는 '실제 글을 쓰는 시인 이승훈', '그가 글을 쓸 때 태어나는 텍스트 안의 이승훈', 즉 '서초동 진흥 아파트에 사는 이승훈'과 '바바리를 걸치고 흐린 봄날 진흥 아파트에 사는 이승훈을 찾아가는 이승훈' 등으로 끊임없이 변주되어 드러난다.

발화 주체의 분열 혹은 소멸이 '없음'이 아니라 '너무 많다'는 것을 의미한다는 사실은 이 서술시의 텍스트에서 행해지고 있는 소통이 끝없는 지연의 과정을 통해 성립된다는 것을 의미한다. 기존의 서술시가 단일하고 총체적인 범주 내에서 규정된 발화 주체에 의해 참조 가능한 세계만을 탐색해 온 리얼리즘적 서술시라면 이 텍스트는 그러한 소통구조를 파괴하는 반리얼리즘적 텍스트라 할 수 있다. 발화 주체와 관련하여 그것이 리얼리즘적인 소통 구조를 가지든 아니면 반리얼리즘적인 소통 구조를 가지든 여기에서 중요한 것은 발화 주체가 처해 있는 상황성에 대한 인식이라고 할 수 있다. 발화 주체의 양태는 그가 처해 있는 상황성에 의해 결정될 수밖에 없다. 이승훈의 시 텍스트에 드러난 발화 주체의 분열 혹은 소멸은 불확실성이 지배하는 세계라는 상황하에서 성립된 개념이다. 불확실성이 지배하는 세계에서는 발화 주체가 끊임없이 대상을 변화시키기 때문에 객관 세계를 묘사한다는 것이 불가능할 뿐만 아니라 인간이 선험적으로 가지고 있다고 말해지는 사유능력 자체가 여기에서는 부정된다.

이승훈의 시 텍스트가 보여주는 발화 주체의 분열 혹은 소멸은 이런 점에서 세계를 구성한다거나 구조화를 지향하지 않는다. 발화 주체의 분열 혹은 소멸을 드러내는 텍스트에는 세계 구성에 대한 '덧없음'과 탈구조화된 흐름만이 있을 뿐이다. 그러나 흐름은 흐름이지만 이 흐름의 방향을 읽을 수 있는 코드를 찾을 수는 없다. '흐름들의 탈코드화'라는 흐름만이 텍스트를 관통하고 있는 것이다. '흐름들의 탈코드화'를 드러내는 서술시 텍스트는 서술의 소통 구조가 파편적인 양태를 띨 수밖에 없다. 이승훈의 「이승훈 씨를 찾아간 이승훈 씨」는 '흐름들의 탈코드화'라는 서술의 파편화 혹은 파편적인 서술 구조의 발생 원인을 발화 주체의 분열 및 소멸에 있다는 것을 잘 보여주고 있는 텍스트라고 할 수 있다.

이승훈의 시 텍스트가 보여준 파편적인 서술 구조는 신세대 시인들에 오면 한층 더 과격하고 구체적인 양태를 드러낸다. 박상순 · 김언희 · 성미정 · 김소연 · 함기석 · 이수명 · 서정학 등 이른바 60년대 중 · 후반과 70년대 초반에 태어나 우리의 사회 · 문화 전반에 걸쳐 하나의 지배적인 힘의 양태가 되어버린 '탈코드화의 흐름들'을 온몸으로 체험한 신세대 시인들에 오면 파편적인 서술 구조는 그 자체가 인식론적인 지적 유희를 넘어 구체적인 삶의 한 형식을 환기하기에 이른다.

3. 서술 주체의 결핍과 환유의 서술 구조

1) 기계화된 욕망과 해체의 상상력

파편화된 서술 구조의 발생 원인이 발화 주체의 분열 및 소멸에 있다는 것은 그 주체 자체가 욕망하는 존재라는 것을 의미한다. 무엇인가를 욕망한다는 것은 주체가 결핍되어 있기 때문이고, 그 결핍 및 욕망의 정도에 따라 텍스트의 양태는 달라질 수밖에 없다. 이것이 가능한 것은 주체 · 욕망 · 언어는 분리되어 있는 것이 아니라 긴밀하게 결합되어 있기 때문이다. 따라서 결핍 및 욕망의 정도가 크면 클수록 그 텍스트는 점점 더 파편화될 수밖에 없는 것이다.

90년대 신세대 시인들의 시에 드러나는 파편화의 정도는 크다고 할 수 있다. 이것은 기본적으로 90년대라는 시대 자체가 파편화되어 있기 때문이다. 현실이 지워지면서 낱말들이 그것을 대체하는 시대가 90년대인 것이다. 낱말들이 어떤 누빔점도 없이 끊임없이 미끄러져 내리면서 모든 것들을 탈영토화하는 시대의 시 쓰기란 이 파편화된 낱말들을 텍스트 내에서 새롭게 재현하는 일이 될 것이다. 이러한 시 쓰기 행위가 얼마만큼의 진정성을 담보하는지는 단언할 수 없지만 분명한 것은 90년대라는 시대 자체가 파편화의 양상을 드러내고 있다는 사실이다. 이런 점에서 90년대 신세대 시인들의 시에 드러나는 파편화의 양상을 시대에 대한 미적 반영으로 이해해도 무방할 것이다.

이들의 미적 반영의 양상을 결정하는 중요한 요인은 욕망에 있다. 하지만 이들의 시에 드러나는 욕망은 외디푸스적인 것과는 일정한 차이가 있다. 이들이 보여주고 있는 욕망은 앙띠 외디푸스적인 것에 가깝다. 이 점에서 이들의 욕망은 가족의 구도하에서 성립되는, 그래서 그것이 하나의 구조화에 초기모델을 제공하는 외디푸스적인 세계와는 다르다. 외디푸스의 세계에서는 '아버지'가 존재한다. '아버지'의 살해 욕망을 직접적으로 드러내지 않고 '응축'과 '전치'라는 형식으로 변형해서 드러냄으로써 '어머니'와 '나'라는 '2자적인 세계'에서 벗어나 '어머니', '나', '아버지'라는 '3자적인 세계'가 성립되는 것이다. 이 안정된 기반 위에서 상징적인 체계(문명)는 비로소 체계로서 그 존재성을 부여받게 되는 것이다.

그러나 신세대 시인들의 서술시에서는 '아버지'가 부재한다. 아니 좀 더 정확히 말하면 애초부터 '아버지'라는 존재 자체가 없다. 김언희가 「아버지, 아버지」[13]라는 시에서 "모든 애비는 의붓애비"라고 한 것처럼 '아버지'는 필연이 아닌 우연에 의해, 가상적으로 만들어진 존재에 지나지 않는다. "모든 애비는 의붓애비"이기 때문에 여기에서는 에고의 정체성이나 사유하는 의식이라는 개념이 그 의미를 가질 수 없다. 애초부터 '아버지'가 배제된 상태에서의 욕망이기 때문에 그 욕망은 욕망으로만 존재할 뿐이다. 욕망은 있되 그 욕망이 어떤 내용을 가지는 것이 아닌 욕망의 세계, 그것을 잘 보여주고 있는 시가 바로 김언희의 「그것 13」이다.

*

아침마다 그것은 냄새나는 구두 속에서 태어난다
아침마다 그것은 뱃속을 구긴 신문지로 채운다
아침마다 그것은 그것이 어제 죽인 것을 복도에서 만난다

---

13 김언희, 「아버지 아버지」, 『트렁크』, 세계사, 1995, 22쪽.

아침마다 그것들은 서로의 면상에 침을 뱉어 아침 인사를 나눈다

*

날이면 날마다 오는 것이 아닌 것이 날이면 날마다 온다

날이면 날마다 그것 같은 것이 생긴다
그것 같은 것이 그것에게 말한다

너, 집에 가!

*

빌린 칼로 그것이 그것의 목구멍에서 까마귀를 파낸다 빌린 칼로 그것이 그것의 밑구멍에서 까마귀를 파낸다 애인 없는 그것의 더러운 고독 그것이 그것을 흉기처럼 뚫고 나온다 그것은

달래어지지 않는다

*

더러운 해안의 쓰레기들과 함께 떠 밀려다니면서 그것이,
있지도 않은 계단을 굴러떨어지면서 그것이,
분필처럼 분질러지면서 그것이,

*

눈 위에 찍힌 토끼 발자국
눈 위에 찍힌 거짓말의 발자국

어디로 가야 할지 모르는 사거리에 그것은 서 있다

새들이 함부로 똥을 싸지르고 가는 표지판처럼
비스듬히 기울어진 채 ……

*〈너, 집에 가!〉, 박상순[14]

— 김언희, 「그것 13」 전문 인용

이 시는 아버지가 부재한 욕망의 세계를 드러내고 있는 텍스트이다. 이 욕망의 세계는 내용과 형식의 차원에서 동시에 드러난다. 시인은 시종일관 '그것'에 대해 이야기하고 있다. 하지만 '그것'이 무엇인지에 대해서는 직접적인 언급이 없다. 텍스트 안에서 '그것'의 의미는 끊임없이 지연될 뿐이다. 이것은 욕망의 의미와 다르지 않다. '주체는 결핍이요 욕망은 환유이다'[15]라는 명제가 환기하듯이 주체가 결핍을 채우기 위해 하나의 대상을 욕망하고 그 대상을 손에 넣는 순간 다시 저만치서 또 다른 대상이 손짓하고 또 다시 그것을 욕망하고……, 그렇게 끊임4없이 지연되는 세계가 바로 욕망이다.[16]

이런 점에서 볼 때 '그것'과 욕망은 다른 것이 아니다. '그것'의 이 끊임없는 흐름, 다시 말하면 끊임없는 욕망은 기계를 닮았다고 할 수 있다. 욕망이 기계라면 그 욕망은 기계처럼 의식이 있을 수 없고, 끊임없이 멈추지 않고 작동할 수밖에 없다. 그것이 이드로 표상되는 욕망이라면 이 시는 기계화된 욕망에

14 김언희, 『21세기 문학』 1999 봄호, 349~350쪽.

15 자크 라캉, 권택영 외역, 『욕망이론』, 문예출판사, 1994, 15쪽.

16 "그것"은 이 시가 아니더라도 "그것" 대한 정신분석학적인 해석만으로도 '욕망하는 기계'의 의미를 도출해낼 수 있다. 정신분석학에서 "그것"은 '이드'로 해석된다. 『앙띠 오이디푸스』에서 들뢰즈와 가타리는 이 "그것"을 기계로 파악된 사물로 간주하고 있다. 이 책의 첫 페이지에 나와 있는 "그것" 대한 이들의 해석을 옮기면 다음과 같다. "그것은 어디서나 작동하고 있다. 때로는 멈춤 없이, 때로는 중단되면서 그것은 숨쉬고, 그것은 뜨거워지고, 그것은 먹는다. 그것은 똥을 누고 성교를 한다. 그것이라고 불러버린 것은 얼마나 큰 잘못인가? 어디서나 그것들은 기계들인데, 결코 은유적으로가 아니다. 연결되고 연접해 있는 기계들의 기계들이다. 한 기관기계는 한 원천기계에 연결되어 있다. 하나는 흐름을 내보내고 다른 하나는 그 흐름을 끊는다. 유방은 젖을 생산하는 기계요, 입은 유방에 연결되어 있는 기계다." "그것"이 정신 분석학적으로 이런 의미를 담고 있다면 "그것"이라는 개념을 가지고 '욕망하는 기계'의 세계를 노래하고 있다는 것은 어쩌면 시인이 시를 쓰기 전에 이미 "그것"이 가지는 의미를 알고 있었는지도 모른다(들뢰즈 · 가따리, 최명관 역, 『앙띠 오이디푸스』, 민음사, 1994, 15쪽 참조).

대한 메타적인 시 쓰기를 보여주고 있다고 할 수 있다. 하지만 시인은 기계화된 욕망의 문제를 단순히 '그것'에 대한 의미 차원에서만 국한시켜 보여주지 않고 있다. 시인은 그것을 형식의 차원에서도 보여주고 있다. 이 시에서 활용되고 있는 서술 기법은 병렬과 치환, 그리고 순열이다. 전혀 무관한 행과 행을 나란히 배치하고, 하나의 단어를 전혀 의미의 연관성이 없는 다른 단어로 바꾸고, 이러한 일련의 행위를 무한순열적인 조합을 통해 확대 · 재생산하는 방식이 바로 그것이다. 「그것 13」이 보여주고 있는 인간과 기계의 경계가 해체된 '욕망하는 기계'의 세계는 「한다」라는 시에서도 드러난다.

> 한다
> 한시간이고
> 두시간이고한다
> 물을먹어가며한다
> 하품을해가며꾸벅꾸벅
> 졸아가며한다
> 한다깜빡
> 굴러떨어질뻔하면서그는
> 그가왜하는지
> 모른다무엇
> 과,하고있는지도
> 부르르진저를치면서그가
> 한다[17]

— 김언희, 「한다」 부분 인용

17 김언희, 『트렁크』, 세계사, 1993, 14쪽.

이 시에서의 '한다'는 곧 '그것'(「그것 13」)의 변용이라고 할 수 있다. 이 '한다'는 어떤 의미나 가치가 최종적인 목적이 아니다. 이 '한다'의 목적은 목적 없는 목적, 다시 말하면 순수한 생산성이 최종적인 목적이다. 그 점에서 '한다'는 한다라는 말의 육체와 그 육체의 소모에 의해서만 정의되어지는 것으로 볼 수 있다. 이 사실은 '한다'가 자기증식적이고 무한수열적인 조합을 할 수 있는 서술의 가능태로 존재한다는 것을 의미한다. 이것으로 보면 '한다'는 유동적이고 모순적이며 통일성이 없고 분리가능하며, 그것이 무엇이라고 명명되는 순간 고정적인 성격을 갖는 그 무엇이 되고 말기 때문에 이름조차 붙일 수 없는 언술에 다름 아닌 것이다.

이러한 서술 기법이 드러내는 것은 인과성과 계기성이 탈락된 세계이다. 이 세계가 궁극적으로 겨냥하는 것은 언어로 표상되는 상징계의 전복이다. 그녀의 시는 노골적으로 그것을 드러내고 있다. 이 방식은 '억압된 것의 귀환'이라는 90년대적인 의미를 가지지만 그 과도함으로 인해 미적인 성취에 실패하고 있다. 그녀의 시는 추의 미학[18]을 지향한다고 할 수 있다. 하지만 그 추가 하나의 미학으로 성립되기 위해서는 미적인 형식에 대한 민감한 자의식이 필요함에도 불구하고 그녀의 시는 이것이 결핍되어 있다. 기계화된 욕망이 생산하는, 인과성과 계기성이 탈락된 파편화된 서술 구조가 미적인 새로움을 획득하지 못한 채 지나치게 패턴화되어 있다. 이것은 텍스트에 시인의 의도가 과도하게 개입되었기 때문이다. 그녀의

18 그녀의 시의 추의 미학은 주로 비천한 몸(abject body)에 대한 인식을 통해 드러난다. 비천한 몸의 극단적인 형태인 시체, 특히 단절된 시체의 이미지를 통해 드러나고 있다고 할 수 있다. 이 몸이 귀환하면서 상징계가 혼란에 빠지고 전복되면서 파편화된 언술 구조가 생성된다. 이 시도는 아방가르드적인 어떤 가능성을 내포한 그런 기획이라고 할 수 있다. 다만 그 가능성이 단발적으로 그친 감이 없지 않다(이재복, 「몸과 욕망의 언어–김언희론」, 『현대시학』, 1999 11월호 참조).

시가 지향하는 추의 미학이 극단적인 엽기로 흐르면서 미학성 자체가 그것에 압도당하는 형국[19]이 되어버린 것이 사실이다.

2) 기호들의 유희 혹은 서술의 탈코드화

상징계의 전복과 해체를 통한 파편화된 서술의 양상을 보여주고 있는 90년대의 대표적인 시인으로 박상순을 들 수 있다. 그의 시는 순수한 놀이로서의 텍스트이다. 김언희의 경우처럼 그의 텍스트에는 시인의 주관적인 의도가 과도하게 투영되어 있지 않다. 그의 시는 심오한 철학(진리)이나 인생의 의미 같은 즐거움을 체험하게 하는 텍스트가 아니라 그것을 해체하고 즐기는 일종의 '놀이로서의 텍스트'이다.

> 새벽 다섯 시
> 다섯 식구가 둘러앉아
> 밥먹는 놀이를 한다
> 아빠A가 한 개 먹고
> 내 폭탄 아직 안 터졌어
> 아빠B가 한 개 더 먹고
> 내 밥도 아직 안 터졌어
> 아빠C가 또 먹으며

---

19 그녀의 두 번째 시집인 『말라죽은 앵두나무 아래 잠자는 저 여자』(민음사, 2000)의 세계가 바로 그렇다. 형식에 대한 새로움 없이 내용 차원의 시 쓰기란 일정한 한계를 드러낼 수밖에 없는 것이다. 아버지(상징계)에 대한 부정과 해체가 아름다움을 획득하는 것은 보다 교묘하고 정교한 형식을 통해서이다. 그녀의 엽기성이 흔히 형식이 아닌 주제적인 차원에서 다루어지는 이유가 여기에 있다고 할 수 있다.

내 밥도 폭탄이야
아빠 D도 아빠 E도
내 폭탄도, 내 폭탄도[20]

— 박상순, 「불멸」 부분 인용

이 시에는 현실이 배제되어 있다. 이 시 자체가 곧 현실인 것이다. 이것은 이 텍스트가 현실적인 억압의 논리로부터 벗어나 텍스트 그 자체의 논리를 가진다는 것을 의미한다. 현실이 텍스트로 대체되면서 자유로운 놀이는 시작되는 것이다. 아빠 A에서 아빠 B로, 아빠 B에서 아빠 C로, C에서 D로, D에서 E로 끊임없이 미끄러져 내리는 이 놀이는 처음과 끝, 안과 밖이 없다. 이런 점에서 그의 놀이는 '불멸'을 겨냥한다. 텍스트의 자율성이 강화될수록 시적 주체의 상상과 표현은 미적인 아방가르드 혹은 미적인 아나키즘을 강하게 드러낼 수밖에 없다. 미적인 변증법의 차원에서 보면 그의 텍스트는 기존의 시적인 질서에 대한 전복이고 해체이다. 이러한 전복과 해체는 자아의 강화보다는 자아의 상실과 관련된다. 따라서 기존의 시적 질서에 익숙한 독자는 그의 텍스트에서 불안함과 불쾌함, 그리고 불편함을 체험하게 된다.

전에도 의사 K는
어떤 긴급한 전화를 받고
오늘처럼 밖으로 나갔습니다.
K는 훌륭한 의사입니다.

---

20 박상순, 『마라나, 포르노 만화의 여주인공』, 세계사, 1996, 20쪽.

그때도 나는 K의 옷장에서
놀이공원 지도를 보았습니다.

(…중략…)

그런데 오늘 또
의사 K의 옷장에서
새로 바뀐 놀이공원 지도를
발견했습니다.

의사 K는 나의 오랜 친구입니다.
내가 그를 찾아가면 꼭
긴급한 전화가 옵니다.
K는 참 바쁜 의사입니다.

그가 나가면
옷장 문이 또 이렇게
열려 있게 됩니다.

(…중략…)

의사 K는 지금 내가 알지 못하는
어떤 긴급한 전화를 받고
밖으로 나갔습니다.

나는 지도를 보며 K를 기다립니다.

의사 K는 나의 오랜 친구입니다.

놀이공원에는 절대로 가지 않을 겁니다.[21]

— 박상순, 「의사 K와 함께」 부분 인용

시적 자아가 체험한 놀이를 선명하게 보여주고 있는 시편이다. 이 시의 서술 구조는 은유적이지 않고 환유적이다. 시인은 의사 K의 '옷장'에서 '놀이공원 지도'를 발견한다. 그 옷장에 있는 놀이공원 지도는 환유의 지도이다. 여기에는 '롤러코스터 → 휴게소 → 작은 광장 → 매표소 → 분수 → 징검다리 → 유령의 집 →전망대'로 이어지는 환유의 서술 구조가 있다. 따라서 내가 옷장에서 놀이공원 지도를 발견한다는 것은 곧 유년기 혹은 성장과정에서 체험한 상처 속으로 끊임없이 미끌어져 내린다는 것을 의미한다.

그러나 이러한 구도에서 우리가 간과하지 말아야 할 것은 옷장이 의사 K의 것이라는 점이다. 이 사실은 그가 상처(옷장)받은 존재라는 것을 의미한다. 그렇다면 나는 누구인가. 나는 옷장을 훔쳐보는 자이다. 나는 의사 K가 나가면 옷장에서 새로 바뀌는 놀이공원 지도를 훔쳐본다. 이것은 상처에 대한 나의 바라봄이다. 의사 K가 유년기 혹은 삶의 성장과정으로서의 상처를 상징하는 옷장의 주인이고, 나는 그것을 바라보는 자라면 의사 K는 상처받은 또 다른 나라고 할 수 있을 것이다. 유년이나 삶의 성장과정으로서의 나와 그것을 바라보는 나, 이 둘은 언제나 어긋나 있다. 유년이나 삶의 성장과정으로서의 나(의사 K)와 그것을 바라보는 나 사이의 어긋남이 이 시의 놀이를 이끌어간다. 이 시에서 의사 K와 나는 만날 수 없기 때문에 의미들은 끊임없이 지연된다. 이것은 나의 욕망의 끊임없는 지속을 의미

---

21 박상순, 『Love Adagio』, 민음사, 2004, 74~77쪽.

한다. 의사 K와 나의 관계가 어긋나 있다는 것은 내가 결핍된 존재라는 것을 의미한다. 나의 결핍은 욕망을 낳고, 그 욕망은 끊임없는 환유의 서술 구조를 생산하는 것이다.

이처럼 상처는 유년이나 삶의 과정으로서의 나와 그것을 바라보는 나 사이의 어긋남을 통해 드러나기도 하지만 그것은 또한 "놀이공원에는 절대로 가지 않을 겁니다"라는 언술을 통해서도 드러난다. 의사 K와 나는 놀이공원에는 절대로 가지 않을 것이라고 말해놓고도 이들은 끊임없이 놀이공원의 지도를 욕망한다. 유년의 상처 속으로 빠져들고 싶지 않다고 말하고 있지만 이들은 이미 그 속으로 빠져들고 있는 것이다. 이것은 마치 외적으로는 자신이 욕망하고 있다는 것을 모르면서도 혹은 부정하면서도 이미 자신은 그 욕망의 회로 속에 놓여 있다는 것을 말해준다.[22]

박상순이 보여주고 있는 놀이로서의 텍스트 개념은 90년대 많은 신세대 시인들에게서도 드러난다. 이들은 이 놀이로서의 텍스트 개념에 상당히 민감한 자의식을 보인다. 이 자의식이야말로 기존의 것을 전복하고 해체하려는 신세대의 새로움에 대한 욕구를 말하는 것이라고 할 수 있다. 김언희나 박상순보다 놀이로서의 텍스트의 개념이 자연스럽게 시 속에서 체화될 수 있는 그런 삶의 조건을 가진 세대(60년대 중후반과 70년대 초에 태어난 세대)가 이들이라고 할 수 있다.

---

22 욕망과 관련한 적절한 예로 라캉은 폴란드인과 유태인의 일화를 제시하고 있다. 어느날 폴란드인이 유태인에게 장사하는 비법을 가르쳐 달라고 하자 유태인은 공짜로는 되지 않는다고 하면서 돈을 요구한다. 하지만 유태인은 직접 비법을 말하지 않고 이상한 말만 잔뜩 늘어놓는다. 이에 화가 난 폴란드인이 언제 그 비법을 가르쳐 주냐고 묻자 다시 돈을 요구한다. 돈을 받고도 유태인은 종전처럼 이상한 말만 계속한다. 이에 폴란드인이 "비법은 무슨 비법이야 이런 식으로 돈을 몽땅 떨어내는 것 아니냐고 따져 묻자 유태인은 태연하게 자 이제 아시겠소 그것이 바로 비법이요"라고 말했다고 한다(권택영, 「대중문화를 통해 라깡을 이해하기」, 『현대시사상』, 1994 여름호, 94쪽 참조).

삼삼은 9 삼사는 12 삼오는 15
자 아무 생각 말고 따라해봐! 선생이 말한다
(…중략…)
새는 창문을 넘어 교실로 날아든다
금붕어 소년이 재빨리 새를 가방에 감춘다
선생이 소년에게 묻는다, 삼삼은 얼마지?
파란 하늘이다 앵무새가 대답한다
왜 대답을 않는 거지? 어서 말을 해봐!
삼삼은 금붕어가 날고 싶은 하늘이예요
선생이 회초리를 흔들며 다시 묻는다. 얼마라구?
앵무새가 큰소리로 말한다
삼삼은 아무것도 아니야 구도 팔도 다리도 아니야
삼삼은 앵무새야 당나귀야 산수선생이야

— 함기석, 「산수시간」 부분 인용[23]

소년은 매일 반복되는 단조로운 하루가 싫다
소년은 여러 가지 사물이 되어본다
변기는 일곱시에 침대에서 일어난다
구두는 욕실에서 알몸으로 샤워를 한다
소년은 소년의 짝궁 바바를 싫어한다
(…중략…)
소년은 대문을 나서며 형용사를 바꾸어 본다
소년의 얼굴이 밝다 다리가 환하다
소년은 가벼운 가방을 들고 대문을 나선다

23 함기석, 『국어선생은 달팽이』, 세계사, 1998, 41쪽.

하루가 지겨운 소년은 하루가 즐거운 소년이 된다
소년은 환희 웃으며 하늘과 땅을 바꾸어 본다
갑자기, 자동차들이 하늘을 달리고
비행기와 새들이 땅 속 깊은 곳으로 날아다닌다
구름은 땅으로 흐르고
나무와 꽃들의 뿌리는 허공으로 자라오른다
소년은 콧노래를 부르며 하늘로 뛰어간다[24]

— 함기석, 「학교 가는 소년」 부분 인용

파편적인 서술 경향을 보이는 신세대 시인들의 시에 대한 자의식을 잘 보여주고 있는 텍스트이다. 기존의 제도화된 문학에 대한 회의와 해체를 겨냥하고 있다는 점에서 이 시편들은 알레고리적인 특성을 보이는 텍스트라고 할 수 있다. 선생은 기존의 법이나 제도를 상징하는 아버지의 또 다른 이름이다. 선생은 권위적이며 끊임없이 소년을 억압하고 통제하려 한다. 이에 소년은 선생(아버지의 법)의 권위가 미치지 않는 세계를 꿈꾼다. 그 세계란 상징적인 질서 이전의 세계, 다시 말하면 외디푸스 이전의 세계(상상계 혹은 실재계)를 가리킨다. 이것은 상징계에 구멍(틈)이 났다는 것을 의미한다. 이것의 현현은 텍스트에서 언어 혹은 서술의 파편성으로 드러난다.

상징계의 통제를 받지 않기 때문에 이 텍스트 속에서의 언어 질서란 존재하지 않는다. 소년과 변기 또는 소년과 구두의 의미 경계가 해체되고 하늘과 땅의 위치가 전도됨으로써 주어와 서술어 사이의 인과성이 파괴되기에 이른다(변기가 일어난다, 구두가 샤워를 한다, 자동차들이 하늘을 달린다, 비행

24 함기석, 위의 책, 38쪽.

기와 새들이 땅 속으로 날아다닌다, 나무와 꽃들의 뿌리가 허공으로 자란다. 소년은 하늘로 뛰어간다). '삼삼은 파란하늘이다, 금붕어가 날고 싶은 하늘이다, 앵무새 · 당나귀 · 산수선생이다'의 서술은 치환의 기법에 해당된다. 이것은 치환 중에서도 둘 사이의 단절이 강하게 드러나는 그런 기법의 예라고 할 수 있다. 그리고 이 각각의 치환된 서술이 아무런 친연성 없이 불연속적인 병렬에 의한 반복을 드러냄으로써 환유적인 형식을 갖게 된다. 따라서 "그의 시들은 여러 이미지, 상념들을 불연속적으로 아무렇게나 나열한 것처럼 보이며, 지루한 반복과 파편화된 문장이 변주로 엮어내는 유희적 양상을 띠"[25]게 되는 것이다.

이러한 파편화된 서술이 갖는 유희적인 양상을 이수명이나 김소연, 성미정에게서도 발견할 수 있다. 이수명의 텍스트에서 발견할 수 있는 것은 치환에 의한 병렬적인 반복이 거듭되는 서술 구조이다. "왜가리는 줄넘기다 / 왜가리는 구덩이다 / 왜가리는목구멍이다 / 왜가리는 납치다 / 왜가리는 왜가리놀이를 한다 // 테이블은 하나다. / 테이블은 둘이다 / 테이블은 셋이다 / 테이블은 숲 속에 놓여 있다"(「왜가리는 왜가리 놀이를 한다」 부분 인용[26])의 서술이란 '무엇은 무엇이다'의 치환 형식이 끊임없이 병렬적으로 반복되는 환유적인 구조라고 할 수 있다. 이 환유적인 구조가 유희성을 극대화하면서 그녀의 시를 놀이로서의 텍스트로 만들어 놓고 있다.

김언희와 박상순 그리고 이수명의 서술이 다소 건조하고 관념적인 데에 비해 김소연과 성미정의 서술은 섬세하고 구체적인 감성을 동반한다. 따라서 그녀의 텍스트들은 파편화된 서술이 가질 수 있는 아름다움의 세계

---

25 정끝별, 「세계를 지연시키는 자기 증식의 언어들」, 『한국문학평론』, 1998 겨울호, 141~142쪽.
26 이수명, 『왜가리는 왜가리 놀이를 한다』, 세계사, 1998, 74쪽.

를 보여준다.

나는 벼룩을 사랑하였고 벼룩을 사랑하는 지네의 지저분한 다리들을 사랑하였다 나는 푸른곰팡이가 피어난 밥을 맛있게 먹어댔고 쓰레기통에 버려진, 깨진 달걀과 놀아났다 나는 남들이 피우다 버린 꽁초를 주워 사랑을 속삭였고 징그러운 비단뱀이 버리고 간 허물을 껴안고 환하게 웃었다 나는 말라죽은 화분의 누런 잎과 간통하였고, 나는 텅 비어 있는 액자를 모셔놓고, 오! 나의 사랑이여, 헤프게 헤프게 고백을 하였다[27]

— 김소연, 「극에 달하다」 부분 인용

꽃씨를 사러 종묘상에 갔다 종묘상의 오래된 주인은 꽃씨를 주며 속삭였다 이건 매우 아름답고 향기로운 꽃입니다 꽃씨를 심기 위해서는 육체 속에 햇빛이 잘 드는 창문을 내는 일이 가장 중요합니다 너의 육체에 창문을 내기 위해 너의 육체를 살펴보았다 육체의 손상이 적으면서 창문을 내기 쉬운 곳은 찾기 힘들었다 창문을 내기 위해서는 약간의 손상이 필요했기 때문이다 나는 밤이 새도록 너의 온몸을 샅샅이 헤맸다 그 다음날에는 너의 모든 구멍을 살펴보았다 창문이 되기에는 너무 그늘진 구멍을 읽고 난 후 나는 꽃씨 심는 것을 보류하기로 했다 그리곤 종묘상의 오래된 주인에게 찾아가 이 매우 아름

27 김소연, 『극에 달하다』, 문학과지성사, 1996, 15쪽.

답고도 향기로운 꽃을 피울 만한 창문을 내지 못했음을
고백했다 새로운 꽃씨를 부탁했다 종묘상의 오래된 주인
은 상점 안의 모든 씨앗을 둘러본 후 내게 줄 것은 이제
없다고 했다 그 밤 나는 아무것도 줄 수 없으므로 행복한
나를 너의 육체 모든 구멍 속에 심었다 얼마 후 나는 너
를 데리고 종묘상의 오래된 주인을 찾아갔다 종묘상의
오래된 주인은 내가 키운 육체의 깊고 어두운 창문에 대
해서 몹시 감탄하는 눈치였다 창문과 종묘상의 모든 씨
앗을 교환하자고 했다 나는 창문과 종묘상의 오래된 주
인을 교환하기를 원했다 거래가 이루어진 뒤 종묘상의
오래된 주인은 내 육체 속에 심어졌다 도망칠 수 없는 어
린 씨앗이 되었다[28]

—성미정, 「심는다」 전문 인용

김소연의 「극에 달하다」는 시니피앙과 시니피에 사이의 파편성을 극대화함으로써 참신한 의미를 생산하고 있다. 하나의 시니피에에 여러 개의 시니피앙을 결합시켜 '흐름들의 탈코드화'를 실현하고 있는 것이다. "사랑"이라는 시니피에를 "벼룩 · 지네 · 곰팡이 난 밥 · 깨진 달걀 · 버리진 꽁초 · 뱀의 허물 · 누런 잎 · 텅 빈 액자" 등 여러 개의 시니피앙과 결합함으로써 '상징계적'인 가치인 "사랑"을 해체하고 있다. 특히 "사랑"이라는 시니피에와 결합하는 시니피앙들이 모두 비천한 존재들이라는 점에서 해체는 더욱 강렬하게 드러난다. '상징계'에서 고귀하고 고상하며 숭고한 그 무엇인 "사랑"을 한 순간에 가장 비천하고 속된 것으로 뒤집어버리는 시인의

---

28 성미정, 『대머리와의 사랑』, 세계사, 1997, 17~18쪽.

전략은 일정한 미적 충격을 불러일으킨다고 할 수 있다.[29]

이러한 미적인 충격은 성미정의 「심는다」에서도 엿보인다. 「심는다」의 아름다움은 바로 '미로같은 세계에 대한 시인의 탐색'[30]에 있다. 시인이 보여주고 있는 '탈코드화된 흐름'의 견지에서 보면 세계는 미로같은 그 무엇일 수 밖에 없다. 이 미로같은 세계를 시인은 "종묘상 주인"과 "나" 사이에 "꽃씨"를 두고 벌어지는 일련의 동화같은 사건을 통해 보여주고 있다. 이 동화 속에서는 상징적인 질서의 세계에서 통용되는 모든 것들이 무화되거나 해체된다. 그 단적인 예가 "종묘상의 오래된 주인이 내 육체 속에 심어지"고, 그 "주인"이 다시 "어린 씨앗"이 되는 사건이다. "종묘상의 주인"은 "너의 육체" 속에 "꽃씨를 심는" 것을 방해하는 감시자(아버지의 법)이다. 이 감시자가 "내 육체 속에 심어졌다"는 것은 '상징계적'인 세계가 해체되었다는 것을 말해준다. '상징계'의 감시자가 사라진 세계, "나"를 감시하던 '상징계적'인 존재가 "나"에 의해 전복되고 해체되어 오히려 "내 육체 속"에서 "어린 씨앗이 되"는 그런 역설의 세계는 동화 속에서나 가능한 아름다운 세계라고 할 수 있다. 이것은 동화가 '상징계적'인 '응시'로부터 자유롭기 때문이다.

---

29 이승훈은 이 시에 대해 상징계에 기대어 상징계를 허물려는, 욕망에 기대어 욕망을 허물려는 산뜻한 노력을 보여주는 텍스트라고 평가하고 있다(이승훈, 「신세대와 욕망의 풍경」, 『한국 현대시의 이해』, 집문당, 1999, 89쪽 참조).

30 이승훈, 위의 책, 83쪽.

4. 파편적 서술화 경향에 대한 전망

90년대 시인들이 보여준 파편적 서술화 경향은 일시적인 것이 아니다. 90년대 이후 우리시의 대체적인 흐름 중의 하나가 시의 서술화 경향이다. 주로 60년대 중·후반에서 70년대 초에 태어난 시인들을 중심으로 전개되고 있는 이 경향은 압축과 절제 같은 정제미가 시의 절대가치로 여겨지던 이전의 상황과 비교해보면 우리 현대시와 관련하여 어떤 커다란 변화의 흐름을 내장하고 있다고 할 수 있다.

90년대 시인들이 보여주고 있는 이러한 서술화 경향은 단순히 개인의 취향에서 비롯된 것이라기보다는 이들의 실존적인 토대가 되는 시대와의 관계 속에서 자연스럽게 형성된 것이다. 90년대 이후 이들이 체험한 것은 동일성의 원리가 해체된 파편화된 세계이다. 비트(bit)를 토대로 한 디지털 시대가 도래하면서 이들은 온갖 기호나 이미지가 지시 대상을 상실한 채 끊임없이 부유하는 환경 속에 놓이게 된 것이다. 이런 세대에게 동일성의 원리란 이들을 억압하는 하나의 기제로 인식될 수밖에 없다. 이것은 이들이 동일성의 원리에 입각한 은유보다는 비동일성의 원리인 환유에 보다 더 친연성을 보인다는 것을 의미한다. 이런 점에서 환유는 "끊임없는 해체와 재구성의 원리를 지향하는 사회에서 자유와 해방의 흐름을 가능케 하는 매개자"[31]라고 할 수 있다.

90년대 시인들이 보여주는 이러한 파편적 서술화 경향은 우리시의 후기 현대성과 긴밀하게 연결되어 있다. 이들의 파편화된 서술시가 드러내는

---

31 문선영, 「현대시의 대중문화 수용과 서사구조」, 『한국 서술시의 시학』, 태학사, 1998, 179쪽.

주체의 소멸 · 차이와 지연 · 치환 및 병렬 그리고 무한순열 · 매타성 · 해체성 등이 모두 후기현대성의 핵심 원리이다. 이것은 90년대 시인들이 보여주고 있는 이러한 징후들이 미래의 우리시의 존재 형식에 현재태 혹은 잠재태로 작용하리라는 것을 말해준다. 미래의 우리시가 파편화된 서술구조의 양태로 드러나리라는 전망은 분열을 숙명처럼 잉태하고 있는 현대성의 견지에서 보아도 충분한 개연성이 있다. 분열된 것을 통합한다는 것은 '지금, 여기'에서의 상황을 고려해 볼 때 거의 불가능하다. 분열의 통합이 아니라 분열을 분열로 수용하는 것이 필요하리라고 본다. 분열을 분열로 인정하고 수용하는 것 그것이 진정한 의미에서의 현대성 혹은 후기현대성이라고 할 수 있다.

90년대 이후 우리 사회가 진정으로 후기현대적이냐 아니냐의 문제는 좀 더 진지한 논의가 있어야 하겠지만 분명한 것은 90년대 시인들의 시에 후기현대적인 징후가 강하게 드러나고 있다는 사실이다. 이들의 시에 대한 비판과 반성은 좀 더 시간적인 거리를 두고 보다 정치하게 행해져야 할 것이다. 하지만 지금 이 순간에도 파편화된 서술시는 쓰여지고 있고, 사회는 점점 파편화되어 가고 있다. 이것이 우리시의 현실이다. 그렇다면 이것은 우리시의 위기인가, 아닌가? 이 물음에 대해서는 그 누구도 쉽게 답할 수 없을 것이다.

제3장

한국 현대시와 다다이즘

1. 식민지 시대 지식인의 생존 방식

우리 문학사에서 식민지 시대에 대한 해석은 언제나 인식론적인 회의를 동반한다. 식민지 시대의 문학이 내발성(內發性)의 결핍을 숙명처럼 가질 수밖에 없는 양식이라는 점을 고려한다면 이러한 회의는 당연하다. 무엇 하나 주체적인 목소리를 낼 수 없는 상황에서 성립된 문학 제도와 그것의 현실적인 전개는 이미 그 안에 불완전함이 전제된 것으로 볼 수 있다. 이 불완전함에 대한 민감한 자의식이 발전하여 불구 의식 혹은 절름발이 의식을 낳고 이것이 당대는 물론 그 이후까지 이어져 왔다고 할 수 있다.

그러나 식민지 시대의 문학에 대한 인식이 불구성을 가지고 있는 것은 사실이지만 그것을 지나치게 강조하는 것은 우리 문학에 대한 생산적인 논의에 그다지 도움이 되지 않는다. 불구성에 대한 자의식은 식민지 시대의 문학에 대한 인식을 허무주의적이고 결정론적인 차원으로 내몰 위험성이 있다. 우리가 원했든 원하지 않았든 식민지 시대는 존재했으며, 불구성 또한 엄연한 현실로 존재하고 있는 것이다. 이것은 부인할 수 없는 사실이다. 따라서 식민지 시대에 대한 인식에서 중요한 것은 불구성을 불구성 그 자체로 인정하는 일이다.

이러한 맥락에서 식민지 시대의 문학을 검토하면 불구성에 대한 민감한 자의식에 의해 은폐되었던 사실들이 좀 더 분명하게 드러날 것이다. 식민지 시대의 우리 문학이 드러내는 불구성을 불구성 그 자체로 인정할 때 다른 무엇보다도 먼저 문제가 되는 것 중의 하나는 우리 문학의 정체성을 근본적으로 뒤흔들어 놓은 낯선 예술 사조의 유입이다. 수백 년 동안 변증법적인 성찰과 반성의 과정을 통해 성립된 서구의 예술 사조와는 달리 단 수 년 사이에 모든 것들이 성립된 우리의 예술 사조는 그 자체가 곧 우리 문학의 불구성내지 허약한 토대를 반영하고 있는 것으로 볼 수 있다. 서구의 예술 사조의 유입으로 인한 우리 문학의 정체성 파괴라는 이 비극적 상황에서 식민지 시대의 우리 작가들은 그 나름의 실존적인 모색을 감행할 수밖에 없었다. 이 실존의 방식을 관념이 아닌 온몸으로 체험하면서 그 불구성을 불구성을 통해 역설적으로 극복하려 했던 작가가 바로 이상이며, 그 구체적인 실존의 방식이 다다이즘이라고 할 수 있다. 따라서 이상이 추구한 다다이즘에 대해 살펴보는 일은 단순히 개인적인 취향의 차원을 넘어 식민지 시대를 살다간 지식인의 실존 방식과 맞물려 있는, 그런 문제의식을 가진다고 할 수 있다.

우리 문학사에서 다다이즘이 본격적으로 논의된 것은 1920년대 중반부터이다. 우리의 모든 근대 문학운동이 그렇듯이 다다이즘 역시 일본 문단의 동향에 힘입은 바 크다. 박영희 · 고한용 · 방원용 · 양주동 등 일본 유학생들은 1920년대 중반, 이미 일본문단의 한 주류를 형성하고 있었던 다다이즘을 고국의 잡지와 신문의 문예란 등에 소개하고 그것을 하나의 문학운동으로 담론화 하기에 이른다.[1] 이 중에서 고한용의 글은 다다이즘의 기본 성격, 그 전개 방향, 시대와의 관련성 등 여러 면에서 시사 하는 바가 크다고 할 수 있다. 그는 다다이즘의 기본 성격을 '재래의 관념을 휘몰아 내고, 기존의 종교, 철학, 예술을 부인하고 진리를 비웃는 형태 파괴적이고 끊임없는 부정을 모토로 하는 그런 운동으로 보고 있으며, 이 운동이 조선 내에서 활성화 될 것이라는 전망도 하고 있다.'[2]

다다이즘이 가지는 이러한 속성과 당대의 사회적인 맥락으로 인해 이

---

1 1920년대 중반 이후 잡지나 신문 등에 발표된 다다이즘과 관련된 대표적인 글로는 박영희의 "重要術語辭典에 실린 다다이즘"(『開闢』 49호, 1924.4.1), 고한용의 "다다이슴"(『開闢』 51호, 1924.9.1), "서울 왓든 다다이스트의 이약이"(『開闢』 52호, 1924.10.1), "DADA"(『東亞日報』, 1924.11.17), "우옴피쿠리아"(『東亞日報』, 1924.11.22), "다다? 다다!"(『東亞日報』, 1924.11.24), "잘못 안 다다–金基鎭군에게"(『東亞日報』, 1924.12.1), 방원용의 "世界의 絶望–나의 본 다다이슴"(『朝鮮日報』, 1924.11.1), 양주동의 "歐洲現代藝思潮概觀에 실린 다다주의"(『東亞日報』, 1924.1.4) 등이 있다. 박영희의 글은 다다이즘에 대한 字意的인 해석과 함께 그 정의를 담고 있다. 다다이즘 문학운동이 표방하는 무의미성, 기존문학에 대한 반동성, 신경권태병의 반항성, 기괴한 형식성 등 이 운동이 가지는 상식적이고 일반론적인 정의를 개괄적으로 보여주고 싶다. 고한용의 글은 Tristan Tzara의 다다이즘에 대한 정의, 일본의 다다이스트 시인인 高喬新吉의 한국 방문과 그에 얽힌 일화 및 그의 다다이즘 시 소개, 다다이즘에 대한 왜곡된 사용에 대한 경계 등 좀 더 사회적이고 보편적인 맥락에서 다다이즘 문학운동에 접근하고 있다. 방원용의 글은 주로 다다이즘의 개념에 대한 자세한 개괄로 일관하고 있다. 그는 다다이즘의 개념을 11가지로 일목요연하게 진술해놓고 있다. 대부분이 일반론적인 이야기이지만 다다가 관념을 배제하고, 자아 혹은 자기의 표현을 지향하며, 도회의 산물이라는 진술은 한번 쯤 음미할만한 가치가 있다고 할 수 있다. 양주동의 글은 체험하는 외에는 별수가 없다는 독일의 다다이스트인 펠젠 렉크의 말을 인용해 다다이즘을 극히 단편적으로 정의하고 있는 글이다.

2 고한용, 「짜짜이슴」, 『開闢』 51호, 開闢社, 1924.9.1, 1~8쪽.

운동은 일본에서 뿐만 아니라 우리나라에서도 저항적이고 불온한 것으로 간주되어 탄압 받기에 이른다. 그의 글 "서울 왓든 다다이스트의 이약이"(『開闢』 52호, 1924.10.1)를 보면 그것이 잘 드러나 있다. 이 글은 일본의 다다이스트 시인 高橋新吉이 당국의 간섭으로 인해 경성에서의 강연이 불발로 돌아가자 그 대신으로 쓰여 진 것이다. 고한용은 저간의 사정을

> 十五日間가티지내든이약이와 그의性格이며그의主義는 달리무슨小說의形式가튼것이안이면 表現하기에좀음거북하니까다음날한가한때로미루고, 爲先예서演說하려든그의草稿그대로좀음紹介하여보련다. 그러나 이것은그의자신이붓을들어쓴것도안이요 自己가發言하야講演을하겟다든것도안이다. DADA라는 것이講演할성질의것은안이나 期會도조코하야 한번하야달나고말을하야보앗섯다. 그러치만막이한대도그의입에서무슨소리가나올는지모르겟슴으로 여러번망서리든끗헤엇더한말을하려는지左右間나에게한번들녀주는것이엇더하냐고 물어보앗다. 웨그런고하니 얼마前 神戶서하엿슬때에停止命令이나려엿스니까이다. 그것이무슨政治上으로나 그밧게무슨不穩한말을하여서가안이라, 넘우意外에ㅅ소리를하엿기때문에聽衆이들쓸어서그가티된것이엇다한다. 이번에도그가티하야가지고경을치게되면－경은損이니까물어본것이엿스나 그는선선히承諾을하엿다.[3]

하여 비록 다다이즘 운동이 가지는 저항적이고 불온한 속성을 부인하거나 간접적으로 제시해 놓고 있지만 이 운동이 어느 정도로 당대적인 이슈였는가를 우리는 이것을 통해 잘 알 수 있다. 또한 이 사실은 다다이즘 운동이 "우리와 문화권을 달리하는 서구의 전위예술 운동을 우리나라에 소개하겠다는 단순한 호기심의 차원에서 벗어나 식민지 시대 지식인의 또 하

---

3 고한용, 「서울 왓든 따따이스트의 이약이」, 『開闢』 52호, 1924.10.1, 146쪽.

나의 생존 방식과 직접 간접으로 연결되어 있었다는 것"[4]을 잘 말해준다.

이러한 이유로 다다이즘은 실질적인 문학운동의 길이 막혀 있던 1920 · 30년대 시인들에게 하나의 출구가 될 수 있었던 것이다. 다다이즘에 대한 관심은 20년대 중반 이후 30년대에 이르기까지 문단에 하나의 거대한 기류를 형성했던 것이 사실이다. 이것은 당시의 잡지나 신문 등에 실린 다다이즘과 관련된 글뿐만 아니라 이때에 발표된 시들을 살펴보면 어렵지 않게 확인할 수 있다. 우리가 익히 알고 있는 이상이라든가 「三四文學」의 동인이었던 이시우와 신백수의 시 뿐만 아니라 이 시기에 등단했던 젊은 시인들의 시, 그리고 편석촌이나 서정주와 같은 시인들의 시 속에서도 이 다다이즘적인 요소를 어렵지 않게 발견할 수 있다. 이것은 다다이즘 문학운동이 그것에 대한 어떤 인식론적이고 존재론적인 깊이나 넓이에 대한 천착이라든가 혹은 그 가치에 대한 긍정과 부정에 관계없이 1920 · 30년대 우리 시단에 하나의 유행사조로 군림했다는 사실을 드러내는데 부족함이 없다고 할 수 있다.

그러나 다다이즘은 이렇게 유행사조로 군림은 했지만 그것이 서구에서처럼 하나의 집단적인 문학운동 차원으로 성립되었다거나 그것이 과거, 현재, 미래를 포함하는 한국 예술사라는 거대한 미적 흐름에 있어서 연결고리 역할이나 일정한 토대로 작용했다고는 단정할 수 없다. 그것은 우리의 다다이즘 문학운동 자체가 內發的이 아닌 外發的으로 형성되어 이 운동에 대한 철저한 주체적인 자각내지 자의식이 결여되어 있었기 때문이다. 또한 서구에서처럼 입체파와 미래파라는 레디컬한 모더니즘 혹은 아방가

4 김시태, 「서구 모더니즘의 수용」, 『문예사조』, 이우출판사. 1987, 221쪽.

르드적[5]인 토양이 우리의 경우에는 전무했을 뿐만 아니라 다다이즘의 발전된 양태인 쉬르레알리즘으로 이행될만한 여건 역시 갖추고 있지 않았다. 기본적으로 우리의 경우에는 전위적인 사조를 충분히 체험할만한 시간적 여유도 없었고, 1920 · 30년대 이전에는 마땅히 전위라고 부를만한 그런 예술 자체가 없었던 것이 사실이다. 이점이 바로 충분한 변증법적인 과정을 통해 성립된 서구의 다다이즘 문학운동과 우리의 그것이 다른 점이다.

서구의 다다이즘 문학운동은 아방가르드라는 전위의 선상에서 입체파적인 기법과 미래파적인 예술에 대한 접근 방식을 수용하면서도 이미 기존 체계에 흡수되어 하나의 주의로 자리매김 되었다는 점에서 이들을 다시 비판하는, 그러한 변증법적인 통합 과정을 통해 성립되었던 것이다. 그리고 이렇게 성립된 다다이즘 문학운동은 다시 모든 것을 '완전하게 파괴하고 폐허화하기'라는 다다의 모토가 "예술을 수단화함으로써 자신 스스로 개혁하고자 했던 부르조아적 실용주의, 공리주의에 걸려버렸다"[6]는 자기 비판을 통해 쉬르레알리즘이라는 새로운 문학운동으로 이행되기에 이른

---

5 이승훈 교수는 "한국현대시와 아방가르드"(『모더니즘시론』, 문예출판사, 1995, 117~139쪽)이라는 글에서 우리 시의 경우 모더니즘과 아방가르드라는 용어를 섞어 사용되고 있는 점을 비판하면서 칼리니스쿠와 뷔르거의 견해를 중심으로 이 두 용어의 차이점을 해명하고 있다. 이승훈 교수에 의하면 아방가르드는 모더니즘보다 한결 과격한 양상을 보이는 예술이며, 또 그것은 메시아적 열정을 동반하고, 제도로서의 예술을 부정한다는 것이다. 우리시 연구자들이 1930년대 이후 80년대 이전까지 수행되어 온 실험적인 형태의 새로운 시운동을 모두 모더니즘이라는 개념 하에서 해명해 온 점을 감안한다면 이러한 지적은 우리시 해석에 정치함과 다양함을 더해 주리라고 본다. 그러나 아방가르드와 모더니즘은 이러한 차이점에도 불구하고 공통점 또한 존재하는 것이 사실이다. 이를테면 추상과 인공의 세계, 무기적인 구성, 반휴머니즘의 태도, 삶의 미학화를 공통된 속성으로 가지고 있다는 점이 그것이다. 이러한 점을 염두에 둔다면 아방가르드와 모더니즘은 상반성보다는 유사성에 기반한 새로운 관계 설정도 가능하다는 이야기다. 논자가 보기에는 아방가르드를 한상규의 표현처럼 래디컬 모더니즘으로 명명하는 것도 아방가르드가 가지는 속성을 고려할 때 무리한 용어라고는 생각하지 않는다.

6 신수정, 「유럽 전위주의 예술의 성과와 한계」, 『모더니즘 연구』, 자유세계, 1993, 57쪽.

다. 일련의 이러한 사실과 비교하면 우리의 다다이즘 문학운동이 어느 정도로 일천하고 허약한 것인지를 잘 알 수 있을 것이다.

그러나 서구의 다다이즘 문학운동에 비해 일천하고 허약한 것은 사실이지만 여기에 대해 콤플렉스를 가질 필요는 없다. 그것은 비록 일천하고 그 토대가 허약하지만 우리는 우리 나름대로의 다다이즘 문학운동을 가지고 있으며, 집단화된 운동의 차원은 아니지만 그나마 서구의 다다이즘 문학운동의 변증법을 어느 정도 구현하고 있는 이상이라는 다다이스트를 가지고 있기 때문이다. 이상이 다다이스트라는 사실은 그동안 많은 평자들에 의해 언급되어 '지금, 여기'에서 다시 그것을 이야기한다는 것은 무의미할 수 있다. 하지만 이상의 다다이즘과 관련하여 언급한 글들은 거의 대부분 모더니즘이라는 큰 틀 안에서 그것을 부분적인 것으로 본 것이 아니면 주로 텍스트 그 자체에 국한시켜 그의 다다이즘의 실체를 전체적으로 조망하지 못하고 있는 것들이다.

이상의 다다이즘 문학운동을 전체적으로 조망하기 위해서는 다다이즘적인 속성뿐만 아니라 그것을 주로 하여 입체파적이고 미래파적인 속성과 쉬르레알리즘적인 속성을 살펴보고, 텍스트 그 자체의 해석은 물론 컨텍스트적인 차원에서의 해석도 병행되어야 하며, 문학사적인 측면에서 그것이 어떻게 존재하고 있는가 하는 등의 고찰이 있어야만 한다. 이것은 다다이즘 문학운동이 집단적이고 체계적으로 성립되지 않은 우리의 경우에 있어 비록 한 개인의 사적인 편력이기는 하지만 이에 대한 전체적인 조망은 큰 의미를 지닌다고 할 수 있다. 이상의 다다이즘에 대한 사적인 편력은 우리 문학의 아방가르드적인 역사(레디컬 모더니즘의 역사)의 구획에 일정한 지침이 될 수 있을 것이다.

2. 전위적 미학 운동에 대한 체험과 이상의 시

이상의 다다이즘은 단순히 호기심 차원에서 우연히 성립된 것이 아니다. 그의 다다이즘은 전위적 미학운동인 입체파와 미래파적인 요소에 대한 선행 체험을 통해 성립되었다. 입체파와 미래파에 대한 그의 체험은 보성고보 시절 당시 일본에 건너가 우리나라 사람으로는 최초로 모더니즘적인 감각(조형 감각 혹은 조형적인 사고)을 배우고 돌아온 고희동이라는 미술 선생으로부터의 사사체험에서 비롯된다고 보아야 할 것이다. 물론 고희동의 화풍이 입체파와 미래파의 특성을 보여준다고는 볼 수 없다. 하지만 기존의 전래적 기술의 답습이나 중국 회화의 모사로 일관하던 때에 감수성이 가장 예민한 시절의 이 모던한 체험은 그를 쉽사리 여기에서 벗어나지 못하게 했던 것이다. 그가 백부의 반대로 미술 공부를 포기하고 고공으로 진학하여 건축기사가 되었지만 이 모던한 체험에 대한 강렬함은 무의식의 심층 저편에 온전히 남아 있었던 것이다. 그는 조선건축학회 기관지인 『朝鮮과 建築』의 표지 도안 현상 공모에 1등과 3등으로 입선하고, 그 이듬해 화가로서의 공식적인 인정을 받는 총독부 주관의 조선미술전람회에 출품하여 다시 입선을 하기에 이른다. 이러한 일련의 사실은 비록 '이상의 미술품이 남아 있지 않아 선전의 圖錄을 통해 흑백판으로만 확인할 수 있어 구체적으로 그 작품 경향이라든가 기법 등을 알 수는 없지만'[7] 분명한 것은 이 그림들에 그의 '새로워지려는 감각' 곧 '모던한 감각'이 투사되어 있다는 사실이다. 이 모던한 것에 대한 욕망, 좀 더 정확히 말하면 보다 레디컬하

7 오광수, 「화가로서의 이상」, 『이상문학전집 4』, 문학사상사, 1995, 244~245쪽.

고 아방가르드적인 속성을 지닌 입체파와 미래파의 예술에 대한 체험은 화가 구본웅과의 교류를 통해서 구체적으로 드러나기에 이른다. 익히 알려져 있듯이 구본웅과의 친분은 단순한 우정을 넘어 동성애에 가까운 것이었다. 이것은 이상에게 있어 구본웅이라는 존재는 '자기애의 투사'로서의 어떤 대상이었다는 것을 의미한다. 이상은 구본웅을 통해 자기가 성취하지 못했던, 그러나 무의식의 저 깊은 심층에 하나의 커다란 욕망의 덩어리로 남겨두었던 화가로서의 꿈을 그를 통해 성취하려고 했던 것이다.

이렇게 이상의 '자기애의 투사'로서 존재한 구본웅은 야수파적인 감성과 큐비즘이나 형이상학파의 세계를 추구했던 모던한 화가였다. 구본웅의 이 모던한 세계를 이상은 일종의 '자기애의 투사'를 통해 구현하려고 했던 것이다. 이 사실은 1934년 박태원의 신문소설 「소설가 구보씨의 일일」에 삽입된 삽화와 자작 소설의 컷으로 그려 놓은 단편적인 것에 잘 반영되어 있다. 이 삽화들은 '구본웅의 회화가 보여주고 있는 역원근법, 큐비즘적 공간 해석, 음영을 강하게 주어 대립물의 극적 관계를 강조하는 야수파적, 표현주의적 특징이 드러나 있다.'[8] 이 기법들이 보여주고 있는 것은 자연의 차원들과 원근을 단순히 재현하거나 모방하는 것에 대한 거부, 사물의 구체적인 형식들과 현존의 실재를 유지하면서도 그것들을 단순화 혹은 양식화된 기하학적 형태로 환원하려는 욕망이다. 이것은 예술의 비인간화, 비생명화라는 불연속적인 세계관[9]을 드러내는 것이라고 할 수 있다.

---

8 오광수, 위의 책, 248~249쪽.

9 흄은 19세기 사상계를 지배한 것은 연속의 원리라고 보고 있으며, 그것은 자연에 있어서의 불연속과 간극을 인정하지 않는다는 것이다. 그러나 흄은 자연 속에 놓여진 실재를 객관적으로 이해하기 위해서는 연속과 불연속의 양 범주를 다 같이 사용하여야 할 필요가 있음을 지적한다. 그에 따르면 어떤 실재의 영역들은 상대적으로가 아니라 절대적으로 다르다는 입장을 보이고 있다. 그리하여 그들 사이에는 사실상의 불연속이 존재한다고 밖에 볼 수 없

그러나 구본웅에 대한 '자기에의 투사'를 통해 그의 미적 감성을 실현한 것은 사실이지만 이상은 전적으로 이 '자기애적인 투사'에서 헤어나지 못한 것은 아니다. 그는 구본웅의 회화에서 벗어나 그가 보여주고 있지 않은 미래파적인 속성을 추구하기에 이른다. 그의 삽화들을 보면 거기에는 사물의 합리적인 배치라든가 정적인 구도가 엿보이지 않고 서로 상이한 사물과 사물들간의 부조리한 몽타주를 통해 유추의 절대적인 자유를 추구하는 미래파적인 속성이 엿보인다.

이처럼 이상의 시에 드러나는 입체파적이고 미래파적인 감성은 고희동이나 구본웅으로부터의 사사나 교류를 통해 형성된 것이 사실이다. 하지만 이상의 입체파와 미래파적인 감성은 또한 이런 화가들과의 관계에서 뿐만 아니라 일본의 모더니즘 시잡지 『詩와 詩論』으로부터도 많은 영향을 받았다. 이 잡지는 당시 서구에서 유행하던 아방가르드 예술사조인 입체파, 미래파, 다다, 초현실주의 등을 번역 · 소개했으며, 이상은 이 잡지를 읽고 수용해 즐겨 그와 같은 양식의 시를 창작했다고 볼 수 있다. 일본어로 시를 쓴 그의 전력이나 1920 · 30년대의 일본의 전위적인 시와 그의 시의 유사성을 고려한다면 그 영향의 정도는 작다고는 할 수 없다.

다는 것이다. 19세기에 유행하였던 연속의 원리와는 명백히 구별되는 이와 같은 논리를 그는 나름대로의 방식으로 체계화하게 된다. 그 결과 도출된 이론이 바로 후대의 철학사가들에 의해 불연속적 세계관으로 이름 붙여진 흄의 비연속성의 원리이다. 이 원리에 의하면 실재 세계는 1)수학적, 물리학적 과학의 무기적 세계 2)생물학, 심리학, 역사학에 의해 취급되는 유기적 세계 3)윤리적, 종교적 가치의 세계와 같이 세 부분으로 나누어진다. 이들 각각의 세계는 전연 별개의 성질을 띠고 있다. 이러한 별개의 세계에 존재하는 절대적인 간극을 19세기 사상가들은 무시하고 있다는 것이다. 따라서 흄은 당시 벌어졌던 이와 같은 혼란의 양상들을 하루 빨리 불식시키기 위해 노력할 것을 주장한다. 한 걸음 더 나아가서 그는 휴머니즘의 붕괴와 새로운 시대의 도래를, 그 역사적 필연성을 예언하며, 그와 같은 논리를 그 자신의 예술론의 출발점으로 삼는다. 이러한 그의 불연속성에 관한 이론은 그후 스피어즈 등에 의해 계승되어, 논리적인 보강 작업을 거치는 동안 모더니즘 문학운동의 논리를 해명해 줄 수 있는 개념으로 자리 잡게 된다.

그러나 일본의 시잡지 『詩와 詩論』의 영향을 간과할 수는 없지만 여기에서 보다 중요한 것은 그의 실질적인 체험의 정도나 무의식적인 층위에서의 영향은 고희동이나 구본웅과의 관계하에서 좀 더 깊게 성립되었다고 볼 수 있다. 고희동이나 구본웅과의 사사나 교류를 통해 성립된 것은 관념의 차원이 아니라 온몸의 차원에서 체험한 것들이다. 어떻게 보면 그의 시가 드러내는 입체파나 미래파 혹은 다다와 쉬르레알리즘으로 이어지는 아방가르드적인 흐름이 단발적으로 그치지 않고 끊임없이 자기 갱신을 통해 그 의미를 확대 · 재생산할 수 있었던 것은 온몸으로 밀고나가는 그런 실질적인 체험이 있었기 때문이다. 이 점은 이상이 우리 문학사에서 '이상한 토양에서 이상하게 탄생한 이상한 존재'라고 하여 그 우연성과 우발성, 기이성만을 특화시키는 것이 얼마나 잘못된 무지의 소치인가를 말해주는 대목이라고 할 수 있다. 그는 서구의 전위적인 예술 사조를 표피적으로 수용한 것이 아니라 온몸으로 그 세계와 만나 또 다른 하나의 세계를 창조한 그런 존재로 명명할 수 있을 것이다.

그의 시의 다다이즘적인 속성과 관련하여 이렇게 입체파적이고 미래파적인 감각을 설명하는 것도 모두 이런 의도에서이다. 그의 이런 회화와 관련된 체험은 그것이 비록 회화이기는 하지만 그 미적 감성이 시에 고스란히 투영되어 있다고 볼 수 있다. 시가 언어라는 질료를 통해 구현된 예술이기는 하지만 그의 시에서 회화적인 속성들을 발견하는 것은 어렵지 않다. 이것은 단순히 그 입체파와 미래파적인 회화가 드러내는 어떤 의미론적인 측면뿐만 아니라 숫자라든가 선이나 점과 같은 도형, 언어의 기호성이 제거된 상태에서 드러나는 순수한 시각성 같은 형식적인 측면으로도 드러난다.

입체파적이고 미래파적인 속성을 드러내고 있는 그의 시를 보면 '회화적인 속성과 언어적인 속성의 미분화' 내지 '회화적인 속성의 전경화'라는 그런 인상을 준다. 그의 시 중에서도 특히 초기의 『朝鮮과 建築』에 일문으로 발표된 시들이 그렇다. "詩第四號"와 "詩第五號", "破片의 景致", "▽의 遊戲", "三次角設計圖", "線에關한覺書2", "線에關한覺書3", "線에關한覺書6" 등과 같은 류의 시는 언어로 쓰여지기는 했지만 언어는 하나의 수단이고 오히려 회화적인 감각이 목적이 되는 양태로 드러나는 경우가 많다. 회화적인 속성과 언어적인 속성의 미분화 내지 회화적인 속성의 전경화로 인해 그의 시는 그 본질을 정확하게 들추어내기가 어려운 것이 사실이다. 이러한 경향을 드러내는 시를 언어적인 텍스트를 해석하는 방식으로만 의미화 하려고 하기 때문에 그 시도가 언제나 충분치 않거나 불발로 그치고 마는 것이다. 이런 식으로 자꾸 어떤 의미를 찾으려고 하다 보면 그의 시는 난해하고 애매모호한 것이 될 수밖에 없다. 그의 시가 난해하고 애매모호한 것도 있지만 우리가 자꾸 그의 시에 이런 식으로 의미를 덧붙이고 있기 때문에 난해하고 애매모호한 것인지도 모른다. 그의 입체파적이고 미래파적인 속성을 지니고 있는 시는 먼저 회화와 언어의 미분화 혹은 회화성의 전경화 그 자체로 보고 그 다음 여기에 인식론적인 해석을 덧붙일 때 좀 더 그 의미가 분명하게 드러날 수 있을 것이다.

前後左右를除하는唯一의痕迹에잇서서

翼殿不逝 目不大覩

胖矮小形의神의眼前에我前落傷한故事를有함.

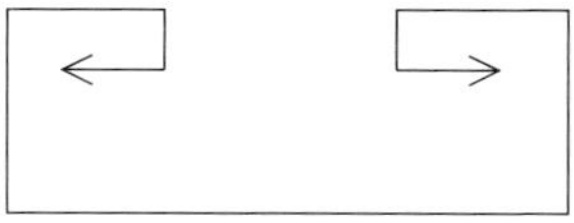

臟腑라는것은浸水된畜舍와區別될수잇슬는가.

— 이상, 「鳥瞰圖 "詩第五號"」[10] 전문 인용

患者의容態에관한問題

診斷 0 · 1

26 · 10 · 1931

以上　責任醫師　李　　箱

— 이상, 「鳥瞰圖 "詩第四號"」[11] 전문 인용

10　이상, 김주현 주해, 『정본 이상문학전집–詩』, 소명출판, 2005, 85∽86쪽.

11　이상, 위의 책, 84∽85쪽.

"詩第五號"와 "詩第四號"는 입체파적이고 미래파적인 속성을 드러내는 시들이다. 이 중에서 "詩第五號"는 회화적인 속성과 언어적인 속성이 미분화 된 상태로 존재하는 텍스트이며, "詩第四號"는 언어적인 속성이 소멸 내지 후경화되고 회화적인 속성이 전경화된 텍스트이다. 먼저 "詩第五號"는 한자와 한글 등의 문자와 도표가 혼합된 형태를 보여주고 있다. 한자와 한글의 혼용, 둘째 행의 "翼殿不逝 目不大覩"와 다른 한자와 한글, 그리고 도표와의 관계에서 비롯되는 이질적인 표현 양식의 병치는 이 시가 시각적인 효과를 강조하고 있다는 점에서 회화적인 속성을 드러내고 있다고 볼 수 있다.

이 시가 드러내는 이러한 회화적인 속성은 어떤 대상 자체를 단순하게 모방하고 그것을 재현하려는 것이 아니라 시인 자신의 의도에 의해 그 대상을 해체시켜 기하학적인 등가와 분석의 방법으로 새롭게 창조하려는 입체파적인 욕망과 외견상 서로 다른, 또는 서로 상반되는 거리를 가진 여러 양식들을 동시적으로 배치함으로써 기존의 합리적인 질서를 부정하고 해체하려는 미래파적인 욕망의 현현에 다름 아니다.

그러나 이 시는 회화적인 속성뿐만 아니라 언어적인 속성도 지니고 있다고 할 수 있다. 언어적인 속성을 지닌다는 것은 이 시가 순수한 시각성에 대한 해석뿐만 아니라 그 언어의 기의의 차원에 함축되어 있는 의미 해석도 가능하다는 것을 의미한다. 언어의 기의의 차원에서의 해석은 이미 여러 평자들에 의해 행해진 것이 사실이다. 하지만 이 해석의 대부분은 회화적인 속성에 대한 고려 없이 언어적인 속성에 입각한 해석이다. 가령 이 시를 '시인 자신이 22세 되던 해에 느낀 자아에 대한 부정적 인식을 노래한 것으로, 그것은 추락 불결 무용의 개념을 드러내고 있는 것'[12]으로 해석했다고 하자. 이렇게 해석하면 이 시가 지니고 있는 회화적인 속성은 상당히 약화되어 드러난다고 할 수 있다. 이 시에서의 회화적인 속성은 언어의 기의에 함축되어 있는 것이 아니라 기표의 차원에서 시각적으로 드러나 있기 때문이다. 따라서 여기에서 중요한 것은 언어적인 속성과 회화적인 속성과의 통합적인 의미화이다.

"詩第五號"에 비해 "詩第四號"는 입체파와 미래파의 회화적인 속성이 전경화된 경우이다. 언어적인 속성에 의한 의미화가 불가능할 정도로 철저하게 회화적인 속성에 입각해 쓰여진 시이다. 어떻게 보면 이 시는 시가 아니라고 할 수도 있다. 시가 언어라는 질료를 통해 성립되는 것이라면 이 시는 그러한 정의를 제대로 충족시키지 못하고 있다. 이것은 이 시가 문학의 제도성에 대한 부정과 해체를 드러내는 것이다. 즉 이 시는 '언어(문자)의 영점화'를 통해 '문학의 영점화' 혹은 '시의 영점화'를 추구하고 있는 것이다. 어떤 대안을 전제하지 않은 상태에서의 부정을 위한 부정, 해체를 위한 해체를 이 시는 보여주고 있는 것이다.

"詩第四號"가 드러내는 이러한 속성은 이 시가 입체파적이고 미래파적인 것을 넘어 다다이즘적인 경향을 지닌다는 것을 의미한다. 이 말은 그의 시의 다다이즘이 입체파와 미래파의 단절을 통해 성립된다는 것을 의미하는 것은 아니다. 그의 시의 다다이즘은 입체파와 미래파와의 단절이 아니라 연속을 통해 성립되며, 입체파와 미래파의 회화적인 속성(부정성, 해체성, 파괴성, 저항성)이 강하게 드러나면 드러날수록 이에 비례해서 그의 시의 다다이즘적인 속성 또한 강하게 드러난다.

---

12 이상, 이승훈 편, 『이상문학전집 Ⅰ』, 문학사상사, 1989, 27쪽.

이렇게 입체파와 미래파의 회화적인 속성이 극단화되면 다다이즘적인 속성이 드러나지만 그렇다고 이 회화적인 속성을 통해서만 그의 시의 다다이즘이 드러나는 것은 아니다. 김용직 교수도 이야기한 바 있지만 그의 시의 다다이즘은 심하게 말을 '해사적'으로 풀어 쓰는 데서도 드러난다. 김용직 교수는 이상의 시에서 "'무섭다'는 말의 되풀이나 '아버지', '싸움하는 말'의 되풀이"[13]가 바로 여기에 해당된다고 보고 있다. 이 이외에도 '얼굴'("얼굴")과 '(솟아)오르다'와 '떨어지다'("運動")의 되풀이도 그러한 예에 해당된다고 볼 수 있다.

> 第一의兒孩가무섭다고그리오
> 第二의兒孩도무섭다고그리오
> 第三의兒孩도무섭다고그리오
> 第四의兒孩도무섭다고그리오
> 第五의兒孩도무섭다고그리오
> 第六의兒孩도무섭다고그리오
> 第七의兒孩도무섭다고그리오
> 第八의兒孩도무섭다고그리오
> 第九의兒孩도무섭다고그리오
> 第十의兒孩도무섭다고그리오

— 이상, 「烏瞰圖 — 詩第一號」[14] 부분 인용

> 나의아버지가나의겨테서조을적에나는나의아버지가되고또나는나의아버

13 김용직, 「모색과 충돌, 실험지상주의 — 李箱論」, 『모더니즘 연구』, 자유세계, 1993, 271쪽.
14 이상, 김주현 주해, 앞의 책, 82쪽.

지의아버지가되고그런데도나의아버지는나의아버지대로나의아버지인데 어쩌자고나는작고나의아버지의아버지의아버지의 …… 아버지가 되니나는웨나의아버지를껑충뛰어넘어야하는지나는웨드듸어나와나의아버지와나의아버지의아버지와나의아버지의아버지의아버지노릇을한꺼번에하면서살아야하는것이냐

— 이상, 「烏瞰圖 — 詩第二號」[15] 전문 인용

싸홈하는사람은즉싸홈하지아니하든사람이고또싸홈하는사람은싸홈하지아니하는사람이엇기도하니까싸홈하는사람이싸홈하는구경을하고십거든싸홈하지아니하든사람이싸홈하는것을구경하든지싸홈하지아니하는사람이싸홈하는구경을하든지싸홈하지아니하든사람이나싸홈하지아니하는사람이싸홈하지아니하는것을구경하든지하얏으면그만이다.

— 이상, 「烏瞰圖 — 詩第三號」[16] 전문 인용

말을 되풀이하여 '해사적'으로 사용함으로써 결국 마지막에 남는 것은 무의미한 소리뿐이다. 이것은 세 편의 시에 사용된 언어가 자기지시성을 넘어서 존재한다는 것을 의미한다. 언어가 자기지시성을 넘었을 때 남는 것은 기의가 없는 텅 빈 기표의 유희이다. 텅 빈 기표로 성립된 시이기 때문에 대상이나 밖의 현실이 철저하게 배제되고 순수한 언어만이 전경화된다. 어찌 보면 언어의 절대성이 구현된 것처럼 보일 수도 있을 것이다.

그러나 이 시들이 구현하고 있는 것은 언어의 절대성이 아니라 그것의 부정과 해체이다. 이 아이러니는 이 시들이 비록 언어라는 질료를 사용하

15 이상, 김주현 주해, 위의 책, 83쪽.
16 이상, 김주현 주해, 위의 책, 84쪽.

기는 했지만 입체파나 미래파의 회화적인 속성을 토대로 하여 그것을 극단적으로 추구한 시들이 구현하고 있는 절대적인 추상의 세계와 다를 바 없다는 것을 의미한다. 입체파나 미래파의 그 회화적인 속성들이 언어적인 속성들 속으로 침투되었거나 아니면 상호 삼투되었다고 볼 수도 있을 것이다.

이 사실은 무엇을 말하는가. 이것은 그의 시에 드러나는 입체파, 미래파, 다다이즘적인 속성이 언어에 대한 절망과 관계된다는 것을 말해 준다. 시 자체가 입체파나 미래파의 회화적인 속성을 드러낸다는 것과 그것의 극단화된 형태나 말의 '해사적'인 쓰임을 통해 다다이즘이 구현되고 있다는 것은 시인이 언어에 절망하고 있다는 것을 의미한다. 언어에 대한 절망이란 무엇인가? 그것은 언어에 대한 민감한 자의식을 통한 시의 모던함에 대한 성찰 아닌가? '절망은 기교를 낳고 기교는 다시 절망을 낳는다'는 이상의 유명한 명제는 곧 '절망은 언어를 낳고 언어는 다시 절망을 낳는다'는 모던함에 대한 민감한 자의식에 다름 아닌 것이다.

이것으로 보면 이상의 다다이즘은 언어에 대한 절망내지 부정의 한 정점을 반영한다고 할 수 있다. 언어에 대한 절대적인 절망과 부정의 체험을 그 극단까지 밀고 나갔기 때문에 그는 진정한 모더니스트가 될 수 있었던 것이다. 만일 이러한 체험 없이 시를 썼다면 그는 한때 유행처럼 떠돌다가 우리 시사에서 이름도 없이 사라져간, 그래서 추억의 한 갈피에서나 그 존재를 확인할 수 있는 1920 · 30년대의 수많은 '모던 보이들' 중 하나에 불과했을 것이다. 이상의 시가 사춘기적인 속성을 지닐 수 있는 것도, 또 시대를 초월해 끊임없이 부활할 수 있는 것도 모두 이 언어에 대한 민감한 자의식과 부정정신, 그리고 절망이 있었기 때문이다.

3. 언어에 대한 부정과 절망

다다이즘적인 기획을 통해 이상이 체험한 것은 시와 그것의 토대인 언어에 대한 긴밀한 관계성이다. 언어에 대한 극도의 부정과 절망의 끝에서 그가 만난 것은 언어 자체가 세계를 온전히 드러낼 수 없다는 사실과 함께 그럼에도 불구하고 그것을 드러내기 위해서는 언어가 필요하다는 사실 바로 그것이다. 그는 언어에 대한 극도의 부정과 절망을 통해 철저한 부정과 파괴를 수행하는 다다의 기획이 잘못하면 시(예술) 자체를 잃을 수 있다는 사실을 깨닫게 된 것이다. 그 결과 그는 다다의 부정정신을 살리면서 시(예술) 자체도 살릴 수 있는 길을 찾은 것이다. 즉 그는 언어에 대한 절대 부정과 절망에서 긍정과 희망의 통로를 마련한 것이다.

언어에 대한 긍정과 희망은 주로 그의 후기 시로 올수록 두드러지게 드러난다. 언어에 대한 긍정과 희망의 흔적은 다다이즘적인 기획이 추구한 언어의 파괴적이고 무정부적인 것을 어느 정도 완화하면서 기존의 언어가 탐구하지 않은 무의식, 꿈, 광기, 환각 상태, 환상적이며 불가사의한 모든 영역 및 논리적 구조의 이면 같은 쉬르레알의 영역을 언어화하려는 기획으로 볼 수 있다. 언어에 대한 긍정과 희망은 일찍이 다다이스트이면서 그것을 변증법적으로 극복한 쉬르레알리스트이기도 한 브르통도 이야기 한 바 있다. 그는 "언어란 초현실적으로 사용되어지기 위해서 인간에게 주어졌다. 자기 자신을 타인에게 이해시킨다는 것이 불가피함에 따라서 인간은 이래저래 자기 자신을 표현하게 되고, 또 이렇게 함으로써 아주 하찮은 것 중에서 선택된 몇 가지의 직무를 수행하게 되는 것이다. 말한다거나 글씨를 쓴다거나 하는 것은 이렇게 함으로써 인간이 중간 수준 이상의 목적론을 내세우지 않는다거나 달리 말해서 누군가와 함께 이야기하는 것으로써 만족하기만 한다면, 아무런 현실적인 어려움을 주지는 않을 것이다. 사람들은 다음에 어떤 낱말이 뒤따를 것인가, 혹은 이제 완성한 문장 뒤에 어떤 문장이 뒤따를 것인가에 대해서 초조해 하지 않는다"[17]라고 말했다.

브르통의 이 말은 언어가 가지는 긍정과 희망의 내용을 담고 있는 것이 사실이다. 하지만 문제는 그것이 쉬르레알리즘의 영역에서 그렇다라는 점에 있다. 이것은 브르통이 언어를 긍정하고 그것에 대해 희망을 가지고 있지만 그것은 어디까지나 언어에 대한 절대적인 부정과 절망으로부터 언어를 구원하기 위한 전략적인 차원에서의 발설이라고 할 수 있다. 쉬르레알리즘의 영역에서의 언어는 완벽한 언어로 존재하는 것이 아니라 언제나 '틈'과 '구멍'의 형태로 존재한다. 이 사실은 언어가 이성에 의해 성립된 완벽한 창조물이 아니라 그 안에 '틈'과 '구멍'을 지니고 있는 불완전한 존재물이라는 것을 말해주는 것이라고 할 수 있다. 브르통은 이것을 잘 알고 있었으며, 그럼에도 불구하고 언어에 대해 긍정과 희망을 가졌던 것이다. 쉬르레알리즘의 언어가 이처럼 '틈'과 '구멍'을 지닌 존재라는 사실은 그것이 언어의 부정과 긍정, 절망과 희망을 동시에 고려한다는 것을 의미한다.

> 그사기컵은내骸骨과흡사하다. 내가그컵을손으로꼭쥐엿을때내팔에서는
> 난데업는팔하나가接木처럼도치드니그팔에달린손은그사기컵을번적들어
> 마루바닥에메여부딋는다.내팔은그사기컵을死守하고잇스니散散히깨어진
> 것은그럼그사기컵과흡사한내骸骨이다. 가지낫든팔은배암과갓치내팔로

17 앙드레 브르통, 송재영 역, 「쉬르레알리즘 선언」, 『다다 / 쉬르레알리즘 선언』, 문학과지성사, 1987, 140쪽.

기어들기前에내팔이或움즉엿든들洪水를막은白紙는찌저젓으리라. 그러나내팔은如前히그사기컵을死守한다.

— 이상, 「烏瞰圖—詩第十一號」[18] 전문 인용

인용된 시는 어떻게 보면 언어에 대한 부정과 절망을 드러내는 것 같기도 하고 또 어떻게 보면 그것은 언어에 대한 긍정과 희망을 드러내는 것 같기도 하다. 이 시는 주제라든가 리듬, 울림, 형식 같은 시의 기본적인 속성이 철저하게 부정되고 파괴되고 있다는 점에서는 다다이즘적이지만 마음의 순수한 자동 현상에 의해 '사기컵—骸骨—팔—接木—배암' 등의 이미지들이 만들어 지고, 이 이미지들이 서로 충돌하고 분열하면서 미묘한 긴장 상태를 통해 하나의 새로운 세계를 드러내고 있다는 점에서는 쉬르레알리즘적이라고 할 수 있다.

마음의 순수한 자동 현상에 의해 언어의 긍정과 희망의 통로를 마련한 그의 시는 기법과 속성이 점차 무의식 일변도에서 '의식과 무의식의 넘나듦' 쪽으로 변하면서 그 나름의 미적인 속성도 획득하게 된다. 1936년 이후에 발표된 대부분의 시들은 '의식과 무의식의 넘나듦'의 차원에서 성립되는 미적인 세계를 보여준다. 그의 시의 이러한 변화는 그의 시가 전언어적인 세계(이미지의 세계, 상상계)와 언어적인 세계(상징계) 사이의 긴장 속에서 성립된다는 것을 의미한다. 그가 전언어적인 세계에 안주하지 않고 언어적인 세계와의 통로를 마련한 것은 그 역시 에고를 중심으로 이드와 슈퍼에고를 통합하려 했던 프로이트의 사고와 맥을 같이한다고 볼 수 있다.

그러나 이렇게 다다적인 속성에서 쉬르레알리즘적인 속성으로의 변증법

18 이상, 김주현 주해, 앞의 책, 91쪽.

적인 지향을 통해 그가 실현하려고 했던 세계는 결국 전언어적인 세계와 언어적인 세계와의 긴장 속에서 성립되는 어떤 세계라고 할 수 있다. 기실 그의 초기 시가 보여주는 회화적인 속성의 세계도 언어를 부정하고 그것에 절망한 점에서는 전언어적인 세계에 대한 욕망을 드러낸 것이라고 볼 수 있다. 이 욕망은 언어적인 세계에서도 사라지지 않고 끊임없이 그 세계를 위협하고 해체하려는 힘으로 존재하는 어떤 힘이다.

이 전언어적인 욕망과 언어에 대한 욕망 사이에서 이상이 택한 것은 '에고의 파산'이다. '에고의 파산'은 상상계의 영역인 전언어적인 세계로의 복귀를 의미하는 것은 아니다. 이것은 전언어적인 세계와 언어적인 세계 그 어느 일방에 대한 선택을 포기한 영원히 미해결의 장으로 남겨두고 싶은 시인의 의지의 소산인 것이다. 에고를 인정하고 탐구하다 그 에고를 부정하고 죽음을 택한 그의 행위는 입체파, 미래파, 다다이즘, 쉬르레알리즘 같은 전위적인 예술 사조의 운명과도 같은 것이다. 이 전위적인 사조들은 에고를 거부하고 죽음을 택한 이상처럼 끊임없이 이전의 것에 대해 '죽음'을 선고해야 하고, 이것을 통해서 새로운 것들을 부단히 창조해내야 하는 속성을 운명처럼 지니고 있는 것들이다. 그가 에고를 거부하고 죽음을 택한 것은 궁극적으로 자기부정의 산물이며, 파괴할 대상이 존재하지 않는 데서 오는 상징적인 자살이다. 이런 미적 태도는 그가 진정한 아방가르드였다는 사실을 잘 보여주는 대목이라고 할 수 있다.

4. 이상 이후

쉬르레알리즘으로 이행되면서 '에고의 파산'의 양태로 드러난 이상의 다다이즘은 언어의 존재성 혹은 상징적인 질서에 대한 부정과 절망, 그리고 해체의 욕망이 꿈틀거리는 세계 속에서 언제나 부활한다. 이상 이후 이러한 다다이즘은 1950년대의 '후반기' 동인이나 '새로운 도시와 시민의 합창' 동인, 그중에서도 특히 조향의 시에서 미미하지만 어느 정도 엿보이는 것이 사실이다. 그리고 김수영과 김춘수에서 그것은 "전통적 재현 체계와 제도로서의 예술이라는 개념에 대한 부정, 직접적 생산 양식으로서의 우연 개념, 벤야민적 우수에 대한 변형된 개념"[19] 등으로 보다 전면으로 부상하게 된다. 특히 김춘수의 「처용단장」이 보여주는 극단적인 통사의 해체는 이상의 다다이즘이 지향한 부정과 해체의 한 정점을 보여주기에 부족함이 없다.

1960대에 와서는 이승훈, 김영태 등 몇몇 현대시 동인들 및 오규원에 와서 다시 부활하게 되는데, 이승훈의 경우 그것은 에고를 탐구하다 마침내 에고조차도 부정함으로써 죽음으로 치달은 이상과는 달리 그는 자아를 부정하면서 동시에 긍정하거나, 부정도 긍정도 하지 않는 개방적 세계를 창조함으로써 이상에서 비롯된 에고 탐구를 더욱 확장시키고 있다. 특히 그는 시 뿐만 아니라 '비대상', '해체시론' 등의 시론을 통해 이런 아방가르드 미학을 보다 실천적으로 전개하고 있다. 오규원은 전통적인 시 쓰기에 대한 부정의 일환으로 '날 이미지'라는 개념을 들고 있는데, 이것은 본질, 진

---

19 이승훈, 「한국 현대시와 아방가르드」, 『모더니즘 시론』, 문예출판사, 1995, 133쪽.

리, 의미에 대한 다다이즘적인 부정 정신과 맥이 통한다고 할 수 있다.

이런 전위적인 시 쓰기는 1970년대에 와서는 이전 시대와는 변별되는 새로운 전위성이 드러나지 않는다. 그러다가 1980년대에 들어와 황지우, 박남철 등에 와서 그 전위성은 새롭게 드러난다. 황지우와 박남철의 전위성은 김준오 교수의 표현을 빌리면 그것은 김춘수 류의 시가 보여준 '의미의 영점화'가 아닌 '예술의 영점화'의 차원으로 드러난다. 앞서 이상의 다다이즘을 '시의 영점화'라고 언급한 대목과 그 맥을 같이한다고 볼 수 있다. 다만 이상의 시와 황지우, 박남철의 시가 다른 점은 이들의 시가 내면화된 심리의 차원을 넘어 외면화된 차원에서 사회적인 문맥을 강하게 문제 삼고 있다는 사실이다. 이들의 시에 드러나는 강한 풍자성이 바로 그것이다.

1990년대는 시대적인 특성과 관련하여 가히 이상의 다다이즘 정신이 부활한 시대라고 해도 과언은 아니다.[20] 1990년대는 현실 원칙보다는 쾌락의 원칙이 강하게 작용한 시대라고 할 수 있다. 언어에서 기의가 제거된 기표가 자기증식과 무한수열적인 조합을 통해 시 자체가 극단적인 부정과 해체의 양태를 보여주고 있다. 박상순, 송찬호, 김언희, 박순업, 조하혜, 성미정, 김소연, 연왕모, 이수명, 함기석, 서정학, 김민정 등 새로운 신인들이 대거 등장해 시와 비시, 미학과 반미학의 경계를 해체했고, 기존의 작가,

---

20 이승훈은 '이상시의 계보학'을 작성하면서 이상을 계승한 90년대 시인들로 송찬호, 함기석, 정재학, 김언희, 김참, 유홍준, 조하혜, 연왕모, 이만식, 조원규, 박찬일, 성미정, 허혜정 등을 들고 있다. 그는 "이상이 노린 것은 전통 시학에 대한 극단적인 부정이고, 이 부정은 부정을 위한 부정, 말하자면 현실이 아니라 있는 그대로의 현실을 보여주려는 노력과 통하고, 이런 노력이 전통 미학 부정, 전통 자체 부정을 지향한다"고 말한다. 그가 여기에서 강조하고 있는 것은 '부정성'이다. 이 부정성은 "이상시의 재판이 아니라 시대적 변화, 잡종이 되어가는 양상"을 포괄하는 의미를 지닌다.(『현대시의 종말과 미학』, 집문당, 2007, 110~111쪽) 이런 점에서 볼 때 90년대 전위적이고 실험적인 젊은 시인들에게서 그가 문제 삼고 있는 것은 부정의 변증법이다.

텍스트, 독자의 경계를 또한 해체했으며, 패러디와 몽타주는 물론 패스티쉬와 콜라주의 개념을 적극적으로 활용하여 창조가 아닌 복제의 개념을 도입하였다. 이들이 보여주는 이러한 해체 작업들은 이상이 보여준 해체와는 다른 것이다. 이상이 단일한 에고의 개념을 부정한 것은 사실이지만 여전히 에고를 중심으로 이드와 슈퍼에고를 통합해야 한다는 프로이트적인 미학에서 완전히 벗어나지 못했다면 이들은 그런 에고를 해체해버린다. 이들은 에고를 부정하여 죽음을 택한 이상과는 달리 에고를 부정하고 또 다른 삶을 찾은 것이다. 그것은 이들이 이상보다 더 뛰어난 다다이즘적인 정신의 소유자라서가 아니라 파괴할 대상이 많이 남아 있다는 인식을 이들이 하고 있기 때문이다. 이들 역시 파괴할 대상이 존재하지 않는다고 판단되면 이상처럼 상징적인 죽음을 택할 수밖에 없을 것이다.

이상이 보여준 다다이즘 정신은 미적인 변증법을 통해 거듭나야 한다. 만일 이것이 불가능하다면 우리 현대 시사는 불모성을 면치 못할 것이다. 이상 이후의 전위적인 시들이 과연 이상이 보여준 전위성보다 진일보한 것인지 쉽사리 판단이 서지 않는다. 어쩌면 우리는 이상이 보여준 전위성에서 한 발짝도 더 나가지 못했는지 모른다. 그래서 우리는 이상이 죽은 지 거의 60여년이 흘렀는데도 여전히 이상의 부활을 꿈꾸고 있는 것이 아닌가. 다다이즘 정신이 미적인 변증법을 획득하기 위해서 '절망은 기교(언어)를 낳고 기교(언어)는 다시 절망을 낳는다'는 이상의 명제를 두고두고 곱씹어 보아야 할 이유가 바로 여기에 있는 것이다.

제4장

한국 현대시와 해체

1. 주체의 소멸과 기호화된 세계

한국 현대시에서 해체가 문제가 된 것은 80년대 초이다. 이 시기에 해체의 문제가 대두된 데에는 영미와 프랑스로부터 수용되어 당시에 크게 유행한 포스트모더니즘과 해체주의 비평의 영향을 간과할 수 없다. 비록 한국의 현실과 유리된 관념의 과잉 생산이라고 비판받기는 했지만 이 두 사조는 '해체시의 존재에 당위성을 부여하면서 현대시의 다양한 전개를 고무해 왔다'[1]고 할 수 있다. 80년대는 식민지와 분단의 연속이면서 동시에

1 김준오, 『도시시와 해체시』, 문학과비평사, 1992, 140쪽.

근대적인 가치와 이념의 파산이라는 모순을 지니고 있는 시대이다. 80년 5월 광주에서의 비극은 이러한 근대적인 것들의 모순이 폭발한 것이라고 해도 과언이 아니다. 이것은 해체시의 대두가 이러한 근대적인 모순을 해체하려는 움직임 속에서 발생한 것이라는 사실을 의미한다. 근대적인 모순의 해체는 그것이 무엇이든지 80년대적인 상황에서는 강한 정치성과 운동성을 띨 수밖에 없다. 근대 이후 한국문학의 흐름을 대변해 온 순수와 참여 혹은 리얼리즘과 모더니즘 계열 모두 이러한 경향을 드러낸다. 가령 참여와 리얼리즘 문학을 표방하는 쪽에서는 기존의 문학 장르의 해체를 주장하였으며, 순수와 모더니즘 문학을 표방하는 쪽에서는 문학과 현실의 경계 해체, 문학의 비문학화를 주장하기에 이른다.

그러나 해체에 대한 의식을 실천의 차원에서 보다 진전된 양상으로 전개해 나간 쪽은 후자이다. 황지우, 박남철, 장정일로 대표되는 80년대의 해체시는 형태와 장르, 세계관에 걸쳐 다양한 해체의 양상을 보여준다. 무엇보다도 먼저 이들이 겨냥하고 있는 것은 기존의 시의 미학에 대한 해체이다. 기존의 시의 미학이란 모더니즘 미학을 의미한다. 모더니즘 미학에서 가장 강조하고 있는 것은 '자율성'이다. 시란 '시 그 자체(text itself)'라는 원리가 바로 모더니즘 미학의 기본이라고 할 수 있다. 이 자율성에 대한 해체를 겨냥하고 있는 것이 바로 이들이 표방하는 해체시이다. 시의 자율성을 해체한다는 것은 곧 시적 주체의 소멸과 형식의 개방성을 의미한다. 가령,

> 김종수 80년 5월 이후 가출
> 소식 두절 11월 3일 입대 영장 나왔음
> 귀가 요 아는 분 연락 바람 누나

829－1551

이광필 광필아 모든 것을 묻지 않겠다
돌아와서 이야기하자
어머니가 위독하시다

조순혜 21세 아버지가
기다리니 집으로 속히 돌아오라
내가 잘못했다[2]

— 황지우, 「심인」 부분 인용

에서 시적 주체란 누구인가? 또는 이 시의 형식 자체가 자율성을 지니고 있는가? 이 시는 사람을 찾는 광고 문안이 그대로 시 속에 수용되어 있다. 현실에 대한 시인의 이렇다할만한 언급 없이 그대로 그것이 시에 들어온다는 것은 분명 현실의 표절이자 짜깁기이다. 이렇게 되면 현실과 시 사이의 경계가 해체되기에 이른다. 현실이 곧 시고, 시가 곧 현실이라면 시인과 작품, 시인과 독자, 독자와 작품 사이의 경계 역시 해체될 수밖에 없다. 시가 현실의 표절이자 짜깁기인 세계에서 인식의 깊이와 아우라를 기대한다는 것은 불가능한 일이다. 이러한 상황에서는 '표피의 미학' 혹은 '표절의 미학'이 하나의 시적 원리로 부상하게 되는 것이다. 황지우와 더불어 박남철의 '극단적이고 노골적인 욕설, 요설, 야유'와 장정일의 '메타성'과 '패러디의 원리' 등은 80년대 해체시의 한 극

2 황지우, 『새들도 세상을 뜨는 구나』, 문학과지성사, 1983, 29쪽.

단을 보여준다고 할 수 있다.

황지우나 박남철, 장정일의 시에서 엿볼 수 있는 이러한 해체의 문제가 광범위하게 시 쓰기의 영역으로 수용된 것은 90년대에 들어서면서부터이다. 이것은 여러 가지 의미로 해석될 수 있는 여지를 드러내지만 무엇보다도 먼저 거론할 수 있는 것은 80년대 해체시에서와 마찬가지로 '현실'의 문제이다. 특히 90년대 해체시의 경우, 시에 해체의 형식이 수용되면서 나타나는 현상은 일차적인 현실이 사라지고 이차적인 현실이 새롭게 드러난다는 사실이다. 이것은 해체가 텍스트 혹은 언어가 세계가 되는, 다시 말하면 세계가 지워지면서 언어가 전경화 되는 '기호화 된 세계'를 문제 삼는다는 것을 의미한다. '기호화된 세계'에서는 세계 모델을 구성하려는 노력이 부질없게 되고, 이러한 자각은 자아와 세계, 현상과 본질의 대립을 무의미하게 한다. '기호화된 세계'에서는 더 이상 현상이 따로 있고 본질이 따로 있으며, 특히 본질이 현상에 우선한다는 위계질서의 개념이 부정되고 또 파괴된다. 이것은 해체에서 보여주는 사유가 '세계의 본질은 무엇인가'라는 식의 인식론적인 회의가 아니라 '세계는 과연 존재하는가'라는 식의 존재론적인 회의라는 사실을 말해준다. 결국 이것은 해체가 시와 비시, 장르의 경계를 해체하여 기존의 문학적 인습에 대한 파괴를 목적으로 한다는 것을 의미한다.

이러한 해체의 문제는 주체의 문제와 분리시켜 생각할 수 없다. 이때의 주체는 자기동일성으로서의 주체가 아니라 비동일성으로서의 주체를 말한다. 이것은 다시 말하면 프로이트적인 주체의 개념이 라캉의 주체의 개념으로 바뀌었다는 것을 말한다. 프로이트적인 주체는 자아를 중심으로 이드나 슈퍼에고를 통합하려는 자아중심적인 사유이다. 프로이트는 최초로 단일한 자아에 대한 회의를 보여주기는 했지만 여전히 그는 자아를 중심에 놓고 세계를 이해했던 것이다. 하지만 라캉은 프로이트의 이러한 자아중심적인 사고를 비판하면서 불완전한 주체의 문제를 들고 나온다. 라캉의 주체는 자아를 중심으로 세계를 이해하는 것이 아니라 그 자아를 부정하고 해체하면서 자아상실의 사유까지 보여주고 있다.

이런 점에서 '나'는 자율적인 주체가 아니라 타율적인 주체밖에 될 수가 없는 것이다. 즉 '나는 생각한다. 고로 나는 존재한다'는 데카르트식의 주체 개념이 아니라 '나는 내가 존재하지 않는 곳에서 생각한다. 고로 나는 내가 생각하지 않는 곳에서 존재한다'[3]는 라캉식의 주체 개념이 새롭게 성립되는 것이다. 그의 시와 시론에서의 이 '나'가 이처럼 상대적이고 타율적이며, 내가 존재하지 않는 곳 등의 의미로 표상된다는 것은 이 '나'가 타자, 부재, 현존, 이드, 욕망, 결핍, 틈, 구멍, 상상계, 실재계, 도착, 죽음, 환상 등의 개념을 끊임없이 확대·재생산하면서 그의 텍스트를 환유적 인과성과 중층결정의 관계망을 가진 존재로 만들고 있다는 것을 의미한다. '내가 존재하지 않는 곳'이라는 이러한 실재계는 주체가 소멸하는 공간을 말한다. 주체가 소멸한다는 것은 퍽이나 낯선 개념이며, 이 개념을 토대로 하고 있는 것이 바로 해체시 혹은 해체시론이다.

해체시에서 보여주는 이러한 주체의 소멸은 우리 현대시사에서 자아탐구라는 문제를 첨예하게 보여준 이상의 사유와도 변별성을 제공한다고 할 수 있다. 이상의 자아는 자아의 분열과 통합, 자아의 동일성 증명에 몰두하는 '이상적 에고'에 대한 탐구였다면 여기에서의 자아는 이러한 자율적 실

3 자크 라캉, 권택영 편, 『욕망이론』, 문예출판사, 1994, 27쪽.

체로서의 자아에서 더 나아간 비자율적인 실체로서의 자아에까지 그 탐구 영역을 넓힌 것이라고 할 수 있다. 이것을 달리 말하면 이상의 자아가 모더니즘적인 자아에 가깝다면 여기에서의 자아는 포스트모더니즘적인 자아에 가깝다고 할 수 있을 것이다. 이러한 해체적인 사유가 시 쓰기로 드러날 때에는 시적 자아에 대한 회의를 넘어 소멸의 차원으로 드러난다. 가령 그것은

> 나는 시를 쓴다. 나는 지금 '달이 뜬 밤 나는 A시에서 술을 마신다'고 쓴다. 시 속에 나오는 '나'는 지금 이 방에서 이 글을 쓰고 있는 '나'가 아니다. 그리고 그런 '나'이다. 그럼 내가 A시에서 술을 마신다고? 시를 쓰는 나는 시 속으로 들어가지만 그 '나'는 지금 시를 쓰는 '나'가 아니다. 그렇다면 시를 쓰는 '나'는 누구이며 시 속에 있는 '나'는 누구인가? 독자 여러분들 한 번 생각해 보시오. 시를 쓸 때 시를 쓰는 '나'는 사라지고 다른 '나', 말하자면 시 속의 '나'가 생긴다. 탄생한다.[4]

에서처럼 그것은 '나'에 대한 부재 증명으로 나타난다. '나'가 있는 것이 아니라 '언어'가 있는 것이다. 이것은 언어가 자아보다 앞선다는 것을 말한다. 이러한 논리는 선험적이며 초월적인 자아가 존재하지 않는다는 것을 의미한다. 이때의 자아는 '물화된 자아'인 것이다. 시 속에서 '나'를 '그'라고 명명할 때 드러나는 것은 동일성의 세계의 파괴이며, 그것은 인격적이기보다는 비인격적인 사물의 느낌이 강하며, 이로 인해 '나'를 '너'라고 명명할 때 어느 정도 성립되던 대화적인 관계가 여기에서는 단절되고 만다. '나'가 곧 '그'라는 이러한 사유는 그 이면에 주체의 소멸, 주관성의 허위, 의식적 주체에 대

4 이승훈, 『시적인 것도 없고 시도 없다』, 집문당, 2003, 147~148쪽.

한 병적인 반감 따위를 포함하고 있다. 자아에 앞서 언어가 있다는 혹은 주체가 아니라 언어가 있다는 논리는 주체와 객체, 현상과 본질, 작가와 독자, 의식과 무의식 등은 말할 것도 없고 시와 비시, 장르의 경계 해체까지도 포함하고 있다. 이를 통해 해체시에서 중요하게 내세우고 있는 것이 개방성, 복수성, 무의미, 무의식, 타자, 차이, 연기 같은 개념임을 알 수 있다.

2. 메타적 시 쓰기와 텍스트의 해체

90년대의 해체시는 궁극적으로 주체의 소멸을 지향하지만 그 양상은 다양하게 드러난다. 먼저 이야기 할 수 있는 유형은 자기동일성의 증명이 불가능하다는 인식을 보여주는 시이다. 우리의 시들은 대부분 '나는 무엇인가?', '나는 누구인가?', '나의 진정한 의미는 무엇일까?' 하는 문제와 첨예한 대결을 통해 그는 자기동일성을 증명하려는 노력을 보여준다. 하지만 해체시에서는 그것이 불가능하다는 것을 보여주려고 한다. 자기 동일성에 대한 증명을 하려는 것이 아니라 그것이 실패할 수밖에 없다는 것을 인식하고 '나'를 다른 존재 즉, '너'가 아니라 '그'로 치환하기에 이른다. 나를 너라고 할 때의 자아 보존내지 자아 증명의 욕망이 자아 해체 내지 자아 소멸로 바뀌게 된다. 이제 시인은 자아를 인식론이 아닌 존재론적인 회의를 통해 보게 된 것이다. 이것은 곧 "내 속에서 그가 생각한다"[5]는 인식에 다름 아니다. '나는 내가 존재하지 않는 곳에서 생각하고, 내가 생각하지 않는 곳에서도

5 이승훈, 『해체시론』, 새미, 1998, 114쪽.

존재한'다. '나'의 온전함을 불가능하게 하는 '그'는 '나'의 온전함을 끊임없이 부정하고 위협하는 하나의 틈이요 얼룩이다. 시인의 이러한 인식은 기본적으로 '나'라는 존재를 지우는 행위에 다름 아니다. '나'를 지움으로써 세계 자체가 새롭게 드러난다. '나'와 세계와의 경계가 모호해지고 급기야는 그것이 해체되기에 이른다. 이것은 일종의 상투성에 대한 파괴이다. 기존의 인식 구조가 해체되면서 시의 형식 역시 해체된다. 이러한 해체적 양상은 시에 대한 시 쓰기라는 메타적인 형식을 통해 드러나기도 한다.

> 난 쏘파 위치만 바꾸며 세월을 보낸다고
> 시를 썼다 이런 나를 두고 허혜정은 쏘파
> 의 배치에 집착하는 편집증은 기이한 것
> 이며 쏘파는 어떤 위치에 있어도 화자를
> 만족시키지 못하며 그것은 자아를 〈나〉라
> 는 쏘파에 이르게 하려는, 끝없이 나라는
> 주체의 공간에 배치하려는 노력이며 결국
> 쏘파를 이리 저리 옮기는 것은 틈새를 만
> 드는 일이며 채워넣는 일이며 세계의 틈을
> 열고 구멍을 메꿔 넣는 일이라고 말한다
> (허혜정, 「타이어 또는 말 아래의 공간」,
> 『현대시학』, 1997.10) 과연 그렇도다 쏘파
> 를 옮기며 세월을 보내는 것은 틈새, 어디
> 에도 없는 나를 만드는 일이다 허혜정의
> 글을 보충하는 의미에서 나도 이승훈의 시
> 를 분석한다 그의 시에서 위치 바꾸기를
> 강조하면 위치는 입장이고 시각이고 중

심이다 그는 끝없이 중심에서 벗어나기,
이탈을 꿈꾼다 그리고 입장은 서는 일이다
서야 한다 그의 몸도 추억도 페니스도 시
체처럼 시체처럼 서야 한다 시체를 잡아
먹으며 서야 하지만 또 위치는 정하기이며
그것은 흐름을 파괴하고 무를 파괴하고 이
흐름의 파괴, 고정이 의미를 낳는다면 그
가 쏘파 위치를 바꾸며 세월을 보내는 것
은 의미에서 벗어나려는 무의식을 상징하
고 거리엔 바람이 불고 겨울 저녁 그는
시체처럼 고요히 고요히 고요히 움직인다
쏘파는 의미와 무의미 사이에 있는 틈새
또 다른 동굴이다 오오 동굴! 이 동굴을
들고 그러나 이 동굴에 대해선 말하지 맙
시다 그의 시에 대해서도 쏘파에 대해서도
글쎄 내가 너무 예민하다고 말한 건 수선
소 여인 갑자기 바바리 한쪽 팔 길이가
기인 것 같아(아내 몰래) 들고 간 나를
보면서 이 추운 저녁 아파트 앞 지하상가
수선소 여인은 글쎄 신경이 너무 예민하다고
그냥 입으라고 돌려보냈지만[6]

— 이승훈, 「쏘파 위치에 대하여」 전문 인용

'나'의 시 쓰기에 대한 시 쓰기를 보여주고 있는 메타시이다. 시인은 자

---

6 이승훈, 『너라는 햇빛』, 세계사, 2000, 90~92쪽.

신이 쓴 시를 분석한다. 시인은 '나'를 '그'로 치환한다. '그'에 대해서 시인은 "그의 시에서 위치 바꾸기를 / 강조하면 위치는 입장이고 시각이고 중 / 심이다 그는 끝없이 중심에서 벗어나기, / 이탈을 꿈꾼다"고 말한다. 자신의 시에 대해 텍스트 내에서 직접 발언한다는 것은 시인과 텍스트 사이의 경계가 해체된다는 것을 의미한다. 시인은 텍스트의 창조자로서 그 존재를 언제나 텍스트 밖에 두고 있는 것으로 인식되어 왔다. 하지만 여기에서는 그러한 인식이 해체된다. 시인은 자신의 시 쓰기에 대한 것들을 적나라하게 보여주고 있는 것이다. 텍스트 밖에 존재할 때의 아우라가 사라지고 마는 것이다. 시인의 절대성, 다시 말하면 "텍스트를 지배하는 시인의 절대적 권위가 파괴"[7] 되는 것이다.

이러한 해체의 양상은 이 시에서 좀 더 중층적으로 드러난다. 그의 시에 드러나는 이 중층성은 다양한 발화들의 교차와 재교차를 통해 이루어진다. 먼저 이 시에서의 '나'는 다양하게 분열되어 있다. 말하는 '나'와 말속의 '나', 본질적인 자아로서의 '나'와 현상적인 자아로서의 '나', 과거의 '나'와 현재의 '나', 보는 '나'와 보여지는 '나'가 바로 그것이다. '나'의 이러한 분열은 곧 텍스트의 개방성, 다양성, 복합성, 애매성, 타율성, 환유성의 형태로 드러난다. 시인의 이러한 해체 욕망은 '쏘파의 위치를 바꾸는 행위'로 표상된다. 시인이 쏘파의 위치를 바꾸려는 것은 "위치가 입장이고 시각이고 중심이며", 이것이 고정을 잉태하고 다시 이 고정은 의미를 낳기 때문이다. 따라서 시인이 쏘파의 위치를 바꾼다는 것은 의미의 중심에서 벗어나려는 욕망에 다름 아니다.

---

7 이승훈, 『모더니즘 시론』, 문예출판사, 1995, 156쪽.

중심도 없고 주변도 없으며 시작도 없고 끝도 없는 놀이, 다시 말하면 쏘파 바꾸기를 욕망하고 있는 것이다. 이렇게 끊임없이 옮겨 다닐 수밖에 없는 시인의 입장이 표상하는 것은 시인의 에고 혹은 주체가 구멍을 가지고 있다는 것이다. 이 틈으로 인해 시인의 에고 혹은 주체는 상상계와 상징계의 경계인, 다시 말하면 에고나 주체가 소멸하는(내가 존재하지 않는) 실재의 공간을 끊임없이 표류할 수밖에 없는 것이다. 이렇게 되면 시인의 에고나 주체는 실체가 없이 흔적(바바리)으로만 기능하는 유령(시체)과 같은 존재가 되는 것이다.

> 유령 선생이신 이승훈 씨가 오늘은 집에서 쉬고 어제
> 도 쉬고 오오 오랜 사고의 광란 속에서 오늘도 쉰다
> (…중략…)
> 그는 겨울 스웨터를 걸치고 이 글을 쓴다
> (지금은 10월이다) 방구석에 있는 티셔츠는 낮에 입
> 던 옷이고 이 스웨터는 지금 저녁에 (추우니까) 입은
> 옷이다 말하자면 나, 이 어디에도 없는 ……[8]

여기에서의 "유령"은 '나'라는 존재지우기를 표상하는 기표일 뿐이다. '나'라는 존재를 어떤 중심에 두고 그것을 개념화하려는 사고에 대한 파괴의 산물이라고 할 수 있다. 따라서 이때의 "유령"은 '나'라는 존재가 '지금, 여기' 어디에 고정되어 있는 것이 아니라 끊임없이 떠돈다는 것을 말한다. 이렇게 어떤 누빔점도 없이 끊임없이 미끄러져 내리는 '나'라는 존재를 만

---

8 이승훈, 「나의 한 조각에 대해」, 『너라는 햇빛』, 세계사, 2000, 86쪽.

들기 위해 시인은 쏘파 위치를 끊임없이 바꾸고 있는 것이다. 그의 글쓰기의 목적이 '지금, 여기'에서의 '나'라는 존재의 에고나 주체 찾기를 넘어 그것의 소멸을 지향하는 것으로 볼 수 있다. 그는 자신의 이러한 글쓰기에 대해 "쓴다는 것은 나를 버리는 행위이다. 시를 쓸 때 나는 종이 위에 나를 버리고 혹은 버려지고, 나는 하나의 차이로 존재한다. 즉 나는 없고 차이가 있을 뿐"[9]이라고 말하고 있다.

그의 해체적인 시 쓰기가 겨냥하고 있는 것은 이러한 차이와 연기이다. 중심도 없고 본질도 없는 끊임없는 차연의 세계로 존재하는 것이 시라는 사실은 실체라는 인식 자체를 부정하는 것이라고 할 수 있다. 에고에 대한 집요한 탐색을 통해 얻어낸 결론이 '나도 없고, 시도 없다'라는 것은 허무주의적인 의미보다는 '공(空)'이나 '무(無)' 같은 선(禪)적인 의미를 환기한다고 할 수 있다. 그가 보여주고 있는 이러한 존재론적인 회의는 시 쓰기의 가능성과 불가능성의 문제를 제기한다. 이에 대해 그는 시 쓰기의 불가능성이 곧 가능성이라는 역설적인 답변을 하고 있다. 그는 "부르주아적인 시 쓰기, 그러니까 사유 주체, 창조 주체, 생산 주체로서의 시 쓰기는 불가능하지만 이런 불가능성이 새로운 시 쓰기, 예컨대 언어가 시를 쓰고 시가 시를 쓰는 그런 시의 가능성을 연다"[10]라고 말하고 있다. 그의 이 역설은 또 하나의 열린 체계를 지향한다는 점에서 그 안에 어떤 새로운 시의 형식을 지니고 있다고 할 수 있다.

9 이승훈, 『해체시론』, 37쪽.

10 이승훈, 「시적인 것은 없고 시도 없다」, 앞의 책, 148쪽.

3. 주체의 욕망과 환유의 논리

90년대 시의 해체는 그것이 순수한 형식 논리적인 차원에서만 이루어지지 않는다. 또한 그것은 언어 자체를 거부하고 순간적인 통각이나 일정한 절차를 통해 깨달음을 얻는 선적인 사유를 통해서만도 이루어지지 않는다. 90년대 시의 해체는 주체의 결핍과 욕망을 통해 이루어지기도 한다. '주체는 결핍이요 욕망은 환유'라는 라캉의 논리는 젊은 시인들을 중심으로 새로운 시 쓰기의 한 형식으로 자리 잡고 있다. 주체의 결핍과 욕망을 통해 기존의 시 형식을 해체하고 있는 이들의 논리는 프로이트적인 것을 넘어 서고 있다. 프로이트적인 논리란 에고를 중심으로 이드와 슈퍼에고를 통합하려는 것으로 여전히 에고 중심주의를 벗어나지 못하고 있는 것이라면 이들 해체적인 시 쓰기를 하는 젊은 시인들의 경우는 그것을 넘어서고 있다.

프로이트적인 논리가 외디푸스 콤플렉스를 드러낸다면 이들의 논리는 앙띠 외디푸스의 세계를 드러낸다고 할 수 있다. 이들의 상상력은 외디푸스의 단계에만 머물러 있는 것이 아니다. 신세대 시인들은 욕망을 근친상간에서 비롯되는 외디푸스 삼각형의 구도하에서 노래하고 있지 않을 뿐만 아니라 그것을 또한 성적인 충동으로만 이해하려고 하지도 않는다. 그들은 욕망을 후기산업사회의 문맥에서 다시 읽어내고 있다. 그들의 시에 드러난 욕망은 '기존의 모든 관습적 코드와 구조를 거부하기 때문에 반사회적이지만 공공의 집단적 의미에 대해 개방적이기 때문에 사회적'[11]이다. 따라서 그들에게 있어서 욕망은 후기산업사회를 미적으로 반영하고 있는 하나의 징후적

---

11 이광래, 『해체주의와 그 이후』, 열린책들, 2007, 198쪽.

인 것이라고 할 수 있다. 여기에서의 욕망의 개념은 '기계'로 표상된다.

> 그것은 어디서나 작동하고 있다. 때로는 멈춤 없이, 때로는 중단되면서 그것은 숨쉬고, 그것은 뜨거워지고, 그것은 먹는다. 그것은 똥을 누고 성교를 한다. 그것이라고 불러버린 것은 얼마나 큰 잘못인가? 어디서나 그것들은 기계들인데, 결코 은유적으로가 아니다. 연결되고 연접해 있는 기계들의 기계들이다. 한 기관기계는 한 원천기계에 연결되어 있다. 하나는 흐름을 내보내고 다른 하나는 그 흐름을 끊는다. 유방은 젖을 생산하는 기계요, 입은 유방에 연결되어 있는 기계다.[12]

이 문장은 의문 형식으로 이루어져 있다. 이와 관련해서 여기에서 가장 문제가 되는 것은 '그것'이다. 어디에도 '그것'이 무엇이라고 명증하게 드러난 곳은 없다. 이 의문을 풀 수 있는 그 나름의 실마리가 주어져 있지 않은 것은 아니지만 수수께끼처럼 의문만 증폭시키는 그런 형식이라고 할 수 있다. 우리가 이 문장에서 유추할 수 있는 것은 '그것'이 기계처럼 쉬지 않고 끊임없이 작동한다는 사실이다. 은유가 아니라고 한 것과 작동, 멈춤이 없고, 연결이 혼돈의 형태로 이루어진다는 점에서 그것은 환유적인 속성을 지닌 그 무엇이라고 상상할 수 있다. 환유의 형식은 의미가 고정되어 있지 않아 의미 자체가 성립되지 않을 뿐만 아니라 치환 · 병렬 · 반복 · 병치의 형식을 유지하면서 끊임없이 미끄러져 내리는 속성을 지닌다.

이러한 환유의 형식은 현실이 아닌 꿈, 무의식, 이드 같은 데서나 볼 수 있는 것이다. 그렇다면 '그것'이 현실이 아니라 쾌락 원칙에 의해 지배되는 그 무엇이라는 것이라고 할 수 있다. 쾌락 원칙은 현실 원칙과는 다른 것으

12 질 들뢰즈 · 펠릭스 가따리, 최명관 역, 『앙띠 오이디푸스』, 민음사, 1994, 15쪽.

로 그것은 '이드'에 의해 추동되는 원리이다. 따라서 여기에서의 '그것'은 곧 '이드'라고 할 수 있다. 이렇게 '그것'이 곧 '이드'라면 그것은 끊임없이 미끄러져 내릴 수밖에 없다. 그러나 이것으로 이 문장에 대한 의문이 모두 풀리는 것은 아니다. 그 이유는 '그것'이 곧 '기계'라는 사실에 있다. '그것'이 곧 '기계'이며 '기계'가 곧 '이드'라는 이 의문에 대한 답은 여전히 고정되지 않고 미끄러지고 있다. '그것'이 '이드'라는 사실은 이해가 되지만 '그것'이 '기계'라는 사실은 낯설다. 이드, 무의식적인 욕망이 어떻게 기계가 될 수 있을까? 어떻게 생명체인 인간으로부터 비롯되는 욕망과 물질적 기계를 등가로 놓을 수 있을까? 욕망이 기계라면 그 욕망은 끊임없이 움직이며, 단절되었다가 접속되고, 분열하면서 생산하는 자유로운 기계의 성격을 가지게 되는 것이다. 이것은 욕망의 주체를 인격적 주체로 한정하지 않고, 욕망의 대상 역시 인격적 제한을 넘어선다는 것을 의미한다.

이러한 욕망하는 기계의 의미는 후기산업사회를 해명하는 하나의 코드로 작동하고 있다. 이것은 가족의 울타리 속에서 굴절되고 속박된 프로이트 식의 리비도를 본래의 사회적 영역으로 해방시키려는 앙띠 외디푸스적인 의미를 지닌다. 주어진 영토의 경계를 벗어나 탈영토화와 재영토화의 운동을 전개함으로써 욕망하는 기계는 후기산업사회의 체제와 질서를 교란하고 전복시키는 힘을 갖는다. 이 점에서 기계는 점점 불모화로 치닫고 있는 후기산업사회의 존재 양태를 드러내는 것인 동시에 그것에 대한 미적 반영이라고 할 수 있다.

'그것'은 탈영토화와 재영토화를 통해 끊임없이 의미를 생산한다. 이때의 '그것'은 단순한 주관적인 결핍이나 욕구를 의미하는 것이라고 할 수 없다. 이때의 '그것'은 환상도 또한 아니다. 여기에서의 '그것'은 실재이다. 이것은 '그것'이 하나의 물질적이고 신체적인 힘을 표상하는 존재라는 것을 말한다. '그것'은 각각의 신체들 흐르는 힘으로 존재하면서 다양하고 복잡한 관계망을 통해 무엇인가를 끊임없이 생산하고 있는 것이다. 따라서 '그것' 다시 말하면 '이드' 혹은 '욕망'은 통제되어야 할 대상이 아니라 끊임없이 작동하면서 사회적 실천과 행위를 수행하는 생산적이고 긍정적인 힘인 것이다. 욕망을 억압하고 통제하는 것이 아니라 그것을 생산적인 차원에서 해석함으로써 새로운 사회적 지형도를 구축하려는 의도가 여기에 숨어 있는 것이다. 욕망이나 유희가 새로운 활기를 불어넣는다는 사실이 후기 자본주의 사회에서는 틀린 말이 아니라고 할 수 있다.

이러한 욕망이나 유희로서의 시 쓰기를 표상하는 표현 중의 하나가 '왜가리는 왜가리 놀이를 한다'이다. 이수명의 시집 제목이기도 한 이 말은 왜가리는 왜가리 놀이를 하듯 시인은 언어 놀이를 하는 것이라고 해석할 수 있을 것이다. 놀이에 대한 자의식은 우리 시인들의 경우 그렇게 익숙한 것은 아니다. 그렇다면 시인은 어떻게 놀이를 잘 할 수 있을까? 얼마나 이 놀이를 놀이로 즐기느냐에 따라 그것의 진수는 드러나는 것이다. 하지만 놀다보면 유치하고 유아적인 치기나 풋내기의 어설픈 포즈의 차원으로 떨어질 수 있다. 일단 놀이를 잘 하려면 언어와 친해져야 한다. 시인은 어떻게 시인 놀이를 하는가? 이 물음에 대한 답은 시인은 어떻게 언어 놀이를 하는가?와 다른 것이 아니다.

언어에 관한 한 우리 시인들은 엄숙한 사제이거나 준열한 장인이다. 이런 상황에서의 언어란 신성한 것이다. 언어란 사악함이 없는 것이다. 언어란 순수한 것이다. 시에 대한 이런 식의 자기규정은 시를 온건한 서정이라는 감옥에 가두는 결과를 초래한다. 후기산업사회의 타락하고 복합적인 또는 파편화된 세계를 감당하기에 이 온건한 서정은 한계를 노정할 수밖에 없다. 그렇다면 이 세계에 맞는 어떤 언어 논리가 필요한 것 아닌가? 우리가 사는 세계 속으로 한 발자국만 옮겨도 기존의 온건한 언어로는 도저히 감당할 수 없는 엄청나게 파편화되고 뒤틀리고 또 복합적인 세계와 만나게 될 것이다. 따라서 이 세계에서의 언어는 탈주를 꿈꿀 수밖에 없다. 언어가 안정되고 질서정연한 체계로 존재해야 한다는 근대적인 논리가 일순간에 여기에 오면 해체되기에 이른다. 이런 점에서 이수명의 언어 놀이는 주목에 값한다.

> 한 아이가 노는 아이인 것이 금지되었다.
> 한 아이가 아이인 것이 금지되었다.
>
> (…중략…)
>
> 한 아이가 금지된 인형을 가지고 노는 것이 금지되었다.
> 한 아이가 금지된 울음과 노는 것이 금지되었다.
>
> 한 아이가 숨어서
> 숨죽이고 있는 것이 금지되었다.
>
> 머리 없는 곳에서
> 머리가 금지된 곳에서
> 머리카락이 자랐다.[13]
>
> — 이수명, 「금지된 놀이」 부분 인용

13 이수명, 『고양이 비디오를 보는 고양이』, 문학과지성사, 2004, 50~51쪽.

시인의 놀이에 대한 태도가 잘 드러난 시이다. 이 시에서 시인은 '금지'를 희화화하고 있다. 이를 위해 시인은 '금지'라는 말을 표 나게 돌출시키고 있을 뿐만 아니라 그것을 반복적으로 노출시키고 있다. 이것은 '금지'에 대한 부정성의 표출이다. 이 시에서 직접적인 금지의 대상으로 드러나는 것은 '한 아이'이다. '한 아이'의 모든 것이 금지된다. "한 아이가 노는 아이인 것이 금지 되"는 것이다. 시의 표층에 드러난 의미로는 아이는 절대 "노는 아이"여서는 안 된다는 것이다.

그러나 이것은 하나의 역설이다. 시인은 아이의 놀이에 대한 금지에 대해 금지조차도 하나의 놀이로 보고 있다. 이 시의 제목이 '금지된 놀이'라는 것이 그것을 잘 말해준다. 이것은 시인이 아이의 놀이에 대해 금지하는 것처럼 보이지만 사실은 금지에 대한 금지를 말하고 있다는 것을 의미한다. 이러한 역설은 "머리 없는 곳에서 / 머리가 금지된 곳에서 / 머리카락이 자라"는 것과 같은 이치이다. 시인은 "머리가 없는 곳에서"를 재치 있게 "머리가 금지된 곳"으로 치환한다. 이것은 '금지'의 의미를 강조하기 위해서라고 할 수 있다. 어떻게 머리가 금지된 곳에서 머리카락이 자랄 수 있겠는가? 그러나 시인은 "머리카락이 자란다"고 말하고 있지 않은가? 이것은 엄청난 반어인 동시에 역설인 것이다. 금지가 금지가 아닌 것이 되어버린 것이다. 결국 이 시를 통해 시인이 궁극적으로 겨냥하고 있는 것은 금지가 없는 놀이이다.

너를 둘러싸고 있는 벽은 고요하다. 하지만 벽을 더듬
지 말아라.

벽에는 도끼가 있다. 벽을 따라 흘러다니는, 벽처럼
고여 있는 도끼가 있다.

벽에서 도끼를 꺼내라.
도끼는 부순다. 부술 때 내는 소음을, 부술수록 커지
는 소음을, 부서지는 존재의 비명을 부순다.[14]

— 이수명, 「벽을 바라보는 눈」 부분 인용

너는 얼룩말을 내리쳤다.
얼룩말의 목을 내리쳤다.

너는 이제 없다.

얼굴 없는 얼룩말들이
날마다 속삭이며
떼지어 네게 엉켜들었다.

핑핑 돌아가는 바람개비같이
얼룩말
얼룩무늬들이 빙글빙글
너를 태우고 다녔다.

너를 태운 얼룩말은 시작되지도
끝나지도 않았다.

---

14 이수명, 위의 책, 76쪽.

얼룩말 위에서 너는 시작되지도

끝나지도 않았다.[15]

— 이수명, 「얼룩말 현상학」 부분 인용

두 시 모두 놀이의 세계를 드러낸다. 「벽을 바라보는 눈」에서의 놀이는 '부순다'로 표상된다. 그런데 이 시에 드러난 것처럼 어떤 것을 부수기 위해 필요한 것은 '도끼'이다. 도끼로 부수는 것은 '벽'이지만 그 '벽'은 다시 '존재' 일반으로 확장된다. 시인은 도끼로 존재 자체를 부수는 것이다. 이렇게 시인이 벽을 부수고, 존재를 부수는 데에는 어떤 이유가 없다. 그냥 부수는 것이다. 이것은 시인이 휘두르는 도끼에 금지가 없다는 것을 의미한다. 이것은 다시 말하면 도끼가 어떤 유사성이나 동일성에 관계없이 환유적인 인접성에 의해 모든 세계를 탈영토화 할 수 있다는 것을 말한다. 이 시에서의 환유성은 '벽'과 '도끼'의 결합을 통해 잘 드러난다. '벽'과 '도끼'라는 전혀 결합될 수 없는 대상들이 폭력적으로 결합되는 것이다. '벽'과 '도끼'의 환유적인 결합은 유사성이나 동일성이 아닌 인접성이다. 따라서 그 도끼는 벽을 따라 흘러 다닌다. 섬뜩할 정도로 강렬한 이미지를 환기하지만 시인은 이러한 섬뜩함을 하나의 놀이로 즐기고 있는 것이다.

「얼룩말 현상학」은 '얼룩말'이 환기하듯이 그것은 경계의 모호하고도 해체적인 세계를 드러낸다. 비록 얼룩말의 그 얼룩이 질서정연하게 나 있다고 하더라도 이 시에서 시인이 본 것은 그러한 질서정연함이 아니라 일종의 그로테스크함이다. 시인의 놀이는 "얼룩말의 목을 내리치"는 순간 시작된다. 그런데 그 얼룩말을 내리친 것이 누구인지 모호하다. 얼룩말 이외

15 이수명, 위의 책, 99쪽.

의 또 다른 대상인지 아니면 얼룩말 그 자체인지 모호하다. 하지만 행간을 잘 읽어보면 그것이 얼룩말 자신임을 알 수 있다. 여기에서의 '너'는 "얼룩말의 목을 내리치"는 순간 생겨난 존재이다. 그 순간 '너'와 '얼룩말'이 분열되어 드러나는 것이다. 이렇게 생겨난 "얼굴 없는 얼룩말"과 '너'가 결합되면서 시작도 끝도 없는 뫼비우스의 띠 같은 세계가 펼쳐진다. 시인은 이것을 '얼룩말 현상학'이라고 명명한다. 이것은 시인의 세계에 대한 이해를 드러내는 하나의 메타포라고 할 수 있다. 시인이 말하는 세계란 '얼룩말'과 '너'의 교차와 재교차가 말해주듯이 안도 없고 바깥도 없는, 시작도 없고 끝도 없는, 위도 없고 아래도 없는, 성스러움도 없고 속됨도 없는, 선도 없고 악도 없는 모든 경계들이 해체되는 탈영토화된 것을 의미한다. 시인의 이러한 놀이는 질서정연함을 추구하는 세계에서는 그로테스크하게 보일 수도 있지만 세계를 혼돈으로 인식하는 세계에서는 하나의 즐거운 유희로 보일 수도 있는 것이다. 시인이 즐기는 놀이는 개인의 욕구 해소 같은 소모적인 것이 아니라 세계에 대한 무한한 생산성을 담보하고 있는 놀이라고 할 수 있다. 이것이 우리 젊은 시인들이 보여주고 있는 놀이의 진정함이다.

4. 아이덴티티의 해체와 놀이의 감각

90년대 이후 해체적인 시 쓰기를 보다 체계적으로 전개하고 있는 시인으로 박상순을 들 수 있다. 그의 해체적인 경향은 『6은 나무 7은 돌고래』와 『마라나, 포르노 배우의 여주인공』, 『Love Adagio』를 통해 잘 드러난다. 그의 해체적인 시 쓰기는 다양한 형식논리적인 실험과 대중문화적인 표상들을 통해 다양하게 실천적으로 행해져 왔다. 기의가 아닌 기표가 시에서 중요하며 그것들의 폭력적인 결합과 그것을 통한 세계의 해체는 우리 시에 새로운 형식을 제시한 것이 사실이다. 이것은 기존의 시 형식이 가지고 있는 상투성에 대한 파괴이자 해체라고 할 수 있다. 그렇다면 구체적으로 그가 파괴하고 해체하려고 한 것은 무엇일까? 이 물음에 대한 답을 우리는

> 아이덴티티는 너무 20세기적이야. 난 움직여. 움직이고 있다구[16]
>
> ―박상순, 「가수 김윤아」 부분 인용

를 통해 암시 받을 수 있다. 이 시는 '가수 김윤아'의 발언이라고 되어 있지만 기실 그것은 시인의 발언에 다름 아니다. 김윤아의 입을 통해 시인이 말하려고 한 것은 '20세기적인 아이덴티티'이다. 이것은 마치 이상이 19세기적인 아이덴티티를 비판하고 반성하는 대목을 연상시킨다. 이상이 비판한 19세기란 전근대적인 아이덴티티가 지배하던 시대이고, 그가 살던 20세기는 근대적인 아이덴티티가 지배하던 시대 아닌가. 그렇다면 박상순이 살아가고 있는 '지금, 여기'는 20세기적인 근대를 넘어선 탈근대라고 할 수 있다. 이러한 이야기는 누구나 할 수 있는 소박한 인식이다. 여기에서 정작 중요한 것은 그가 '아이덴티티'를 20세기와 등가로 놓고 그것을 비판하고 있다는 사실이다. 그렇다면 시인은 왜 아이덴티티를 20세기적인 것으로 규정하고 있는 것일까?

16 박상순, 『Love Adagio』, 민음사, 2004, 13쪽.

아이덴티티는 축어적으로 해석하면 그것은 자기동일성이 된다. 자기동일성 혹은 동일성이란 세계를 유사성과 연속성의 원리로 통합하려는 의미를 지닌다. 이러한 동일성의 논리하에서는 개인이나 개체보다는 집단이나 국가, 민족이 더 중요한 가치가 된다. 그리고 이것을 하나로 묶어주는 강력한 기제가 바로 이념이나 이데올로기이다. 문학과 예술도 이러한 국가나 민족의 이념이나 이데올로기를 표현하는데 일정한 기여를 해 왔고, 그것을 국가나 민족과 같은 상상의 공동체의 성립이라는 말로 규정해 온 것이 사실이다. 동일성의 사유는 배타적인 국가주의나 민족주의를 양산하면서 결국에는 전세계에 파시즘의 광풍을 몰고 오기에 이른다. 그 끔찍한 결과를 지켜보면서 여기에 대한 비판과 반성이 제기되고, 그것을 넘어서는 새로운 정신을 구축하려는 움직임을 드러낸다. 동일성이 아니라 비동일성의 새로운 정신이 잉태된 것이다.

이러한 비동일성에 대한 욕망은 시에서도 강하게 표출된다. 이 시는 독백적이지만 이 독백은 격한 형태를 띠고 있다. "난 움직여. 움직이고 있다구"에 함축된 의미가 바로 그것이다. 이 독백의 격함은 '아이덴티티'와 '움직임'이 서로 대립하면서 성립된 것으로 여기에는 시인의 강한 반성적인 태도가 함축되어 있다. "움직이고 있다"는 것은 동일성을 해체하려는 힘을 말한다. 그것은 동일성에 틈이나 구멍을 내는 일이다. 바흐찐 식으로 이야기하면 그것은 구심적인 것이 아니라 원심적인 것이다.[17] 동일성에 대한 틈이나 구멍 내기는 곧 동일성의 사유에 기반을 제공한 사상이나 철학을 해체하는 것이라고 할 수 있다. 동일성의 사유란 단일한 주체의 개념에서

---

17 미하일 바흐찐, 전승희 외역, 『장편소설과 민중언어』, 창작과비평사, 1988, 111~156쪽 참조.

비롯된 것이다. '나는 생각한다. 고로 나는 존재한다'는 사유 자체가 바로 동일성의 사유를 잘 말해준다. 이것은 주체 중심주의 혹은 에고 중심주의를 드러내는 것이다. 따라서 여기에 틈이나 구멍을 내는 것은 에고나 주체 중심주의를 해체하는 것이라고 할 수 있다.

단일한 주체의 개념을 부정한 이는 프로이트이다. 그는 주체가 단일하지 않다는 것을 꿈이나 농담, 말실수 같은 무의식적인 층위를 통해 증명한다. 인간이 무의식을 가진다는 것은 내가 단일한 존재가 아니라 분열되어 있다는 것을 말해주는 것이다. 프로이트는 '나'라는 존재를 '에고', '슈퍼에고', 이드'로 인식하기에 이른다. 하지만 프로이트 역시 에고 중심주의를 온전히 넘어서지 못했다. 그는 단일한 '나'의 존재를 부정했지만 '에고'를 중심으로 '슈퍼에고'와 '이드'를 통합하는 한계를 노정하기에 이른다. 프로이트의 이러한 한계는 후기 구조주의자인 라캉과 크리스테바에 의해 극복된다. 이들은 모두 고정되고 단일한 아이덴티티를 부정하고 있다. 이들이 겨냥하고 있는 아이덴티티는 끊임없이 고정화를 거부하는 복합적인 속성을 지닌다. 나는 내가 생각하지 않는 곳에서 존재하고, 또한 나는 내가 존재하지 않는 곳에서 생각하는 불완전하고 결핍된 존재이다. 이것은 나 자신이 채워지지 않는 구멍을 가진 존재라는 것을 의미한다.

구멍 난 존재는 그 구멍을 메우기 위해 끊임없이 무엇인가를 욕망한다. 하지만 그 욕망은 신기루 같은 것이다. 그러기에 욕망은 기계처럼 작동한다. 모든 것을 탈영토화하는 욕망하는 기계의 상상력, 이것은 분명 20세기적인 것은 아니다. 어떤 목적도 없는 무한한 움직임만이 생산성을 담보하는 이 욕망하는 기계의 상상력은 '지금, 여기'의 실존의 한 풍경이다. 이런 점에서 볼 때 "아이덴티티는 너무 20세기적이야. 난 움직여. 움직이고 있다구"라는 말은 '지금, 여기'에 대한 시인의 강한 자의식과 함께 반성적인 형식을 드러낸다고 할 수 있다. 시인의 아이덴티티에 대한 부정과 해체는 시의 형식의 변화로 이어진다. 그것은 사유 자체가 언어를 통해 드러나기 때문이다. 자기동일성이 확립된 시의 경우 그것은 질서정연하고 단일한 언어 구조를 드러내지만 그것이 해체되면 언어 구조 역시 해체될 수밖에 없다. 가령,

> 이제 나는 유리병, 동 파이프, 고무 벌레, 붉은 벽돌, 거미줄, 안개, 비상구, 접시, 세탁소, 푸른 항구, 불난 집, 가방, 끈 떨어진 꾸러미, 자동차, 사라진 구름, 발, 발, 발, 밤, 밤, 밤.[18]
>
> — 박상순, 「빨리 걷다」 전문 인용

같은 시의 형식이 바로 그것이다. 이 시에서의 해체의 징후는 '나'라는 단일한 기표에 무수히 많은 '기의'가 결합된 형태로 드러난다. '나'라는 존재가 "유리병, 동 파이프, 고무 벌레, 붉은 벽, 돌, 거미줄, 안개, 비상구, 접시, 세탁소, 푸른 항구, 불난 집, 가방, 끈 떨어진 꾸러미, 자동차, 사라진 구름, 발, 발, 발, 밤, 밤, 밤" 등으로 끊임없이 미끄러져 내리고 있다. 이것은 '나'라는 존재가 단일하지 않다는 것을 의미한다. '나'를 규정해 줄 어떤 고정점도 존재하지 않는 것이다. 끊임없이 미끄러져 내리는, 환유적인 구조 속에 '나'의 존재가 놓여 있는 것이다. 이 형식 속에서의 '나'는 비동일성의 존

18 박상순, 앞의 책, 11쪽.

재이다. 이것은 결국 '나'의 분열 또는 '나는 없다'라는 의미를 반영한다.

'나는 없다'는 '나'의 아이덴티티의 해체를 말한다. 그것은 시에서 '나'의 존재가 기의가 부재한 기표로 표상된다는 것을 의미한다. '나'의 존재가 기의로 고정되어 있지 않기 때문에 '나'는 자유롭게 떠돌 수밖에 없다. 이런 점에서 '나'는 자유롭게 미지의 세계를 탈영토화하는 떠도는 기표이다. 이렇게 되면 시인은 현실로부터 자유로울 수 있다. 이것은 이 텍스트가 현실적인 억압의 논리로부터 벗어나 텍스트 그 자체의 논리를 가진다는 것을 의미한다. 현실이 텍스트로 대체되면서 자유로운 놀이는 시작되는 것이다.

시 쓰기 주체가 세계에 대해 지배적인 언어 구조로부터 벗어나 직접 자신의 방식대로 세계를 구조화한다는 것은 '즐거움(pleasure)'을 넘어 '즐김(jouissance)'의 차원에서 시를 이해하고 있다는 것을 말해준다. 즐김의 텍스트는 우리에게 유익한 지식을 제공하여 자아를 강화시켜 안정과 균형감각에서 오는 즐거움을 제공하지 않는다. 이 텍스트는 자아의 강화보다는 일정한 모험과 여기에서 오는 불안으로 인해 자아의 상실을 체험하게 한다. 하지만 이 불안은 시 쓰기 주체가 스스로 텍스트 생산에 참여함으로써 생기는 것이기 때문에 그 자체가 하나의 의미 있는 사건이라고 할 수 있다. 텍스트의 자율성이 강화될수록 시적 주체의 상상과 표현은 미적인 아방가르드 혹은 미적인 아나키즘을 강하게 드러낼 수밖에 없다. 미적인 변증법의 차원에서 보면 그의 텍스트는 기존의 시적인 질서에 대한 전복이고 해체이다. 이러한 전복과 해체는 자아의 강화보다는 자아의 상실과 관련된다. 따라서 기존의 시적 질서에 익숙한 독자는 그의 텍스트에서 불안함과 불쾌함, 그리고 불편함을 체험하게 된다. 다음과 같은 시에서 우리가 체험하는 것도 바로 이러한 것이다.

「바빌로니아의 공중정원」(이하 「바빌로니아」) 외 5편은 모두 무의식적이다. 그러나 무의식이라고 해서 모두 같은 것은 아니다. 그의 시에 드러난 무의식은 현실의 논리와 연결되어 있지 않다. 현실의 논리가 배제되고 부정된 채 그의 시의 무의식은 발현된다. 이것은 그의 무의식이 한결 세계와의 인과성으로부터 자유로울 수 있다는 것을 의미한다. 물론 이 자유가 과도해지면 소통불가라는 난해함으로 빠질 수 있는 위험성이 없는 것은 아니지만.

그의 무의식의 중심에는 유년기의 트라우마가 놓이며, 이것은 그의 시에서 '풀밭'의 상징으로 드러난다. 「양 세 마리에서」의 풀밭이 그렇고, 「바빌로니아」에서의 풀밭이 또한 그러하다. 왜, 풀밭인가? 앞의 시에서는 '양'과의 연관 속에서 그것을 해석할 수 있고, 뒤의 시에서는 그것을 '피아노'와의 연관 속에서 해석할 수 있을 것이다. 풀밭이 유년의 상처를 암시한다면 여기에서의 양 세 마리는 '시적 자아의 상처를 보호하는 것'(이승훈, 「읽기, 망각, 몇 번이나 읽는가?」, 『문학사상』 1996.4)으로 볼 수 있다. 그렇다면 '피아노'를 어떻게 해석할 수 있을까?

> 머리가 크고 배가 불룩 튀어나온 소년들이 오래된 야
> 마하 피아노 한 대를 공중으로 옮기고 있다. 공중의 풀
> 밭에 피아노가 옮겨진다. 나와 같은 또래로 보이는 소
> 녀가 키 큰 화초 위에 앉는다. 피아노의 페달을 밟으며
> 어깨의 힘을 이용해 건반을 누른다.
>
> 나는 한편에 앉아 피아노 소리를 듣는다. 머리가 크

고 배가 불룩 나온 소년들이 노래를 부르기 시작하지만
노래는 들리지 않는다. 피아노를 치는 그녀는 한 소절
이 다할 때마다 한번씩 옆으로 고개를 돌린다. 소년들
은 반대편에 서 있다.[19]

— 박상순, 「바빌로니아의 공중정원」 부분 인용

이 시에서의 '피아노'는 '소년'과 '소녀' 그리고 '나'의 삼각관계를 통해 해명할 수 있다. 이것은 양 세 마리의 변형으로 볼 수 있을 것이다. 양 세 마리 중에서 한 마리가 소외되듯이 이 시에서는 나가 소년과 소녀로부터 소외된다. 나는 소녀의 피아노 소리는 듣지만 소년들의 노래 소리는 듣지 못하며, 소녀는 한 소절이 다할 때마다 소년들 쪽으로 고개를 돌림으로써 나를 소외시킨다. 소녀가 피아노를 연주하면 할수록 나는 점점 소외되는 것이다. 따라서 피아노의 연주가 환기하는 것은 일종의 놀이이다. 이런 점에서 피아노는 시적 자아의 유년의 상처와 그것을 들추어내 하나의 놀이로 이끌어내는데 적절한 질료라고 할 수 있을 것이다.

「바빌로니아」에 드러나는 이러한 놀이는 「아주 오래된 숲에 대하여」에서도 그대로 반복된다. '풀밭'과 여기에 누군가가 기르다 버린 '집토끼 한 마리'(「바빌로니아」에서 소외된 나)가 바로 그것을 말해준다. 다만 「바빌로니아」의 놀이가 '피아노'와 그 '소리'를 통해 이루어진다면 여기에서는 그것이 '숲'과 '썩는다'를 통해 이루어진다. 피아노 소리(연주)의 연속이 놀이의 연속을 드러내듯이 숲의 썩음이 또한 놀이의 연속을 드러낸다고 할 수 있다.

---

19 박상순, 위의 책, 41쪽.

여름 강변에 앉아 우리는 칸트에 대해 이야기한다.
사실은 아주 커다란 숲에 대해 이야기한다.

여름 강변에서
이미 오래전에 죽은 칸트가 우리들의 이야기를 듣는다.
유령 칸트가 낡은 가방에서 비닐봉지를 꺼내 우리에게 던진다
서둘러 우리는 발목을 하나씩 잘라 그의 봉지에 넣어주고
다시 이야기를 시작한다.
풀밭에
누군가가 기르다 버린 집토끼 한 마리도 죽고, 썩어,
아이스크림처럼 녹는다. 옆에서 칸트가 아이스크림을 먹는다.
우리는 토끼의 유령에 대해서도 이야기한다.
하지만 사실은 아주 오래된 숲에 대해서 이야기한다.
낡은 가방을 멘 유령 칸트가 옆에서 우리들의 이야기를 듣는다.

그동안
무거운 모자를 쓴 경찰관이 오토바이를 타고 순찰을 돈다.
초여름의 강변이 아름다운 연인들로 빛난다.
그 사이로 낡은 가방을 멘 중년 하나가
토끼 같은 소녀의 손을 잡고 다리 밑 강가로 내려간다.
오토바이를 탄 경찰관이 그의 가방을 주시한다.

아름다운 연인들은 소녀를 바라본다.
강변에서 중년이 소녀의 몸을 들어올린다.

(…중략…)

아주 오래된 깊은 숲에 대하여 이야기한다.[20]

—「아주 오래된 숲에 대하여」 부분 인용

이 시에서의 놀이는 '아주 오래된 깊은 숲'에 대하여 이야기하는 것과 등가 관계에 놓인다. 이때 '숲'은 욕망의 미끼이며, 이것으로 인해 이야기(놀이)가 계속되는 것이다. '유령 칸트의 낡은 가방 → 썩은(죽은) 집토끼 → 토끼 같은 소녀 → 깊은 숲'으로 이어지는 환유의 구조가 바로 그것이다. 특히 다른 어떤 것보다 썩는다가 환기하는 냄새와 어둠과 무의식으로서의 숲은 강력한 욕망의 메타포라고 할 수 있다. 이 사실은 시적 자아가 아주 오래된 숲에 대하여 이야기하고 있지만 그것이 내포하고 있는 유년이나 성장 과정의 상처란 결코 쉽게 지워지지 않을 아주 생생한 것임을 말해준다.

이러한 놀이의 구조는 「섬」과 「봄밤」에서도 드러난다. 먼저 「섬」을 보자. 「섬」 역시 시적 자아의 유년의 혹은 성장 과정의 상처가 드러나 있다.

한
여름
밤

20 박상순, 위의 책, 59~60쪽.

내 허리에서 흘러나온 불빛이 가느다란 띠가 되어
강물이 되어
아래로
흘러내리는
한
여름
밤
내 허리에서 자꾸 쏟아지는 모래알들이 불빛이 되어
뿌리없는 나무가 되어
내게로
다시 덮쳐오는
한 여름
밤 또는 낮 또는
밤
내가 지난날 작별을 고했던
할머니와 소녀들과 어머니들과 누이들과 여름 과일
들까지도 모두

벌거벗은 병사가 되어 일제히
자리에서 일어났다[21]

— 박상순, 「섬」 전문 인용

시적 자아의 유년에 대한 상처는 '내 허리에서 흘러나온 불빛 · 가느다란 띠 · 강물 · 모래알 · 뿌리없는 나무 · 벌거벗은 병사' 등의 질료를 통해

21 박상순, 위의 책, 55~56쪽.

드러난다. '한 여름 밤(낮)'을 표상하고 있는 이 질료들은 모두가 나를 고립시키고 소외시킨다. 이것들은 내게로 흘러내리고, 덮쳐오며, 일제히 일어나 다가온다. 이것들이 내게 옴으로써 잊혀진 상처가 다시 되살아나게 된다('내가 지난날 작별을 고했던 / 할머니와 소녀들과 어머니들과 누이들과 여름 과일들까지도 모두 / 벌거벗은 병사가 되어 일제히 / 자리에서 일어났다'를 상기해보라. 나는 지금 이들 혹은 이것들과 분리되어 있었으며, 다시 그것이 '벌거벗은 병사'가 되어 나타난다는 것은 잊혀진 상처를 덧나게 하는 것으로 볼 수 있다. '벌거벗은 병사'의 이미지란 나의 상처에 대한 자의식이 투사된 말이라고 할 수 있다). 시적 자아인 나는 하나의 상처받은 섬이다. 세계로부터 고립되고 소외된 섬, 그 외로운 섬에서 시적 자아인 나는 유희를 즐긴다.

「봄밤」에서 시인은 '어두운 골목길에 떨어져 / 끝까지 움직이는 // 한쪽 팔'(「봄밤」의 전문)이라고 노래하고 있다. 여기에서 '어두운 골목길'은 '숲'의 변주로 볼 수 있다. 이 무의식의 장에 '한쪽 팔이 떨어졌다'는 것은 시적 자아의 분열된 양상이 투사된 것이며, 그것이 '끝까지 움직인'다는 것은 자아 혹은 주체의 결핍이 끊임없이 미끄러지는 환유의 구조를 가진다는 것을 의미한다. 봄밤의 서정성과 낭만성이 제거된, 세계가 자아를 집어삼키는 그런 무서운 시편이라고 할 수 있다. 이것이 그의 시가 가지는 미적인 특성, 다시 말하면 미적 현대성의 한 모습인 것이다.

5. 비동일성의 사유와 해체시

해체가 예술에 국한되지 않고 사회 전반으로 확산된 데에는 그것이 가지는 실천적인 힘 때문이라고 할 수 있다. 해체가 겨냥하는 것은 사물과 언어, 존재와 표상, 중심과 주변 등 서구의 형이상학에 의해 초래된 이원론적인 사고를 넘어서 그동안 배제된 상대성의 영역을 회복하려는 데에 있다. 이런 점에서 해체는 파괴가 아니라 새로운 구성 내지 창조인 것이다. 그동안 이원론적인 절대성에 의해 배제되고 소외된 존재 일반에 대한 회복은 세계를 반성적인 사유의 영역 안으로 이끈다는 점에서 인간으로서의 어떤 당위성과 진정성을 가진다.

80년대와 90년대를 거치는 동안 우리 시단의 새로운 흐름으로 부상한 해체주의적 상상력은 기존의 우리 시가 가진 상투적이고 인습적인 시적 인식과 형식에 일정한 충격파를 던졌다고 할 수 있다. 해체가 단순히 언어 유희적인 부르주아의 취향을 반영하는 시 쓰기가 아니라 오히려 그것을 파괴하고 부정하는 생산적인 시 쓰기라는 인식이 팽배해지면서 이에 대한 다양한 실험이 행해지고 있다. 이것이 생산적이라는 것은 해체적인 사유가 후기자본주의 사회 현상과 맞물려 있다는 것을 의미한다. 후기자본주의 사회가 도래하면서 이원론적인 중심주의가 해체되고, 동일성이 더 이상 지배적인 사유가 될 수 없는 상황이 벌어지고 있기 때문이다.

해체적인 사유가 하나의 새로운 흐름으로 부상하면서 다른 어떤 시기보다 시적 언어에 대한 자의식이 깊어지고 이것을 토대로 한 다양한 형식적인 실험이 이루어지고 있는 것이 사실이다. 언어에 대한 신성시함이 그동안 우리 시단의 지배적인 흐름이었다고 해도 과언이 아닌 상황에서 언어를 해체하자는 주장은 가히 도발적이고 혁명적인 것이라고 할 수 있다. 진정한 해체는 언어를 넘어서는 것이라는 인식이 팽배해진 것도 이러한 흐름 속에서 행해진 것이라고 할 수 있다. 진정한 해체는 언어도 버리고 시도

버릴 때 가능한 것이라는 주장이 공감을 얻어간다는 것은 해체주의적인 사유가 우리 시단에 미친 커다란 영향이라고 할 수 있다. 더욱이 데리다의 해체가 동양의 불교적인 선이나 도가의 무의 사상과 만나면서 그 깊이를 더하고 있는 것도 해체가 단순히 하나의 유행으로 그치거나 표피적인 실험으로 그칠 성질의 것이 아니라는 것을 말해준다.

근자에 해체주의적인 시를 실천해 온 시인들 중에 이러한 동양의 사상이나 철학에 관심을 두고 그것에 기반하여 시를 창작하는 경향이 행해지고 있는 것이 사실이다. 불교나 도가의 선이나 무가 언어에 대한 첨예한 인식을 통해 형성되어 왔다는 점을 고려한다면 이러한 경향은 주목에 값한다. 선이나 무에서 말하는 언어에 대한 인식과 해체주의에서 말하는 언어에 대한 인식이 크게 다른 것이 아니다. 시적인 상상력과 형식의 고갈에 대한 불안이 가중되고 있는 가운데 이러한 해체에 대한 관심과 실천은 우리 시의 미래와 관련하여 보다 생산적이고 풍요로운 계기를 마련하는데 일정한 기여를 할 것으로 보인다.

제5장

한국 현대시와 선(禪)

1. 선시의 전통과 한국 현대시

한국 현대시에서의 선에 대한 관심은 주로 불교문학이라는 보다 특수한 차원에서 단편적으로 논의되어 왔다. 이 사실은 선이 현대 문학 혹은 현대시 전반을 아우르는 어떤 보편적인 인식의 틀로 존재해 온 것이 아니라는 것을 의미한다. 선이 불교문학의 범주를 벗어나지 못한 것은 선이 드러내는 종교적인 속성 때문이기도 하지만 우리의 현대시의 개념이 서구에서 유래된 것이라는 점이 더 크게 작용했기 때문이다. 서구의 발생론적인 배경을 거느리고 있는 우리의 현대시는 전통과의 단절을 통해 그 개념을 더욱 공고히 하고, 그 의미를 더욱 확산시켜 온 것이 사실이다. 우리 현대시사를 보면 전통에 대한 재발견을 통한 현대성의 추구보다는 서구적인 것에 우리의 현대를 대입하거나 이식하여 '새것 콤플렉스'로 표상되는 주객전도의 불완전한 현대성을 추구해 왔다.

현대성에 대한 주체성의 상실은 전통에 대한 재발견이 내발적(內發的)인 과정보다는 그것이 외발적(外發的)인 과정을 통해 이루어진다는 것을 말해준다. 선이 우리 현대시사의 전면으로 부상한 것은 전통에 대한 진지한 탐색의 결과물이 아니라 서구의 현대성에 대한 반성의 결과물이다. 선에 대한 서구의 관심의 촉발은 동양에 대한 순수한 인식의 차원에서 이루어진 것이 아니라 서구 문화와 문명이 지닌 존재 일반에 대한 불안에서 비롯된 것이다. 이런 점에서 서구의 선에 대한 관심은 주로 서구 문화와 문명의 존재 일반에 대한 회의와 불안을 드러내고 있는 니체라든가 하이데거 그리고 데리다 등의 사유 속에서 부차적인 비교 대상으로 인식되고 또 존재할 뿐이다. 니체의 니힐이나 하이데거의 존재와 무, 비트겐슈타인의 말놀이[1] 그리고 데리다의 해체를 선 사상과 비교할 때 선은 주가 아니라 종으로 기능하면서 그 온전한 존재성이 오히려 훼손되기에 이른다.

우리의 선에 대한 관심의 촉발도 이와 다르지 않다. 내발적인 차원의 선에 대한 재발견이 없었던 것은 아니지만 그것이 하나의 주류적인 담론으로 부상하게 된 것은 이러한 외발적인 차원에서이다. 선에 대한 재발견은 현대성에 대한 비판과 반성의 일환으로 제기된 후기현대성을 담론화하는 과정에서 본격적인 논의가 시작된 것이다. 명분은 동서양의 회통이지만 사실은 서구의 현대성이 지닌 한계에 대한 대안으로서 동양이 선택된 것

---

1 존 스태프니 외, 김종욱 역, 『서양철학과 禪』, 민족사, 1993 참조.

이라고 할 수 있다. 후기현대성의 일환으로 제기된 서구의 해체적인 사유와 그것의 미학적 실천인 초현실주의적이고[2] 아방가르드적인 시 속에서 선의 문제가 새롭게 제기되기[3]에 이른다. 서구의 미학적인 개념과 선은 그 발생배경이 다를 뿐만 아니라 그것이 지향하는 목적이 다름에도 불구하고 이 둘 사이의 유사성을 찾으려는 노력은 '선이 수행이 아니라 사유이고 결국 언어학이고 언어학 혹은 미학이 되어야 한다'[4]는 인식에서 비롯된 것이라고 할 수 있다.

이러한 명백한 차이는 이 논의의 접점을 찾는 것이 어렵다는 것을 말해준다. 선이 사유의 절연과 언어의 부정을 통해 성립되는 것이라는 점은 서로 차원이 다른 세계를 그 안에 함축하고 있다는 것을 의미한다. 하지만 이러한 명백한 차이에도 불구하고 이 둘 사이의 관계를 탐색하는 데에는 시 혹은 시의 언어가 지니고 있는 본질적인 딜레마 때문이다. 시는 그 안에 비시(非詩)적인 것을 그리고 시의 언어는 그 안에 비언어(非言語)적인 것을 지니고 있으며, 그것의 극단적인 형태가 바로 초현실주의, 아방가르드 미학이다. 이들 미학이 추구하는 시와 시어의 상투성을 파괴하고 보다 새롭게 세계를 인식하려는 태도가 선의 세계와 크게 다르지 않다. 선의 세계의 궁극은 깨달음에 있지만 그 과정은 시적인 논리와 유사한 점이 많다. 선의 궁극이 깨달음에 있지만 그것을 드러내기 위해서는 어쩔 수 없이 언어를 필요로 할 수밖에 없다. 선의 세계가 '不立文字'를 지향한다는 것은 언어를 전적으로 필요로 하지 않는다는 것이 아니라 언어의 세계에 함몰되거나

---

2 간호배, 「초현실주의 詩와 禪詩 비교 연구」, 『비교문학』 26, 2001.
3 송준영, 「아방가르드 시에 나타난 모순어법 고찰」, 『현대시와 선시의 회통』, 만해축전, 2008.
4 이승훈, 『선과 기호학』, 한양대 출판부, 2005, 7쪽.

그 자체가 목적이 되는 것을 부정한다는 것을 의미한다. 깨달음을 얻으면 언어는 버려야 하는 것이다.

선과 시의 이러한 관계를 이종찬은 '禪의 詩的 援用'과 '詩의 禪的 含蓄'으로 명명한다. 이것은 "禪詩가 禪家에서 오묘한 禪旨를 표현하기 위하여 방편 상 빌어 온 것"[5]이 된다는 것을 말해주는 것인 동시에, "禪家 아닌 시인의 처지에서 시의 내용을 깊이 있게 담으려 하여 禪家的 사유의 방법을 비는 경우"[6]를 말해주는 것이기도 하다. 주체를 누구로 상정하느냐에 따라 그것이 선의 시적 원용이 되기도 하고 또 시의 선적 함축이 되기도 한다는 것은 시와 선의 관계가 대단히 애매모호하다는 것을 의미한다. 이것은 선의 가치를 중심에 두느냐 아니면 시의 가치를 중심에 두느냐의 문제이지만 그것은 작품 안에서 판별하기에는 너무 난해한 것이 사실이다. 하지만 여기에 선과 시의 오묘함이 있다. 만일 그것이 선과 시 중에서 어느 한쪽으로 두드러지게 드러난다면 그것은 훌륭한 선시가 될 수 없다.[7] 훌륭한 선시란 "선과 시가 구분되지 않을 정도, 그 중 어느 하나가 두드러지게 드러나지 않을 정도"[8]가 될 때 성립되는 것이다. 이것이 곧 '선취시(禪趣詩)'이다.

훌륭한 선시는 언제나 선취시가 되어야 한다. 선의 이념이 시적인 여운이 넘치지 않으면 그것은 선시로서의 자격 미달인 것이다. 선취가 살아 있을 때 선의 이념이 보다 자연스럽게 드러나고 또 그 효과도 극대화 될 수 있다. 초기 불경에서 연원한 선이 운문의 형식(Gatha)을 지니고 있는 것이나 이것이 중국이나 한국으로 넘어와 선종의 사상적 배경과 당나라의 시

5 이종찬, 『韓國의 禪詩』, 이우출판사, 1985, 82쪽.

6 이종찬, 위의 책, 92쪽.

7 이진오, 『韓國佛教文學의 研究』, 민족사, 1997, 47쪽.

8 조태성, 「한국 선시의 갈래와 禪趣의 문제」, 『古詩歌研究』 제22집, 2008, 341쪽.

혹은 고려의 시와 결합하여 게송(偈頌)이라는 형식으로 된 무수한 선시를 쏟아낸 것 등은 모두 선과 시의 불가분리성을 드러낸 것이라고 할 수 있다. 이 사실은 선과 시의 관계가 오랜 역사적인 배경 하에서 성립되었으며 그 전통이 근대 이후에도 쉽게 단절될 수 없는 성질의 것임을 의미한다. 비록 후기현대성의 일환으로 그 논의가 촉발되기는 하였지만 선시는 우리시의 한 형식으로 존재하면서 현대시의 형성에 일정한 영향을 행사해 왔다. 선시의 논의에서 외발적인 것보다 내발적인 것이 우선해야 하는 이유가 바로 여기에 있다.

선시의 전통은 6세기경 고구려 정법사(政法師)의 「詠孤石」으로부터 10세기 후반 균여의 「普賢十願歌」를 거쳐 11세기 후반 대각국사 의천의 시문집인 『大覺國師文集』에 이르는 불교시의 전통에 그 맥을 대고 있다. 한국 선시의 본격적인 형성은 이러한 "불교시의 전통을 이어 고려 중엽 지눌(知訥)의 선사상을 배경으로 그의 법맥을 이은 혜심(慧諶)으로부터 시작"[9] 된다. 혜심의 『無衣子詩集』은 이전의 불교시와는 다른 선시의 진미를 보여주고 있으며, 혜심 이후 고려의 선시는 보각 일연(普覺 一然, 1206~1289), 원감 충지(圓鑑 冲止, 1226~1293), 백운 경한(白雲 景閑, 1299~1375), 태고 보우(太古 普愚, 1301~1382), 나옹 혜근(懶翁 慧勤, 1320~1377)으로 이어진다. 조선으로 와서 선시는 청허 휴정(淸虛 休靜, 1520~1604)에 이르러 전성기를 맞게 되고, 초의선사(艸衣禪師, 1786~1866)에 의해 그것이 시(詩)·선(禪)·다(茶)의 차원으로 더욱 확대되기에 이른다. 초의 이후에도 범해 각안(梵海 覺岸, 1820~1896), 석전 영호(石顚 映湖, 1870~1948), 만해 용운(萬海 龍雲, 1879~

9 김미선, 「韓國禪詩의 發達史」, 『漢文古典研究』 제13집, 2006, 250쪽.

1944) 등으로 이어진다. 고려시대부터 조선시대까지 면면히 이어진 선시의 전통은 서구의 근대적인 시 형식이 정립된 이후에도 그 선취의 미감을 되살리거나 새롭게 변주하여 현대시사의 한 흐름을 형성하고 있다. 한용운, 조지훈, 김달진, 서정주, 고은, 김지하 등은 선사이거나 그 경지에 달하는 선적 체험을 바탕으로 한국 현대시의 선감을 조율하면서 차원 높은 선시의 세계를 펼쳐 보인 것이 사실이다.

그러나 시에서의 선의 문제는 선취의 미감을 잘 살리고 있는 시 뿐만 아니라 그것과는 발생배경이 다소 차이가 있는 아방가르드 시에서도 드러난다. 특히 언어의 형식 차원의 유사성은 선과 시의 본질적인 차원을 환기하고 있다는 점에서 시사 하는 바가 크다. 언어에 대해 회의하고 부정하고 그것을 뛰어넘거나 해체하려는 속성은 아방가르드 시와 선이 동시에 지니고 있는 세계이기도 하다. 언어의 한계에 대한 인식은 시와 선 모두에서 첨예하게 드러나며, 그것이 궁극적으로 겨냥하고 있는 아름다움과 깨달음도 결코 극복할 수 없는 간극만으로 존재하지 않는다. 시에서의 아름다움도 예술의 영점화 혹은 시의 영점화 단계까지 보여주고 있으며, 선에서의 깨달음도 어떤 개념이나 논리가 아닌 감성적인 마음의 직관을 통해 도달하는 것이기 때문에 두 세계 사이에 서로 공감할 수 있는 영역이 존재한다고 할 수 있다. 이런 점에서 우리 현대시사의 아방가르드 시인으로 평가받고 있는 이상, 김수영, 김춘수, 이승훈의 시세계를 선과 관련하여 논의하는 것도 의미가 있다고 할 수 있다. 이것은 전통과 현대가 선을 매개로 어떤 긴장 관계 속에 놓여 있으며, 그것을 토대로 어떤 새로운 현대시의 논리가 형성되는지를 살피는데 적지 않은 도움을 줄 수 있다는 것을 말해준다.

2. 선과 시의 차이

고려 중엽 지눌의 선사상의 대두로 선과 시의 문제는 선시의 형태로 그 모습을 드러내기에 이른다. 지눌의 법맥을 잇는 혜심에 의해 한국 선시는 이전의 불교시와 차별화되는 하나의 형식을 얻게 된다. 이 말은 선의 심오함이 비로소 하나의 형식을 얻게 되었다는 것을 의미한다. 선의 심오함은 '불립문자(不立文字)'나 '염화미소(拈華微笑)'로 이야기되어 왔지만 그것은 어디까지나 진리에 도달하기 위한 몸을 통한 깨달음을 강조하기 위해서라고 할 수 있다. 선은 문자로 드러날 때 그 심오함이 훼손될 수 있다. 따라서 선의 심오함을 드러낼 어떤 형식이 필요하고, 그것이 바로 시 혹은 시의 언어인 것이다. 이런 점에서 선과 시는 하나도 아니고 또 둘도 아닌 것(不一而不二)이다.

선과 시의 이러한 관계는 우선 선시의 목적이 시의 형식을 원용한 선적인 깨달음에서 기인하지만 보다 자세히 들여다보면 그것은 선과 시가 가지는 오묘한 형식과 그 세계에서 기인한다고 할 수 있다. 선과 시의 오묘함에 대한 논의는 대부분 선시의 특성을 해명하는 과정을 통해 드러난다. 이 사실은 선과 시 각각의 양식에 대한 비교와 차이를 정치하게 분석하고, 이를 바탕으로 선시의 특성을 해명하는 과정을 밟아간다기보다는 이미 통합된 선시라는 양식을 대상으로 하기 때문에 그 오묘함에 대한 보다 구체적인 해명이 제대로 이루어지고 있지 않다는 것을 의미한다. 선시의 특성에 대한 논의는 주로 선 일반에 대한 이해의 차원에서 이루어짐에 따라 시 혹은 시어에 대한 이해는 부차적으로 간주되어 상식적인 수준을 넘어서지 못하고 있다.

선과 시의 차이와 관련하여 가장 널리 이야기되고 있는 것은 선은 '지성' 혹은 '통각의 세계'이고 시는 '감성의 세계'[10]라는 사실이다. 선의 궁극적인 목적이 깨달음에 있고 시는 아름다움에 있다는 점을 고려한다면 이러한 구분은 지극히 상식적이고 보편타당한 규정이라고 할 수 있다. 선과 시에 대한 이러한 규정과 동일한 맥락이긴 하지만 그것을 좀 더 세분화 한 것이 바로 '깨달음의 언어', '직관(直觀)의 언어', '삼매(三昧)의 언어', '평상심(平常心)의 언어', '활구(活句)와 사구(死句)'[11]와 같은 규정이다. 선시의 언어적 특성이 각각의 단어 속에 잘 드러나 있다. 선의 궁극이 깨달음에 있고, 이 경지에 도달하기 위해 직관과 삼매 그리고 평상심이 하나의 방법적인 차원에서 필요한 것이다. 활구란 언어를 통한 깨달음(참선)의 현현이라고 할 수 있다. 선시가 이러한 과정을 통해 구현되는 세계라는 것은 그것이 시 일반과는 차별화되는 지점이 존재한다는 것을 의미한다.

그러나 이러한 규정으로는 그 차별화되는 지점이 무엇인지 제대로 알 수 없다. 여기에는 '무엇을'에 대한 것은 존재하지만 '어떻게'에 대한 것은 존재하지 않는다. 만일 '직관' 혹은 '삼매'의 언어가 선시의 언어가 되어야 한다면 어떻게 그것이 언어의 운용 과정을 통해 드러나는지에 대한 이야기가 있어야 한다. 단순히 언어의 특성에 대한 논의에서 한 걸음 더 나아간 것이 바로 그 언어가 가지는 내적 논리에 관한 논의이다. 선시의 언어가 가지는 내적 논리는 대개 '역논리(逆論理)'와 '비논리(非論理)'[12]로 드러난다. 선시의 언어가 목적으로 하는 깨달음의 세계가 '역논리'와 '비논리'를 통해 드

---

10 김준열, 『禪의 要諦』, 법보원, 1964, 14~15쪽.
자명, 「禪文學의 世界」, 『韓國佛敎學』 17, 1992, 376쪽.

11 자명, 위의 글, 378~379쪽.

12 김운학, 『佛敎文學의 理論』, 일지사, 1981, 96쪽.

러난다는 것은 하나의 모순이면서 동시에 역설의 의미를 지닌다. 이 모순과 역설은 선시를 이해하는데 핵심적인 논리이다. 송준영은 이것을 '선시의 반상합도(反常合道)', '선시의 무한실상(無限實相)', '선시의 초월은유'로 세분화하여 살펴보고 있다.

그는 반상합도를 '정상과 비정상이 융통하고 회감하여 수승된 다른 세계로 나아가는 것'이며, 이것을 수사학적으로 규정하면 'A와 A가 아닌 요소(즉 Ā)가 서로 상치하고 대립하는 듯하나, 보다 큰 차원에서는 서로 아우르는 것, 즉 A=Ā의 상태를 의미한다'[13] 고 말한다. 이것은 극과 극은 통한다는 반대일치의 논리와 다른 것이 아니다. 수사학적인 차원에서 본다면 반상합도는 현대시에서의 역설(Paradox)의 논리를 포괄한다. 이러한 반상합도의 논리는 서로 상치하고 대립하는 비동일성에서 그것을 융화하고 아우르는 동일성을 발견하려는 것이라고 할 수 있다. 동일성과 비동일성의 사유는 시에서 은유, 즉 치환은유와 병치은유의 형식으로 드러난다. 하지만 반상합도의 논리는 이 두 은유를 모두 벗어나는 그런 은유이다. 그는 이것을 '초월은유'[14]라고 명명한다. 치환과 병치 양변을 융합하면서 동시에 초월하는 비유 상태가 바로 초월은유인 것이다. 은유가 어떤 외적인 대상과의 관계성 속에서 비롯되는 것이라면 초월은유는 그것이 끊긴 상태에서 마음을 직시하여 여기에서의 어떤 깨달음을 그대로 드러낸 것을 의미한다.

이러한 은유나 상징을 초월한 '절대 현재의 진실불허(眞實不虛)한 세계'는 인드라망처럼 중중무진화엄법계를 이루고, 이것이 바로 송준영이 말하는 '선시의 무한실상(無限實相)'의 세계이다. 그는 이 세계의 구도를 '쌍차(雙

---

13 송준영, 「선시와 아방가르드 시에 나타난 모순어법 고찰」, 『만해축전』(상), 2008, 283~284쪽.

14 송준영, 위의 글, 295쪽.

遮)'와 '쌍조(雙照)'의 논리를 통해 드러낸다. 쌍차란 "시 / 비 · 자 / 타 · 미/추, 즉 A / Ā인 양변적인 견해를 '막는다' '없앤다'는 의미이고 쌍조란 "이항 대립적인 견해를 회감융통하는 곧 A=Ā의 의미"를 말한다. 그는 이것을 하나의 도표로 제시한다.

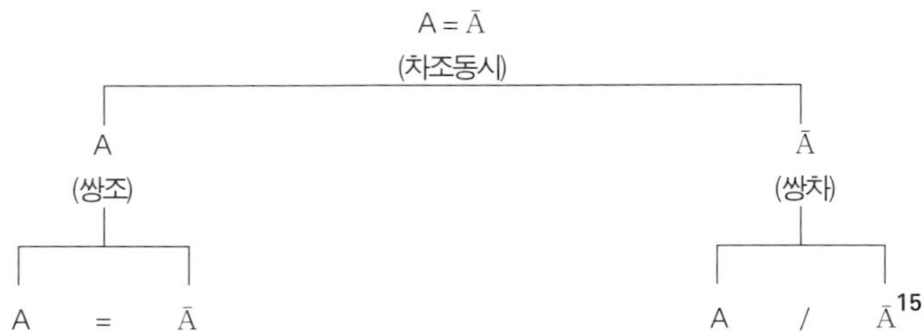

이 인드라망 구도에서 중요한 것은 동일성과 비동일성의 문제가 서로 분리되어 존재하는 것이 아니라 그것을 아우르는 또 다른 구도(A=A 차조동시)가 존재한다는 사실이다. 이 구도의 궁극은 차조동시에 있다. 쌍차쌍조란 중도(中道)의 원리를 드러낸 것으로 이것을 쉽게 풀이하면 이런 것이다. 양변을 버리고 나니(쌍차) 양변이 융합(쌍조)하지 않을 수 없고, 양변이 융합(쌍조)하려고 하니 양변을 버리지(쌍차) 않을 수 없다는, 다시 말하면 구름이 흩어지면 해가 드러나고, 해가 드러나면 구름이 흩어진다는 원리이다. 이런 점에서 차조동시는 있음(有)과 없음(無)의 존재 원리로 해명할 수 있다. 유무의 원리대로 하면 차조동시는 서로 모순되는 있음과 없음을 모두 버리면 그것이 있는 것도 아니고 없는 것도 아닌 즉 비유비무(非有非無)

---

15 송준영, 위의 글, 302쪽.

의 상태가 된다는 것을 의미한다.

불교에서는 논의의 형식 및 사물의 존재방식을 크게 유(有), 무(無), 역유역무(亦有亦無), 비유비무(非有非無) 이렇게 4구의 범주로 구분하고 있다. 제1구인 유는 균질적, 보편적, 관습적, 현상적, 자기 동일적인 존재의 양태를 드러내며, 2구인 무는 실체, 보편, 자기 동일성 부정, 역설 등의 존재 양태를 드러내고, 3구인 역유역무는 종합을 드러내는 것이지만 이것은 헤겔의 변증법적인 종합과는 차이가 있다. 있으면서 없다는 것은 어느 한쪽의 배제를 통한 종합이 아니라 그 둘 다를 포괄하는 긍정의 존재 방식을 의미한다. 4구인 비유비무는 즉물적, 직관적으로 존재하는 불가지론적적인 세계를 의미한다.[16] 있음도 부정하고 없음도 부정한다는 것은 극단적인 회의주의로 보일 수도 있지만 여기에서의 그것은 초월성을 띤다고 할 수 있다. 이런 점에서 비유비무는 현상적인 존재의 유무나 생멸의 문제를 넘어 해탈의 경지까지 그 의미가 닿아 있다고 할 수 있다.

선의 심원함이 비유비무의 논리에까지 이른다는 것은 존재의 문제와 관련하여 그것이 단순히 "있음이나 없음 그리고 있음과 없음 사이를 넘어 없음과 없음 사이의 문제"[17]를 다루고 있다는 것을 말해준다. 이 문제는 없음을 있다고 전제하고 논의를 전개하는 차원을 넘어 그것이 없다는 것을 전제하고 전개되는 선적 차원의 논리를 반영하고 있는 것으로 볼 수 있다. 없음도 없다는 논리는 존재의 실체 자체를 부정한다는 것으로 모든 존재는 인연의 관계성으로 이루어진다는 의미를 내포하고 있다. 실체가 아니라 인연으로 이루어지기 때문에 모든 존재는 무상할 수밖에 없는 것이다. 일

---

16 부르띠, 김성철 역, 『불교의 중심철학』, 경서원, 1995, 250~251쪽 참조.

17 이승훈, 앞의 책, 295쪽.

체의 존재는 무자성(無自性)이라는 공(空)의 논리가 여기에서 탄생하는 것이다. 이러한 무자성이 무심(無心)으로 이어져 선시의 세계를 이룰 때 뛰어난 선취미가 성립된다.

이처럼 선시는 선적인 세계의 깊이를 내재하기 때문에 일반시와 같으면서 다르다고 할 수 있다. 이것은 선적 어법과 시적 어법 사이에 차이가 존재한다는 것을 의미한다. 시적 어법과 선적 어법은 모두 발언 행위를 지향한다. 하지만 전자는 "미적 기능을 수용하지만 후자는 그것을 부정"하며, 전자는 "언표 내적 효력을 상실하지만 후자는 그것을 발생"하고, 전자는 "유희적 창조를 지향한다는 점에서 자율적이고 자기 지시적이지만 후자는 그것을 부정"[18]한다. 선적 어법의 이러한 특성은 혜심 이후 하나의 양식으로 이어져온 '선시'의 경우에도 그것이 오롯이 드러나지 않고 있다. 고려나 조선 시대의 선시뿐만 아니라 현대의 경우에도 선적인 세계를 드러내고 있는 시에서도 미적 기능이나 언표 내적 효력의 상실 그리고 자율적이고 자기 지시적인 어법이 드러나고 있기 때문이다. 이런 점에서 보면 선시에서는 선적 어법과 시적 어법이 동시에 드러난다고 할 수 있다.

3. 역설과 깨달음으로서의 선시

우리 현대시의 경우 선의 흐름은 생래적으로 습득된 면이 없지 않다. 선사상이 우리의 사고나 행위 속에 오랜 전통적인 양식으로 자리하면서 자

18 이승훈, 「시적 어법과 선적 어법」, 『한국언어문화』 제24집, 365쪽.

연스럽게 그것을 체득하고 그것이 시적으로 발현되기에 이른다. 하지만 선의 생래적인 습득은 일정한 한계를 노정할 수밖에 없다. 선은 오랜 기간의 수행 과정을 통해 깨달음을 얻음으로써 도달할 수 있는 경지라면 그것은 단순한 생래적인 차원과는 거리가 있다고 할 수 있다. 참선과 명상이라는 오랜 수행 과정을 거쳐야 하나의 도 혹은 진리에 이를 수 있는 것이다. 선의 궁극이 깨달음에 있다는 사실이 이것을 잘 말해준다. 이런 점에서 선은 단순한 관념도 언어유희도 아닌 몸을 통한 깨달음의 산물이라고 할 수 있다. 몸을 통한 깨달음은 언어를 통해 드러나며 이때의 언어는 '깨달음의 언어'가 되는 것이다.

그런데 여기에서 한 가지 흥미로운 것은 깨달음의 언어가 역논리(逆論理)와 비논리(非論理)를 통해 드러난다는 점이다. 이 사실은 깨달음의 언어가 역설의 의미를 내재하고 있다는 것을 말한다. 선이 구현하는 깨달음의 언어는 언어를 통해 드러나지만 그것을 초월하는 역설의 의미를 내재하고 있는 것이다. 선의 궁극은 언어에 있는 것이 아니라 그것을 넘어선 도나 진리에 있으며, 언어는 그것에 이르기 위한 수단에 지나지 않는다. 선의 궁극인 깨달음의 언어를 시 속에 구현한 우리의 근현대 시인은 손으로 꼽을 정도다. 선이 드러내는 역논리와 비논리를 수사적인 차원에서 구사한 시인들은 많지만 그것을 깨달음의 언어로 구현하고 있는 시인은 거의 없다고 할 수 있다. 이러한 역설의 논리를 통한 깨달음의 언어를 시 속에 구현하고 있는 시인으로는 한용운, 조지훈, 서정주, 고은, 김지하 등을 들 수 있다. 이들은 모두 선사이거나 아니면 선사의 경험이 있거나 선에 심취해 선사상이나 논리를 공부한 시인들이다. 이 점이 이들로 하여금 선이 구현하는 깨달음의 언어를 자신의 시 세계의 일부 혹은 전부로 수용하여 선의 미학을 성립하도록 한 것이라고 할 수 있다.

그러나 선적인 깨달음에는 정도란 있을 수 없다. 깨달음의 길은 각기 다르며 어느 것이 궁극에 이르는 정도라고 말 할 수 없다. 이것은 시인들이 겨냥하는 궁극이 진리의 깨달음에 있다는 점에서는 동일하지만 그것에 이르는 과정에는 차이가 있다는 것을 의미한다. 이 차이는 소중한 것이며, 이것이 곧 각각의 시인들의 선미를 결정한다. 각각의 시인들이 보여주는 이러한 깨달음은 '하나이면서 여럿이고 여럿이면서 하나'인 선적인 논리와 다른 것이 아니다. 선미의 차이는 선사들의 선시에서도 중요한 문제가 될 수 있는 것으로 이들의 선시는 그 나름의 미적 체계를 지니고 있음에도 불구하고 다양성의 측면에서는 일정한 한계를 드러내고 있는 것이 사실이다. 선의 세계의 깊이와 형식적인 새로움을 동시에 추구하기가 쉽지 않다는 것을 잘 말해주는 대목이다. 선사들의 선시에 대한 미학적인 불안은 그대로 시인들의 선시에도 적용될 수 있다. 우리 시인들 중에 이러한 미학적인 불안으로부터 벗어난 존재가 바로 한용운, 조지훈, 김지하이다.

먼저 한용운은 한국 현대시가 성취한 선미의 세계를 가장 잘 보여주고 있는 시인이다. 이것은 그가 단순히 선사이면서 시인이라는 사실 때문만은 아니다. 그의 시가 선과 시의 탁월한 융합이라는 사실을 드러낸다면 이것은 그가 선사와 시인의 경계에 놓여 있으면서 끊임없이 두 세계를 추처럼 진동하고 있다는 것을 의미한다. 선사와 시인 사이의 긴장은 그의 시의 선적 논리인 역설이 '침묵'이나 '알 수 없어요' 같은 선과 시 모두에 상호침투적인 표상을 통해 제기되고 있다는 사실에서도 잘 드러난다. 침묵이란 그의 시 전체를 관통하는 화두이다. 침묵이란 존재하면서 부재하는 것이다. 침묵의 주체는 존재하지만 말이 없기 때문에 그는 부재하는 것이다.

그의 시에서의 침묵의 주체는 '님'이다. 님이 존재하면서 부재하다는 것은 님이 있는 것도 아니고 없는 것도 아닌 '非有非無'의 상태를 의미한다. 이런 점에서 볼 때 "침묵은 비유(非有)이기도 하면서 비무(非無)이기도 한 비유비무(非有非無)의 중도의 세계를 상징화한 언어"[19]인 것이다.

그러나 이처럼 님의 존재가 비유비무라는 것을 깨닫는 것은 오랜 수행의 과정을 거쳐야 이루어질 수 있는 것이다. 『님의 침묵』에서 시적 주체가 하나의 깨달음을 얻는 것은 오랜 인간적인 고뇌와 고통을 감내하고 그것을 넘어서는 과정을 거치고 난 이후의 일이다. 그렇다면 어떻게 시적 주체가 인간적인 고뇌와 고통을 넘어 님에 대한 비유비무의 깨달음을 얻을 수 있을까?

> 님은갓슴니다 아々 사랑하는나의님은 갓슴니다
>
> 푸른산빗을깨치고 단풍나무숩을향하야난 적은길을 거러서 참어떨치고 갓슴니다
>
> 黃金의쏫가티 굿고빗나든 옛盟誓는 차디찬띄끌이되야서 한숨의 微風에 나러갓슴니다
>
> 날카로은 첫「키쓰」의追憶은 나의運命의指針을 돌너노코 뒤ㅅ거름처서 사러젓슴니다
>
> 나는 향긔로은 님의말소리에 귀먹고 쏫다은 님의얼골에 눈머럿슴니다
>
> 사랑도 사람의일이라 맛날때에 미리 써날것을 염녀하고경계하지 아니한것은아니지만 리별은 쯧밧긔일이되고 놀난가슴은 새로은슯음에 터짐니다
>
> 그러나 리별을 쓸데없는 눈물의源泉을만들고 마는것은 스々로 사

19 현광석, 「선시의 미학적 대칭점」, 『한국학보』 113호, 2003, 170쪽.

랑을깨치는것인줄 아는까닭에 것잡을수업는 슯음의힘을 옴겨서 새
希望의 정수박이에 드러부엇습니다

우리는 맛날때에 떠날것을염녀하는것과가티 떠날때에 다시맛날 것
을 믿습니다

아々 님은갓지마는 나는 님을보내지 아니하얏습니다

제곡조를못이기는 사랑의노래는 님의沈默을 휩싸고돔니다[20]

— 한용운, 「님의沈默」 전문 인용

시적 주체의 고뇌와 고통은 사람과의 관계 속에서 발생한다. 사람과의 관계가 좋으면 기쁨이, 좋지 않으면 슬픔이 발생하는 것은 누구나 다 알고 있는 인간사의 상식이다. 여기에서의 문제는 사람과의 관계란 좋을 수도 또 나쁠 수도 있다는 것이고, 이것은 곧 사람과의 관계를 새롭게 정립함으로써 그러한 반복되는 고뇌와 고통으로부터 벗어날 수 있다는 것을 말해준다. 사람과의 관계에서 비롯되는 고뇌와 고통은 사람이라는 존재를 무자성(無自性) 즉 공(空)의 논리로 보지 않고 자성의 논리로 보기 때문이다. 자성이 없기 때문에 모든 존재는 있음과 없음, 같음과 다름이라는 구분과 차별로부터 벗어날 수 있는 것이다. 자성은 집착이며 무자성은 그것으로부터 벗어난 무한 자유이다.

사람의 일로부터 빚어진 "슬픔의 힘을 옮겨서 새 希望의 정수박이에 드러붓"는 행위는 무자성에 대한 깨달음이 있기에 가능한 일이다. 모든 존재는 공하며 인연으로 말미암아 생겨난 것이기 때문에 이별을 슬퍼할 이유가 없다. 님과의 이별은 이별이 아니라 또 다른 만남을 위한 과정인 것이

20 한용운, 「님의沈默」, 『한용운』, 문학세계사, 1996, 15~16쪽.

다. 이별은 있는 것도 아니고 또 없는 것도 아닌 것이다. 시적 주체가 깨달은 이러한 비유비무의 세계가 바로 사랑이며, 그것이 '님의 침묵을 휩싸고 도'는 것이다. 이것은 님이 처해 있는 현 상황이 어렵다고 해서 그것을 슬퍼할 일이 아니라는 것을 의미한다. 님은 무한 실상의 세계에 놓여 있기 때문에 슬픔의 대상으로만 존재하지 않는다. 슬픔과 기쁨을 넘어선, 무자성의 세계로 존재하는 것이다. 이 세계에서는 침묵만이 그 존재성을 드러낸다고 할 수 있다.

이처럼 침묵이 님의 존재를 더 강렬하게 환기한다는 것은 분명 아름다운 역설이다. 이 역설은 서양의 있음과 없음의 논리로는 해명할 수 없는 것으로 여기에는 역설을 넘어서는 어떤 논리가 작동한다고 할 수 있다. 그것은 단순한 모순이나 역설의 통합 논리가 아니라 서로 다른 존재를 융합하면서 동시에 그것을 초월하는 비논리의 논리이다. 이러한 연기법(緣起法)으로 생성된 것이 '침묵'이며, '근원을 알 수 없는 노래'(「알 수 없어요」)인 것이다. 연기법으로 생성된 아름다운 무한 실상의 세계는 '바람도 없는 공중에서 수직의 파문을 일으키며 떨어지는 나뭇잎', '고요한 하늘을 스치는 알 수 없는 향기', '기름이 되는 타고 남은 재'(「알 수 없어요」) 등에서도 고스란히 드러난다. 모든 존재들이 서로 관계를 통해 무한히 생성되고 그 속에서 하나의 우주적인 깨달음을 얻는다는 것은 선이 궁극적으로 지향하는 미적 세계이다.

한용운의 시가 드러내는 연기에 의한 선미의 세계는 조지훈의 시에서도 드러난다. 연기라는 존재의 인드라망으로 인해 드러나는 선적인 모순과 역설은 그 존재의 파격성과 확장성에서 미학으로서의 가능성을 내장하고 있는 것이 사실이다. 전혀 이질적이고 낯선 존재가 연기법에 의해 관계를 맺게 되면 틈이나 구멍이 생기고, 그것은 곧 은폐된 세계의 탈은폐로 이어진다.

아무리 깨어지고 부서진들 하나 모래알이야 되지 않겠읍니까. 石塔을 어루만질 때 손끝에 묻는 그 가루같이 슬프게 보드라운 가루가 되어도 恨이 없겠습니다.

촛불처럼 불길에 녹은 가슴이 굳어서 바위가 되던 날 우리는 그 차운 비바람에 떨어져 나온 分身이올시다. 宇宙의 한알 모래 자꾸 작아져도 나는 끝내 그의 모습이올시다.

고향은 없읍니다. 기다리는 임이 있읍니다. 지극한 소망에 불이 붙어 이몸이 영영 사라져 버리는 날이래도 임은 언제나 만나 뵈올 날이 있어야 하옵니다. 이렇게 거리에 바려져 있는 것도 임의 소식을 아는 이의 발밑에라도 밟히고 싶은 뜻이옵니다.

나는 자꾸 작아지옵니다. 커다란 바위덩이가 꽃잎으로 바람에 날리는 날을 보십시오. 저 푸른 하늘가에 피어 있는 꽃잎들도 몇 萬年을 닦아 온 조약돌의 化身이올시다. 이렇게 내가 아무렇게나 바려져 있는 것도 스스로 움직이는 生命이 되고자 함이올시다.

출렁이는 波濤 속에 감기는 바위 내 어머니 품에 안겨 내 太初의 모습을 幻想하는 조개가 되겠읍니다. 아— 나는 조약돌 나는 꽃이팔 그리고 또 나는 꽃조개.[21]

— 조지훈, 「念願」 전문 인용

이 시를 지배하고 있는 상상의 원천은 연기법이다. 연기법하에서 '나'라

21 조지훈, 『趙芝薰全集 1』, 일지사, 1973, 130∼131쪽.

는 존재는 무한실상이다. 나라는 존재의 동일성은 성립하지 않는다. 나는 다른 존재와의 관계성 속에서만 의미를 지닌다. 나는 "우주의 한 알 모래" 이다. 나와 모래는 일상의 논리로 보면 전혀 관계를 발견할 수 없다. 하지만 연기의 무한 시공 속에서 보면 사정은 달라진다. 마치 '몇 만 년을 거쳐 꽃잎들이 조약돌의 화신'이 되듯이 나는 '모래'가 되기도 하고 '바위'와 '조약돌' 그리고 '꽃조개'가 되기도 한다. 시적 주체는 나의 이러한 연기법을 통한 일련의 무한실상을 '스스로 움직이는 생명이 되고자 함'으로 명명하고 있다. 이것은 연기를 스스로 움직이는 생명으로 표상한 것에 다름 아니다.

스스로 움직이는 생명은 고립이나 분리를 의미하는 것이 아니라 무한한 관계성을 통한 '역동적 유출(radiation)'[22]을 의미한다. 이 생명에는 시작도 끝도 없으며, 본질도 근원도 없고, 부분도 전체도 없는 것이다. 시작이 끝이고 끝이 시작이며, 부분이 전체이고 전체가 부분인 것이다. 또한 본질도 근원도 없기 때문에 존재 자체의 자성도 없는 것이다. 본질이다 근원이다 하는 것은 우주의 역동적 유출을 깨닫지 못한 인간의 관념이 만들어낸 허상에 불과한 것이다. 시적 주체의 '고향이 없다'는 고백은 자신의 존재가 이러한 연기를 통한 스스로 움직이는 무한실상의 생명으로서 표상된다는 것을 말해준다. 나라는 존재란 이렇게 무한 실상의 생명으로만 표상되기 때문에 사실상 그것을 온전히 이해한다는 것은 불가능하다. 만해가 우주의 이 움직이는 무한실상의 생명의 바다를 향해 '알 수 없다'고 고백한 것이야말로 역설적으로 그 존재의 세계를 깨달은 자의 일성이라고 할 수 있다. 지훈이 스스로 움직이는 생명이 되고자 하는 것 역시 그 우주의 알 수

22 정형근, 「梵我 自我의 合一–조지훈의 禪詩에 대한 한 해석」, 『만해학보』 7호, 132쪽.

없음에 대한 다른 표현이라고 할 수 있다. 스스로 움직이는 생명의 모습을 지훈은 '출렁이는 파도 속에 감기는 바위 내 어머니 품에 안겨 내 태초의 모습을 환상하는 조개가 되겠습니다'라는 고백을 통해 역동적으로 표출하고 있다.

온갖 모순과 역설을 내재하고 있는 연기법은 선미를 불러일으키는 상상력의 원천이라고 해도 과언이 아니다. 서로 반대되는 것의 일치(反常合道)라는 선적인 논리는 무한 심층의 감각을 탈은폐하는 행위라는 점에서 필연적으로 자아의 격렬한 깨달음을 동반한다. 김지하는 이러한 깨달음의 과정을 『애린』을 통해 우리에게 보여준다. 선가의 십우송(十牛頌)을 연상시키는 시집의 전체 구도를 통해서도 알 수 있듯이 '애린'은 시적 주체의 깨달음의 과정을 표상하는 존재이다. 결국 시적 주체는 자신이 애타게 찾아 헤맨 애린의 존재가 '내 안의 무궁한 우주 생명'[23]임을 깨닫는다. 애린의 존재에 대한 이러한 규정은 곧 나에 대한 규정이라고 할 수 있다. 내 안에 무궁한 우주 생명이 존재한다는 사실은 나라는 존재가 우주와의 관계 속에서 새롭게 정립된다는 것을 의미한다. 이 사실은 나 자신이 곧 우주라는 것에 다름 아니다. 나와 우주는 둘이 아니기 때문(不二)에 무궁한 우주의 모든 총체적인 시공간의 역동적 유출이 내 안에서 이루어지는 것이다.

> 저녁 몸속에
> 새파란 별이 뜬다
> 회음부에 뜬다
> 가슴 복판에 배꼽에

---

23 김지하, 「자서」, 『애린 · 1』, 솔, 1995, 5쪽.

뇌 속에서도 뜬다

내가 타죽은
나무가 내 속에 자란다
나는 죽어서
나무 위에
조각달로 뜬다

사랑이여
탄생의 미묘한 때를
알려다오

껍질 깨고 나가리
박차고 나가
우주가 되리
부활하리.[24]

— 김지하, 「啐啄」 전문 인용

시적 주체의 깨달음의 진경은 나의 몸이 소우주가 아니라 우주 그 자체라는 사실에 있다. 우리 인간의 몸을 소우주라고 하는 것은 오래된 인습으로 굳어진 것이다. 시적 주체는 몸속에 별이 뜬다고 노래함으로써 그러한 인습을 해체한다. 나의 몸이 곧 우주라는 것, 그리고 그것은 관념이 아니라 생명이라는 구체적인 실상을 통해 생생하게 드러난다는 것을 시적 주체는

24 김지하, 『중심의 괴로움』, 솔, 1995, 18~19쪽.

우리에게 말하고 있는 것이다. 시적 주체의 생명관은 좁게는 '회음부' 중심주의로부터 넓게는 연기론으로부터 비롯된 것이라고 할 수 있다. 시적 주체는 우주라는 무한실상의 세계가 생명을 잉태하는 회음부와 그것의 구체적인 유출 방식인 연기론을 통해 표출된다는 것을 깨달은 것이다. 나 혹은 나의 몸에 대한 시적 주체의 깨달음은 단순히 개인의 차원에 머물러 있는 것이 아니라 인류, 더 크게는 우주의 인식과 존재론적인 사유에 닿아 있다. 시적 주체의 깨달음은 그것이 근대 이후 온갖 모순과 불안으로 점철되어 온 인류 문명사에 대한 반성과 전망을 동시에 내장하고 있다는 점에서 주목에 값한다. 시인에게 이러한 깨달음은 '흰그늘의 미학'으로 표상되며, 여기에는 '그늘이 세상을 바꾼다'는 시인 특유의 시대를 읽는 감각과 정신이 자리하고 있다.

4. 견성(見性)과 평상심(平常心)으로서의 선시

선시의 궁극이 우주삼라만상의 도에 대한 깨달음에 있다면 그 방법으로 제시할 수 있는 것 중의 하나가 바로 '견성성불(見性成佛)'이다. 견성성불은 교외별전(敎外別傳), 불립문자(不立文字), 직지인심(直旨人心)과 함께 선종의 4대 종지(宗旨)이다. 흔히 '직지인심 견성성불(直旨人心 見性成佛)'이라고 말해진다. 이 문맥대로라면 성불, 다시 말하면 깨달음을 얻기 위해서는 본래의 마음을 보아야 한다는 것이다. 인간은 본래부터 불성(본래의 마음)을 가지고 있기 때문에 그것을 깨우치는 일이 무엇보다도 중요하다고 할 수 있다. 일체의 외부적인 것을 멀리하고 마음 안에서 도를 구하면 누구나 불성을 이룰 수 있다는 것이 바로 선의 궁극인 것이다. 이런 맥락에서 볼 때 견성성불에서의 '견성'은 단순한 시각적인 감각을 통한 보기를 의미하는 것이 아니다. 여기에서의 견성은 본래의 마음을 꿰뚫어 보는 직관의 상태를 의미한다고 할 수 있다.

하지만 본래의 마음을 꿰뚫어 본다는 것은 쉬운 일이 아니다. 그것이 가능하려면 견성의 주체가 중도를 유지해야 하고, 언어나 문자로부터 떠나야 하며 그것이 일상의 차원에서 평상심을 유지해야 한다. 이러한 일련의 과정은 사실 깨달음의 과정과 다른 것이 아니다. 이 과정 중 어느 하나만 없어도 깨달음은 이루어지지 않는다. 견성의 주체가 표피적인 욕망에 집착한다든가 혹은 언어나 문자를 통한 개념화를 지향한다든가 아니면 시비와 구분과 구별이 하나의 일상의 덕목으로 굳어지면 깨달음을 얻을 수 없다. 깨달음을 얻는 과정은 이렇게 중도, 불립문자, 평상심 같은 덕목들을 필요로 하지만 기실 그것은 모두 마음으로 수렴된다.

마음은 "온갖 존재의 근본이며 온갖 존재는 모두 마음이 만들어 내는 것"이다. 하지만 "마음의 만듦은 조작이 아니라 물들음"[25]이다. 이 말은 우주 삼라만상이 마음에 의해 틀지어지는 것이 아니라 하나의 형태로 드러난다는 것을 의미한다. 이 마음이 곧 도이자 진리인 것이다. 이런 점에서 보면 진리는 지극히 평범한 사고와 행위가 살아 숨 쉬는 세계 속에 존재한다고 할 수 있다. 진리는 "새삼스럽게 배우거나 수행을 통해 얻어지는 것이 아니라 이미 사람들의 생활 속에 자명한 것으로 존재하고 있는 것"[26]이다. 이것은 진리가 평범한 생활 방식 곧 평상심으로 표상된다는 것(平常心是道)을

---

25 야나기다 세이잔, 추만호 · 안영길 역, 『선의 사상과 역사』, 민족사, 1989, 125쪽.

26 야나기다 세이잔, 위의 책, 127쪽.

의미한다.

평상심이 곧 도라는 이러한 선의 원리는 주로 자연에 대한 견성을 통해 드러난다. 견성의 주체가 볼 때 자연은 자신의 본래 마음을 드러내는데 더 없이 좋은 대상인 것이다. 그것은 자연이 언제나 중도와 직관과 평상심으로 표상되기 때문이다. 이런 점에서 자연과 본래 마음은 다르지 않다. 견성의 주체는 "자연을 시적 대상으로 삼아 자연에서 드러나는 진여(眞如)의 법, 즉 자연법이를 드러냄으로써 마음의 본체를 형상화"[27] 한다. 하지만 여기에서 말하는 자연은 실재하는 물리적 대상이 아니라 그것이 지니는 속성을 의미한다. 견성의 주체가 볼 때 진여의 법, 즉 자연법이의 속성을 지닌 우주만물은 모두 자신의 마음의 본체를 형상화하는 대상이 되는 것이다. 우리의 눈을 통해 드러나는 자연은 밖으로 드러난 차원에 불과하지만 그것은 자연이 지니는 본래적인 속성의 유출이라는 점에서 많은 시인들의 주목의 대상이 되어 온 것이다.

이처럼 자연은 우리 시인들의 견성성불의 대상으로 존재해 왔지만 그것이 보다 빛을 발하는 경우는 자연법이의 속성을 인간과 인간의 삶 속에서 발견하는 것이다. 인간의 '성(性)'은 욕망에 가려 드러나지 않는다. 이때 인간의 욕망은 곧 자성(自性)에서 비롯된다. 이 자성을 무자성으로 바꾸어야 비로소 자연법이의 상태에 이를 수 있다. 이것은 보통 참선을 통해서 도달할 수 있는 것이지만 이미 그 자체로 무자성을 드러내는 경우도 존재한다. 본래적인 자아의 모습을 하고 있는 존재가 바로 그것인데 일반적으로 그 이미지는 '아이'와 닮아 있다. 이 경우 아이의 모습은 꾸밈도 조작도 분별

27 현광석, 앞의 글, 166쪽.

도 없는 자연그대로의 천진무구함을 그대로 드러낸다. 아이의 마음은 어디에도 머무르지 않으며, 마치 허공처럼 어디로든지 두루두루 통한다고 할 수 있다. 이 아이의 마음이야말로 '부처에 의해 깨달아진 眞如法身'[28]과 다른 것이 아니다. 조지훈은 「古寺 1」에서 이러한 진여법신의 세계를 아름답게 형상화하고 있다.

木魚를 두드리다
졸음에 겨워

고오운 상좌아이도
잠이 들었다.

부처님은 말이 없이
웃으시는데

西域 萬里ㅅ 길
눈부신 노을 아래

모란이 진다.[29]

— 조지훈, 「古寺 1」 전문 인용

이 시의 초점은 단연 '상좌아이'로 모아진다. '목어를 두드리다 졸음에

28 야나기다 세이잔, 앞의 책, 110쪽.
29 조지훈, 『청록집』, 현암사, 1968, 66~67쪽.

겨워 잠이 든 상좌아이'는 영락없는 아기부처의 모습이다. 누구나 다 부처의 모습을 지니고 있지만 그것이 온전히 드러나는 경우는 드물다. 그것은 부처의 현현을 인간의 온갖 욕구나 욕망이 가로막기 때문이다. 부처의 본래 모습의 현현이 불가능하다는 것은 인간의 본래 마음으로서의 성을 볼 수 없다(不見性)는 것을 의미한다. 하지만 상좌아이는 그의 '성(性)' 다시 말하면 자연법이의 속성이 그대로 드러나 있다. 이런 점에서 상좌아이는 인간의 본래 마음으로서의 성의 본체를 표상하고 있다고 할 수 있다. 상좌아이는 이미 그 자체로 견성성불의 존재이기 때문에 '부처님'과 염화미소의 소통이 가능한 것이다. 이러한 소통은 일견 절연으로 비칠 수 있지만 기실 그것은 무한실상의 연기를 가능하게 하는 본래적인 성의 모습을 지니고 있다고 할 수 있다. "西域 萬里ㅅ 길 / 눈부신 노을 아래 / 모란이 지"는 것과 '고오운 상좌아이의 잠' 사이에는 불이의 관계가 성립되는 것이다.

상좌아이의 천진무구한 성이 이렇게 연기 속에 놓여 있다는 것은 그것이 자성이 아니라 무자성이라는 것을 의미한다. 자성은 다른 존재와의 연기적인 관계를 불가능하게 한다. 자성이 있으면 공(空)이 불가능하다. 공이나 허(虛)해야 우주만물 간에 틈이 존재하고, 그 틈 사이로 모든 관계들이 이루어지는 것이다. 이것이 무(無)의 세계인 것이다. 무의 세계에서는 "공허하므로 움직인다"[30] 는 명제가 하나의 진리로 성립된다. 이런 점에서 無는 '없음을 전제로 한 없음'인 nothing이 아니라 '있음을 전제로 한 없음'이다.[31] 연기가 절연 혹은 단절과 비약으로 보이는 이유도 그것이 공이나 허와 같은 무의 세계의 존재태를 지니고 있기 때문이다.

---

30 김지하, 「無」, 『중심의 괴로움』, 솔, 1994, 75쪽.

31 이재복, 「동양적 존재의 숲–윤대녕론」, 『소설과 사상』, 1996 겨울호, 208쪽.

이처럼 「古寺 1」에 드러나는 상좌아이의 무자성은 시적 주체에게 견성이나 관조의 대상이 된다. 이 사실은 시적 주체와 상좌아이가 등가로 놓일 수 없다는 것을 의미한다. 시적 주체는 상좌아이처럼 그 존재 자체가 무자성이라는 것과는 거리가 있다. 견성이나 관조의 태도를 통해 무자성을 유지하려고 하지만 시적 주체에게 그것은 깨달음이라는 과정을 거쳐야 가능한 일이다. 깨달음은 참선의 과정을 통해 이루어지거나 아니면 상좌아이처럼 이미 선험적으로 주어지는 경우도 있다. 「古寺 1」에서와는 달리 시적 주체가 상좌아이의 무자성과 등가를 이루는 예를 우리는 천상병에게서 발견할 수 있다. 상좌아이처럼 천상병 역시 '고오운 존재'이다. 그의 시에 드러나는 시적 주체의 그 '고오운 모습'은 영락없이 천진무구한 상좌아이의 모습 그대로다.

> 친구가 멀리서 와,
> 재미있는 얘기를 하면,
> 나는 킬킬 웃어 제낀다.
>
> 그때 나는 기쁜 것이다.
> 기쁨이란 뭐냐? 라고요?
> 허나 난 웃을 뿐.
>
> 기쁨이 크면 웃을 따름,
> 꼬치꼬치 캐묻지 말아라.
> 그저 웃음으로 마음이 찬다.

아주 좋은 일이 있을 때,
생색이 나고 활기가 나고
하늘마저 다정한 누님 같다.[32]

— 천상병, 「기쁨」 전문 인용

'木魚를 두드리다 졸음에 겨워' 자는 상좌아이처럼 시적 주체인 '나' 역시 '재미있는 얘기'가 나오면 '그저 킬킬 웃어제킨'다. 시적 주체의 웃음은 억지웃음이 아니라 자연스럽게 생겨난 웃음이다. 여기에는 분별지가 개입할 여지가 없다. 시적 주체에게 기쁨이 무엇이냐?는 물음 자체가 의미가 없는 것이다. 이 물음에 대한 시적 주체의 대답은 웃음뿐이다. 그 웃음은 '마음'과 통하며, 이때의 마음은 시적 주체의 본래의 마음(性)이다. 시적 주체는 본래의 마음을 어떤 목적도 없이 그대로 드러내고 있는 것이다. 시적 주체의 이러한 마음은 '하늘마저 다정한 누님 같다'고 말하게 한다. 하늘이 인간과 거리가 있는 숭고나 숭배의 대상이 아니라 그 거리가 해체된 '다정한 누님'이라는 시적 주체의 말은 의도되지 않는 도저함, 다시 말하면 평상심으로서의 도의 경지를 일컫는 것이다.

본래 도란 그것을 도라고 말하는 순간 이미 도가 아닌 것이다. 도는 꾸밈이 없고 분별이 없는 자연스러운 과정 속에서 구현된다는 점에서 그것은 평상심으로 수렴되며, 그것을 잘 드러내는 존재의 장이 일상이라고 할 수 있다. 다른 어떤 존재의 장보다 일상에서 평상심을 유지하기가 어려운 것이 사실이다. 일상에서는 평상심을 위협하는 온갖 욕구와 욕망이 도사리고 있기 때문이다. 일상에서 평상심을 유지하면 시적 주체처럼 그것은

32 천상병, 『천상병 전집』, 평민사, 1996, 157쪽.

존재 그 자체가 기쁨인 것이다. 꾸밈이나 조작이 없기에 평상심의 언어는 수사적인 현란함보다는 평범함을 지향한다. 시와 일상의 경계가 해체되어 "지금 우리가 실제로 행동하고, 쉬기도 하고, 앉기도 하고, 눕기도 하면서, 물건을 대하고, 사람들과 접하는 것이 모두 진리의 생활"[33]이며 그것이 모두 시가 되는 것이다.

시와 일상의 경계 해체는 언어의 평범함은 물론 시의 형태의 평이함으로 이어진다. 언어의 조탁과 운문적인 형식에 대한 강박 관념이 사라지고 무념, 무상의 지극히 일상적인 문법이 만들어진다. 이승훈의 「모두가 예술이다」는 이것이 시적인 진술인지 아니면 일상적인 진술인지 분간이 안 될 정도로 둘 사이의 경계가 해체되어 드러난다.

> 용인 공원 식당 창가에 앉아 맥주를 마신다. 앞에는 정민 교수 옆에는 오세영. 유리창엔 봄날 오후 햇살이 비친다. 탁자엔 두부, 말린 무 졸임, 콩나물무침, 멸치 조림. 갑자기 가느다란 멸치가 말하네. "생각해 봐! 생각해 봐!" 도대체 무슨 생각을 하라는 건지 원! 멸치 안주로 맥주 마실 때 "이형은 목월 선생님 사랑을 그렇게 받았지만 생전에 보답을 못한 것 같아." 종이컵에 하얀 막걸리 따라 마시며 오세영이 말한다. "원래 사랑받는 아들 따로 있고 효자 아들 따로 있는 거야!" 그때 내가 한 말이다. 양말 벗고 햇살에 발을 말리고 싶은 봄날.
>
> "이군이가? 훈이가?" 대학 시절 깊은 밤 원효로 목월 선생

33 야나기다 세이잔, 앞의 책, 125쪽.

님 찾아가면 작은 방에 엎드려 원고 쓰시다 말고 "와? 무슨 일이고?" 물으셨지, 난 그저 말없이 선생님 앞에 앉아 있었다. 아마 추위와 불안과 망상에 쫓기고 있었을 거다. 대학 시절 처음 찾아가 인사를 드리고 나올 때 "엄마야! 이 군 김치 좀 주게, 이군 자취한다." 사모님을 엄마라 부르시고 사모님은 하얀 비닐봉지에 매운 경상도 김치를 담아주셨다. 오늘 밤에도 선생님 찾아가 꾸벅 인사드리면 "이군이가? 훈이가? 와? 무슨 일이고?" 그러실 것만 같다.[34]

— 이승훈, 「모두가 예술이다」 전문 인용

시에 드러난 진술이 기존의 시적인 정의를 해체하고 있다. 시에서의 진술은 사이비 진술이어야 한다는 정의가 여기에서는 통용되지 않는다. 이 시에 드러난 진술은 사이비 진술이 아닌 아주 평범하고 평이한 일상적인 진술이다. 무슨 특별한 내용도 없고, 그것을 은폐하거나 비유적으로 드러내기 위한 아이러니나 패러독스, 상징이나 이미지도 없다. 구체적이고 일상적인 지명이나 인명이 그대로 드러나고, 시 속의 인물들이 나누는 대화도 일상에서의 그것과 다르지 않다. 평상시에 보고 듣고 느끼는 것을 자연스럽게 발설하고 있는 것이다. 이 시의 언술은 시적인 언어와 형식을 통해 어떤 진리를 말하려고 하지 않는다. 이 시의 언술에는 목적도 의미도 내재해 있지 않다. '모두가 예술이다'라는 시인의 언술처럼 모든 것이 진리가 되는 평범한 마음의 세계를 일상 속에서 구현하고 있는 것이다.

시인의 이러한 언술은 일상에서 평상심을 유지하지 않으면 결코 말해질

34 이승훈, 『화두』, 책만드는집, 2010, 16~17쪽.

수 없는 것이다. 일상에서 평상심을 유지하면 그곳이 곧 견성성불의 세계인 것이다. 진정한 선 혹은 선시는 바로 일상의 장에서 구현되는 것이다. 평범하게 살아가는 방식이 진리라는 '平常心是道'는 일상 속의 선을 말하고 있는 것에 다름 아니다. 진리는 우리가 "새삼스럽게 배우거나 수행하는 것이 아니라 이미 사람들의 생활 속에 자명한 것"[35]으로 존재하는 것이다. 일상생활 속의 진리는 특별히 의식되지 않는다. 너무나 평범하고 평이하기 때문에 우리는 그것이 진리임을 알지 못하는 것이다. 바로 여기에 일상 속에 내재한 진리의 묘미가 있다. 선이나 선시의 지향점을 일상의 방식이 진리라는 평상심지도에서 구하는 것은 선이 관념이 아닌 일상적인 실천의 산물이라는 것을 잘 말해준다.

5. 아방가르드와 선

한국 현대시에서 선의 문제가 새롭게 부상하게 된 계기를 제공한 것은 아방가르드와의 비교를 통해서이다. 아방가르드에서의 시적 논리가 선적인 논리와 유사하다는 인식이 널리 확산되면서 이 둘 사이의 비교 연구가 활발하게 이루어지기에 이른다. 선에 대한 관심은 서구의 가장 전위적인 예술론인 아방가르드에 대한 비판적인 성찰과 반성적인 거리를 겨냥하면서 그것이 가지는 한계와 전망을 가늠하게 하는 계기를 제공한다. 아방가르드 예술의 궁극은 기존의 예술을 전복하고 해체하여 점점 고갈되어가는

35 야나기다 세이잔, 위의 책, 126쪽.

예술의 상상력과 아이디어에 생명을 불어넣는 일이다. 하지만 기존 예술의 전복과 해체는 '직선적인 시간 내에서만 가능한 일'이다. 이 말은 직선적인 시간이 의미를 상실해버린 지금 이 시대에는 기존 예술의 전복과 해체가 무의미하다는 것을 의미한다. 지금 이 시대의 예술은 '부정 능력을 상실하였기 때문'에 '부정은 더 이상 창조가 아니라 의례적인 반복'으로 전락하고, 우리는 지금 '현대 예술의 아이디어의 종말을 살고 있는 것'[36]이다.

아방가르드의 부정 정신의 상실과 아이디어의 종말에 대한 불안은 자연히 그것을 넘어설 수 있는 어떤 대안을 모색하게 한다. 현대시에서 아방가르드의 한계는 주로 언어와 시적 대상에 대한 인식을 통해 표출된다. 아방가르드 시인에게 언어는 자신의 존재성을 드러내는데 필수불가결한 것이다. 하지만 아방가르드 시인에게 언어는 전복하고 해체해야할 대상이면서 동시에 새로운 생성과 창조의 대상이라는 점에서 그것은 양면성을 드러낸다. 기존의 언어에 대한 전복과 해체는 단순히 언어에 대한 회의를 넘어 그것의 존재 자체를 부정해버리는 극단적인 인식에까지 이른다. 모든 것을 언어의 차원에서 규정하려는 구조주의적인 인식을 거부하고 그것을 넘어서는 새로운 후기구조주의적인 인식을 드러낸다. 이것은 아방가르드 시인들이 '언어의 영점화'를 추구한다는 것을 의미한다. 언어의 영점화는 언어를 존재의 집으로 보는 것이 아니라 어떠한 의미도 누빔점도 없이 끊임없이 미끄러져 내리는 텅 빈 기호로 간주한다는 것을 말한다.

이러한 언어의 영점화는 필연적으로 시적 대상에 대한 인식으로 이어질 수밖에 없다. 시적 대상을 상정한다는 것은 이미 그 안에 대상과 관련된 형

---

36 옥타비오 파스, 윤호병 역, 『낭만주의에서 아방-가르드까지의 현대시론』, 현대미학사, 1995, 179~180쪽.

상을 틀 짓는다(型)는 것을 의미한다. 이 형상이 언어를 통해 드러나면 그 언어는 일정한 구조화된 체계 속에서 기능하게 된다. 언어의 구조화된 체계는 이항대립적인 차이 속에서 의미를 생산하고 세계를 규정한다. 시적 대상의 상정이 이러한 결과로 이어진다는 것은 언어의 해체를 위해서는 대상을 배제해야 한다는 것을 말한다. 시적 대상을 배제하면 남는 것은 언어 그 자체이며, 이때의 언어는 대상으로부터 자유로워지고 해방된 지위와 위치를 부여받는다. 대상으로부터 해방된 언어란 '나'라는 주체가 하나의 객체로서의 동일성을 상실한 것을 말하며, 그것은 곧 자아가 없다는 것에 다름 아니다.[37]

아방가르드 시인의 이러한 태도는 선의 논리와 밀접한 관계를 가진다. 선의 논리 역시 언어를 절대화하지 않는다. 선종의 4대 종지 중의 하나인 불립문자(不立文字)가 말해 주듯이 언어는 진리에 이르기 위한 수단에 불과하다. 선가에서는 침묵 혹은 묵언 수행이나 모순어법 같은 논리를 통해 언어의 초월을 강조하고 있다. 선어의 특성으로 이야기되는 '반상합도(反常合道)', '무한실상(無限實相)', '초월은유(超越隱喩)'[38] 등의 표현 형태가 바로 그것이다. 언어의 초월은 우주만물의 존재를 고유한 자성을 지닌 하나의 대상으로 상정하면 이루어지지 않는다. 우주만물의 존재는 무자성이라는 연기(緣起)의 그물망으로 이루어져 있으며, 그것은 결코 단순한 동일성의 언어나 비유적인 언어로는 드러나지 않는다. 연기의 세계에서는 시적 주체의 마음이 중요한 것이다. 마음을 바로 보면 불성을 얻을 수 있다는 '직지인심 견성성불(直旨人心 見性成佛)'의 선적 논리는 이분법적인 구분과 구별

37 이승훈, 「비대상(非對象)」, 『한국현대대표시론』, 태학사, 2000, 197~212쪽.
38 송준영, 앞의 글, 282쪽.

의 해체를 지향하는 아방가르드적인 시의 논리를 연상시킨다.

아방가르드와 시는 여러 면에서 서로 유사성을 드러내기 때문에 적지 않는 사람들로부터 관심의 대상이 되어 온 것이 사실이다. 그중에서도 한국의 대표적인 아방가르드 시인으로 평가받고 있는 김춘수의 경우는 특별히 주목에 값한다. 한국의 현대 시인 중에 김춘수만큼 시의 존재 문제에 깊이 있게 천착한 이도 드물 것이다. 그는 '존재의 덧없음을 통해 말의 새로움을 발견'한다. 말은 '의미를 넘어서려고 할 때 스스로 부서지고 거기에 구멍이 뚫려 허무의 빛깔'을 내게 되는데 이것이 바로 '무의미'이다. 이런 점에서 볼 때 그가 말하는 무의미 시에는 '일정한 세계관'도, '대상에 대한 통일된 전망'을 의미하는 '이미지'도 없다고 할 수 있다.[39] 존재에 대한 덧없음 혹은 대상에 대한 회의를 통해 무의미 시의 경지를 개척한 그의 아방가르드 정신이 최종적으로 도달하려 한 것은 '허무라는 글자를 의식하지 않는 상태인 교외별전(敎外別傳)'의 세계이다.

그가 언급한 교외별전은 선종의 4대 종지 중의 하나이다. 교외별전이라는 말 속에 담긴 시인의 의도는 '존재의 초월'로 규정할 수 있다. 류순태는 그의 이러한 초월을 ① 언어 전이에 의한 존재론적인 초월, ② 절대적 심상에 의한 심미적 초월, ③ 대상 파괴에 의한 선적 초월 등으로 보고 있다.[40] 이 중에서 특히 주목의 대상이 되는 것은 ③이다. 그것은 아방가르드와 선에 대한 상세한 언급을 ③에서 하고 있기 때문이다. ③의 내용은 김춘수의 시론인 「의미와 무의미」를 대상으로 하고 있다. 류순태는 김춘수의 무의미 시론이 지향하는 바를 "염원이라는 것의 빛깔로 인식되는 무의 소용돌

39 김춘수, 「의미에서 무의미까지」, 『김춘수시론전집 Ⅰ』, 현대문학, 2004, 537쪽.

40 류순태, 「戰後 모더니즘 詩論에 나타난 '禪的 超越' 연구」, 『만해학보』 7호, 173~196쪽 참조.

이로서의 리듬"이라고 전제한 뒤, 김춘수의 시적 초월은 "대상도 존재하지 않고, 그리하여 대상을 대하는 시인도 존재하지 않는 상태에서 이루어지는 것"[41] 이라고 결론을 내린다. 하지만 그는 "대상이 해체되었을 때의 세계를 주체와 객체 사이의 구별이 사라진 세계"라고 하는 것에 대해 회의를 드러내 보인다. 이런 관점에서 그는 "비대상은 주체와 객체가 구별을 포용하면서 불이의 세계로 나아가려는 선적인 초월과는 어느 정도 거리가 있는 것은 아닐까?"[42] 라고 조심스럽게 김춘수의 시적 초월을 조망한다.

그의 이러한 조망은 아방가르드와 선의 유사성은 물론 그 차이성을 드러낸 것이다. 선은 즉리양변(卽離兩邊)이다. 양변을 모두 떠나 중도를 지향하는 것이 바로 선이다. 이에 비해 김춘수의 시적 초월은 어느 한 변(대상)의 배제를 통해 이루어지기 때문에 즉리양변의 논리와는 차이가 있다. 즉리양변은 양변 모두의 배제가 아니라 그것을 모두 포괄하는 중도의 논리인 것이다. 여기에서 공(空)이 나오고 또 허(虛)가 나오는 것이다. 김춘수가 존재에 대한 덧없음, 곧 허무를 이야기했지만 그것은 깨달음의 세계를 지향하는 것이 아니라 미적이고 유희적인 세계를 지향한다고 할 수 있다. 그가 직접 대상의 소멸을 통해 탄생하는 무의미 시의 예로 든 「처용단장 제2부 5」가 그것을 잘 말해준다.

> 불러다오
> 멕시코는 어디 있는가,
> 사바다는 사바다, 멕시코는 어디 있는가,

---

41 류순태, 위의 글, 189쪽.

42 류순태, 위의 글, 193쪽.

사바다의 누이는 어디 있는가,
말더듬이 일자무식 사바다는 사바다,
멕시코는 어디 있는가,
사바다의 누이는 어디 있는가,
불러다오
멕시코 옥수수는 어디 있는가.[43]

—김춘수, 「처용단장 제2부 5」 전문 인용

이 시에는 의미도 없고, 시적 대상도 또 자아도 없다. 여기에는 끝없이 반복되는 무의미한 리듬만이 존재할 뿐이다. 의미의 진공은 곧 허무의 세계를 드러내는 것이며, 그것은 어떤 깨달음으로 귀결되지 않는다. 그것은 '영원한 허무의 빛깔'을 띤다. 하지만 여기에서의 허무는 깨달음이 아니라 유희의 의미를 지닌다. 유희로서의 허무는 시인의 "말의 긴장된 장난 말고 우리에게 또 남아 있는 행위가 있을까?"[44]라는 고백 속에 잘 드러나 있다. 시인은 자신이 추구하는 비대상이나 무의미 시의 궁극을 '말의 긴장된 장난'에 지나지 않는다고 봄으로써 미학주의자다운 입장을 견지하고 있다. 그가 겨냥하는 말의 긴장된 장난은 말을 통한 추상의 형식을 드러낸다. 내용이나 의미가 부재한 추상의 형식은 그 자체로 미적 세계를 반영한다. 그에게 있어서 말의 긴장된 장난은 어떤 실천적인 수행을 전제로 하지 않는다. 시 쓰기가 실천적인 수행을 담보하려면 일상과 시의 경계가 해체되어야 한다. 일상이 곧 시가 되는 경지란 말의 긴장된 장난의 세계가 아니라

---

43 김춘수, 『김춘수 시전집』, 현대문학, 2004, 554~555쪽.
44 김춘수, 앞의 글, 539쪽.

그 긴장된 장난이 무화된 평상심의 세계라고 할 수 있다.

그러나 아방가르드와 선은 코드(code)의 차원에서는 다른 것이 아니다. 이와 관련하여 이승훈은 "시적 코드와 선적 코드는 선시를 예외로 하면 같은 것도 아니고 그렇다고 다른 것도 아니"[45]라고 말한다. 비록 '선시를 예외로 하면'이라는 단서를 달긴 했지만 그는 아방가르드와 선 사이의 유사성에 대해 깊은 관심을 드러낸다. 그는 아방가르드 시와 선 모두 '시적 코드를 위반하고 그것에 혼란을 주고 있다'고 본다. 그런 맥락에서 전위적이고 실험적인 아방가르드 시는 '선에 접근한다'[46]고 말한다. 선의 궁극이 깨달음에 있고 아방가르드 시의 궁극이 미적 유희에 있지만 그것은 모두 제도적이고 인위적인 틀이나 상투적인 인습으로부터 벗어나 자유와 해방을 지향한다는 점에서는 다르지 않다고 할 수 있다. 선에 있어 자유와 해방은 마음과 그것의 실천적 수행을 통해서 얻어질 수 있는 것이고, 아방가르드 시에 있어 자유와 해방은 철저한 자기 부정과 파괴를 통해 얻어질 수 있는 것이다. 다소 차이가 있어 보이지만 이 둘은 모두 자유와 해방을 위해서는 먼저 자기 자신을 탈각해야 한다는 공통점을 지닌다.

자기 자신에 대한 탈각은 망아(忘我)가 전제되어야 하며, 망아는 에고나 주체 중심의 미학에서 벗어나 새로운 융합, 회통, 만남을 기반으로 하는 미학을 성립시킨다. 아방가르드와 선이 서로 융합・회통하면서 성립되는 이러한 미학은 동양과 서양, 미학과 현실, 이론과 실천, 예술과 일상 사이의 경계를 해체하여 인식과 존재의 차원에서 보다 심오한 기대 지평을 그 안에 내재하고 있다고 할 수 있다. 아방가르드의 절망이 기술복제와 근대적

---

45 이승훈, 『선과 기호학』, 한양대 출판부, 2005, 175쪽.

46 이승훈, 위의 책, 161쪽.

인 양식에 대한 고갈 의식의 확산으로 인해 깊어지면서 새로운 미적 형식에 대한 탐색과 실천의 과정이 커다란 관심의 대상으로 떠오른 것이 사실이다. 흔히 '포스트모던' 혹은 '해체'라는 이름으로 전위적이고 실험적인 미학이 그 대안으로 부상하고는 있지만 그것이 드러내는 불확실하고 표피적인 세계는 불안을 심화시킬 뿐이다. 이런 맥락에서 볼 때 실존적인 깨달음 다시 말하면 해탈을 궁극으로 하는 선과 아방가르드의 만남은 하나의 존재론적인 사건이라고 해도 무방하다. 결국 아방가르드와 선은 불이의 관계를 유지하면서 현대시가 봉착한 실존의 위기를 넘어서는 어떤 가능성으로 존재한다고 할 수 있다.

6. 동서 사상의 회통과 전망으로서의 현대시

한국 현대시에서 선의 문제는 오랜 전통과 영향력에 비해 논의의 정도가 미미한 수준에 머물러 있는 것이 사실이다. 고려조 혜심(慧諶)으로부터 비롯된 선시의 전통은 조선조 초의선사(艸衣禪師)를 거쳐 근대 초기의 만해 용운(萬海 龍雲)에 이르기까지 단순히 선승의 수양의 형식으로만 존재해 온 것이 아니라 독특한 미학의 한 원리로 존재해 왔다. 선시가 보여주고 있는 불립문자의 사상과 모순어법은 고도의 파격적인 언어 미학을 내재하고 있으며, 깨달음을 궁극으로 하고 있는 선적인 도 혹은 진리는 존재에 대한 깊이 있는 사유를 내재하고 있다. 이러한 선시의 전통은 근대 이후 서구의 자유시의 유입으로 그 장르로서의 생명력은 소멸하고 말았지만 미학적인 원리와 사유는 우리 현대시의 한 흐름을 형성해 왔다고 할 수 있다. 이것은 고려조부터 시작된 선시의 전통이 단절되지 않고 우리 현대시의 형성과 발달에 내재적인 원리로 작용하고 있다는 것을 의미한다. 특히 선시의 원리가 가장 전위적이고 실험적인 현대의 아방가르드 시와 서로 회통하고 있다는 사실은 그 내재적인 흐름의 정도를 잘 말해준다.

현대시에서의 선은 후기구조주의와 해체주의에 의해 촉발된 것이지만 그 사유나 미학적인 원리는 그것을 넘어서는 측면이 있다. 선은 이성이나 합리적인 이해와 판단을 통해 그것의 실체를 온전히 드러낼 수 없는 마음의 산물이기 때문에 현대시에 무한한 영감을 줄 수 있는 테마이다. 미학의 창조성과 전위성의 차원에서 고갈의 위기를 맞고 있는 현대시에서 선의 존재는 그것을 극복할 수 있는 방법적인 대안이 될 수 있을지도 모른다. 최근 우리 시에서의 선에 대한 관심의 증대는 단순히 동양적이고 전통적인 감각이나 사유에 대한 이해와 필요에서 비롯된 것이라기보다는 이러한 고갈의 위기에 대한 대안의 의미가 강하다. 이런 점에서 현대시는 선적인 감각이나 원리를 적극적으로 수용하여 그것을 미적으로 실천하는 것이 중요하다. 현대시와 선의 융합과 회통이 제대로 이루어지기 위해서는 먼저 선에 대한 이해가 전제되어야 한다. 선사상의 역사적인 맥락과 그 의미를 깊이 있게 공부하고, 그 바탕 위에서 서구의 후기구조주의나 해체주의의 관점에서 선을 이해하고 해석해야 할 것이다.

현대시와 선의 관계를 해석함에 있어 동양과 서양 사상을 단순하게 비교하고 그것을 적용하는 일은 양자를 모두 잃는 결과를 초래할 수도 있다. 동양의 선과 서양의 후기구조주의나 해체주의 사상이 서로 융합하고 회통한다는 것은 각각의 사상의 독립성을 인정하면서도 그것이 결코 분리할 수 없는 유기적이고 끊임없는 차원 변화와 더불어 변화, 생성, 진화하는 전체적 유출활동 개념으로 그것을 보아야 한다는 것을 의미한다. 이러한 관점은 두 사상의 융합과 회통이 단선적이 아닌 중층적 혹은 다층적인 의미를 지닌다는 것을 말해준다. 두 사상의 융합과 회통의 이러한 특성은 그대로 현대시의 전망과 그 정체성의 문제로 수렴된다. 선을 통한 동서 사상의 융합과 회통은 현대시를 중층적이고 다층적인 의미의 관계망 속에 놓이게 할 것이다. 현대시에서 선이 의미를 지닌다면 그것은 바로 시의 전망과 정체성의 문제를 선이 내재하고 있기 때문이다.

제 3 부

한국 현대시와 가족 로망스
한국 현대시와 에로티시즘
한국 현대시와 악마성
한국 현대시와 여성성
한국 현대시와 몸

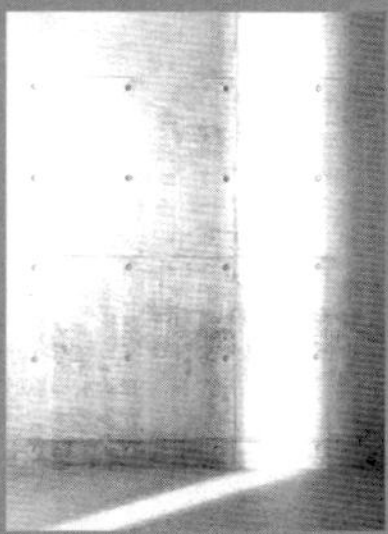

제1장

한국 현대시와 가족 로망스

1. 한국 현대시와 가족 로망스

한국 현대시의 중요한 주제 중의 하나가 바로 '가족'이다. 가족은 제도화되고 상징화된 체계이다. 이것은 가족이 혈연관계를 넘어 사회의 심층화된 구조를 반영한다는 것을 의미한다. 가족의 구성은 아버지, 어머니, 나(자녀)에 의해 이루어진다. 이들 사이의 관계를 프로이트는 욕망의 삼각형 모델 즉 가족 로망스의 모델로 간주한다.[1] 가족 로망스의 온전한 구도는 남아와 여아에게 상징적 아버지에 의한 거세공포로 인한 외디푸스 콤플렉

1 S. 프로이트, 오태환 역, 『정신분석 입문』, 선영사, 1994, 195~209쪽 참조.

스(Oedipus Complex)를 해소하면서 사회가 부여한 남성과 여성의 질서와 역할을 따르는 일련의 무의식적인 과정으로 구조화되어 있다.

그러나 가족 로망스의 이러한 무의식적인 드라마는 온전한 구도를 보여주지 않는다. 욕망의 삼각형 구도에서 그 '욕망'의 관계는 각각의 인물의 입장과 상황에 따라 다르게 드러난다. 욕망의 삼각형의 구도는 어머니와의 합일 욕망, 아버지의 개입으로 인한 그것의 좌절과 욕망의 변형, 아버지의 상징적인 살해 그리고 그것에 대한 제의로 요약할 수 있다. 이 과정은 단순한 개인의 무의식적인 층위의 반영을 넘어선다. 그것은 가족과 국가 간의 호환 가능한 상징체계를 넘어 문화와 문명 혹은 사회의 발생론으로 이어진다. 하지만 프로이트의 이 구도는 에고에 중심을 둔 기획이다. 에고를 중심으로 하여 슈퍼에고와 이드를 통합하려는 의도가 강하게 투영되어 있는 기획이라고 할 수 있다.

프로이트의 에고 중심의 기획은 이후 라캉에 의해 극복된다. 라캉은 에고의 존재를 '오인(meconnaissance)의 구조'[2]를 통해 해명함으로써 프로이트의 에고 혹은 주체 중심주의 미망으로부터 벗어난다. 이 사실은 가족 로망스의 구도가 불안정하다는 것을 의미한다. 이 불안정이 불안을 낳고, 이 불안은 문화와 문명의 이면에 도사리고 있는 야만적인 세계를 반영하고

---

2 주체성에 관한 라캉의 설명은 허구에 관한 사상과 관련하여 발전되었다. 그는 거울단계 개념을 통해, 아이의 거울 이미지를 장래의 자기 확인에 대한 모델과 토대로 삼았다. 이 이미지는 허구인데, 그것은 이미지가 유아가 운동신경을 조절할 능력을 결여하고 있으며, 그의 충동이 파편화되어 있다는 사실을 숨겨 버리거나 응고시키기 때문이다. 그럼에도 이것은 아이에게 자아를 인식할 수 있는 일관된 정체성의 느낌을 준다. 이 같은 순간은 아이에게 현실성을 보장해 주는 어머니의 존재와 모습에 관계함으로써만 의미를 갖는다. 거울 이미지는 주체성에 관한 라캉의 설명 중 중심이 되는데, 이는 그것의 외양적인 유연함이나 총체성이 하나의 신화이기 때문이다. 우리가 우리 스스로를 처음으로 인식하는 이미지는 오인이다(마단 사럽, 김혜수 역, 『알기 쉬운 자끄 라깡』, 백의, 1994, 106쪽).

있다는 점에서 의미가 있다. 문명이 터부시한 세계를 드러내 보인다는 것은 상징적인 제도나 체계에 의해 이루어진 우리의 근대적인 삶의 양식에 대한 반성과 해체를 내포하고 있다는 것을 말해준다.

가족 로망스의 개념이 한국 현대시의 해석에 하나의 중요한 방법론이 될 수 있다면 그것은 바로 이점 때문이다. 가족 로망스를 통해 근대 세계에서의 에고나 주체의 형성과정과 그것을 통해 드러나는 문화와 문명의 존재양식은 현대시의 원리인 모더니티나 모더니즘의 세계를 해명하는 데 커다란 도움을 줄 것이다. 특히 가족 로망스가 언어에 의해 구조화된 체계를 드러낸다는 사실은 현대시에서의 가족 로망스의 문제를 구조적인 해석의 차원으로 그 지평을 확대하고 있다는 것을 의미한다. 구조적인 해석에 이르면 언어의 문제가 전면으로 부상하면서 시의 기능, 과정, 논리, 효과 등을 새롭게 해명할 수 있다.

가족 로망스의 차원에서 한국 현대시를 보면 그 불안정의 정도가 다양하고 크다. 가족 로망스의 욕망의 삼각형 구도에서 아버지의 존재가 굴곡진 양태를 드러내기 때문이다. 식민지와 분단 그리고 개발독재로 이어지는 우리 근현대사에서 아버지라는 기표는 친부이면서 계부이고, 선망과 공포, 권위와 무능함을 동시에 내포한 이중적이고 복합적인 존재인 것이다. 이 이중성과 복합성 속에 한국 현대시의 가족 로망스의 특성이 내재해 있으며, 그것은 곧 한국 현대시의 주체성과 현대성을 드러내는 일이다. 이런 맥락에서 한국 현대시의 가족 로망스의 문제를 살펴보는 것은 그 나름의 의미를 가진다고 할 수 있다.

2. 이중적인 아버지와 근대시의 의미체계

한국 현대시의 가족 로망스는 최남선의 「해에게서 소년에게」[3]를 필두로 김소월, 이상, 서정주, 윤동주 등으로 이어진다. 최남선의 「해에게서 소년에게」는 근대적인 가족 로망스의 시작을 소년과 바다 모티프를 통해 상징적으로 드러내고 있다. 여기에서의 바다는 이성, 과학, 윤리 같은 근대적인 아버지의 이름을 상징한다. 이때의 아버지는 '소년을 자신의 품으로 감싸는' 포용과 관용의 아버지인 동시에 모든 것을 '따리고 부스고 문허바리는' 파괴와 두려움의 아버지이다. 소년에게 아버지는 선망의 대상이면서 동시에 공포의 대상인 것이다. 이 이중성은 우리의 근대가 내포한 의미체계라고 할 수 있다. 따라서 소년과 아버지 사이의 욕망의 구도가 어떻게 전개되느냐에 따라 그 의미체계가 결정되는 것이다.

하지만 소년의 아버지에 대한 관계는 부친 살해라는 차원까지 나아가지 못한다. 이 시에서의 소년은 부친살해를 감행하기에는 너무 순진하고 순수하게 형상화되어 있다. 이에 비해 근대로 표상되는 아버지의 존재는 과도한 힘의 분출에 대한 끊임없는 욕망에 사로잡혀 있다는 점에서 어떤 음험함을 은폐하고 있다고 할 수 있다. 소년과 아버지 사이의 이 욕망의 구도는 외세의 조선 침탈이라는 역사적인 알레고리로 발전한다. 이런 점에서 이 시에 대한 해석을 앞으로 전개될 신세계에 대한 소년의 꿈과 환희로 읽어내는 것은 이 욕망의 구도를 제대로 이해하지 못한 데서 온 결과라고 할 수 있다.

최남선의 「해에게서 소년에게」에 드러난 이러한 가족 로망스의 구조는

3 최남선, 『소년』 창간호, 1908.11.

식민지 시대 시인들의 시에 오면 일정한 변주를 보인다. 그것은 식민지 시대라는 역사적 특수성에서 기인한다. 식민지 시대에 오면 근대적인 아버지의 개념은 이중성을 띠게 된다. 이 시대에 오면 아버지는 친부(조선)와 계부(일본)로 나누어진다. 국망이란 친부의 죽음이며 그 자리를 계부인 일본제국이 대체하는 것이다.[4] 아버지의 이름이 가지는 이러한 특수성은 이상, 서정주, 김소월의 시에 잘 드러나 있다. 먼저 이상의 「烏瞰圖—詩第一號」에는 친부의 죽음을 방조한 데서 오는 공포감에 사로잡혀 있는 13인의 아해가 등장한다.

十三人의兒孩가道路로疾走하오
(길은막달은골목이適當하오)

第一의兒孩가무섭다고그리오
第二의兒孩도무섭다고그리오
第三의兒孩도무섭다고그리오
第四의兒孩도무섭다고그리오
第五의兒孩도무섭다고그리오
第六의兒孩도무섭다고그리오
第七의兒孩도무섭다고그리오
第八의兒孩도무섭다고그리오
第九의兒孩도무섭다고그리오
第十의兒孩도무섭다고그리오

---

4 김홍중, 「한국 모더니티의 기원적 풍경 : 李箱의 「烏瞰圖」 시 제1호」, 『사회와 이론』 7집, 2005.2, 199쪽.

第十一의兒孩가무섭다고그리오
第十二의兒孩도무섭다고그리오
第十三의兒孩도무섭다고그리오
十三人의兒孩는무서운兒孩와무서워하는兒孩와그러케뿐이모혓소(다
른事情은업는것이차라리나앗소)

그中에一人의兒孩가무서운兒孩라도좃소
그中에二人의兒孩가무서운兒孩라도좃소
그中에二人의兒孩가무서워하는兒孩라도좃소
그中에一人의兒孩가무서워하는兒孩라도좃소

(길은뚫닌골목이라도適當하오)
十三人의兒孩가道路로疾走하지아니하야도좃소[5]

— 이상, 「烏瞰圖 – 詩第一號」 전문 인용

이들이 공포에 사로잡혀 있는 것은 '친부의 죽음을 방조하였거나 친부의 죽음에 침묵으로 혹은 무능으로 공조했기 때문'이다. 따라서 13인의 아해의 공포는 '친부 살해의 죄책감이 아니라 친부 살해의 목격자로서의 경악이며, 친부의 살해자를 다시 아비로 맞이해야 하는 부끄러움과 치욕의 공포'[6]를 보여준다. 하지만 이상은 '죽은 친부를 부활시키려는 시도나 계부를 영접하려는 시도를 모두 거부하고, 자신을 압박하는 두 명의 아버지, 즉 두 개의 상이한 상징계 사이의 중립선을 따라서 끊임없이 탈주하'[7]려는 욕

5 이상, 김주현 주해, 『이상문학전집 1』, 소명출판, 2005, 82~83쪽.
6 김홍중, 위의 글, 210~211쪽.
7 김홍중, 위의 글, 206쪽.

망을 드러낸다.

서정주의 시에 드러난 가족 로망스의 구도 역시 이중적인 아버지를 축으로 하고 있다. 그의 시 「자화상」은 아버지를 종으로 보고 있다.

> 애비는 종이었다. 밤이기퍼도 오지않었다.
> 파뿌리같이 늙은할머니와 대추꽃이 한주 서 있을뿐이었다.
> 어매는 달을두고 풋살구가 꼭하나만 먹고 싶다하였으나 ……
> 흙으로 바람벽한 호롱불밑에
> 손톱이 깜한 에미의아들
> (…중략…)
> 스믈세햇동안 나를 키운건 八割이 바람이다.
> 세상은 가도가도 부끄럽기만하드라
> 어떤이는 내눈에서 罪人을 읽고가고
> 어떤이는 내입에서 天痴를 읽고가나
> 나는 아무것도 뉘우치진 않을란다.[8]
>
> — 서정주, 「자화상」 부분 인용

아버지를 종으로 보고 있다면 그 아버지의 아들인 나 역시 종이 되는 것이다. 이 구조는 이중성을 띤다. 이때 주종관계에서 그 '주'는 현실상황을 고려하면 일본제국이 될 수 있다. 아버지보다 더 큰 권력의 소유자인 이 아버지에 대해 나는 부끄러움을 느낀다. 하지만 나는 그것에 대해 속죄의식을 드러내지는 않는다. 이것은 나를 부끄럽게 만드는 현실이 주종관계에 있다는 것을 의식하지 못하고 그저 바람 탓으로 돌리는 대목에서 그대로

8 서정주, 『미당 시전집 1』, 민음사, 1994, 33쪽.

드러난다. 친부를 종으로 만든 그 계부에 대항해 그를 살해하거나 그것에 대한 제의의 행위를 보여주는 것이 아니라 그것을 외면하거나 순응해버리는 태도를 드러내고 있다. 만일 「자화상」을 알레고리적으로 읽으면 이 시는 역사성의 부재라는 혐의로부터 자유롭지 못할 것이다.

식민지 시대의 이중적인 아버지에 대한 이러한 인식은 김소월에 오면 또 다른 변주를 보여준다. 「엄마야 누나야」에서 소월은 아버지의 이름으로부터 벗어나 어머니와 나 둘 밖에 없는 행복한 세계를 꿈꾼다. 소년은 엄마와 누나를 부르면서 강변 살자고 한다.

> 엄마야 누나야 江邊에살자,
> 뜰에는 반짝이는 金모래빗
> 뒷門밧게는 갈닙의노래,
> 엄마야 누나야 江邊에살자.[9]
>
> — 김소월, 「엄마야 누나야」 전문 인용

소년이 희구하는 강변은 아버지의 법이 지배하지 않는 세계이다. 이 세계는 어머니와 나 둘 밖에 없는 이자적(二者的)인 세계이기 때문에 행복한 세계이지만 사회로 나아갈 수 있는 퇴로가 차단되어 있기 때문에 위험하고 불안한 세계이기도 하다. 따라서 강변에서의 삶은 한낱 꿈이면서 환상인 것이다. 소년과 강 사이의 거리는 도저히 회복할 수 없는 절망적인 거리인 것이다. 이 절망의 극한 드러남이 바로 「초혼」이라고 할 수 있다. 이런 맥락에서 보면 소년이 '엄마와 누나'를 애타게 부르는 것은 아버지의 죽음

9 김소월, 『개벽』 제19호, 1992.1, 35쪽.

때문이라고 할 수 있다. 아버지 즉 '조선적 상징계의 부서짐 앞에서 흐느끼는 소년의 처절한 곡성'[10]은 '엄마야 누나야'의 부름과 다른 것이 아니다. 조선적인 상징계인 아버지의 현실적인 죽음 앞에서 소년이 할 수 있는 것은 조선적인 혼을 불러내는 일이라고 할 수 있다. 그의 시가 전통적인 리듬과 의미 세계를 드러내는 이유가 바로 여기에 있는 것이다. 이것은 분명 퇴행이지만 그 퇴행은 이런 역사적인 맥락을 지닌다고 할 수 있다.

조선적인 상징계인 친부의 현실적인 죽음 앞에서 소월이 조선적인 혼을 불러냈다면 윤동주는 죽음의 의미를 새롭게 해석해 냄으로써 계부에 저항한다. 국망이라는 친부의 부재를 계부인 일본제국이 대신하면서 '나'는 심한 부끄러움과 함께 죄의식을 느낀다. 친부를 살해함으로써 외디푸스 콤플렉스를 극복할 수 있는 기회가 계부에 의해 차단되었고, 친부의 혼이 계부에 대한 복수를 원한다는 점에서 새로운 아버지를 살해해야 하는 두 번째의 외디푸스 콤플렉스의 구조가 형성된다. 이 이중구조의 논리가 바로 식민지적 무의식을 지배하는 한국적 근대 고유의 트라우마이자 식민지 체험에 기인하는 한국 근대정신의 심층구조이다.[11]

하지만 윤동주의 외디푸스 콤플렉스의 구조는 독특하다. 그는 친부를 죽인 계부에 맞서 다시 그 계부를 직접적으로 살해하려 하지 않는다. 그가 택한 방법은 직접적인 살해가 아니라 나 자신을 스스로 죽이는 속죄양 의식을 통한 저항이다. 이것은 아버지를 직접적으로 살해하지 못하고 그 욕망을 숨긴 채 그것을 다르게 압축하고 치환하려는 행위와는 그 의미가 다르다. 이것은, 저항 중에서도 극단적인 저항이다. 계부와 직접적으로 맞서

10 김홍중, 앞의 글, 198쪽.

11 김홍중, 위의 글, 204~205쪽.

싸우지 않고 그를 제압하는 고도의 전략인 것이다. 나에게 계부는 친부를 죽인, 다시 말하면 외디푸스 콤플렉스를 극복할 수 있는 기회를 박탈해간 존재이기 때문에 죽임의 대상이지만 그를 직접적으로 살해하지 않는다. 나는 계부가 나를 죽이기에 앞서 나 스스로 죽음을 택한다.

> 바닷가 햇빛 바른 바위 우에
> 습한 肝을 펴서 말리우자.
>
> 코카사쓰 산중에서 도망해 온 토끼처럼
> 둘러리를 빙빙 돌며 肝을 지키자,
>
> 내가 오래 기르든 여윈 독수리야!
> 와서 뜯어 먹어라, 시름없이
>
> 너는 살찌고
> 나는 여위어야지[12]
>
> — 윤동주, 「간」 부분 인용

계부에서 치환된 상징적인 기표인 독수리에 맞서 내가 단행한 것은 '肝을 펴서 말린' 행동이다. 그리고 나는 그 독수리에게 "와서 뜯어 먹어라, 시름없이"라고 말한다. 독수리가 나를 죽일 기회를 박탈해감은 친부를 살해할 기회를 박탈해 간 계부의 그것과 동일한 의미 구조를 가진다. 이것은 아버지의 권위에 대한 도전이자 아버지로 표상되는 상징적인 체계에 대한

12 윤동주, 『하늘과 바람과 별과 시』, 연세대 출판부, 2004, 66쪽.

해체라고 할 수 있다. 이러한 계부에 대한 저항의 방식은 아버지, 어머니, 나라는 욕망의 삼각형 모델을 새로운 각도에서 인식할 수 있도록 했다는 점에서 그 의의를 찾을 수 있을 것이다.

3. 아버지의 영아살해와 비극의 메타포

우리 현대시의 가족 로망스의 한 결절점은 분단과 전쟁이다. 분단과 전쟁, 특히 전쟁은 아버지라는 존재의 정치성을 극단으로 예각화하기에 이른다. 우리의 6·25전쟁은 한 아버지를 옹립하기 위해 싸운 근대적 모순의 결정판이다. 이 모순은 친부와 계부 사이의 식민지적 이중성이 만들어낸 것으로, 계부를 살해해야 하는 외디푸스 콤플렉스를 이행하지 못한 데서 온 비극이라고 할 수 있다. 그 결과 식민지 시대의 계부의 존재 구도는 이름만 달리하여 계속 유지되기에 이른 것이다. 우리는 그 계부가 행사하는 상징적 질서 속으로 편입되면서 식민지 시대에 살해된 친부를 부활시키지도, 주체적으로 역사적 승자로서의 새로운 아버지를 세우지도 못하였다.

식민지 이후 분단과 전쟁으로 점철된 우리 현대사의 비극은 주체적인 아버지를 세우지 못한 데서 비롯된 것이라고 할 수 있다. 주체적인 아버지에 대한 정당한 살해와 그것을 통한 상징적인 제의의 과정을 거치지 못한 상태에서 맞이한 전쟁은 그 복합성을 더해준다. 혼돈과 무질서 속에서 질서를 찾아가는 것이 문화사 혹은 문명사이지만 우리의 경우 그것은 여전히 미증유의 상태에 놓여 있다. 이것은 우리 시에서 '아버지의 영아 살해'라는 차원으로 드러난다.

1947년 봄
深夜
黃海道 海州의 바다
以南과 以北의 接境線 용당浦

사공은 조심 조심 노를 저어가고 있었다.
울음을 터뜨린 한 嬰兒를 삼킨 곳.
스무 몇 해나 지나서도 누구나 그 水深을 모른다.[13]

— 김종삼, 「民間人」 전문 인용

"嬰兒"가 죽임을 당할 수밖에 없었던 것은 아버지의 이름의 차이 때문이며, 그것의 구체적인 표현이 "以南과 以北의 接境線"이다. 이남과 이북이라는 아버지의 이름의 차이에서 비롯되는 대립은 아무도 "그 水深을 모른다". 이 차이에서 비롯된 비극을 "以南과 以北"이라는 현실적인 세계와 "바다", "용당浦"라는 신화적인 세계의 조합을 통해 극대화하고 있다.

아버지에 의해 살해당한 嬰兒의 이미지는 순수에 대한 죽임을 반영한다. 嬰兒 혹은 순수를 죽이는 아버지의 폭력성과 부조리성 앞에서 시인은 미적으로 저항하고 있는 것이다. 嬰兒로 표상되는 순수의 죽음은 다양한 변주를 통해 시 속에 반복적으로 출몰한다. 그 대표적인 것이 그의 시에 등장하는 아이들이다.[14] 이 "아이들은 보통의 아이들과 다르게 항상 혼자서 가난하게 죽음을 예감하며 혹은 그것을 선고받고 살고 있는"[15] 존재들이

13 김종삼, 『김종삼 전집』, 청하, 1988, 123쪽.
14 嬰兒나 아이들이 등장하는 대표적인 시로 「그리운 안니 · 로 · 리」, 「뾰족집」, 「文章修業」, 「개똥이」, 「掌篇 · 2」, 「북치는 소년」, 「民間人」, 「그날이 오며는」 등이 있다.
15 김현, 「김종삼을 찾아서」, 『김종삼 전집』, 청하, 1988, 239쪽.

다. 아버지의 세계와 불화관계에 놓여 있는 아이들의 비극성을 반복적으로 드러냄으로써 시인은 평화를 위협하고 파괴하는 전쟁의 끔찍함을 끊임없이 환기하려 한다. 전쟁은 영아 혹은 아이를 삼키지만 시인은 평화에 대한 희구를 포기하지 않는다.

> 하루를 살아도
> 온 세상이 평화롭게
> 이틀을 살더라도
> 사흘을 살더라도 평화롭게
>
> 그런 날들이
> 그날들이
> 영원토록 평화롭게 — [16]
>
> — 김종삼, 「평화롭게」 전문 인용

평화에 대한 그의 희구는 간절해 보인다. 이 간절함은 그의 순수함에서 온다고 할 수 있다. 그의 순수는 미학적인 순수로, 그의 식대로 표현하면 그것은 '내용 없는 아름다움'이다. 내용 이전의 아름다움이란 무엇인가? 그것은 의미나 개념 이전의 세계에서 체험할 수 있는 어떤 것 아닌가. 이 세계에는 차이가 없기 때문에 불화란 있을 수 없다. 이런 점에서 「북치는 소년」은 상징적이다.

---

16 김종삼, 『김종삼 전집』, 위의 책, 181쪽.

내용 없는 아름다움처럼

가난한 아희에게 온
서양 나라에서 온
아름다운 크리스마스 카드처럼

어린 羊들의 등성이에 반짝이는
진눈깨비처럼[17]

—김종삼, 「북치는 소년」 전문 인용

이 시에서의 '북치는 소년'은 콤플렉스적인 존재가 아니다. 소년의 북치기는 '내용도 없고, 의미도 없는' 그야말로 "어린 羊들의 등성이에 반짝이는 / 진눈깨비처럼" 순수한 아름다운 유희이다. 따라서 '소년' 혹은 '어린 羊들', 그의 시에 반복적으로 등장하는 '嬰兒' 혹은 '아이들'의 북치기는 이들을 죽음으로 몰고 가는 세계에 대한 순수한 미적 저항으로 볼 수 있다. 6·25전쟁과 분단을 체험한, 더욱이 실향의 아픔까지 체험한 시인이 이렇게 순수하고 아름다운 세계를 견지하고 있다는 것은 아이러니라고 할 수 있다. 시인은 절대 순수에 대한 지향으로 순수하지 못한 세계를 드러내려고 한 것이다.

그러나 아버지에 의한 영아 살해의 트라우마는 '어둠'과 '시원의 상처'의 이미지로 존재한다.

17 김종삼, 위의 책, 73쪽.

어둠 속에서만
그 마을은 나무와 언덕 풀을 거느리고
바람과 새들도 거느립니다
그리고 눈부십니다
어둠 속에서만
그 해와 꽃은 불탑니다
어둠 속에서만
그 말은 들립니다
어둠 속에서만
그 얼굴은 다가섭니다
어둠 속에서만
그 따뜻한 손은 다가와서
내 시리고 주름진 손을 꼭 잡아줍니다

눈 감으면
어둠입니다
내 먼 북녘의 고향은
그 어둠 속에 있습니다
아프게 저리도록 훤한 밝음으로 있습니다[18]

— 전봉건, 「내 어둠」 부분 인용

'길 아닌 길이 곧 고향 길'(「길」)이며, '북녘의 고향은 어둠 속에서만 훤한 밝음으로 있다'(「내 어둠」)는 것은 곧 고향이 역설의 논리 속에 있다는 것을 의미한다. 길 아닌 것이 길이 되고 어둠이 곧 훤한 밝음이 되는 또는 "눈을

---

18 전봉건, 『북의 고향』, 명지사, 1982, 68~69쪽.

감아야 / 보이는"(「봄이 오는 4월」, 『北의 고향』, 67쪽) 이러한 역설의 논리가 의미하는 것은 무엇일까? 이 물음에 대한 답은 6·25에서 찾을 수 있다. 전봉건의 시의 역설은 6·25의 상황 논리가 드러내는 세계와 동일한 의미 구조를 가진다. 6·25의 상황 논리란 전쟁이 지배논리로 작동하는 현실이다. 그런데 이 현실이란 다름 아닌 가장 비현실적인 세계인 것이다. 지금까지 현실로 존재해 온 모든 것들이 일순간 폐허로 변해버린 그런 현실의 세계란 곧 비현실의 세계가 아닌가. 현실과 비현실의 경계가 해체되어버린 세계에서 비현실의 세계를 드러내는 것은 곧 현실의 세계를 드러내는 것이 되어버린다.

6·25의 이러한 역설의 의미구조는 그대로 『北의 고향』의 논리로 이어져 하나의 미학적 원리를 낳았다. 북의 고향은 역설의 의미구조를 가지면서 시적 주체와 고향 사이의 심적인 거리는 가까우면서도 멀고, 멀면서도 가까운 그런 중층적인 효과를 불러일으킨다. 이것은 안정된 정서구조가 아니다. 갈등과 긴장이 반복적으로 출몰하면서 강렬한 파토스를 불러일으키는 그런 정서구조이다.[19] 이로 인해 시인은 정신적인 외상(trauma)을 갖게 된다. 이 외상은 시적 주체를 언제든지 삼켜버릴 수 있다. 하지만 또한 그것은 시적 주체를 살아내게 하는 힘의 원천이기도 하다. 시인이 '나는 결코 죽을 수 없다'고 되뇌는 이 말속에 그런 의미가 담겨 있는 것이다. 고향 상실로 인해 받은 정신적인 외상이 그들을 살아가게 하는 힘이 된다는 이

19 우리는 이러한 역설적인 정서구조를 이미 소월과 만해의 시에서 체험한 바 있다. 소월의 '哀而不悲'의 정서나 만해의 윤회와 공허의 불가적인 논리 속에 깃들어 있는 것이 바로 그것이다. 이러한 논리는 단일한 평면적인 구조가 아닌 중층적인 의미 구조를 가진다는 점에서 정서적인 파급력 혹은 감염력이 클 수밖에 없다. 더욱이 그것이 사랑이나 향수 같은 인간의 가장 근원적인 것과 맥이 닿았을 때는 그 효과가 배가되어 드러나는 것이 사실이다.

논리야말로 지독한 역설이라고 할 수 있다.

> 참으로 한 순간 그 굉장한 爆音이 울리고, 그 다음에는 거기에 아무 것도 없어진 저 흙더미 속에 아직도 그 家風에 길들었을 깨어진 장독들이며, 쭈그러진 놋그릇들이며, 불탄 옷가지들이며, 분명 저 흙더미 속에 있어야 할 노래소리며 이야기들이며 心臟의 고동들을 저 爆音은 어디로 끌어 갔는가.
>
> 저 흙더미 위에 기와집이 생기기 전에는, 저 흙더미 위에 사람이 살기 전에는, 저 흙더미 위에 의롱도 장독대도 놓이기 전에는, 참으로 저 흙더미 위에 노래 소리도, 웃음 소리도, 그리고 울음 소리도 들리기 그 전에는, 저 흙더미 위에 골목도 동리도 생기기 전에는, 분명 저 흙더미 위에 넓은 벌과 아름드리 나무와 높은 풀섶과 짐승들과 강과 산과 태양만이 있었을 뿐이고(…중략…)[20]
>
> — 박남수, 「始原流轉」 부분 인용

이 시에서 노래하고 있는 것은 집과 사람이 살기 전의 나무, 풀, 산, 짐승, 태양 같은 원형의 것으로만 존재하는 세계이다. 이 세계는 외디푸스 콤플렉스 이전의 세계라고 할 수 있다. 시인이 지금 이 세계를 노래하고 있는 것은 전쟁으로 인해 폐허가 된 땅, 그것이 "아무 것도 없는 原始"와 같다는 것을 드러내기 위해서이다. 전쟁이란 우리를 아무 것도 없는 폐허로 만들어 버린다는 것, 다시 말하면 전쟁은 우리로 하여금 원형적인 상처 혹은 상처의 원형조차 보아버리게 만든다는 것, 시인은 지금 그것을 노래하고 있다.

---

20 박남수, 『박남수 전집 1』, 한양대 출판원, 1998, 76쪽.

이렇게 박남수는 상처로 가득 찬 原始의 풍경을 노래한다. 그 풍경은 어두울 수밖에 없다. 시인은 자신이 지금까지 그 '아무도 모르는 숲의 기억'을 더듬고 있다고 고백한다. 이것은 시인이 앓고 있는 상처에 대한 심리적인 표상에 다름 아니다. 어두운 숲의 기억으로부터 그는 끊임없이 헤맬 뿐 그곳으로부터 빠져나오지 못한다. 그에게는 "하늘이", 다시 말하면 자신의 "큰 날개를 날릴 하늘이 없"기 때문이다. 시인의 인식을 이토록 어둡게 한 데에는 분단으로 인한 고향상실이 크게 작용한 결과이지만 이 체험을 계기로 시인은 보다 근원적인 아픔에 도달한다. 시인은 "사람은 모두 原生의 새"이며, 그 새는 "어느 記憶의 숲을 날며, 가지 무성한 잎 그늘에 / 잠깐 씩 쉬어가는"[21](「어딘지 모르는 숲의 記憶」) 존재라고 규정한다.

사람이 "原生의 새"라면 그 새는 "땅으로 꺼져들던가" 아니면 "하늘로 蒸發되"든가 하는 운명을 지닌 존재인 것이다. 그런데 시인은 자신에게는 "큰 날개를 날릴 하늘이 없"다고 하지 않았던가. 만일 이런 하늘이 없다면 시인은 "땅 위를 기는" 수밖에 없다. 이것을 다시 정리해 보면 시인은 '原生의 새이며, 어딘지 분명찮은 숲의 기억이 날개를 돋게 하지만 큰 날개를 날릴 하늘이 없어 땅 위를 길 수밖에 없'는 존재로 전락하게 된다는 것이다. '原生의 새'가 상승이 아니라 추락의 의미구조를 가진다면 그것은 밝음보다는 어둠의 원형 심상을 가질 수밖에 없다. 이 어둠의 원형 심상은 외디푸스 이전의 수난으로 점철된 우리 민족의 집단 무의식의 시적 반영이라고 할 수 있다.

이처럼 아이에 의한 아버지의 살해가 아니라 아버지에 의한 영아 살해

---

21 박남수, 위의 책, 157쪽.

는 외디푸스 단계를 통한 정상적인 상징계로의 진입 자체를 무화시켜버린다. 외디푸스 과정을 거쳐야 문명이 성립될 수 있다는 점을 고려한다면 이것은 문명을 일순간에 소멸시켜버리는 전쟁에 대한 알레고리라고 할 수 있다. 전쟁은 문명이 은폐하고 있는 가장 야만적인 것이라는 점에서 그 안에 내적 모순을 내포하고 있는 개념이다. 이런 점에서 볼 때 '아버지의 영아 살해'는 아버지의 법에 의해 성립된 문명이 그 안에 가지고 있는 야만성을 은폐하기 위해 저지른 끔찍한 행위라고 할 수 있다.

4. 매저키즘적 욕망과 근대 비판

영아 살해에까지 이른 아버지의 존재를 회복시키지 않고서는 가족 로망스의 정상적인 구도를 이야기하는 것은 불가능한 일이다. 욕망의 삼각형의 구도에서 볼 때 아버지의 존재를 회복하는 일은 다른 그 무엇보다도 아버지 자체의 내적 반성과 비판을 통해 가능하다고 할 수 있다. 이러한 반성과 비판은 근대 이후 계속되어 온 가족 로망스 전체를 문제 삼는다는 점에서 의미가 있다. 근대초기의 맹목적인 서구지향성, 식민지 시대의 이중성, 이데올로기에 의한 과도한 정치성 등은 가족 로망스를 불안정하고 불안하게 한 요인들이다.

이러한 요인들에 대한 반성과 비판의 차원으로서 아버지의 존재 회복은 김수영에 의해 이루어진다. 흔히 김수영을 반여성주의적인 시인으로 규정하고 있다. 이 근거로 제시하는 것이 바로 '여편네'라는 호칭과 여성을 속물근성으로 그리고 있는 점이다. 하지만 이와 같은 근거들은 시각을 달리

해서 보면 또 다른 의미로 해석될 수 있는 여지를 가지고 있다. 김수영이 보여주고 있는 여성과 아내에 대한 조롱과 경멸은 "자기 내면의 부끄러움의 다른 이름이며, 이는 결국 자기 자신의 내부를 향한 자기 언어의 양상"[22]에 다름 아닌 것이다. 그의 내면의 부끄러움은 '매저키즘적 욕망'에서 뿜어져 나온 것이다. 그리고 이러한 그의 욕망은 "자본주의 사회에서 억압과 규율들이 제공해 준"[23] 것이다.

시인은 자본주의 사회에서 아버지의 법에 의해 억압받는 피해자이다. 여기에서 그는 모욕과 부끄러움, 무기력을 느끼고 그것을 솔직하게 드러낸다. 그 대상이 바로 그의 아내인 것이다. 시인 자신이 스스로 만든 그 여성, 즉 아내의 권력과 권위 앞에서 모욕당하고 좌절하는 것이다. 이것은 김수영이 '권력적이고 계몽적인 근대적 기획의 장면 앞에서 스스로를 반성하고 반성하게 했던 바로 그것, 자기 안의 여성성, 여성적 목소리의 언어'[24]라고 할 수 있다. 기획에서 배제하고 추방해버린 여성성을 불러들이는 시인의 태도는 아버지의 권위와 권력에 대한 반성과 비판의 한 과정으로 볼 수 있다.

> 여편네의 방에 와서 起居를 같이해도
> 나는 점점 어린애
> 나는 점점 어린애
> 太陽 아래의 단하나의 어린애
> 죽음 아래의 단하나의 어린애

---

22 조영복, 「김수영, 반여성주의에서 반반의 미학으로」, 『여성문학연구』 제6호, 2001.12, 39쪽.
23 조영복, 위의 글, 47~48쪽.
24 조영복, 위의 글, 51쪽.

언덕 아래의 단하나의 어린애
愛情 아래의 단하나의 어린애
思惟 아래의 단하나의 어린애
間斷 아래의 단하나의 어린애
點의 어린애
베개의 어린애
苦悶의 어린애

여편네의 방에 와서 起居를 같이해도
나는 점점 어린애
너를 더 사랑하고
오히려 너를 더 사랑하고
너는 내 눈을 알고
어린놈도 내 눈을 안다[25]

—김수영, 「여편네의 방에 와서」 부분 인용

'나는 어린애'라는 고백은 아버지로서의 권위를 스스로 낮추면서 자기 반성적인 성찰의 형식을 드러낸다고 할 수 있다. 이것은 '여편네'가 나에게 한 말이 아니라 내가 나 자신에게 하는 말이다. '어린애'라는 말의 반복적인 서술은 자기 자신에 대한 조소와 비하의 연쇄처럼 읽히면서 시인의 매저키즘적인 욕망을 강하게 환기한다. 나, 즉 아버지라는 존재가 이러한 인식의 단계를 보여준다는 것은 금지와 억압을 통해 사회를 안정시키는 상징체계가 해체되어 드러난다는 것을 말한다. 이 사실은 그의 시가 드러내

25 김수영, 『김수영 전집 I』, 민음사, 1981, 171~172쪽.

는 가족 로망스가 온화하면서도 운명애적인 가족주의가 아니라 현실에서 끝없이 표류하는 근대적 삶 속에서의 균열된 남성성[26]으로 정의되는 그런 가족주의라는 것을 의미한다.

市場거리의 먼지나는 길옆의
좌판 위에 쌓인 호콩 마마콩 멍석의
호콩 마마콩이 어쩌면 저렇게 많은지
나는 저절로 웃음이 터져나왔다

모든 것을 制壓하는 生活 속의
愛情처럼
솟아오른 놈

(幼年의 奇蹟을 잃어버리고
얼마나 많은 歲月이 흘러갔나)

여편네와 아들놈을 데리고
落伍者처럼 걸어가면서
나는 자꾸 허허 …… 웃는다

無爲와 生活의 極點을 돌아서
나는 또하나의 生活의 좁은 골목 속으로
들어서면서
이 골목이라고 생각하고 무릎을 친다

26 조영복, 앞의 글, 47쪽.

생활은 孤絶이며
悲哀이었다
그처럼 나는 조용히 미쳐간다
조용히 조용히 …… [27]

—김수영, 「生活」 전문 인용

시인의 매저키즘적인 욕망이 보다 구체적으로 잘 드러난 시이다. 시인의 매저키즘적 욕망이 첨예하게 표출되는 장은 '생활'이다. 시인에게 생활은 '바로 보아야 하는 그 무엇'이다. 시인은 "事物과 事物의 生理", "事物의 數量과 限度", "事物의 愚昧와 明晰性"[28](「孔子의 生活難」)을 바로 보려 한다. 그런데 이렇게 바로 보려는 시인의 의지는 자신의 생활을 들여다보는 순간 날카로운 칼날이 되어 생활이 은폐하고 있는 환부를 헤집는다. 생활 속에서 혹은 생활인으로서의 시인은 "落伍者"이다. 시인은 "無爲와 生活의 極點을 돌아서"는 자신을 본다. 그리고 "조용히 미쳐간다." 이 허허로운 자기성찰의 기표가 "웃음"이다.

시인의 웃음은 자기 자신에게 보내는 조소와 경멸의 한 표현이다. 시인이 가 닿은 생활의 장은 지식인의 관념이 무화되는 실존의 장이면서 동시에 온몸의 시학이 구현되는 그런 실천의 장이다. 시인이 생활의 장에서 발견한 것은 육체성이 제거된 비대한 관념덩어리인 자신의 모습이다. 육체성이 제거됨으로써 시인은 현실의 변혁과 역사의 추동력을 획득하지 못하게 된다. 그것의 직접적인 결과가 바로 4·19이다. 4·19 혁명의 실패는

27 김수영, 앞의 책, 121쪽.
28 김수영, 위의 책, 15쪽.

외적인 것보다는 내적인 것에 있다는 시인의 인식은 「풀」에서 극명하게 드러난다. 「풀」은 4 · 19 이후의 존재와 의식 사이의 괴리에서 빚어지는 시인의 내적 갈등을 잘 보여준 시이다. 시인이 "사활을 건 긴 투쟁을 벌인 것은 존재를 앞질러 나아가버린 의식을 어떻게 존재케 하는 것인가"[29] 하는 문제였다.

결국 존재와 의식의 괴리는 그의 내적 갈등을 더욱 첨예화하기에 이른다. 그의 내적 갈등은 바로 보아야 한다는 강박관념이 만들어 낸 것이며, 이것은 매저키즘적 욕망의 한 반영으로 볼 수 있다. 그의 매저키즘적인 욕망은 단순한 개인 차원의 문제가 아니라 근대적인 삶 속에서 균열된 남성 혹은 남성성의 차원을 반영한다고 볼 수 있다. 근대란 남근 중심의 제도 및 체계를 토대로 성립된 상징계이다. 하지만 그것이 여성뿐만 아니라 남성에게도 하나의 억압구조로 작용하고 있다는 점에서 그의 근대적인 삶에 대한 이러한 매저키즘적인 욕망은 근대 혹은 근대성 전반에 대한 통찰을 보여준다. 이것은 그의 사유가 근대적인 상징체계에 대한 해체로 발전한다는 것을 의미한다.

이러한 상징체계의 해체가 곧 근대적인 삶의 한 단면을 드러낸다는 시인의 인식은 이후 탈근대적인 시적 사유와 맞물려 다양한 가족 로망스의 욕망의 삼각형 모델로 변주되기에 이른다. 금기와 억압을 통해 사회를 안정시키는 근대적인 상징체계가 환상에 불과하다는 인식이 확산되면서 그동안 상징체계로부터 배제되고 추방된 상상계적인 것들이 귀환하게 된 것이다. 이 사실은 아버지, 어머니, 나(아이)라는 욕망의 삼각형 구도가 해체

---

29 정과리, 「"발목까지 / 발밑까지"의 의미」, 『시인세계』 창간호, 2002, 63쪽.

되어 드러난다는 것을 말해준다. 김수영의 위대함은 그가 근대를 이야기하면서도 그 근대가 가지는 한계를 분명하게 인식하고 있다는 점에 있다. 근대의 상징체계는 아버지의 법에 의한 금기와 억압을 통해 유지되어 온 투명하지만 깨지기 쉬운 하나의 체계라는 사실을 그는 이미 알고 있었던 것이다.

5. 앙띠 외디푸스와 아버지의 부재

우리 현대시의 가족 로망스는 욕망의 삼각형 모델의 해체에까지 이르게 된다. 아버지, 어머니, 나의 삼각형 구도가 하나의 허상에 불과하다는 것을 인식하게 된 것이다. 이러한 인식에 결정적인 역할을 한 것은 탈근대적인 흐름이며, 그것은 곧 프로이트의 욕망의 삼각형 모델의 극복이라고 할 수 있다. 프로이트 이후의 욕망이론은 라캉과 들뢰즈에 의해 대표된다. 이들은 모두 프로이트의 에고중심주의의 미망에서 벗어나 욕망을 새롭게 바라보고 있다. 특히 들뢰즈는 프로이트의 외디푸스 개념을 넘어서는 '앙띠 외디푸스' 개념을 제시한다. 앙띠 외디푸스 논리는 프로이트의 외디푸스 논리가 드러내지 못한 여러 탈근대적인 현상을 진단하는 데 중심 개념으로 부상하기에 이른다.

우리 현대시에서 이러한 앙띠 외디푸스적인 징후를 확산시키는 데 결정적인 역할을 한 시인은 장정일이다. 그의 사유의 지향점은 '수정궁'으로 상징되는 아버지의 세계에 대한 부정과 해체이다. 견고하고 투명한 논리로 이루어진 수정궁을 깨기 위해 그가 내세운 것은 성(sex)이다. 성은 수정궁이 추방해버린 더럽고 추한 것이다. 그는 이 더럽고 추한 것을 다시 불러들여 수정궁을 금가게 한다. 즉 그것은 수정궁이 지닌 얼룩인 것이다. 성이 수정궁에 출몰하면서 견고한 질서가 혼란에 빠지고 새로운 질서가 생겨나게 된다. 수정궁의 한 꼭짓점을 이룬 아버지라는 존재는 권위와 선망이 아닌 부정과 해체의 대상으로 전락하게 된다. 이러한 수정궁 깨기 전략이 그의 시의 독특한 텍스트 전략으로 이어져 이전의 시에서는 볼 수 없는 파격적이고 실험적인 시가 탄생한다. 『햄버거에 대한 명상』이나 『길안에서의 택시잡기』가 바로 그것이다. 이중 『길안에서의 택시잡기』의 표제가 된 「길안에서의 택시잡기」는 아버지의 부재가 만들어낸 새로운 한국시의 형식이다.

길안에 갔다.
길안은 시골이다.
길안에 저녁이 가까워 왔다, 라고
나는 썼다. 그리고 얼마나
많이, 서두를 새로 시작해야 했던가?
타자지를 새로 끼우고, 다시 생각을
정리한다. 나는 쓴다.

　길안에 갔다.
　길안은 아름다운 시골이다.
　그런 길안에 저녁이 가까워 왔다.
별이 뜬다.

이렇게 쓰고, 더 쓰기를

멈춘다. 빠르고 정확한 손놀림으로
나는 끼워진 종이를 빼어,
구겨버린다. 이놈의 시는
왜 이다지도 애를 먹인담. 나는
테크놀로지와 자연에 대한 현대인의
갈등을 추적해 보고 싶다. 종이를 새로
끼우고, 다시 쓴다.[30]

— 장정일, 「길안에서의 택시잡기」 부분 인용

이 시에서 전경화되어 드러나는 것은 '시' 혹은 '시인'으로 표상되는 상징적인 체계에 대한 해체이다. 시는 안정되고 균형 잡힌 질서의 체계로 그것은 하나의 유기적이고 완결된 구조로 되어 있어야 하고, 시인은 그러한 텍스트의 구조를 지배하고 통제하는 존재라는 사실이 여기에서는 해체되어 드러난다. 시 혹은 시인에 대한 이러한 전통적인 인식은 그것이 제도화되고 체계화되어 있다는 점에서 아버지의 법을 표상한다고 할 수 있다. 아버지의 법 하에서 시에 대한 시 쓰기는 온전한 구조의 대상이 되지 못한 채 그것은 언제나 배제되어 드러난 것이 사실이다. 아버지의 법 하에서는 시를 쓰는 과정이 아니라 그 결과만이 하나의 의미체계를 형성한다. 하지만 시에 대한 시 쓰기는 이러한 견고한 아버지의 법에 균열을 내는 하나의 전위적인 행위이다.

장정일의 아버지의 부재가 만들어낸 시의 형식은 이후 90년대 젊은 시인들에게 결정적인 영향을 준다. 하지만 이들 신세대 시인들의 시는 장정

30 장정일, 『길안에서의 택시잡기』, 민음사, 1988, 88~89쪽.

일이 가지고 있지 못한 것을 하나 더 가지고 있다. 그것은 '우울'이다. 이들의 우울은 기형도로부터 물려받은 것이다. 기형도는 무기력한 아버지와 연약한 어머니를 노래한 시인이다.

> 그해 늦봄 아버지는 유리병 속에서 알약이 쏟아지듯 힘없이 쓰러지셨다. 여름 내내 그는 죽만 먹었다. (…중략…) 나는 사료를 한줌 집어던지면서 가지를 먹어 시퍼래진 입술로 투정을 부렸다.
>
> 농장의 목책을 훌쩍 뛰어 넘으며 아버지는 말했다. 네게 모이를 주기 위해서야. 양계장 너머 뜬, 달걀 노른자처럼 노랗게 곪은 달이 아버지의 길게 늘어진 그림자를 이리저리 흔들 때마다 나는 아버지의 팔목에 매달려 휘휘 휘파람을 날렸다. (…중략…) 그해 겨울은 눈이 많이 내렸다. 아버지, 여전히 말씀도 못 하시고 굳
> 은 혀, 어느 만큼 눈이 녹아야 흐르실는지.[31]

— 기형도, 「위험한 家系 · 1969」 부분 인용

> 열무 삼십 단을 이고
> 시장에 간 우리 엄마
> 안 오시네, 해는 시든 지 오래
> 나는 찬밥처럼 방에 담겨
> 아무리 천천히 숙제를 해도
> 엄마 안 오시네[32]

— 기형도, 「엄마 걱정」 부분 인용

---

31 기형도, 『기형도 전집』, 문학과지성사, 1999, 92~95쪽.
32 기형도, 위의 책, 134쪽.

아버지는 "여전히 말씀도 못하시고 굳은 혀"의 소유자이며, 어머니는 "열무"같이 여린 이미지의 소유자이다. 아버지의 '굳은 혀'는 더 이상 상징적인 질서를 구축할 수 없다는 것을 의미한다. 아버지가 선망의 대상도 공포의 대상도 아닌 상태에서 시인에게 드러나는 증상은 우울이다. 우울은 퇴행을 낳고 나르시시즘적인 황홀을 낳는다. 아버지가 아닌 '엄마'와의 기억을 떠올리는 시인의 태도가 바로 그것을 말해준다. 아버지가 선망과 공포의 대상이 되지 못하면 굳이 그 아버지를 살해할 이유가 없는 것이다.

아버지의 부재와 그 존재의 미미함이 만들어낸 유희와 우울의 세계는 90년대 젊은 시인들의 한 경향이다. 이러한 경향을 대표하는 시인이 박상순, 김언희, 김소연, 성미정, 서정학, 함기석 등이다. 이들의 시에 드러나는 욕망의 삼각형 구도는 외디푸스적인 것과는 일정한 차이가 있다. 이들의 욕망은 "가족의 구도 하에서 성립되는 그래서 그것이 하나의 구조화에 초기 모델을 제공하는 외디푸스적인 세계와는 다르다."[33] 외디푸스의 세계에서는 아버지가 존재한다. 아버지의 살해 욕망을 직접적으로 드러내지 않고 응축과 전치라는 형식으로 변형해서 드러냄으로써 어머니와 나라는 2자적인 관계에서 벗어나 어머니, 나, 아버지라는 3자적인 세계가 성립되는 것이다. 이 안정된 기반 위에서 상징적인 체계는 비로소 체계로서 그 존재를 부여받게 되는 것이다.

하지만 이들의 시에서는 아버지가 부재한다. 아니 좀 더 정확히 말하면 애초부터 아버지라는 존재 자체가 없다. 김언희가 「아버지 아버지」라는 시에서 "모든 애비는 의붓애비"[34]라고 한 것처럼 아버지는 필연이 아닌 우

33 이재복, 「파편적 내러티브와 우리시의 현대성」, 『비만한 이성』, 청동거울, 2004, 330쪽.
34 김언희, 『트렁크』, 세계사, 1995, 22쪽.

연에 의해 가상적으로 만들어진 존재에 지나지 않는다. "모든 애비는 의붓 애비"이기 때문에 여기에서는 에고의 정체성이나 사유하는 의식이라는 개념이 그 의미를 가질 수 없다. 애초부터 아버지가 배제된 상태에서의 욕망이기 때문에 그 욕망은 욕망으로서만 존재할 뿐이다. 이러한 사정은 박상순의 시에서도 그대로 드러난다.

> 첫번째 기차가 아버지의 머리를 깨고 지나갔다
> 두번째 기차가 어머니의 배를 가르고 지나갔다
> 세번째 기차가 내 눈동자 속에서 덜컹거렸고
> 할머니의 피묻은 손가락들이 내 반바지 위에
> 둑둑 떨어지고 있었다[35]
>
> — 박상순, 「빵공장으로 통하는 철도」 부분 인용

이 시의 그로테스크한 이미지가 암시하는 것은 "현실원칙 앞에서 죽어가는 삶의 황폐한 모습"이다. 현실원칙은 아버지의 법을 통해 성립되는 것이다. 하지만 이 시에서는 현실원칙으로 표상되는 아버지마저 그 현실원칙 때문에 죽는다. 이런 아이러니는 "아버지가 존재하지 않는다는 점에서 이른바 원칙이나 중심이 상실되는 시대의 삶의 풍경과 연결된다"[36]고 할 수 있다.

이러한 아버지의 부재는 그대로 언어를 통해 드러난다. 이들의 시는 무의식 혹은 욕망에 대한 체험 정도와 그것을 언어와 관련시키는 과정에서

---

35 박상순, 『6은 나무 7은 돌고래』, 민음사, 1993, 15쪽.

36 이승훈, 앞의 책, 100쪽.

의 표현 방식과 언어 운용의 묘에 의해 그 모습은 다소간의 차이가 있다. 하지만 이들의 시를 관통하고 있는 것은 '욕망하는 기계' 곧 '흐름들의 탈코드화'[37] 전략이다. 이것은 이들의 시가 겨냥하는 것이 인과성과 계기성의 파괴 · 병렬 · 치환 · 순열의 기법 활용을 통한 '상징계'에 대한 부정과 해체라는 사실을 의미한다.

6. 새로운 가족 공동체의 등장과 그 신화의 의미

90년대 우리 젊은 시인들이 보여주는 앙띠 외디푸스의 세계는 아버지의 부재가 빚어낸 풍경이다. 이것이 겨냥하는 것은 상징계의 전복이다. 이 세계가 비록 아버지의 부재를 노래하고 있지만 아버지 역시 시적 사유의 한 대상으로 존재한다. 이것은 기존의 아버지, 어머니, 나라는 욕망의 삼각형 모델의 체계와는 전적으로 다른 순수한 체계를 의미하는 것은 아니다. 즉 아버지로 표상되는 상징계의 산물인 언어를 버리고 새로운 언어를 창조한다는 것을 의미하는 것이 아니다.

그러나 90년대 시인들 중에는 이것이 가능하다고 믿는 일군의 시인들이 존재한다. 바로 페미니스트 시인들이다. 이런 맥락에서 주목의 대상이 되는 시인은 노혜경이다. 그의 시 '레이스마을 이야기' 시편에는 아버지라는 존재 자체가 부재한다. 좀 더 정확히 말하면 아버지라는 이름이 없다. 이 마을에서는 아버지를 살해하는 일도, 죽은 아버지를 다시 살려내는 일도

37 이재복, 앞의 책, 343쪽.

없고, 또 새로운 아버지를 영접하는 일도 없다. 이러한 과정을 통해 성립되는 문명 자체가 이 마을에서는 존재할 수가 없다. 이 마을의 역사는 할머니에서 어머니로 그리고 어머니에서 나로 이어지기 때문에 할아버지와 아버지에 의한 거세 콤플렉스에 시달릴 필요도 없다. 아버지라는 이름이 그 존재성을 상실함으로써 이 마을에서의 남성(남성성)은 여성(여성성)의 존재성의 한 부분일 뿐이다.

> 모래 시내가 실의 강으로 바뀌었을 뿐, 할머니의 앞치마는 조금도 닳지가 않았다. 그리고 어느 날 산그림자가 달을 다 잡아먹은 새벽에 할아버지는 완전히 닳아서 할머니의 앞치마 속으로 들어가 버리고 말았다. 할머니의 배가 산만해 졌다.
> 그 뒤로 우리 마을에선 신랑이 각시의 뱃속으로 들어가는 것이 전통이 되었다. 할머니의 앞치마는 단 하나뿐이었기에, 우리 엄마는 앞개울에서 건져낸 실로 커다란 레이스를 떠서 밥상 위에 펴고는 아빠를 그 보에 싸서 먹었다. 아빠는 엄마의 뱃속에서 행복했지만, 엄마는 늘 배가 무거워 언제나 입에서 실을 게워내고 계신다.[38]
>
> — 노혜경, 「레이스마을 이야기 – 할머니의 앞치마」 부분 인용

할아버지와 할머니, 아빠와 엄마의 위치가 현실원칙 하에서와는 달리 완전히 뒤바뀌어 있다. 할아버지와 아빠를 집어삼키는 할머니와 엄마의

---

38 노혜경, 『뜯어먹기 좋은 빵』, 세계사, 1999, 92쪽.

행위는 죽임보다는 생성 혹은 생산의 의미로 읽힌다. 무한한 생성 혹은 생산의 차원에서 보면 그 행위는 지극히 자연스러운 제의적인 것에 불과하다. 이 무한한 생산성을 드러내는 기표가 바로 할머니의 앞치마이다. 할머니의 앞치마는 이루 헤아릴 수 없을 정도로 많은 실로 짜여진 것으로 이것은 무한한 생산성과 함께 여성성의 연대의 역사를 상징한다. 이런 점에서 이것은 하나의 신화에 다름 아니다. 아버지의 부재가 앙띠 외디푸스에서는 개인의 파편화된 이미지로 제시되었다면 여기에서는 마을, 곧 공동체의 이미지로 제시되고 있다는 점이 다르다. 이것은 이 시가 겨냥하고 있는 것이 개인과 집단, 가족과 마을의 경계가 해체된 새로운 '가족 공동체'라는 것을 말해준다.

하지만 이 공동체는 또 다른 신화(이데올로기)로 발전할 수 있다는 점에서 일정한 한계를 드러낸다. 이 공동체가 궁극적으로 겨냥하고 있는 모성성의 신화는 그것이 순수한 유토피아적인 기획으로 기울어진다면 기존의 역사에 대한 전면적인 부정을 낳을 수 있다. 기존의 남성중심의 역사가 그 안에 무수한 내적 모순을 가지고 있는 것은 사실이지만 그러한 이유로 그 역사 자체를 전면적으로 부정한다면 그것은 더 이상 변증법적인 발전은 물론 상생의 논리가 적용되지 않는 추상적인 무시간성의 의미 체계를 지니게 될 것이다. 이것은 이 시가 겨냥하고 있는 궁극이 여성만의 순수한 언어의 창조에 있다는 것과 다른 것이 아니다. 이 시에서 제시하는 가족공동체란 순수한 여성의 언어에 의해 성립되는 공동체를 말하는 것이다. "입에서 실을 게워내고"에 은폐된 의미가 바로 그러하다.

여성의 입에서 게워낸 실, 다시 말하면 언어로 짜여진 공동체는 이상적인 공동체임에 틀림없다. 이 공동체는 장정일의 '수정궁'으로 표상되는 남성의 배타적인 공동체와는 달리 포용과 융화의 공동체를 지향한다. 하지만 실질적인 타자인 남성에 대한 이해의 결핍과 배제를 불러일으킬 수도 있다는 점에서 현실성을 담보할 수 없는 이상적인 공동체로 전락할 위험성이 있다. 모성성에 토대를 둔 이러한 공동체에 대한 열망은 남성 혹은 남성성에 대한 부정적인 인식이 만들어낸 극단적인 욕망의 산물이다. 이러한 인식 하에서는 기존의 언어를 전적으로 남성의 언어로 간주하기 쉽다. 기존의 언어가 남성의 언어이기 때문에 이것과는 전적으로 다른 언어를 욕망하는 것이다. 여성의 특성을 드러내는 혹은 여성에 가까운 언어는 존재한다고 할 수 있다.

하지만 여성만의 언어 혹은 남성만의 언어가 있다고 간주하는 것은 일정한 딜레마를 가진다. 이러한 경향을 대표하는 이들이 바로 차이이론가들이다. 이들, 특히 식수스와 이리가라이 등은 라캉의 "상징계 / 상상계 이론을 그대로 받아들여 현재 언어의 체계를 남성적 질서로만 파악하고 여성들의 언어를 남성들이 알 수 없는 그 어떤 것으로 정의"[39]하고 있다. 차이이론가들은 이러한 언어를 '몸의 언어(body language)'라고 명명한다. 몸의 언어는 여성만의 언어로 그것은 여성의 입 혹은 몸에서 게워낸 실과 같은 것이다. 몸의 언어가 겨냥하는 것은 상징계의 아버지의 법에 대한 거부와 해체이다. 이들의 아버지의 법에 대한 거부와 해체 전략에는 기존의 언어 체계가 남성의 사유 체계에 전적으로 물들어 있다는 인식을 반영한다. 이것은 이들의 궁극적인 목표가 남근 중심의 사유 체계로부터 벗어나는 일이라는 것을 말해준다. 하지만 이들이 제시하는 방법으로는 길이 없어 보인다.

---

39 고갑희, 「'차이'의 정치성과 여성 해방론의 현단계」, 『현대비평과 이론』 6호, 1993, 141쪽.

여성만의 몸의 언어로 이루어진 공동체에 대해 사유한다는 것은 끊임없이 변화하고, 흐르고, 움직이는 언어의 역사적인 현장성을 배제한다는 것을 의미한다. 이것은 남성의 언어가 본질적인 그 무엇이듯 여성의 언어 또한 그러하다는 논리와 다른 것이 아니다. 여성의 언어에 대한 이러한 사유의 가장 큰 위험성은 이들이 꿈꾸는 현실 변혁성 자체와 모순 관계에 놓인다는 점이다. 기존의 상징계의 아버지의 법을 해체하려면 기존의 남성 언어에 대한 변혁이 전제되어야 하기 때문이다. 이 과정에서 기존의 남성 언어가 담당해야 할 역할이 있다. 이것은 마치 욕망이 있으면 그 욕망 속으로 뛰어들라는 말과 다르지 않다. 기존의 상징계를 해체하려면 상징계 자체의 변혁적인 차원을 전제해야 한다. 이 전제는 여성만의 언어로 이루어진 공동체에 남성이 융화될 수 있는 길을 열어놓는 것이 된다.

여성만의 공동체도 남성만의 공동체도 아닌 여성과 남성이 서로 넘나드는, 이러한 공동체의 성립은 점점 파편화되어가는 현실 세계를 반영하고 있다. 여성만의 총체성도 또 남성만의 총체성도 성립될 수 없는 것은 여성과 남성 혹은 여성성과 남성성이 서로 넘나들면서 틈과 구멍을 만들기 때문이다. 이 틈과 구멍에 대한 인식이야말로 진정한 차이를 발견하는 것이라고 할 수 있다. 서로의 차이에 대한 발견은 동일시적인 욕망에서 벗어나 타자를 인정해주는 비동일시의 차원으로 이어지며, 이것이 전제되고서야 비로소 진정한 차원의 공동체가 성립될 수 있는 것이다.

7. 후기 자본주의 삶의 양식과 가족 로망스

한국 현대시의 가족 로망스는 정상적인 외디푸스 콤플렉스의 구도를 드러내지 않는다. 그것은 식민지와 분단으로 이어지면서 아버지를 살해할 기회를 박탈당했기 때문이다. 아버지의 살해를 통한 외디푸스 콤플렉스의 이행은 근대 혹은 근대성의 문제와 맞물려 있다. 따라서 아버지 살해의 기회 박탈은 우리의 근대가 단순한 외디푸스 구조를 넘어 친부와 계부라는 이중적인 외디푸스 구조를 가졌다는 것을 의미한다.

친부와 계부의 공존은 다양한 시적 알레고리를 낳았으며, 그 대표적인 형식이 바로 이상, 서정주, 김소월, 윤동주의 시에 드러난 알레고리이다. 이상은 친부의 부활도 계부의 영접도 거부한 채 상징계의 탈주를 감행하고 있고, 서정주는 친부와 계부의 주종관계를 제대로 인식하지 못해 역사성의 부재라는 결과를 초래했으며, 김소월은 이상적인 유토피아와 죽은 친부의 혼을 불러내는 의식을 드러내 보인다. 윤동주는 이들과는 달리 계부에 대항해 스스로 자신을 죽이는 속죄양적인 의식을 통해 강한 저항의 모습을 보여주기에 이른다.

이러한 친부와 계부의 이중구조는 극복되지 않은 채 그대로 이어져 아버지에 의한 영아살해라는 비극을 낳는다. 이것은 외디푸스 콤플렉스 이전의 어둠과 아무것도 없는 시원의 이미지로 형상화된다. 하지만 이 불안정한 외디푸스 콤플렉스는 김수영의 바로보기에 의해 새롭게 극복된다. 그는 매저키즘적인 욕망을 통해 아버지의 법으로서의 상징계에 저항하고 그것을 해체하려 한다. 이 점에서 그는 근대가 가지는 한계를 분명하게 직시한 진정한 의미의 근대주의자라고 할 수 있다.

우리의 근대를 관통한 외디푸스 콤플렉스의 구도는 장정일, 기형도 이후 새롭게 변주되기에 이른다. 장정일은 아버지의 법으로 표상되는 수정궁 깨기를 자신의 글쓰기 전략으로 삼았으며, 기형도는 무기력한 아버지와 여린 어머니 사이에서 우울을 창조해 낸다. 이 두 시인의 놀이와 우울의 기획은 90년대 젊은 시인들의 상상체계에 절대적인 영향을 행사한다. 90년대 젊은 시인들은 외디푸스 콤플렉스를 거부한다. 이들은 아버지라는 존재 자체를 부정하는 앙띠 외디푸스의 세계를 보여준다. 앙띠 외디푸스는 외디푸스의 에고를 중심으로 한 슈퍼에고와 이드의 통합이라는 에고중심주의를 해체한다. 이로 인해 안정된 질서와 균형적인 언어 구조가 해체되기에 이른다. 이것은 이전의 우리 근현대시에서 볼 수 없던 새롭고 낯선 풍경이라고 할 수 있다.

아버지의 부재는 페미니스트 시인들에 의해 새롭게 변주된다. 이들은 아버지가 아닌 어머니의 역사를 자신의 역사로 받아들인다. 이 과정에서 이들은 여성만의 언어를 통한 여성만의 공동체를 꿈꾼다. 이러한 경향을 대표하는 이들이 바로 차이이론가들이다. 이들은 라캉의 "상징계 / 상상계 이론을 그대로 받아들여 현재 언어의 체계를 남성적 질서로만 파악하고 여성들의 언어를 남성들이 알 수 없는 그 어떤 것으로 정의하고 있다는 점에서 한계를 드러낸다. 진정한 공동체는 남성만의 것도 여성만의 것도 아닌 서로의 차이를 인정하는 타자성 혹은 비동일성의 논리 하에서 가능한 것이다.

한국 현대시의 가족 로망스는 단순한 개인적인 욕망의 산물이 아니라 시대의 정치적인 무의식을 반영하는 역사적인 산물이라고 할 수 있다. 이런 점에서 점점 파편화되어가는 후기자본주의 삶의 양식과 국가와 민족을 초월한 전 지구적인 가상의 공동체의 문제는 한국 현대시의 가족 로망스 구도에 커다란 영향을 줄 것이다. 우리의 삶을 지배하는 후기 자본주의 사회에는 외디푸스적인 욕망의 삼각형 구도로는 해명할 수 없는 다양한 사회적인 충동들이 존재한다. 가족을 넘어 사회의 차원에서 가족 로망스를 접근해야 하는 이유가 바로 여기에 있다. 이 사실은 우리 현대시의 가족 로망스 구도가 후기 자본주의 삶의 양식만큼 복잡하고 다양한 구도를 드러낼 수밖에 없다는 것을 말해준다.

제2장

한국 현대시와 에로티시즘

1. 잃어버린 연속성에 대한 향수

사랑의 역사는 몸의 역사이다. 사랑의 충동은 몸으로부터 온다. 사랑의 감정을 느낄 때 몸은 격하게 반응한다. 그 순간 몸은 몰아의 상태가 된다. 몸의 존재성이 바뀌면서 새로운 관계가 생겨난다. 몸이 몸을 하면서 또 다른 새로운 몸이 생겨나는 것이다. 몸은 그 자체로 하나의 견고한 존재이다. 이런 점에서 몸과 몸 사이에는 일정한 간극이 존재한다고 할 수 있다. 이 간극은 우리의 몸이 불연속적인 것으로 존재한다는 것을 의미한다.

인간의 몸의 불연속성은 연속성에 대한 향수를 불러일으킨다. 몸의 연속성은 도저히 회복할 수 없는 잃어버린 꿈과 같은 것이다. 하지만 "불연속적 존재들의 삶에 모종의 연속성이 구현되는 기막힌 시간이 있는데, 그것이 바로 생식의 시간"[1]이다. 이 사실은 하나의 메타포이다. 비록 순간이기는 하지만 몸과 몸이 한 몸이 되는 시간(생식의 시간)이 인간의 몸에 존재한다는 것이다. 인간의 몸에 허락된 이 시간은 잃어버린 낙원에 대한 향수 같은 것으로 끊임없이 인간을 욕망하는 존재로 만들어버린다.

이러한 욕망은 삶의 충동으로 여기에서 에로티시즘(eroticism)이 비롯된다. 하지만 그 충동은 연속적인 것이 아니라 불연속적인 것이다. 불연속은 인간의 내면에 어두운 불안의 그림자를 드리운다. 불안하기 때문에 인간은 연속성의 세계를 욕망한다. 그것의 구체적인 행위가 바로 섹스이다. 섹스의 순간 몸과 몸은 하나가 된다. 오르가즘의 순간 몸은 황홀경의 상태에 빠지고 존재와 존재 사이의 경계가 없어지면서 인간은 자아와 이성, 의식을 모두 상실한다. 이 상태는 모든 억압으로부터 벗어나 있기 때문에 황홀하지만 그러나 여기에는 일정한 죄의식이 뒤따른다. 그것은 금기에 대한 위반 때문이다.

금기의 위반은 에로티시즘의 본질이다. 이런 점에서 에로티시즘은 안정되고 질서 잡힌 세계가 아니라 불안정하고 무질서한 세계를 드러낸다. 이로 인해 에로티시즘은 언제나 세계와 충돌한다. 이것은 에로티시즘이 전복의 상상력을 내포하면서 세계와 긴장 관계를 유지하고 있다는 것을 의미한다. 세계와의 긴장이 팽팽할수록 금기의 정도는 높아진다. 우리는 그 적절한 예를 「감각의 제국」(오시마 나기사, 1976)에서 볼 수 있다. 밖은 전쟁이 한창 중인데 두 주인공 남녀는 방 안에 틀어 박혀 섹스에 탐닉해 있

---

1 조르주 바타이유, 조한경 역, 『저주의 몫 · 에로티즘』, 문학동네, 2006, 167쪽.

다. 가장 강한 현실원칙이 지배하는 '밖'과 가장 강한 쾌락원칙이 지배하는 '안'과의 사이에 형성되는 긴장은 에로티시즘의 묘미를 적나라하게 보여준다. 그리고 그 묘미의 끝은 죽음이다.

죽음은 두 남녀의 몸이 섹스를 통해 만날 때 이미 존재한다. 하나의 몸이 다른 몸속으로 들어갈 때 여기에는 필연적으로 폭력과 죽음이 전제될 수밖에 없다. 섹스의 정점에 죽음이 있기 때문에 오르가즘이 극에 달하면 상대의 목을 조르는 행위 같은 것이 일어날 수 있는 것이다. 이와 같은 맥락에서 보면 에로티시즘은 삶의 충동과 죽음의 충동을 동시에 내포한 '죽음에 이르는 삶'이자 '삶에 이르는 죽음'인 것이다. 삶과 죽음이 동시에 작용하는 세계는 불연속이 아니라 연속성의 세계이다.

이처럼 에로티시즘은 섹스와 죽음으로 변주되면서 강렬한 세계 전복과 창조적 상상력을 드러낸다. 에로티시즘의 이러한 속성은 예술이나 문학과 유비관계에 놓인다. 예술이나 문학에서 에로티시즘은 늘 관념의 과잉으로 인해 빈사지경에 이른 창작 주체의 내적 파토스를 불러일으키는 동인으로 작용해 왔다. 앙상한 형해(形骸)의 예술이나 문학에 에로티시즘이 토대로 작용하면 역설과 모순의 새로운 의미 층위들이 생성된다. 에로티시즘은 삶과 죽음, 성과 속, 기쁨과 슬픔, 선과 악, 순간과 영원, 고통과 환희, 공포와 관능, 육체와 정신 등의 의미의 경계를 해체한다. 이것은 에로티시즘이 몸을 토대로 하기 때문이다. 몸을 토대로 하는 에로티시즘은 명쾌하고 투명한 논리로 재단할 수 없다. 에로티시즘은 몸을 통해 다양한 형태로 드러난다.

2. 모순과 역설의 관능

한국시에서 에로티시즘의 이러한 문제의식을 선명하게 보여주고 있는 시인 중의 한 명이 바로 서정주이다. 미당의 에로티시즘은 몸의 관능에서 출발한다. 몸의 관능은 생식을 목적으로 하는 것도 아니고 또 노동을 목적으로 하는 것도 아닌 무목적의 목적을 겨냥한다. 무목적의 목적으로서의 몸은 꿈틀거림 그 자체이다. 몸이 가지는 이러한 속성을 시인은 '배암'(「화사」)이라는 질료를 통해 드러낸다.

'배암'의 관능은 '사향 박하(방초)', '달변의 혓바닥', '가쁜 숨결', '피 먹은 양 붉게 타오르는 고운 입술' 등 몸의 다양한 감각으로 표현된다. 하지만 몸의 관능성을 더욱 예각화하고 있는 것이 있다. 그것은 바로 '花蛇'이다. '花'와 '蛇'는 서로 대립되는 속성을 가진 질료이다. '花'가 여성, 순수, 따뜻함, 밝음, 멈춤, 수직 등의 속성을 가지고 있다면 '蛇'는 남성, 타락, 차가움, 어둠, 움직임, 수평 등의 속성을 가지고 있다. 이 속성들 사이에는 움직일 수 없는 존재의 심연이 가로 놓여 있는 것이 사실이다.

'花 · 蛇'의 불연속성은 '花蛇'가 됨으로써 연속성으로 바뀐다. 이것은 '花蛇'가 모순과 역설이라는 에로티시즘의 속성을 내포하고 있다는 것을 의미한다. 이미 '花蛇' 안에 섹스를 환기하는 구조가 숨어 있는 것이다. 이 모순과 역설의 구조는 「대낮」이나 「입마춤」 등의 시에서도 그대로 드러난다.

> 따서 먹으면 자는듯이 죽는다는
> 붉은 꽃밭새이 길이 있어

핫슈 먹은듯 취해 나자빠진
능구랭이같은 등어릿길로,
님은 달아나며 나를 부르고 ……

强한 향기로 흐르는 코피
두손에 받으며 나는 쫓느니

밤처럼 고요한 끌른 대낮에
우리 둘이는 웬몸이 달어 ……[2]

— 서정주, 「대낮」 전문 인용

가시내두 가시내두 가시내두 가시내두
콩밭 속으로만 작구 다라나고
울타리는 막우 자빠트려 놓고
오라고 오라고 오라고만 그러면

(…중략…)

땅에 긴 긴 입마춤은 오오 몸서리친
쑥니풀 지근지근 니빨이 희허여케
즘생스런 우슴은 달드라 달드라 우름가치
달드라.[3]

— 서정주, 「입마춤」 부분 인용

---

2 서정주, 『미당 시전집 1』, 민음사, 1994, 38쪽.
3 서정주, 위의 책, 40쪽.

몸의 관능이 감각적인 행위를 통해 잘 표현된 시들이다. 이때의 몸의 관능은 섹스의 행위를 강하게 환기한다. 이 시의 '먹는다 · 죽는다', '달아나다 · 좇다(부르다)', '흐르다 · 받다', '고요하다(밤) · 끓다(대낮)', '달아나다 · 오다', '울다 · 달다' 등은 몸을 통해 두 존재의 경계를 해체하는 섹스의 행위를 환기하는 시어들이다. 서로 반대의 의미를 가진 행위들이 동시에 드러나면서 교차와 재교차의 과정을 통해 분리가 아닌 일치의 세계를 겨냥함으로써 이 시의 에로티시즘은 이루어진다.

미당 시의 생명 혹은 삶의 충동은 바로 이러한 에로티시즘으로부터 온다. 그러나 이것이 곧 그의 시가 생명이나 삶의 문제만을 다루었다는 것을 의미하는 것은 아니다. 「대낮」이나 「입마춤」에서처럼 그의 시에서의 생명이나 삶은 언제나 그와 상반되는 죽음의 문제를 거느리고 있다. '대낮'은 들끓는 생명을 표상하지만 그 이면에 "자는 듯이 죽는"과 "强한 향기로 흐르는 코피"의 세계(죽음의 세계)를 거느리고 있다. 이런 점에서 볼 때 그의 생명은 죽음을 거느린 생명이라고 할 수 있다. 이것은 진정한 생명이란 생명만으로 존재하는 것이 아니라 그 안에 죽음을 동시에 내포하고 있는 것을 말한다.

생명과 죽음이 동시에 드러남으로써 그의 시는 더 강한 생명의 충동을 지닌다. 하지만 그의 시의 생명성은 후기로 오면 약화되기에 이른다. 그것은 곧 이러한 에로티시즘의 모순되고 역설적인 교차배어의 구조가 바뀌었다는 것을 의미한다. 후기로 오면 그의 시의 에로티시즘의 토대가 되는 몸이 바뀐다. 전기 시의 몸의 구조는 정신보다는 육체가 더 전경화된 것이 사실이다. 이에 비해 후기 시는 육체보다는 정신이 더 전경화되어 드러난다고 할 수 있다. 몸에서 정신이 더 전경화됨으로써 육체에 의한 관능이 약화되어 삶과 죽음이 모순되고 역설적인 구조가 두 존재 사이의 경계 해체라는 추동력을 얻지 못했다고 할 수 있다.

몸에서 육체가 약화되거나 소멸된 에로티시즘은 구체적인 시공간성의 약화 내지 소멸로 이어질 수밖에 없다. 그것은 몸의 존재성이 시공간 안에서 구체화되기 때문이다. 후기 시에서의 시공간은 일정한 긴장 관계를 유지하지 못한 채 해체되기에 이른다. 그가 들고 나온 '신라'의 시공간은 몸이 온전히 그 존재성을 유지하기에는 한계가 있다고 할 수 있다. 몸은 과거와 현재가 교차하고 재교차하는 실천의 장이기 때문에 그것이 약화되거나 소멸된 곳에서 드러나는 에로티시즘은 관념의 차원을 넘어설 수 없다. 가령 「老人獻花歌」에서,

> 「붉은 바위ㅅ가에
> 잡은 손의 암소 놓고,
> 나ㄹ 아니 부끄러시면
> 꽃을 꺾어 드리리다.」
>
> 이것은 어떤 신라의 늙은이가
> 젊은 여인네한테 건네인 수작이다.
>
> (…중략…)
>
> 한없이
> 맑은
> 空氣가

요샛말로 하면—그 空氣가
그들의 입과 귀와 눈을 적시면서
그들의 말씀과 수작들을 적시면서
한없이 親한 것이 되어가는 것을
알고 또 느낄 수 있을 따름이었다.[4]

—서정주, 「老人獻花歌」 부분 인용

에서처럼 에로티시즘은 두 존재 사이의 몸과 몸의 접촉을 구체화시켜주는 시공간의 약화 및 소멸로 인해 내적인 파토스를 얻지 못하고 있다. 늙은이의 몸과 젊은 여인네의 몸이 어떤 모순과 역설의 구도도 드러내지 않는 것은 단순히 늙음과 젊음 사이의 물리적인 육체의 간극이 만들어낸 것이라기보다는 시공간의 구체성이 부재한 데서 기인한 것으로 볼 수 있다. 관능의 에로티시즘을 보여주는 초기 시에서와는 달리 후기 시에서는 시공간의 구체성의 부재로 인해 두 존재 사이의 반대일치적인 모순과 역설의 생생함이 드러나지 않는다. 초기 시에서의 관능은 시적 화자가 곧 행위 주체였지만 후기 시에서의 그것은 시적 화자가 곧 행위 주체가 아니다. 시적 화자는 행위자를 보는 관찰자일 뿐이다. 이 시에서처럼 행위자는 "그들"이 되는 것이다.

그러나 이러한 사정은 『질마재 신화』에 와서 새롭게 변주된다. 질마재를 시공간으로 하고 있는 시 중에서 가장 에로틱한 것의 하나로 평가받고 있는 「小者 李 생원네 마누라님의 오줌 기운」을 보자. 이 시는 이 생원 마누라의 생명력 넘치는 몸에 관한 이야기이다. 그녀의 몸은 일상이나 현실

4 서정주, 위의 책, 142~145쪽.

과 거리를 두고 존재하는 관념적인 몸이 아니라 그 속에서 살아 꿈틀대는 생명성을 지닌 그런 몸이다.

> 小者 李 생원네 무우밭은요. 질마재 마을에서도 제일로 무성
> 하고 밑둥거리가 굵다고 소문이 났었는데요. 그건 이 小者 李
> 생원네 집 식구들 가운데서도 이 집 마누라님의 오줌 기운이 아
> 주 센 때문이라고 모두들 말했습니다.
> (…중략…)
> ─「네 이놈 게 있거라. 저 놈을 사타구니에
> 집어 넣고 더운 오줌을 대가리에다 몽땅 깔기
> 어 놀라」 그러면 아이들은 꿩 새끼들같이 풍기어 달아나면서
> 그 오줌의 힘이 얼마나 더울까를 똑똑히 잘 알 밖에 없었읍니
> 다.[5]

— 서정주, 「小者 李 생원네 마누라님의 오줌 기운」 부분 인용

"小者 李 생원네 마누라님의" 몸은 관능적이고 그것은 강인한 생명력을 환기한다. 몸의 관능과 생명의 문제는 초기 시에도 드러나는 그의 시의 중심 화두이지만 '신라'의 세계를 노래하고 있는 시편에 와서 그 몸은 간접화되어 드러난다. '신라'에 유폐된 몸은 영원성을 부여받은 몸으로 간주되지만 그것은 어디까지나 시공의 구체성을 담보한 모순과 역설의 살아 있는 몸과는 거리가 있다. 모순과 역설의 부재는 이항 대립 체계의 해체와는 다른 것이다. 몸을 육체와 정신으로 분리하는 이항 대립 체계는 사라져야 한다. 이 대립 체계가 사라져야 몸은 비로소 몸으로서 온전히 존재할 수 있는 것이다.

5 서정주, 위의 책, 345쪽.

하지만 이것이 모순과 역설이 제거된 몸을 의미하지는 않는다. 모순과 역설로서의 몸은 몸이 가지는 변할 수 없는 존재의 한 속성이다. "저놈을 사타구니에 집어넣고 더운 오줌을 대가리에다 몽땅 깔기어 놀라!"에서 우리가 알 수 있는 것은 죽음과 삶의 경계가 해체된 세계이다. 사타구니에 아이들을 집어넣는다고 해서 그것이 곧 죽음을 의미하는 것이 아니라 오히려 역설적으로 그 생명력 강한 오줌 기운을 받는다는 점에서 그것은 곧 강한 삶을 환기한다고 할 수 있다.

이런 점에서 미당의 몸은 시사하는 바가 크다. 그의 몸은 모순과 역설이 살아 있는 몸과 그것이 제거된 몸을 동시에 보여주고 있다. 앞의 것이 생명으로서의 몸이라면 뒤의 것은 반생명으로서의 몸이라고 할 수 있다. 에로티시즘은 반생명으로서의 몸이라기보다 생명으로서의 몸이다. 생명은 섹스를 통해 유지되고, 삶과 죽음을 동시에 포괄한다는 점에서 궁극적으로 이항 대립의 불연속적인 경계를 없애는 것이다. 따라서 생명은 죽음까지도 포괄하는 반대 일치의 세계를 겨냥한다. 이 논리는 생명이나 생태의 논리와도 유비성을 갖는다.

3. 몸과 우주의 에로티시즘

에로티시즘이 드러내는 불연속성의 구조는 생명이나 생태시의 구조에서도 그대로 드러난다. 에로티시즘이 그렇듯 생명 역시 자아, 이성, 의식 등에 의한 개념화되고 구조화된 세계로부터의 해방을 겨냥한다. 생명이 생명으로서 존재하기 위해서는 고립이 전제되어서는 안 된다. 생명에서의 각각의 개체는 그 자체로 존재 이유를 갖지만 그것이 고립을 의미하는 것은 아니다. 생명은 고립을 넘어 존재와 존재 사이의 소통을 전제로 성립되는 것이다. 존재와 존재, 즉 몸과 몸 사이의 끊임없는 흐름으로 정의할 수 있는 것이 바로 생명이다.

하나의 몸과 몸 사이에는 기(氣)의 흐름이 존재한다. 한 몸에서 다른 몸으로 기가 흐르려면 그것을 가능하게 하는 틈이나 구멍이 있어야 한다. 틈이나 구멍 안으로 기가 흘러 들어갈 때 아무런 동요가 없는 것이 아니라 우리 눈에 보이지 않는 격한 흐름들이 여기에서 일어난다. 이 과정에서 기들은 서로 충돌하기도 하고 또 서로 스며들기도 하면서 새로운 기로 거듭나거나 소멸하기도 한다. 이러한 기의 일련의 작용은 에로티시즘에서의 일련의 작용과 크게 다르지 않다. 다만 차이가 있다면 에로티시즘은 인간에 국한하여 그것이 이해되고 있고, 기의 경우는 인간을 넘어 자연, 우주의 차원으로 확대되어 이해되고 있다는 점이다.

에로티시즘이 비록 기와 유사한 소통 구조를 가지고 있다고 하더라도 인간에 국한하여 이해되고, 그것이 다른 존재와 차별화되는 인간 고유의 행위라는 점에서 이 둘의 유비성을 찾는 것은 문제가 될 수 있다. 이런 점에서 에로티시즘의 차원을 인간을 넘어 자연이나 우주로 확대하면 문제는 달라질 수 있다. 에로티시즘이 인간의 차원에서 정의될 때 주로 이야기되는 것은 바로 생식을 넘어선 성에 대한 탐닉이다. 자연 본래의 목적인 생식과는 변별되는 쾌감을 인식하면서 에로티시즘의 역사는 시작된 것이다. 이런 논리 하에서 인간에게 생식은 하나의 목적이 되지만 에로티시즘은 무목적의 목적이 된다. 그렇다면 인간에게 생명은 목적인가? 아니면 무목적의 목적인가? 생명으로서의 기의 흐름은 어떤 목적을 가지는 것이 아니라 그것은 무목적의 목적을 지향한다고 할 수 있다. 생명은 어떤 조건에 의한 욕망의 흐름과는 다르다고 할 수 있다.

생명으로서의 기의 흐름과 에로티시즘은 무목적의 목적을 드러낸다는 점에서 세계에 대한 무소부재(無所不在)의 탈영토화를 동반한다고 할 수 있다. 이렇게 생명과 에로티시즘은 그 유비성으로 인해 때때로 이 둘의 경계가 애매모호할 때가 있다.

저녁 몸속에
새파란 별이 뜬다
회음부에 뜬다
가슴 복판에 배꼽에
뇌 속에서도 뜬다

내가 타죽은
나무가 내 속에 자란다
나는 죽어서
나무 위에
조각달로 뜬다

사랑이여
탄생의 미묘한 때를
알려다오

껍질 깨고 나가리
박차고 나가

우주가 되리
부활하리.[6]

— 김지하, 「啐啄」 전문 인용

이 시는 나의 몸과 우주의 몸의 동기감응(同氣感應)을 노래하고 있다. 이 과정은 나의 몸의 구멍 안으로 우주의 기가 들어와 서로 감응을 하면서 이루어지는 것인데 여기에서 중요한 것은 '同氣'이다. 기가 같다는 것은 나의 몸과 우주의 몸의 경계가 해체된 상태를 말하는 것이다. 이것은 몸과 몸이 어떤 정점의 상태에 놓일 때 가능해진다. '몸속에 별이 뜬다'는 이 정점의 아름다운 상태를 말하는 것이다.

'회음부'에서 '가슴 복판', '배꼽'을 거쳐 '뇌'로 이르는 감응의 과정은 그 자체가 기의 오르가즘이다. 육체와 정신, 이성과 감성, 삶과 죽음의 경계가 해체되면서 새로운 몸이 탄생한다. 새로운 몸은 나의 몸과 우주의 몸의 동기감응을 통해 탄생한 것이다. 시인은 이 동기감응의 과정을 '사랑'으로 명명한다. 그렇다면 이때의 '사랑'은 생명인가? 아니면 에로티시즘인가? 분명한 것은 동기감응의 과정이 생명과 에로티시즘을 모두 포괄하고 있다는 사실이다.

이 시에서의 '사랑'은 생명에 더 가깝다고 할 수 있다. 여기에서의 '사랑'은 에로티시즘으로는 모두 포괄할 수 없지만 생명으로는 모두 포괄할 수 있다. 생명은 사랑보다도 큰 개념이며, 에로티시즘 역시 이 생명의 일부일 뿐이다. 생명이 에로티시즘을 포괄한다면 이 둘 사이의 구도 또한 새롭게 규정할 수 있을 것이다. 만일 에로티시즘을 생명의 영역으로 확장한다면

---

6 김지하, 『중심의 괴로움』, 솔, 1994, 18~19쪽.

그것은 반드시 인간의 차원으로 국한시켜 규정하지 않아도 될 것이다. 에로티시즘을 자연이나 우주의 차원으로 확장한다면 인간이나 문명이 점유해 온 중심성의 위치는 자연스럽게 해체될 것이다. 이런 맥락에서 보면 3연의 "사랑이여 / 탄생의 미묘한 때를 / 알려다오"나 "껍질 깨고 나가리 / 박차고 나가 / 우주가 되리 / 부활하리"는 새로운 에로티시즘을 알리는 하나의 메타포라고 할 수 있다.

생명과 에로티시즘의 경계가 해체된 또 다른 시편으로 김선우의 「숭고한 밥상」을 들 수 있다. 여기에서는 먹고(삶) 먹히는(죽음) 것이 에로티시즘의 문맥에서 자연스럽게 드러나 있다. 가령,

> 지금 먹고 있는 닭 한마리
> 내 할아버지를 이루었던 원소가
> 누이뻘인 닭의 깊은 곳을 이루고
> 누이와 살을 섞은 내 핏속엔 지금 ……
>
> 누대에 걸친 근친상간의 밥상
> 비켜갈 수 없는,
> 무저갱의 밥상 위에
> 발가벗고 올라가 눕고 싶은 생각이[7]
>
> — 김선우, 「숭고한 밥상」 부분 인용

에서 볼 수 있는 것이 바로 그것이다. 할아버지와 누이, 누이와 나, 나와 어

---

7 김선우, 『내 혀가 입 속에 갇혀 있길 거부한다면』, 창작과비평사, 2000, 68쪽.

머니가 서로 먹고 먹히는 근친상간의 행위들이 '밥상'이라는 질료를 통해 적나라하게 표출되고 있다. 하지만 이러한 적나라함에 비해 이 시는 도덕적이거나 윤리적인 죄의식을 강하게 불러일으키지 않는다. 그것은 근친상간의 퇴폐적 에로티시즘이 '밥'이라는 생명의 문제와 결합되어 있기 때문이다. 아무리 퇴폐적인 에로티시즘이라 할지라도 그것이 생명과 결합되면 그 정도가 약화 내지 소멸된다는 것은 에로티시즘이 생명 속에 놓여 있다는 것을 의미한다.

4. 언어의 관능, 관능의 언어

언어의 관능을 문제 삼으면서 한국 현대시의 에로티시즘은 새로운 국면을 맞이하게 된다. 이 사실은 에로티시즘 논의가 비로소 내용과 형식 혹은 주제와 구조를 동시에 문제 삼기 시작했다는 것을 의미한다. 에로티시즘 논의에 언어가 본격적으로 개입하면 이야기의 층위는 한층 복잡해진다. 이 복잡함은 기본적으로 '몸과 언어'의 구도에서 비롯된다고 할 수 있다. 에로티시즘은 몸을 통해서 표출되지만 그것이 드러나는 것은 언어에 의해서이다. 몸과 언어는 존재와 언어의 문제처럼 난해하다. 그것은 몸이 느끼고 인식한 것을 언어가 온전히 드러낼 수 없기 때문이다.

그렇다면 몸과 언어에서 에로티시즘은 어떻게 드러날까? 이 물음에 대한 답은 먼저 몸의 에로티시즘을 문제 삼아야 할 것이다. 그것은 에로티시즘이 언어 이전에 먼저 몸의 문제이기 때문이다. 몸은 언어 직전의 언어이다. '언어 직전까지만 가라'는 니체의 미학은 바로 몸의 미학이라고 할 수 있다. 몸은 기본적으로 에로티시즘적이다. 일단 몸과 몸이 만나기 위해서는 서로의 몸에 상처를 내야 한다. 상처는 곧 그만큼의 죽음을 의미한다. 그 상처 속으로 격한 감정의 파토스들이 흘러들고 또 흘러나간다. 몸에 난 상처가 크면 클수록 에로티시즘의 욕망 역시 커질 수밖에 없다. 몸의 관능이 정점에 달하면 나의 몸과 타자의 몸의 경계는 해체된다. 불연속의 상태를 넘어 연속의 상태가 될 때 몸은 '지독한 사랑'을 앓게 된다. 그것은,

> 기차의 육중한 몸체가 순식간에 그대 몸을 덮쳐 누르듯
> 레일처럼 길게 드러눕는 내 몸
>
> 바퀴와 레일이 부딪쳐 피워내는 불꽃같이
> 내 몸과 그대의 몸이
> 부딪치며 일으키는 짧은 불꽃
>
> 그대 몸의 캄캄한 동굴에 꽂히는 기차처럼
> 시퍼런 칼끝이 죽음을 관통하는[8]
>
> — 채호기, 「지독한 사랑」 부분 인용

것 같은 사랑의 극한을 느끼게 되는 것이다. 지독한 사랑은 결코 온전히 충족될 수 없다. 사랑 역시 욕망이기 때문이다. 하지만 몸을 통해 이루어진다는 점에서 그것은 진정성을 갖는다. 채호기는 이러한 사랑에 주목한다. 그는 "사랑의 감각은 살에서 온다"(「침대」)고 말한다. 따라서

8 채호기, 『지독한 사랑』, 문학과지성사, 1992, 61쪽.

그에게 "사랑의 감각"은 "사랑의 근육"이고 "사랑의 신경"이자 "사랑의 살"인 것이다.

시인은 이 사랑의 비밀을 밝히기 위해 몸의 운동성에 주목한다. 그는 몸을 개념화된 논리에 입각해서 이해하고 판단하지 않는다. 그는 몸을 몸 그 자체로 본다. 그의 몸에 대한 탐색은 '외부에서 내부'로, '전체에서 부분'으로, '사물에서 언어'로 이동한다. 마치 몸의 운동성처럼 그의 몸에 대한 탐색 역시 끊임없이 이동한다. '외부에서 내부'로는 하나의 몸에서 다른 몸으로의 이동이 어떻게 가능하고 또 어떻게 이루어지는가? 하는 문제와 몸 내부에서의 여성성과 남성성이 어떻게 존재하는가? 하는 문제가 주로 탐색의 대상이 된다. 후자를 위해 그는 '게이의 몸'을 탐색한다. 이것은 결국 자신의 몸에 대한 정체성의 탐색이라고 할 수 있다. 그에게 '게이의 몸'은 하나의 '거울'과 같은 것이다. 그의 시에서 '거울'은 시인의 내면을 비추는 질료이다. '거울'을 통해 시인은 자신의 내면의 모습이 '남자 → 여자', '여자 → 남자', '너 → 나', '나 → 너'의 양면적인 면을 발견한다. 이것은 거울을 통해 분열된 자신의 몸의 내면을 성찰하고 있다는 것을 의미한다.

'전체에서 부분'으로는 몸과 몸의 관계에서 비롯되는 끊임없는 운동성을 좀 더 섬세하게 탐색하기 위한 방식의 일환으로 볼 수 있다. 그의 몸에 대한 탐구는 『지독한 사랑』, 『슬픈 게이』를 거쳐 『밤의 공중전화』에 오면 좀 더 정교해지고 섬세해진다. 여기에 오면 몸은 발, 젖가슴, 등, 손, 입, 입술, 눈 등으로 세분화되어 드러난다. 이 각각의 몸 기관은 나와 타자의 몸이나 나의 몸의 소통에서 볼 수 없는 감각의 섬세한 움직임들로 이루어져 있다. 그리고 이 각각의 기관은 분리되어 있는 것이 아니라 서로 접속되어 있어서 교차와 재교차를 반복한다. 이 과정에서 각 기관은 에로스적인 기계의 속성으로 변해 꿈틀거린다. 몸의 세분화는 '눈' 중심의 에로티시즘으로부터의 해방을 의미한다. 눈은 '접촉'과 '보살핌'의 윤리를 배제함으로써 에로티시즘의 의미를 축소시켜 왔다고 할 수 있다. 그는 '눈'보다 오히려 '손'의 의미를 부각시킨다.

그가 노래하고 있는 사랑이 특별한 것은 그것이 "손에서 나오고 이어지"기 때문이다. 손은 눈과 다르다. 눈은 "익숙한, 뚜렷한, 예측한 것만을 볼" 뿐 "획 지나가는 것, 바람이나 마음 같은 보이지 않는 것, 무엇인지 간파할 수 없는 덩어리"를 볼 수 없다. 눈은 보이는 것만을 선택하고 눈에 보이지 않는 것을 배제함으로써 시각중심주의라는 이데올로기를 배태하게 된다. 시각은 만짐이 곧 만짐을 당하는 '접촉'과 진정한 차원의 '보살핌'의 윤리를 배제한다. 하지만 손은 어루만짐을 통해 눈에 보이지 않는 세계까지 섬세하게 감지하고 들추어낸다. 손은 뇌와 연결되어 있다. 손으로 사유한다는 말이 여기에서 나온 것이다. 손은 세계를 느끼는 통로이자 몸 그 자체이다.

따라서 진정한 사랑은 눈이 아니라 손을 통해서 이루어지는 것이다. 손으로 하는 사랑은 눈의 그것처럼 건조하고 차가운 사랑이 아니라 그것은 "물컹물컹 쏟아지는 사랑"이다. "물컹물컹 쏟아지는" 사랑은 몸으로 하는 사랑이다. 손의 이끌림에 의해 다른 사람의 "살에 용접"되고 또 "접착"되어 "무언지 모를 새로운 관계의 몸"이 탄생하는 것이다. 사랑은 투명한 논리로 해명할 수 없는 혼돈의 논리인 것이다. 손에 의해 몸과 몸이 접촉하면 사랑은 딱딱하게 굳어지는 것이 아니라 "물컹물컹 쏟아지는" 것이다. "물컹물컹 쏟아지는"에서 중요한 것은 "쏟아지는"이다. 이 말은 에로스적인 의미를 강하게 환기한다.[9]

---

9 이재복, 「시, 그 황홀한 '수련'의 언어」, 『현대시』, 2007.5. 173~174쪽.

위의 맥락에서 보면 '손'은 몸의 부분이면서 동시에 전체가 되는 것이다. 이것은 에로티시즘의 진정성을 반영한다. 부분과 전체의 해체는 에로티시즘이 지향하는 삶과 죽음, 성과 속, 기쁨과 슬픔, 선과 악, 순간과 영원, 고통과 환희, 공포와 관능, 육체와 정신 사이의 경계 해체와 맥을 같이한다. 경계가 해체되면 몸의 운동성은 정점에 이르러 에로티시즘의 새로운 지형도를 만들어 내기에 이른다. 몸의 운동성이 정점에 이르면 몸과 몸은 "딱딱하게 굳어지는 것이 아니라 물컹물컹 쏟아지"게 된다. 그렇다면 "물컹물컹 쏟아지"는 사랑은 어떤 사랑일까?

무엇이 쏟아질 때는, 더욱이 그 쏟아지는 것을 고스란히 맞거나 그 속에 내가 놓여 있을 때는 대상에 대한 객관적인 거리 확보가 불가능해져 내적인 무아의 경지에서 어떤 황홀함 같은 것을 체험하게 된다. 몸이 무아의 경지에 이르면 외적 세계로부터의 소음이 차단되기 때문에 결핍으로부터 비롯된 욕망 또한 사라지고 만다. 이때에는 정말로 순수한 운동만이 존재하게 되는 것이다. 하지만 이러한 상태는 현실에서는 불가능하다. 욕망이 사라지면 현실에서의 삶도 사라진다. 나의 욕망과 타자의 욕망이 온전하게 동일시된 상태는 죽음의 차원에서나 가능한 것이다. 죽음은 욕망의 끝을 의미한다.

이런 점에서 "물컹물컹 쏟아짐"은 운동성의 최정점과 끝을 동시에 함축하고 있는 역설적인 말이다. 이것은 마치 섹스의 끝이 오르가즘의 최정점인 동시에 정액의 쏟아짐이라는 사실과 다르지 않다. 에로틱한 이미지를 강하게 환기하는 "물컹물컹 쏟아짐"은 곧 사랑의 강렬함을 환기하는 몸의 소리이다. 누군가를 죽도록 사랑하면 "물컹물컹 쏟아지"는 몸의 소리를 느낄 수 있을 것이다. 이 소리는 듣는다기보다는 느끼는 것이다. 따라서 이

소리는 사랑으로 가득 찬 몸의 충만함을 드러내는 하나의 언표라고 할 수 있다. 누군가를 죽도록 사랑하면 들을 수 있는 이러한 몸의 소리는 죽음에 이르는 삶, 삶에 이르는 죽음의 역설 속에 에로티시즘의 진실이 있다는 것을 말해준다.

채호기의 몸에 대한 탐색의 한 궁극을 보여주고 있는 것은 '사물에서 언어'로이다. 이것은 시인의 몸에 대한 시 쓰기를 반영한다. 몸이 몸 자체로 머물지 않고 언어를 통해 드러날 때 온전한 의미를 지닐 수밖에 없는 것이 시인의 운명이다. 하지만 이것이 곧 시 쓰기에서 언어가 더 중요하다는 것을 의미하는 것은 아니다. 시 쓰기에서 정작 중요한 것은 몸이다. 언어가 되기 직전까지의 몸이 하나의 세계를 가져야 비로소 온전한 시가 되는 것이다. 이런 점에서 시의 언어는 몸의 언어인 것이다.

시인은 자신의 시 쓰기의 대상인 사물을 언어화하는 것을 여성이 아기를 잉태하고 분만하는 것에 견주고 있다.

> 백지의 깊은 수심에 숨겨진 아름다운 수련.
> 미지근한 의식에 떨어지는
> 잉크 방울의 푸른 혼란.
>
> 미숙한 나의 펜은 순결한 백지 위에
> 깊은 상처를 남긴다.
> 지워지지 않는 글자들 — 수련을 끄집어내는 헤진 구멍들
>
> 나는 웅얼거리는 시선을 통해

백지 뒤에 숨겨진 수련의 소리를 듣는다.
꽃봉오리처럼 불룩한 종이의 배에 귀를 대면
고동치는 수련의 숨결.

백지의 자궁으로 잉크가 흘러들고
수련을 잉태하고 있는 흰 백지에
분만을 준비하는 글자들의 구멍.[10]

— 채호기, 「백지의 수면 위로」 부분 인용

이 시는 '수련'이라는 하나의 사물이 언어화되는 과정을 아름답게 노래하고 있다. 그것이 아름다운 것은 결과가 아니라 바로 그 과정 때문이다. '수련'이라는 사물이 언어 '수련'이 된다는 것은 곧 '수련'이라는 몸을 얻는다는 것에 다름 아니다. 그런데 '수련'이 몸을 얻기 위해서는 "나의 펜"이 "순결한 백지 위에 / 깊은 상처를 남겨"야 한다. 그러면 "백지의 자궁으로 잉크가 흘러들고", "꽃봉오리처럼 종이의 배가 불룩하"게 불러와 마침내 "글자들의 구멍"을 통해 '수련'은 탄생하는 것이다.

이러한 '수련'의 탄생 과정은 남녀의 섹스를 통해 아기를 잉태하고 분만하는 것과 다르지 않다. 시 쓰기와 몸을 연결하는 것은 모체의 하얀 잉크로 글쓰기를 실천하는 여성주의자들의 '몸으로의 글쓰기'를 연상시킨다. 이것은 기존의 언어가 여성의 체험을 풀어내기에 적합하지 않다는 인식하에 출발하여 새로운 언어를 만들고자 하는 여성들에 의해 제기된 것으로 머리만도 아니고 가슴만으로도 아닌 온몸으로 쓰는 모반 행위이다. 남성의

10 채호기, 『수련』, 문학과지성사, 2002, 29쪽.

언어와의 차별화를 겨냥하고 있는 이들의 몸으로의 글쓰기는 다분히 정치적인 이데올로기를 함의하고 있지만 몸을 통해 기존의 언어에 대한 인식을 새롭게 하고 있다는 점에서 커다란 의의를 지닌다고 할 수 있다.

시인의 '수련으로서의 시 쓰기' 역시 언어에 대한 새로운 인식을 겨냥하고 있다. 이 새로운 인식은 몸에서 비롯되지만 그것의 구체적인 형태는 언어를 통해 드러나기 때문에 시인은 '글자'(몸으로 잉태된 글자)에 대해 강한 자의식을 보인다.

> 바라보고, 냄새 맡고, 쓰다듬고, 껴안고, 애무할 수밖
> 에 없는 글자.
> 더 이상 눈으로 읽고 머리로 이해할 수 없는 여자.
> 당신처럼 임신시켜 애 낳게 할 수밖에 없는 글자.[11]
>
> — 채호기, 「글자」 부분 인용

그의 글자에 대한 이러한 자의식은 '수련'이 은폐하고 있는 비밀을 탈은폐시키는 가장 중요한 시 쓰기의 방식이라고 할 수 있다. 그가 글자를 단순히 글자 그 자체로 인식하지 않고 그것을 몸의 차원에서 인식하고 있다는 것은 세계에 대한 존재론적인 진정성뿐만 아니라 미학성과 정치성까지 포함하는 광범위한 문제의식을 거느리고 있다는 것을 의미한다. 몸은 순수한 관능의 세계만은 아니다. 그것은 세계의 의미들이 교차하고 또 재교차하는 치열한 존재의 장이다. '수련'은 순수하고 아름답지만 그것이 탄생하기 위해서는 "바라보고, 냄새 맡고, 쓰다듬고, 껴안고, 애무하"는 과정을 거

---

11 채호기, 위의 책, 42쪽.

쳐야 한다. 이런 점에서 '수련'은 "더 이상 눈으로 읽고 머리로 이해할 수 없는" 에로틱한 몸의 존재인 것이다.

5. 아랫도리 혹은 시의 에로티시즘

시에 관한한 우리는 여전히 보수적이다. 시는 순수하고 신성해야 한다는 고정관념이 우리 의식의 심층에 깊이 자리하고 있다. 이 타락한 시대에 시의 순수와 신성을 고집하고 있는 우리 의식의 보수성은 과거 '소도'의 개념을 강하게 환기한다. 아무도 침범할 수 없는 신성한 영역으로서의 '소도'는 모두가 암묵적으로 인정한 금기의 세계이다. 이 금기를 깨고 그 세계의 존재성을 탈은폐시키려는 시도는 불경한 것으로 간주되어 처벌의 대상이 되어 온 것이 사실이다.

시에 대한 이러한 고정관념은 그것을 정신의 세계와 연결하려는 의식에서 기인한다. 시는 순수하고 신성한 것이기 때문에 육체가 아닌 정신의 영역에 놓일 수밖에 없다는 의식이 자연스럽게 보편타당한 진리로 받아들여져 온 것이다. 이에 따라 시는 언제나 뇌와 가슴과 같은 몸의 상부와 연관되어 이야기되어 왔고, 회음부나 똥구멍, 성기와 자궁, 불알, 다리와 같은 몸의 하부는 배제되어 왔다. 몸의 아랫도리는 속되고 타락한 것으로 그것을 시와 연결하는 것은 있을 수도 없고 또 있어서도 안 되는 것이었다.

우리 시의 심층에 자리하고 있는 아랫도리에 대한 이러한 부정적인 인식은 한국 현대시에서의 에로티시즘의 빈약성으로 이어져 회음부나 성기, 자궁에서 뇌로 향하는 몸의 상승적 수직 차원에서 비롯되는 시적 에너지를 가지지 못했다. 뇌에서 거꾸로 성기나 자궁으로 이어지는 시적 에너지는 몸을 우열의 개념에 입각해 차별화함으로써 몸이 가지는 역동적이고 풍부한 세계를 제대로 드러내지 못한 채 고립되어 왔다고 할 수 있다. 몸의 역동성의 근원은 뇌에 있는 것이 아니라 회음부나 성기, 자궁에 있으며, 여기에서 비롯되는 역동적인 에너지에 의해 몸은 혼돈 속의 질서라는 복합적이면서 다채로운 세계를 드러내게 되는 것이다.

한국 현대시의 빈약성은 뇌 중심의 순수와 신성에 대한 과도한 집착에 한 원인이 있다고 할 수 있다. 최근 이에 대한 반성이 여성주의 시인들이나 생명주의 혹은 생태주의 시인들을 중심으로 일어나고 있다. 이것은 결코 우연이 아니다. 뇌 중심의 순수와 신성에 대한 강조는 한국 현대시의 지배적인 이데올로기의 논리를 강화해 기존의 시적 체계를 무의미하게 반복하는 결과를 초래해 왔다. 몸의 상승적 수직 차원에 대한 시적 인식은 필연적으로 전복의 상상력으로 이어질 수밖에 없다. 한국 현대시의 에로티시즘은 아랫도리에 대한 인식의 변화로부터 시작되어야 한다. 지금 우리 여성주의 시인들이나 생명주의 혹은 생태주의 시인들이 보여주고 있는 아랫도리에 대한 인식은 몸에 대한 구체적인 탐색을 통해 이루어지는 것이 아니라 이념(이데올로기)에 의해 추동되고 있다는 점에서 일정한 한계를 지닌다고 할 수 있다.

몸은 이념보다 앞서 우리에게 실존의 감각을 제공한다. 아랫도리의 감각은 기존의 뇌 중심의 문명의 논리를 전복하려는 의도를 그 안에 내재하고 있을 뿐만 아니라 언제든지 그것을 실천에 옮길 수 있다. 아랫도리의 감각이 기존의 제도권으로부터 배제되고 늘 경계의 대상이 되는 이유가 바로 여기에 있다. 아랫도리로부터 몸 전체로 이어지는 에로티시즘에 대한 감각이 아닌 뇌로부터 시작되는 에로티시즘의 감각은 순수와 고상함 혹은 신성함이라는 병적인 환상만을 불러일으킬 뿐이다. 에로티시즘은 아랫도리로부터 출발하는 것이다. 시의 에로티시즘이 아랫도리가 아닌 뇌에서 잉태된다면 그것이야말로 난센스 아닌가? 아니, 그것이야말로 진정 시에 대한 불경 아닌가?

제3장

한국 현대시와 악마성

1. 악마와 미학의 운명

현대시와 악마성에 대한 논의는 보들레르 이후 중요한 화두 중의 하나로 이야기되어 온 것이 사실이다. 보들레르의 악마성이 문제가 되는 것은 그가 악의 존재를 시인의 창조 행위와 연결시키고 있기 때문이다. 보들레르적인 견지에서 보면 악마는 가장 위대하고 완벽한 미학적인 존재이다. 악마가 이렇게 미학적인 존재가 될 수 있는 것은 그가 가지는 금기를 벗어나려는 강렬한 욕구 충동과 새로운 세계에 대한 창조적 의지 때문이다. 악마가 드러내는 이러한 속성은 기본적으로 신이 있어 가능하다. 악마는 절대적인 신의 권위에 대해 도전하면서 동시에 자신이 신이 되려고 한다. 악마의 의지는 신의 의지에 대한 배반이기 때문에 가혹한 형벌이 따르지만 자기 자신을 초월하여 신이 되려는 욕망으로 인해 신과는 다른 또 하나의 세계를 열어 보이게 된다. 악마는 신이 있는 천상과 인간이 있는 지상 사이에 존재하면서 그 간극의 심연에 자신의 몸을 던진다. 이것은 자신이 속한 세계의 금기를 끊임없이 위반할 수밖에 없는 운명을 지닌 시인의 존재와 다르지 않다.

보들레르는 악마에게서 바로 이것을 본 것이다. 보들레르는 『악의 꽃』에서 악마가 가지는 속성을 찬양한다. 그의 악마에 대한 찬양은 그동안 신의 그늘 속에 억압되어 있던 시인의 자아에 대한 각성과 창조에의 의지를 강렬하게 드러낸다. 이 각성과 의지는 미적 계몽성을 띠면서 이전의 미학과는 다른 미를 구현하기에 이른다. 신 중심의 미학은 필연적으로 선을 지향할 수밖에 없으며, 악마 중심의 미학은 악을 지향할 수밖에 없다. 이 사실은 악마 중심의 미학이 도저한 부정성, 도덕을 넘어선 신성한 폭력에의 꿈, 미래보다는 현재적인 욕망의 지향, 무능력하고 평범한 것에 대한 증오, 공적인 이익보다는 개인의 이익과 욕구의 우선, 삶의 전체성 상실 등을 속성으로 한다는 것을 말해준다. 악마성을 찬양하는 보들레르적인 미학이 가지는 이러한 속성들 중에서 현재성에 대한 강조는 다른 무엇보다도 중요하다. 그가 현재적 삶의 덧없음과 무상함을 아름답다고 간주한 것[1]은 미의 절대적인 규범을 거부하고 있다는 것을 의미한다. 현재의 일시적이고 우연적이며 금세 사라지는 아름다움을 통해 그가 강조하고 있는 것은 미의 절대적인 규범이 아니라 상대적인 규범이다. 이것은 순간순간 스스로

1 Lois Boe Hylsop and Francis E. Hylsop, "Baudelaire As a Literary Critic", *Selected Essays, Intro. and Trans, University Park*, Penn. : The Pennsylvania State Univetsity Press, 1964, pp.296~297.

를 소진시킴으로써 존재성을 확립하고 있는 현대라는 개념과 다르지 않다. 이런 점에서 보들레르적인 미학은 중세는 물론 이성이나 합리성에 기반한 근대의 미학을 넘어서는 새로움이 있다고 할 수 있다.

악마에 대한 새로운 해석을 통해 새로운 미학을 창조해내고 있는 보들레르적인 상징성은 미적 현대성이라는 관점에서 상당히 포괄적인 문맥을 거느린다. 그의 관점에서 보면 현대 예술은 악마적인 속성을 토대로 성립된 것이 된다. 보들레르의 미에 대한 이런 해석에는 모든 사유의 연원을 신과 인간의 건널 수 없는 심연 속에서 찾고자 하는 서구의 미학관이 투영되어 있다. 신과 인간 사이의 변증법적인 투쟁을 거쳐 정립되어 온 보들레르적인 미학관은 신과 인간 사이의 거리가 해체된 우리의 전통적인 미학관과는 그 뿌리 자체가 다르다고 할 수 있다. 이것은 서구적인 미학과의 충돌을 통해 성립된 우리 미학이 가지는 딜레마라고 하지 않을 수 없다. 서구에 비해 우리 미학에서 악마 혹은 악마성에 대한 논의가 미미한 것도 따지고 보면 신과 인간 사이의 해석에 대한 차이 때문이다. 우리 미학사에서 악마에 대한 관심이 논의의 지평으로 부상한 것은 비교적 최근의 일이다. 밀레니엄과 맞물린 세기말의 정서가 악마의 이미지를 생산하면서 진보적인 문화 이론가들에 의해 담론화되었다고 볼 수 있다.

악마에 대해 사상적으로도 철학적으로도 체계적인 연원을 가지고 있지 못한 우리 미학의 특성으로 인해 시의 경우에도 이것은 제대로 드러나지 않는다. 더욱이 시의 연원을 사무사(思無邪)에서 찾고 있는 동양의 시관[2]에

---

2 공자는 『논어』 「爲政篇」에서 '詩三百 一言以蔽之曰 思無邪'라고 하여 시의 존재성보다는 시의 효용성에 더욱 치중하여 시를 정치와 연관시켰고 나아가 윤리와 연관시켜 이해했다고 할 수 있다.

서 악마적인 것을 토대로 시의 체계를 정립한다는 것은 상상하기 힘든 일이다. 사무사에 입각한 시적 전통이 도덕이나 윤리의 옷을 입고 순수 서정이라는 이름하에 최근까지 우리 시의 한 자리를 차지하고 있는 것을 보면 이것에 대한 우리의 의식이 얼마나 견고한 것인지를 잘 알 수 있다. 악마성이 곧 현대성이라는 보들레르적인 인식이 우리 현대시의 토대를 이루고 있다고 말할 수 없다. 또한 이것이 전혀 드러나지 않는다고 말할 수도 없다. 악마성에 대한 뚜렷한 자각과 지속적인 관심은 아니지만 이것은 서구적인 사조가 유입된 이후 지금까지 주로 데카당스적이고 아방가르드적인 성향을 보이는 시인들에게서 나타나고 있다.

2. 마돈나와 화사의 몸뚱어리에 숨은 악마

우리 현대시에 보들레르적인 악마성이 처음으로 드러난 것은 1920년대이다. 우리 현대사에서 1920년대는 가장 하강한 단계에 놓인 시기 중의 하나이다. 이 시기가 우리 현대사에서 이렇게 도저한 하강의 단계에 놓일 수밖에 없는 것은 그것이 상승하는 힘(1919년 3 · 1운동의 열기)과 맞물려 있기 때문이다. 이 시기의 상승과 하강은 시인의 취향보다는 시대적인 상황의 산물이며, 그것은 곧 천상(천당)과 지상(지옥), 신(선)과 악마(악) 등과 대응된다고 할 수 있다. 하강하는 시대적인 상황 속에서 생성된 악마성은 그러나 시대에 대한 날카로운 저항이나 체제 전복적인 모습으로 드러나는 것이 아니라 시대에 대한 파토스의 과도한 분출이라는 '감정의 과잉' 형태로 드러난다.

'백조'와 '폐허', '창조'파를 중심으로 형성된 1920년대 문단의 이러한 감정의 과잉 분출은 여성의 육체를 통해 드러난다. 나도향, 이상화, 노자영 등의 작품 속에 드러난 여성의 육체는 관능적이다. 관능적이기 때문에 매혹적이지만 그 매혹으로 인해 파멸하게 된다. 여성의 육체가 가지는 관능성은 파멸을 전제로 하고 있다는 점에서 악마적이다. 악마의 현란함은 신의 현란함을 능가한다. 아름답다고 느끼는 순간 가장 추한 것이 되어버리고, 환상적이라고 느끼는 순간 지독한 환멸을 체험하게 되는 경우, 그 이면에는 언제나 악마적인 것이 존재한다. 이 사실은 여성의 육체에 대한 아름다움의 정도가 심할수록 또는 그것에 대한 환상의 정도가 심할수록 추함과 환멸에 대한 체험도 그만큼 클 수밖에 없다는 것을 의미한다. 그러나 이들의 작품에 드러나는 추함과 환멸은 그다지 크지 않다. 비록 이들이 추함과 환멸을 크게 하기 위해 여성의 육체에 대한 아름다움과 환상을 극대화하고 있지만 그것이 육체의 순수성을 강조하는 쪽으로 나아가기 때문에 결국 이들의 의도는 실패하고 만다.

여성의 육체가 가지는 순수성을 강조함으로써 그 이면에 도사리고 있는 악마적인 음험함을 감추기 위한 전략은 이들의 작품 속에서는 실패로 끝날 수밖에 없다. 여성의 육체에 대한 순수성의 강조는 필연적으로 정신이나 영혼을 강조하게 되어 육체 자체가 가지는 악마성을 제대로 드러나지 못하게 하기 때문이다. 육체의 관능성 속에 내재한 악마성은 육체를 적나라하게 보여줌으로써 드러나는 것일 뿐 정신이나 영혼에 의해 지배되고 통제되는 육체 속에는 악마성은 깃들 수 없다. 진정한 의미에서의 악마성이 제거된 순결한 정신이나 영혼으로서의 육체 속에는 '백조', '폐허', '창조'파 동인들이 즐겨 표상하고 있는 선한 천사만이 존재할 뿐이다. 우리는 이런 순수한 정신이나 영혼에 종속된 육체를 가진 선한 천사를 이상화의 「나의 침실로」에서 만날 수 있다.

「마돈나」 지금은밤도, 모든목거지에, 다니노라 疲困하야돌아가려는도다,
아, 너도, 먼동이트기전으로, 水密桃의네가슴에, 이슬이맺도록달려오느라.

「마돈나」 오렴으나, 네집에서눈으로遺傳하든眞珠는, 다두고몸만오느라,
빨리가자, 우리는밝음이오면, 어댄지도모르게숨는두별이어라.

「마돈나」 구석지고도어둔마음의거리에서, 나는두려워떨며기다리노라,
아, 어느듯첫닭이울고— 뭇개가짓도다, 나의아씨여, 너도듯느냐.

「마돈나」 지난밤이새도록, 내손수닥가둔寢室로가자, 寢室로!
낡은달은빠지려는데, 내귀가듯는발자욱— 오, 너의것이냐?

「마돈나」 짧은심지를더우잡고, 눈물도업시하소연하는내맘의燭불을봐라,
羊털가튼바람결에도窒息이되어, 얄푸른연긔로꺼지려는도다.

「마돈나」 오느라가자, 압산그름애가, 독갑이처럼, 발도업시이곳갓가이오도다,
아, 행여나, 누가볼는지—가슴이뛰누나, 나의아씨여, 너를부른다.

「마돈나」 날이새련다, 빨리오렴으나, 寺院의쇠북이, 우리를비웃기전에
네손이내목을안어라, 우리도이밤과가티, 오랜나라로가고말자.

「마돈나」 뉘우침과두려움의외나무다리건너잇는내寢室열이도업느니!

아, 바람이불도다, 그와가티가볍게오렴으나, 나의아씨여, 네가오느냐?

「마돈나」가엽서라, 나는미치고말앗는가, 업는소리를내귀가들음은—
내몸에피란피—가슴의샘이, 말라버린듯, 마음과목이타려는도다.

「마돈나」언젠들안갈수잇스랴, 갈테면, 우리가가자, 끗을려가지말고!
너는내말을밋는「마리아」! 내寢室이復活의洞窟임을네야알년만…….

「마돈나」밤이주는꿈, 우리가얽는꿈, 사람이안고궁그는목숨의꿈이다르지안흐니,
아, 어린애가슴처럼歲月모르는나의寢室로가자, 아름답고오랜거긔로.

「마돈나」별들의웃음도흐려지려하고, 어둔밤물결도자자지려는도다,
아, 안개가살아지기전으로, 네가와야지, 나의아씨여, 너를부른다.[3]

— 이상화, 「나의 寢室로」 전문 인용

시인이 부르고 있는 대상은 "마돈나", 다시 말하면 "마리아"이다. 시인이 애타게 마리아를 부르는 이유는 그녀와 함께 침실로 들고 싶기 때문이다. 시인이 원하는 것은 "눈으로 유전하던 진주"가 아니라 그녀의 몸이다. "수밀도" 같은 가슴을 가진 그녀의 몸을 안고 "어린애 가슴처럼 세월 모르는 침실"로 가고 싶어 하는 것이 바로 시인이 희구하는 것이다. 시인이 보여주는 이러한 욕망은 관능적일 뿐만 아니라 성상 파괴적이기까지 하다. 시인이 부르는 대상이 마리아라는 것은 신에 대한 도전인 동시에 금기에 대한 해체라고 할 수 있다. 신에 대한 불경함 자체가 악이며, 이것은 곧 악마

3 이상화, 「나의 寢室로」, 『백조』 3호, 1923, 13~14쪽.

의 현현인 것이다. 악마성이 깃든 관능은 육체를 풍요롭게 하는 것이 아니라 내 몸에 피란 피, 가슴의 샘을 마르게 하고 마음과 목을 타들어 가게 한다. 이 시의 관능성이 이 정도라면 그것은 세계에 대한 파멸을 목적으로 하고 있다는 것을 의미한다.

그러나 이 시의 관능성은 세계의 파멸로 이어지지 않는다. 시인이 보여주는 악마성이 깃든 관능은 현실에서 실현되는 것이 아니라 꿈속에서 실현되는 것이기 때문이다. "가장 아름답고 오랜 것은 오직 꿈속에만 있다"는 시인의 말은 그가 보여주는 관능이 현실의 혼돈이 아니라 나이브한 자아의 백일몽 속에서 정립되고 있다는 것을 드러내는 것이다. 이것은 곧 시인이 불러들인 "마리아"의 육체가 육체로서의 기능을 제대로 수행하지 못하고 있다는 것을 말해준다. 마리아의 육체를 범함으로써 신의 금기를 해체하고, 세계에 대한 악마의 지배력을 행사하리라는 기대는 기대로 그칠 수밖에 없다. "마리아"의 육체를 범하는 대신 시인이 선택한 것은 정신 혹은 영혼에 의한 그것의 고양이다. 정신이나 영혼에 의한 육체의 고양은 타락한 육체가 아니라 순결한 육체에 대한 희구이다. 순결한 육체에 대한 이러한 시인의 희구는 예술을 고양된 영혼의 순수한 결정체로 인식한 당대의 예술관에 대한 반영으로 볼 수 있다. 시인이 육체에 대해 이야기하면서도 그 육체를 정신이나 영혼으로 이상화시켜 바라본다는 것은 곧 당대의 예술이 제대로 된 육체성을 가지고 있지 못하다는 것을 말해준다. 예술이 육체성을 가지기 위해서는 정신이나 영혼에 의한 지배로부터 벗어나야 한다. 정신이나 영혼으로부터 벗어나 육체가 스스로의 존재성을 인정받는 것이 바로 예술의 현대성이다. "마리아"의 육체를 호출하였음에도 불구하고 그것을 정신이나 영혼으로 환원시킨 이상화의 시가 보여주는 일련의 과정은 그의 시, 더 나아가 1920년대의 예술이 진정한 의미에서의 현대성은 구현하지 못하고 있다는 것을 의미한다.

이러한 현대성의 미성숙함은 우리 현대시사의 최고 시인으로 평가받고 있는 서정주의 경우에도 발견된다. 『화사집』, 『귀촉도』, 『신라초』, 『동천』으로 이어지는 그의 시적 편력은 '아무도 따를 수 없는 도저한 자리'라는 평가가 말해주듯 높은 예술혼을 보여주고 있는 것이 사실이다. 그러나 그에 대한 평가를 살펴보면 그 기준이 지나치게 편향되어 있음을 알 수 있다. 그를 높이 평가하는 평자들 대부분은 그가 이룩한 높은 경지의 정신세계에 매료당한다. 정신에 대한 강조는 자연히 육체에 대한 배제로 이어진다. 육체적인 차원에서 보면 그의 시는 많은 문제점을 드러낸다. 『화사집』 이후 『귀촉도』, 『신라초』를 거쳐 『동천』으로 이어지면서 그의 시에서는 육체가 배제된다. 육체의 배제는 그의 시가 현대 이전의 세계로 퇴행하고 있다는 것을 말해준다. '진정한 현대성이 육체로부터 나온다'[4]고 보면 그의 시는 온전한 현대성을 구현하고 있다고 볼 수 없다. 이미 이런 조짐은 그의 시편들 중에서 비교적 육체성이 잘 드러난다고 평가받고 있는 『화사집』에서도 발견된다.

『화사집』에서는 보들레르적인 차원의 악마성이 엿보인다. 『화사집』의 첫 장을 여는 「자화상」에서 시인은 신의 세계로부터 영원히 추방당한 저주받은 예술가의 초상을 그려내고 있다. 신이 아니라 예술이 구원의 길이 될 수 있다는 믿음 속에는 금기에 대한 해체를 욕망하는 보들레르적인 악마성이 숨어 있다. 악마성에 대한 발견을 통해 진정한 시인이 되려는 열망

---

4 김수영, 「진정한 현대성의 지향」, 『김수영 전집, 산문』, 민음사, 2005, 317.(원문 : "진정한 쪽 현대성은 생활과 육체 속에 자각되어 있는 것")

은 '화사(花蛇)'라는 상징을 만들어내기에 이른다. '화사'란 무엇인가? 관능의 상징이면서 동시에 파멸의 상징인 악마적인 존재이다. 아담과 이브로 하여금 신의 금기를 어기고 선악과를 따먹게 한 존재가 바로 뱀이다. 시인이 '화사'라는 존재를 등장시킨 것은 이런 점에서 주목을 받는다. 만일 아담과 이브가 뱀의 꼬임에 빠져 선악과를 따먹지 않았다면 인간에게 욕망은 존재하지 않았을 것이다. 인간에게 욕망이 없다면 창조도 없는 것이다. 욕망으로 인해 언어에 혼란이 오고 이 혼란은 예술가를 신에 준하는 창조자가 되게 하는 토대를 제공한다. 『화사집』의 중심 상징인 '화사'의 등장은 신의 배반을 통해 미적 자율성과 창조성을 확보하려는 시인의 악마성의 표출인 동시에 현대성에 대한 암시라고 할 수 있다.

麝香 薄荷의 뒤안길이다.
아름다운 배암…….
을마나 크다란 슬픔으로 태여났기에, 저리도 징그라운 몸둥아리냐

꽃다님 같다.
너의할아버지가 이브를 꼬여내든 達辯의 혓바닥이
소리잃은채 날름그리는 붉은 아가리로
푸른 하눌이다. …… 물어뜯어라. 원통히무러뜯어

다라나거라. 저놈의 대가리!

돌 팔매를 쏘면서, 쏘면서, 麝香 芳草 ㅅ길

저놈의 뒤를 따르는 것은
우리 할아버지의안해가 이브라서 그러는게 아니라
石油 먹은 듯…… 石油 먹은듯…… 가쁜 숨결이야[5]

—서정주, 「화사」 부분 인용

여기에서의 "배암"은 저주받은 예술가 곧 시인 자신을 상징한다. "배암"은 "이브를 꼬여 내던 때의 그 달변의 혓바닥"을 가지고 있다. "달변의 혓바닥"을 가지고 있기 때문에 신으로부터 저주를 받지만 또 그것 때문에 이브를 꼬여 선악과를 따먹게 할 수 있었던 것이다. 독도 되고 약도 되는 이 "달변의 혓바닥"이 가지는 양가성은 "아름다운 배암"으로 표상된다. 아름다우면서 동시에 징그럽고 추한 몸뚱어리를 가진 "배암"은 아름다움이 추함에 비해 우월하고, 선이 악에 비해 우월하다는 이분법적인 논리를 해체한다. 추하고 악한 것도 가치가 있다는 논리는 미적 현대성을 반영한다. "아름다운 배암"의 표상이 여기에 있다면 시인의 첫 시집의 제목을 『화사집』으로 정한 것은 미적 현대성을 성취하려는 시인의 역동적인 지향성을 드러내고 있는 것으로 볼 수 있다.

그러나 이러한 역동적인 지향성은 변증법적인 추동력을 얻지 못한다. 「화사」에 드러난 "아름다운 배암"의 이미지는 『화사집』의 다른 시편들에서는 거의 발견할 수 없다. 『악의 꽃』에 드러난 보들레르의 미적 현대성이 알레고리, 댄디, 아방가르드, 매음, 산책자라는 여러 형식을 통해 변주되면서 다양화되고 심화된 것과는 극명한 대조를 이룬다. 『화사집』 이후로 오면 "아름다운 배암"의 "몸뚱어리"로 표상되는 양가성의 아이러니 같은 현

5 서정주, 『미당 시전집 1』, 민음사, 1994, 35쪽.

대적인 감각은 보이지 않는다. '배암의 몸뚱어리', 곧 육체성이 시의 중심에 놓일 때 악마 특유의 세계에 대한 갈등과 대립, 해체라는 변증법적인 논리에 토대를 둔 역동성을 성취할 수 있지만 그것이 없는 도저한 정신세계 속에서는 퇴행이나 정체성만이 존재할 뿐이다. 그의 시의 변모를 두고 이원론적 세계관의 극복 운운할 수도 있겠지만 극복이라고 보기에는 변모에 대한 내적 싸움이 드러나지 않는다. 미적 현대성이란 육체를 토대로 하는 현대적인 감각을 괄호 친 상태에서 정신이나 영혼의 고양만으로는 성립될 수 없다. 그의 시가 가지는 불안이 바로 여기에 있다고 할 수 있다. 그러나 그의 시의 이러한 불안은 정신과 육체가 분리되지 않고 혼돈 상태에 놓이는 『질마재 신화』에 오면 새롭게 극복된다.

3. 거울과 트렁크 속에 숨은 악마

한국 현대시사에서 악마의 또 다른 얼굴을 이상의 시에서 발견할 수 있다. 이상의 시에 드러난 악마는 이상화나 서정주의 경우처럼 의식의 표층에 있지 않고, 무의식의 심층에 머물러 있으면서 마성을 강하게 환기한다. 무의식의 심층에 머물러 있는 악마는 자아의 억압된 부분을 대리하고 있기 때문에 세계에 대한 조화와 융화보다는 갈등과 파괴의 양태를 띠고 나타난다. 악마의 등장으로 인해 그의 시는 혼돈 속에 놓이게 되면서 끊임없이 움직이고, 통일성이 파괴되고, 합일할 수 없는 모순된 것들을 생산하게 된다. 무의식의 심층에 놓인 악마의 이런 속성은 에고의 분열을 초래해 내적 자아와 외적 자아를 영원히 화합할 수 없는 상태로 만들어버린다.

이상 시에 자주 등장하는 '거울 모티프'는 바로 이러한 악마의 출현을 보여주는 단적인 예이다. 거울은 에고의 내면에 숨겨져 있는 억압된 욕망 혹은 리비도적 욕망을 실천하는 악마적 대리인(에고의 악마적 대응자)의 모습을 의식의 장으로 투사한다. 이 악마적 대리인으로 인해 에고는 자신의 억압된 욕망을 들키고 만다. 악마적 대리인인 거울 속의 에고는 이런 점에서 거울 밖의 에고에게는 두려운 존재일 수밖에 없다. 거울 속의 에고 때문에 거울 밖의 에고는 늘 두려움에 떨고, 거울 속의 에고는 거울 밖의 에고의 악마적인 음험함에 맞서 그를 제거하려고 하지만 그것은 처음부터 불가능을 전제한 행위이기 때문에 실패로 끝나고 만다. 거울 속의 에고를 제거한다는 것은 곧 거울 밖의 에고를 제거한다는 것을 의미하기 때문에 이 행위는 결코 성립될 수 없다.

1

나는거울없는室內에잇다. 거울속의나는역시外出中이다. 나는只今거울속의나를무서워하며떨고잇다. 거울속의나는어디가서나를어떠케하랴는陰謀를하는中일가.

2

(…중략…)

3

(…중략…)

4

내가缺席한나의꿈. 내僞造가登場하지않는내거울. 無能이라도조흔나의孤獨의渴望者다. 나는드듸어거울속의나에게自殺을勸誘하기로決心하얏다. 나는그에게視野도없는들窓을가리치엇다. 그들窓은自殺만을爲한들窓이다. 그러나내가自殺하지아니하면그가自殺할수업슴을그는내게가르친다. 거울속의나는不死鳥에갓갑다.

5

내왼편가슴心臟의位置를防彈金屬으로掩蔽하고나는거울속의내왼편가슴을견우어拳銃을發射하얏다. 彈丸은그의왼편가슴을貫通하엿스나그의心臟은바른편에잇다.[6]

—「오감도 시제15호」 부분 인용

거울 속의 자아를 통해 드러나는 "不死鳥"에 가까운 악마성은 에고의 그림자처럼 존재하면서 에고를 극도의 불안 속으로 몰아넣는다. 에고의 내면에 잠재해 있는 억압된 욕망이 드러내는 악마성으로 인한 불안을 잘 보여주고 있는 것이 바로 오감도 시편이다. 오감도 시편에서 에고의 불안은 '조(鳥)'자를 '오(烏)'자로 바꿔 쓰는 언어의 오기를 통해 표출된다. 억압된 욕망이 언어를 통해 표출된다는 것은 '무의식도 언어처럼 구조화되어 있다'는 라캉의 선언을 통해 밝혀진 사실이지만 이것이 드러내는 상징은 선악과를 따먹은 아담과 이브의 행위로 거슬러 올라갈 수 있다. 선악과를 따먹은 행위는 아담과 이브 내면에 잠재된 억압된 욕망을 표출한 것과 등가이다. 여기에서 선악과는 선 / 악이라는 분별지의 체계를 가지며, 이것은 곧 차이를 통해 세계를 체계화하는 언어의 구조와 다르지 않다. 선악과를

6 이상, 김주현 주해, 『이상 문학전집 1』, 소명출판, 2005, 93~94쪽.

따먹음으로써 신의 신성함에 반하는 악마성을 가지게 된 사건은 鳥자를 烏자로 바꾼 사건에 와서 되풀이된다고 할 수 있다.

'조'자를 '오'자로 바꾼 행위는 아버지의 법(신의 법)을 어기는 행위이기 때문에 금기에 대한 저항과 해체에서 오는 불안을 동반할 수밖에 없다. 아버지의 법으로부터 이탈하는 순간 제도적인 안정과 편안함과는 다른 욕망만이 끝없이 흐르는 불안정하고 낯선 세계 속으로 들어서게 된다. 기존에 존재하는 어떤 준거도 없이 매 순간 스스로 준거를 만들어가야 하기 때문에 세계를 조망하는 일은 불투명할 뿐만 아니라 불안하기까지 한 것이다. 시인이 세계에 대한 조감도를 작성해보려고 시도하지만 조감도가 아니라 '오감도' 밖에 작성할 수 없는 이유가 여기에 있다. 조감도가 아닌 '오감도'의 세계에 투영된 에고는 모든 것이 두렵고 무서울 수밖에 없다. 「오감도 시 제1호」에서 '제◯의아해가무섭다고그리오'의 형식으로 반복되고 있는 시행은 이런 점에서 '오감도'로 표상되는 세계에서의 에고의 불안과 공포를 드러낸 것이라고 할 수 있다. '오감도'의 세계에서는 전망 자체가 불가능하다. "13인의 아해들"은 도로를 질주하지만 사실 도로라는 것은 별다른 의미가 없다. 이 문맥에서 중요한 것은 질주이다. 그렇다면 "아해들"은 왜 공포에 질려 질주하는 것일까? "아해들"을 공포로 몰아넣고 있는 대상은 무엇인가? 이 물음에 대한 답을 "무서운아해"와 "무서워하는아해"에서 찾을 수 있다. "무서운아해"는 공포의 주체이고 "무서워하는아해"는 공포의 대상이 된다.

그러나 이러한 구분은 무의미하다. 시인은 "13인의 아해들"을 가리켜 "그중에1인의 아해가무서운아해라도좋소 / 그중에2인의아해가무서운아해라도좋소 / 그중에2인의아해가무서워하는아해라도좋소 / 그중에1인의 아해가무서워하는아해라도좋소"라고 하면서 "무서운아해"와 "무서워하는아해"의 구분을 해체하고 있다. 이것은 '한 아해가 무서운 아해도 또 무서워하는 아해도 된다'는 것을 의미하는 것으로 이 구도는 에고가 거울 속의 에고(무서운 에고)와 거울 밖의 에고(무서워하는 에고)로 분열되어 있는 것과 다르지 않다. 결국 이 시에서 남는 것은 "13인의 아해"이며, 이것은 선 / 악의 양가성을 지니고 있는 에고의 모습이다. 에고는 양가성의 존재이기 때문에 불안한 것이다. 언제 에고의 내면의 욕망을 대리하는 또 다른 악마성을 띤 에고가 모습을 드러낼지 모른다. 불안하기 때문에 에고는 거울을 볼 수밖에 없는 것이다. 거울 속에 있는 자신의 또 다른 에고, 다시 말하면 악마성을 띠고 있는 에고를 보면서 불안의 정체를 탐색해 낼 때 에고의 온전한 모습은 드러날 수 있는 것이다.

거울 속의 에고와 거울 밖의 에고를 통해 악마성의 정체를 탐색해간 이상의 작업은 이후 이승훈, 박상순, 김소연, 성미정, 송찬호, 김언희, 조말선 등으로 이어진다. 「이승훈을 찾아간 이승훈 씨」라는 이승훈의 시의 제목이 말해주듯 이들의 작업은 에고의 내면에 숨겨진 악마성(억압된 욕망)을 에고의 분열을 통해 탐색하고 있다. 이 시인들 중에서 김언희는 에고의 욕망이 가지는 악마성을 다른 누구보다도 더욱 적나라하게 폭로한다. 이상의 악마가 거울 속에 숨어 있어 그 모습을 볼 수 있는 것과는 달리 김언희의 악마는 '트렁크' 속에 숨어 그 모습을 볼 수 없다. 이상의 악마가 성찰을 통해 드러난다면 김언희의 악마는 폭로의 형식을 통해 드러난다. 트렁크 속에 숨어 있는 김언희의 악마는 트렁크의 지퍼를 열면 의식의 지평 위로 용수철처럼 튀어 오른다. 그것은 에고의 내면에 숨어 있는 악마가 혁명을 일으킨 것이라고 해도 무방할 정도로 강렬하다.

이 가죽 트렁크

이렇게 질겨빠진, 이렇게 팅팅 불은, 이렇게 무거운

지퍼를 열면
몸뚱어리 전체가 아가리가 되어 벌어지는

수취거부로 반송되어져 온

토막난 추억이 비닐에 싸인 채 쑤셔박혀 있는, 이렇게

코를 찌르는, 이렇게
엽기적인[7]

— 김언희, 「트렁크」 전문 인용

트렁크 속에 숨어 있던 악마의 출현이 강렬하다는 것은 그만큼 에고의 내면에 존재하는 억압된 욕망이 크다는 것을 의미한다. 트렁크의 "지퍼를 열면 몸뚱어리 전체가 아가리가 되어 벌어진"다는 것은 트렁크가 욕망의 덩어리라는 것에 다름 아니다. 욕망이 신의 법이 금기시하는 제일의 덕목이라는 점에서 "몸뚱어리 전체가" 욕망이라는 사실은 악마에 의한 신의 세계의 전복을 환기하는 것으로 볼 수 있다. 신의 법 혹은 아버지의 법은 이런 점에서 트렁크를 수취거부로 반송할 수밖에 없다. 신의 법이 트렁크를 "수취거부로 반송"하면 할수록 그 법에 대한 저항과 해체 의지는 더욱 강렬해진다.

7 김언희, 『트렁크』, 세계사, 1995, 11쪽.

이 강렬함의 표시가 바로 "코를 찌르는" 엽기적인 시체이다. 시체는 압젝션(abjection)의 최고 형태이다. 신에 의해 에덴 동산에서 추방당한(abject) 아담과 이브의 몸은 금기를 어긴 불경한 몸이다. 적절하고 숭고한 몸만을 이상적인 몸으로 간주하는 신의 법 아래에서 불경한 몸, 특히 "코를 찌르는", "엽기적인" 시체는 사탄으로 간주되어 추방당하는 운명을 맞을 수밖에 없다.

이렇게 추방당한 엽기적인 시체가 김언희의 트렁크 속에 들어 있다. 신의 규율이나 법으로부터 억압되어 있던 악마적인 것의 귀환으로 볼 수 있는 김언희의 시는 그 강렬함으로 인해 에고의 통제를 벗어나 있다. 에고를 중심으로 다른 에고(이드, 슈퍼에고)를 통합하려는 시와는 달리 그녀의 시는 이러한 시도를 단행하지 않는다. 아버지를 살려 둔 채 어머니와의 은밀한 욕망을 꿈꾸는 단계를 넘어 그녀의 시는 아버지(신)의 존재 자체를 부정한다. 어머니와 나 둘 밖에 없기 때문에 그녀의 시는 모든 세계를 탈영토화한다. 에고의 내면에 잠재해 있는 악마성이 어떤 통제도 받지 않은 상태에서 마치 기계처럼 작동하면서 모든 세계를 탈영토화하는 그녀의 시는 이성적이고 합리적인 코드로는 상상할 수 없는 것까지 상상해내는 비이성적이고 엽기적인 면모를 보여준다. 그러나 그녀의 기계처럼 작동하는 악마성은 스스로 신의 권능을 모방하다가 세계에 대한 긴장을 잃어버린 채 표류하고 있다. 악마는 신의 권능을 가질 수 있지만 신을 모방해서는 안 된다. 그녀가 진정한 악마가 되기 위해서는 악마성이 가지는 본연의 의미를 되돌아보아야 한다. 또한 무엇을 위해 내가 왜 악마가 되었는지 그것에 대해 한번쯤 생각해보아야 한다. 그녀의 시에서는 이러한 자의식이 결여되어 있다. 자의식이 없는 악마는 악마의 탈을 쓴 사이비적인 피조물에 불과하다는 것을 시인은 알아야 한다.

4. 검은 영혼의 악마

기형도의 등장은 우리 현대시사에서 또 한 명의 악마의 출현을 알리는 서곡과 같은 것이다. 그의 등장으로 인해 우리는 비로소 죽음이라는 것이 무엇인지 생각하게 되었다. 그의 처음이자 마지막 시집이 된 『입 속의 검은 잎』은 "죽음만이 망가져 있지 않은 시인의 유일한 꿈"[8]이라고 할 정도로 죽음의 심층을 향해 있다. 이 도저한 죽음의 심연 속에 갇혀 그는 죽음을 통해 삶을 사는 진경을 연출하고 있다. 그의 시적 자아는 끝없는 추락 속에 놓여 있으며, 세계에 대한 부정으로 일관하고 있다. 그의 시 어디에도 시적 자아를 구원해 줄 신은 보이지 않는다. 구원으로서의 신의 존재를 부정하는 그의 세계관은 '신은 죽었다'고 선언한 니체의 세계관과 그 맥이 닿아 있다. 니체는 신의 죽음을 선고한 뒤 초인으로서의 인간의 강인함을 강조하고 있지만 그가 말하는 초인이란 허무에의 의지를 불태우는 그런 인간에 지나지 않는다. 기형도는 이런 인간의 모습을 한없이 추락하는 시적 자아의 의식을 통해 보여주고 있다.

나약하지만 결코 신에 기대지 않는 그의 세계관은 인간적인 연민의 정서 속에서 자기 자신을 구원받으려고 한다. 그는 죽음을 향해 나아가는 시적 자아의 궤적을 어둠, 쓸쓸함, 고독의 이미지를 끌어들여 우리를 도저히 헤어날 수 없는 죽음 직전의 환상 속으로 몰고 간다. 죽음을 향해 나아가는 아주 낮은 환상 속에서 우리가 만나는 것은 시적 자아의 고독한 면모와 허무에의 의지이다. 시적 자아는 「오래된 書籍」에서 "내가 살아온 것은 거의 / 기적적이었다.

---

8 김현, 「영원히 닫힌 빈방의 체험」, 『입 속의 검은 잎』 해설, 문학과지성사, 1989, 148쪽.

/ 오랫동안 나는 곰팡이 피어 / 나는 어둡고 축축한 세계에서 / 아무도 들여다보지 않는 질서 // 속에서, 텅 빈 희망속에서 / 어찌 스스로의 일생을 예언할 수 있겠는가"라고 노래한다. 타자와의 소통이 단절된 자신만의 세계에서 텅 빈 희망을 가지고 사는 시적 자아의 삶의 모습은 단독자적인 삶의 모습과 닮아 있지만 이것은 우리가 흔히 말하는 키에르케고르식의 단독자의 개념과는 거리가 있다. 단독자는 모든 세상과 무리에 관해서 고독하지만 그 고독은 하느님의 진리를 전하기 위해서 선행되어야 하는 조건이다. 이것은 단독자의 목적이 하느님의 진리를 전하기 위해서 존재한다는 것을 의미한다. 따라서 단독자는 하느님 앞에서 하느님으로부터 그리고 하느님의 도움에 힘입어서 존재하는 개념이다.

그러나 이 시에 드러난 단독자는 하느님과의 연관 속에서 존재하는 개념이 아니다. 여기에서의 단독자는 하느님이 아니라 바로 자기 자신과의 연관속에서 존재할 뿐이다. 단독자가 절대자와 관계하지 않고 자기 자신과 관계할 때 그 단독자가 가지는 고독과 허무에의 의지는 불안과 공포를 가질 수밖에 없을 뿐만 아니라 저주받은 혹은 처형당한 이미지로 드러날 수밖에 없다.

나를
한번이라도 본 사람은 모두
나를 떠나갔다, 나의 영혼은
검은 페이지가 대부분이다, 그러니 누가 나를
펼쳐볼 것인가,[9]

— 기형도, 「오래된 書籍」 부분 인용

9 기형도, 『기형도 전집』, 문학과지성사, 1999, 47쪽.

시적 자아인 나와 서적은 등가이다. 나의 삶의 궤적을 담고 있는 서적은 다른 사람을 떠나게 하고 또 펼쳐보지 않게 한다. 그것은 "나의 영혼"이 "검은 페이지가 대부분이"기 때문이다. 왜, 시적 자아는 자신의 영혼을 '검다'고 표현한 것일까? 시집 전체를 통해 '검다'라는 이미지는 시의 중심에 견고하게 자리 잡고 있다.

> 긴 어둠에서 풀려나는 검고 무뚝뚝한 나무들 사이로 / 아이들은 느릿느릿 새어 나오는 것이다. (「안개」)
>
> 이 밤, 빛과 어둠을 분간할 수 없는 / 꽝꽝 빛나는, 이 무서운 白夜 (「白夜」)
>
> 저들은 왜 밤마다 어둠 속에 모여 있는가 / 저 청년들의 욕망은 어디로 가는가 (「나쁘게 말하다」)
>
> 어둠 속에서 중얼거린다. / 나를 찾지 말라…… 무책임한 탄식들이여 (「길 위에서 중얼거리다」)
>
> 이곳은 처음 지나는 벌판과 황혼, / 내 입 속에 악착같이 매달린 검은 잎이 나는 두렵다. (「입 속의 검은 잎」)
>
> 밤은 그렇게 왔다. 포도 압착실 앞 커다란 등받이 / 의자에 붙어 한 잎 식물의 눈으로 바라보면 어둠은 / 화염처럼 고요해지고 언제나 내 눈물을 불러내는 저 / 깊은 空中들 (「포도밭 묘지 2」)
>
> 어둑어둑한 여름날 아침 낡은 창문 틈새로 빗방울 / 이 들이친다. 어두운 방 한 복판에서 金은 짐을 / 싸고 있다 (「그날」)
>
> 그 어두운 정오의 숲속으로 / 이따금 나는 한 개 짧은 그림자 되어 / 천천히 걸어 들어간다 (「10월」)
>
> 植木祭의 캄캄한 밤이여, 바람 속에 견고한 불의 / 立像이 되어 / 싱싱한 줄기로 솟아오를 거냐, 어느 날이냐 곧이 / 어 소스라치며 / 내 유년의 떨리던, 짧은 넋이여 (「植木祭」)

어느 날의 잔잔한 어둠이 / 이파리 하나 피우지 못한 너의 생애를 / 소리 없이 꺾어갔던 그 투명한 / 기억을 향하여 봄이 왔다. (「나리 나리 개나리」)

아으, 칼국수처럼 풀어지는 어둠! 암흑 속에서 하 / 얗게 드러나는 집. 이 불끈거리는 예감은 무엇일까. / 나는 헝겊같은 배를 접으며 이 악물고 언덕에 섰다. 그리하여 풀더미의 칼집 속에 하체를 담그고 자 / 정 가까이 걸어갔을 때 나는 성냥개비 같은 내 오른 / 팔 끝에서 은빛으로 빛나는 무서운 섬광을 보았다 (「폭풍의 언덕」)

장님처럼 나 이제 더듬거리며 문을 잠그네 / 가엾은 내 사랑 빈집에 갇혔네 (「빈집」)

아아, 사시나무 그림자 가득/찬 세상, 그 끝에 첫발을 디디고 죽음도 다가서지/못하는 온도로 또 다른 하늘을 너는 돌고 있어. 네 / 속을 열면 (「밤눈」)

묘지에 서로 모여 갈대가 울었다. 그 속으로 눈발 / 이 힘없이 쓰러졌다. / 어둠이 하얗게 질린 얼굴로 사위어 있었다. / 뒤엉켜 죽은 망초꽃들이 휘익휘익 공중에서 말하 / 고 지나갔다. (「沙江里」)

때로는 가슴을 후벼 파는 아픔으로, 또 때로는 숨 막힐 정도의 아련함으로 그의 시집 전편을 가로지르는 이 검은 이미지의 정체는 시적 자아의 영혼에 다름 아니다. 시적 자아가 자신의 영혼을 검은 이미지로 표현한 것은 그 영혼이 저주받았기 때문이다. 신으로부터 벗어나 자기 자신에게서 위안을 찾는 시적 자아의 행위는 신에 대한 도전으로 볼 수도 있지만 또 다르게 보면 그것은 신으로부터 버림받은 혹은 저주받은 것이 된다. 악마의 이미지가 그러하듯 이렇게 신으로부터 저주받은 자의 이미지는 검을 수밖에 없다.

신을 부정함으로써 검은 영혼을 가진 시적 자아는 금기에 대한 해체 욕망과 죽음에 대한 환상 그리고 신과의 관계를 벗어난 단독자적인 고독에 대한 향수를 늘 운명처럼 지니고 있는 인간에게 매혹적인 대상임에 틀림없다. 기형도의 시가 많은 사람들의 정서 속으로 거침없이 스며들 수 있는 이유도 따지고 보면 여기에 있다고 할 수 있다. 기형도가 가지는 대중적인 흡인력을 스물아홉에 요절한 그의 죽음에서 찾을 수 있을 것이다. 그의 죽음은 단순한 신체적인 죽음을 넘어서 하나의 문화사적인 사건으로 기억되고 있다. 그의 죽음은 온갖 이야기들을 낳음으로써 죽음에 대한 혹은 어떤 대상에 대한 되쓰기의 효과를 창출하는 대표적인 예로 간주된다. 정과리 식으로 이야기하면 그의 죽음은 "자율성과 자족(합목적성)이라는 문학의 고유한 자질이 붕괴되는 문학 공간을 탄생시켰다"[10]는 것을 뜻한다. 그러나 그의 죽음이 대중의 관심을 불러일으킨 것은 이러한 신체의 죽음과 함께 검은 영혼으로 상징되는 그의 시적 자아의 세계에 대한 성찰이 있었기 때문에 가능했던 것이다.

기형도의 시가 보여주는 이러한 양상은 그의 죽음 이후 우리 시단에 큰 반향을 불러일으켰다. 특히 세기말이라는 시대 상황과 맞물려 그의 시가 보여주고 있는 죽음과 검은 영혼의 이미지로 표상되는 악마성은 새로운 시의 형식을 창출하는 토대가 되었다고 할 수 있다. 그의 죽음 이후 우리 시단에 일기 시작한 도저한 부정성의 세계관과 허무주의 그리고 죽음에 대한 환상은 그의 시의 영향으로 볼 수 있다. 그러나 그의 영향권 안에 있던 젊은 시인들이 그의 시의 세계를 확장하고 심화했다고 말할 수 없다. 죽음을 살아내는 생의 개념이라는 차원에서 보면 젊은 시인들이 보여주는 죽음 의식은 그의 시의 계승으로 볼 수 있지만 그들이 죽음을 유희적인 차

10 정과리, 「죽음, 혹은 순수 텍스트로서의 시」, 『무덤 속의 마젤란』, 문학과지성사, 1999, 91쪽.

원, 다시 말하면 현실원칙과 쾌락원칙이라는 고정된 틀 안에서 보고 있다는 점에서는 일정한 한계를 드러낸다고 할 수 있다. 기형도가 보여준 신을 배제한 상황에서의 절대 고독과 부정성, 단독자적인 개념의 재해석 등은 그의 사후 죽음을 노래한 젊은 시인들의 시에서는 좀처럼 발견할 수 없다. 『입 속의 검은 잎』이라는 한 권의 시집을 남기고 그는 떠났지만 그가 이 시집에서 보여준 악마성이 깃든 고독한 인간의 모습은 모든 사람들에게 보편적인 만족의 대상으로 존재하고 있다. 이런 점에서 그의 시는 미적인 성취를 보여준다고 할 수 있다. 다만 죽음에 대한 그의 상상력이 구체적으로 어떤 미적 현대성을 성취하고 있는지 하는 문제는 좀 더 면밀하게 검토해 보아야 할 것이다.

5. 악마의 현대성

최근 우리시는 양적인 팽창에도 불구하고 전체적으로 매너리즘 상태에 빠져 있다. 생태시, 선시, 여성시, 해체시, 메타시, 영상시, 매체시 등 그 어느 때보다도 다채로운 시의 세계를 펼쳐 보이고 있지만 그것이 우리 현대시사라는 차원에서 볼 때 미적 변증법의 도정에 놓일 정도로 문제적인 것은 아니다. 특히 최근에 우리 시단에 폭발적인 에너지를 불어넣고 있는 것으로 평가받고 있는 여성시의 경우에도 미학적인 차원보다는 사회적이고 정치적인 차원으로 기울어져 있다. 여기에는 여러 가지 원인이 있을 수 있지만 다른 무엇보다도 먼저 지적할 수 있는 것은 이들이 기존의 미학적인 체계에 저항하고 그것을 해체하려는 의지가 부족하다는 사실이다. 이러한 의지의 부족은 시인 스스로 그 안에 악마성을 키우고 있지 않기 때문에 발생한다.

악마적인 것은 예술의 세계에서는 악한 것이 아니라 선한 것이다. 그러나 지금 여기에서는 누구도 악마가 되려고 하지 않는다. 우리가 흔히 악마의 출현의 적기로 삼고 있는 세기말에도 악마의 탈을 쓴 사이비적인 피조물은 나타났지만 진정한 의미에서의 악마는 출현하지 않았다. 너도나도 앞 다투어 자신이 악마라고 떠들어댔지만 이들의 선언은 마치 무엇인가 하지 않으면 스스로 존재성을 상실할 것 같은 불안감에 각종 화려한 치장과 구호로 요란법석을 떨다가 한 순간 허무하게 무너져 내린 밀레니엄 이벤트 행사와 다를 바 없었다. 악마는 자신이 저주받은 예술가라는 깊은 자의식과 세계에 대한 고독을 스스로 감내해 낼 때 비로소 성립될 수 있는 것이다. 지금 여기에서 우리 시인들에게 부족한 것은 바로 이것이다. 시인이 평범한 직업인 혹은 일상인으로 전락했을 뿐만 아니라 집단 속에서 고독을 체험하지 않고 집단에 동화되어 버리는 현상이 나타나고 있다. 시가 정치적이고 사회적인 연대 의식의 소산일 수도 있지만 그것보다 더 중요한 것은 그것이 단독자적인 고립감으로부터 탄생한다는 사실에 대한 자각이다. 이런 점에서 악마는 고독할 수밖에 없다. 우리 시인들은 좀 더 고독해져야 한다. 그 고독 속에서 금기에 대한 위반과 부정성, 생의 강렬함, 관능성, 비개념성, 무목적의 목적성 같은 미적인 자질을 키워야 한다. 악마는 주어지는 것이 아니라 만들어 가는 것이다.

제4장

한국 현대시와 여성성

1. 여성성 · 자율성 그리고 주체

한국 현대시에서 여성성의 문제에 대해 이야기한다는 것은 참으로 애매한 면이 있다. 우선 여성성이라고 할 때 그 개념을 어떻게 정의할 것인가가 문제된다. 무엇이 여성성인가? 이 물음에 대한 답은 자명한 것 같지만 기실 그것은 깊이 따져들어 갈수록 점점 난해한 질문이 되고 만다. 여성성이 여성이 가지는 특성이라고 한다면 그것은 생래적으로 타고난 것인가? 아니면 사회 문화적으로 구성된 것인가? 흔히 여성을 보살핌의 차원에서 규정하는 경향이 있다. 이 보살핌은 남성의 합리성과 대비되어 남성과 여성을 구별할 때 어떤 보편타당한 개념으로 간주되어 온 것이 사실이다. 이런 관점에서 여성적인 덕성은 보살핌을 제대로 수행하기 위해 다른 사람의 필요에 대한 감응성, 그들에 대한 강한 보호 본능, 따뜻함, 부드러움, 조용함, 깔끔함, 탁월한 언어적 표현력, 직관력, 협동심 등의 덕성들이 필요하게 되는 것이다.[1]

여성성을 보살핌의 차원으로 이해하는 것은 어떤 내적인 필연성에 기반을 둔 것은 아니다. 여성이 생물학적으로 남성에 비해 보살핌의 성향이 강하다는 증거는 없다. 여성의 보살핌의 성향은 생물학적이라기보다는 사회문화적인 차원에 의해 결정된다고 할 수 있다. 사회에 따라서는 남성이 여성보다 더 강한 보살핌의 성향을 보이기도 한다. 이것은 어떤 사회에서는 남성들이 여성들보다 더 여성적인 성향을 보인다는 것을 의미한다.[2] 일반적으로 여성이 보살핌의 성향이 강하다고 인식되는 것은 출산이나 양육의 문제를 여성 억압이나 통제의 기제로 이용하려는 남성의 지배 이데올로기가 만들어낸 부정적인 결과의 산물이라고 할 수 있다. 이런 점에서 여성을 보살핌 혹은 여성성을 보살핌의 의미 차원으로 규정하는 것은 많은 문제점을 가진다고 할 수 있다.

우리시의 여성성에 대한 논의도 대부분 이런 차원에서 행해진 것이 사실이다. 보살핌의 차원에서 여성 혹은 여성성을 정의하고 한국 현대시를 보면 보살핌 이외의 성향을 보이는 여성시의 세계를 제대로 포괄할 수 없을 뿐만 아니라 여성 속에 내재한 남성성 혹은 남성 속에 내재한 여성성의 세계를 제대로 드러낼 수 없다. 남성중에서도 여성성을 드러내는 시인이 있고, 여성 중에서도 남성성을 드러내는 시인이 있는 것이다. 하지만 보살

1 허란주, 「여성성과 남성성의 극복을 위한 소고」, 『감성의 철학』, 민음사, 1996, 195쪽.

2 허란주, 위의 글, 183쪽.

핌을 여성 혹은 여성성의 성향으로 규정해버리면 내적 필연성이 아닌 이데올로기적인 강압에 의한 자의적인 결합이기 때문에 다양한 모순이 발생하게 된다. 이 사실은 한국 현대시의 여성성의 문제를 보살핌의 차원에서 남성 여성 모두에게서 찾는 논의라든가 혹은 그것을 여성에만 국한시켜 찾는 논의 자체가 문제가 있다는 것을 말해준다.

이러한 문제를 해결하기 위해서는 먼저 여성 혹은 여성성을 보살핌으로 규정하는 것을 해체해야 한다. 여성 혹은 여성성은 보살핌을 수렴하지만 그것이 의미 영역의 전부가 아닌 일부라는 사실을 인식할 필요가 있다. 여성 혹은 여성성은 보살핌뿐만 아니라 이미 개념화된 어떤 의미로 온전히 규정할 수 없다. 여성 혹은 여성성은 그 자체로 자율적인 의미체계를 가진다. 여성이나 여성성이 보살핌의 예에서처럼 어떤 하나의 의미로 굳어진다면 그것은 이분법적인 해석의 경직성을 초래해 한국 현대시의 여성성을 해명하는데 도움을 주지 못할 것이다.

그것은 성에 대한 탐구도, 보살핌이라는 의미 차원에서의 여성성에 대한 탐구도 아닌 자율적인 의미체계로서의 여성성 그 자체에 대한 탐구를 말한다고 할 수 있다. 이때 자율적인 의미체계로서의 여성성은 보살핌을 넘어 다양한 영역을 수렴하는 열린 체계를 지향한다. 이러한 인식태도는 여성성의 의미체계를 고정된 실체가 아니라 무한히 변화할 수 있는 가능성의 세계로 열어놓고 있다는 점에서 기존의 이분법적인 차원을 극복한 것이지만 여성성의 주체 문제를 고려하지 않으면 논의 초점이 흐려질 수 있고 또 논의의 범주가 구체적으로 드러나지 않을 수도 있다. 따라서 주체를 정하는 것이 필요하다.

하지만 이 과정에서 우리가 간과하지 말아야 할 것이 하나 있다. 그것은 우리가 주체의 개념을 이미 정해진 존재가 아니라 구성되어질 존재로 인식해야 한다는 점이다. 다시 말하면 주체의 개념을 한국 현대시 속에서 이해와 판단 등 해석을 통해 새롭게 구성해야 한다는 점이다. 그런데 이 주체는 여성성이 여성의 덕성 내지 속성을 토대로 성립된 개념이라는 점에서 남성시인보다는 여성시인이 그 중심에 놓인다고 할 수 있다. 남성 시인들의 시에도 여성성이 존재하지만 그것은 어디까지나 타자성의 영역에서 성립되는 것이기 때문에 주체의 영역으로 들어오기에는 일정한 한계가 있다. 따라서 한국 현대시의 여성성에 대한 논의는 현대 여성시인들의 시를 이해와 판단 등 해석 과정을 통해 여성성의 문제를 새롭게 구성하는 일까지 포함하는 보다 광범위한 실천행위가 될 것이다.

2. 남근중심주의와 여성시의 계보학

한국 현대시의 여성성은 이미 규정된 것이 아니라 구성되는 것이기 때문에 통시적인 감각을 통해 이루어질 수밖에 없다. 통시적인 감각으로 한국 현대시에서의 여성시를 보면 의미 있는 하나의 흐름을 발견할 수 있다. 이 흐름은 의식의 표층이 아니라 심층에 드러난 것으로 그것은 여성성에 대한 다양한 감각과 인식의 깊이를 동반한다. 감각과 인식은 시대의 흐름 속에서 형성된 것이기 때문에 우리의 사회 문화 속에서의 여성의 위치와 그들이 처한 현실 상황과 유비관계에 놓인다. 이 유비성은 시대의 다양한 사회 문화적인 층위를 내포한 개념으로 이해할 수 있는 것으로 그것은 진보와 정체 그리고 퇴보의 의미를 동시에 아우르는 개념이라고 할 수 있다.

시대의 흐름에 따라 사회 문화가 진보했느냐 아니냐 하는 문제는 보는 시각에 따라 다를 수 있다. 여성성의 문제도 이와 다르지 않다고 할 수 있다.

하지만 우리 근현대사의 흐름 속에서 여성 혹은 여성성의 문제는 그 역사 속에서의 또 다른 역사라는 점을 간과해서는 안 될 것이다. 우리의 근현대사가 강대국들의 힘의 논리에 의해 좌지우지되는 패턴을 보여 왔다면 우리 여성 혹은 여성성의 역사는 강대국뿐만 아니라 가부장제적인 남성에 의해 이중적으로 억압받는 그런 패턴을 보여 왔다고 할 수 있다. 이것은 우리 근현대사에서 여성성의 문제가 그 나름의 존재성을 드러낼 수 있는 시간과 기반이 결핍되어 있다는 것을 말해준다. 사실 우리 근현대사에서 여성성이 사회 문화의 기저를 뒤흔드는 존재론적인 사건으로 부상한 일이 있었던가. 사회 문화적인 차원에서 여성성의 문제가 부상한 것은 90년대 이후의 일이며, 그 이전의 여성성의 문제는 주로 되읽기 과정을 통해 해석의 차원에서 그 존재성을 드러낼 뿐이다.

현대시에서의 여성성의 문제도 이러한 과정을 통해 구성될 수밖에 없다. 지금까지 이 문제는 우리 문학사에서 제대로 논의의 대상조차 되지 않았던 것이 사실이다. 우리 문학사는 철저하게 남성 중심으로 씌어진 문학사로 여기에서의 여성 혹은 여성성은 언제나 선택이 아니라 배제의 메커니즘 차원에서 다루어진 것이 사실이다. 그것은 언제나 여류라는 이름으로 치부되어 왔다. 여기에서의 여류는 남성을 제외하고 남은 기타나 미숙하고 유치한 수준의 인식을 소유한 무리쯤으로 간주되어 온 허접한 이름이다. 여성시인들에 대한 남근중심주의적인 시각은 기본적으로 남성과 여성의 차이에 의한 존재성 자체를 인정하지 않고 있다. 이것은 남근중심주의적인 시각이 기본적으로 여성이 처한 현실상황에 대한 고려 없이 남성의 시각에서 그것을 평가하고 있다는 것을 의미한다. 이들이 여성시인들을 부정적으로 인식하는 근거로 내세우고 있는 '상상력의 폭의 좁음', '정서적 긴장감의 결여', '예술과 생활의 혼돈', '남자들의 그늘에의 안주', '사회정치적인 문제에 대한 무관심', '낭만주의적인 안일 일변도의 애조나 정서적이고 내면적인 언어에의 안주', '역사의식이나 현실의식, 치열한 체험적 시정신의 결여'[3] 등이 바로 그것이다.

이들의 평가는 전혀 논리적인 근거가 없는 것은 아니다. 이들의 이러한 부정적인 평가는 오랜 역사적인 맥락을 지닌 남근중심주의라는 견고한 논리를 토대로 한 것이기 때문이다. 이들의 오랜 역사적인 맥락은 여성시의 역사적인 맥락을 배제하고 소외시키는 메커니즘이라는 점에서 그것은 보편타당성을 가지지 못한다고 할 수 있다. 이들의 논리는 균형감각이 상실된 일면화된 논리라는 위험성을 그 안에 내장하고 있다. 따라서 이러한 위험성으로부터 벗어나는 일은 그 논리의 허구성을 폭로하고, 새롭게 여성시의 역사, 다시 말하면 여성시의 계보학을 작성하는 일이다. 여성시의 계보학은 그 특성상 여성주의적인 시각을 노정할 수밖에 없지만 그것은 어디까지나 최소한의 존립근거를 마련하기 위한 실천적인 행위라고 할 수 있다. 이들의 행위를 이데올로기에 의한 권력의 문제로 해석하는 것은 여성의 현존재적인 상황을 전혀 고려하지 않은 남근중심주의적인 음험함이 내재된 의도로 볼 수 있다.

여성시의 계보학은 그동안 남근중심주의 계보학이 배제하고 소외시킨 것을 복원하고 회복시키려는 의도를 가진다. 이것의 복원과 회복은 기존

3 정끝별, 「여성주의 시 연구의 흐름과 쟁점」, 『오룩의 노래』, 하늘연못, 2001, 99~102쪽 참조.

의 남근중심의 시사에 대한 해체를 겨냥하며, 이것은 결국 새로운 시사에 대한 욕망으로 해석할 수 있다. 하지만 이것은 간단한 문제가 아니다. 새롭게 회복된 여성시의 역사가 어떻게 기존의 역사 속에서 그 존재성을 획득할 수 있을지 그것은 여성시의 계보학을 작성하는 것보다 어쩌면 더 어려운 일이라고 할 수 있다. 여성시의 계보학을 작성하고 그 기치를 내세우는 것은 여성 독자 차원에서도 실천할 수 있는 일이지만 새로운 시사를 구축하는 것은 기존의 중심적인 권력을 행사해 온 중심세력인 남성의 차원을 고려해야 하는 것이기 때문에 결코 쉽지 않은 일이다.

이러한 사실은 대단히 중요한 시사점을 제공한다. 먼저 여성주의 시각에서 이루어지는 여성시의 계보학의 정립이 기존의 남근중심주의 시각에서 이루어진 계보학과 필연적으로 갈등 관계에 놓일 수밖에 없으며, 이 과정에서의 인식과 실천의 결과가 한국시의 여성성의 문제를 새롭게 정립하는데 영향을 미친다는 사실이다. 여성시의 계보학을 정립하는 일이 무엇보다도 중요하지만 그것만으로 문제가 해결되지 않는다는 것을 이 사실은 잘 말해주고 있다. 여성시의 계보학을 세우는 것은 온전한 우리 시사를 위해 반드시 선행되어야 할 일이지만 그것만이 전경화될 때 우리는 역사의 주체로 온전히 설 수 없다는 사실을 인식해야 할 것이다. 이것은 우리 시사에서 순수한 여성시의 계보학이 그 존재성을 획득하기 위해서는 기존의 남근중심주의적인 계보학과의 대화적인 관계를 통한 해체 전략을 구사해야 한다는 것을 말해준다.

하지만 기존의 남근중심주의 계보학과의 대화는 여성시의 계보학에 대한 정립이 선행된 이후에나 가능한 일이다. 여성시의 계보학이 정립되지 않은 상태에서 그것을 고려하다보면 남근중심주의 계보학의 논리에 함몰

될 위험성이 있다. 이런 점에서 여성시의 계보학을 정립한다는 것은 단순히 여성시인의 시를 발굴하고 정리해서 그것을 통시적으로 나열하거나 분석하는 차원을 넘어서는 것을 의미한다. 여성시의 계보학을 정립하기 위해서는 여성시 속에 드러난 여성 주체의 의식을 고려해야 한다. 여성 주체의 의식이 무엇을 지향하고 있는가? 하는 점이 먼저 고려되어야 한다는 것이다. 여성 주체의 의식이 남성의 세계에 종속되어 있거나 그것을 답습하고 있다는 사실을 자각하지 못한 채 시적 세계를 노래한 시에 대해 보다 정치한 가치평가적인 해석이 이루어져야 한다.

이런 관점에서 우리 여성시인들의 시를 해석하면 여성 주체의 의식이 자기 정체성을 겨냥하고 있음을 알 수 있다. 이것은 어쩌면 당연한 귀결인지도 모른다. 여성이 자기 정체성에 대한 자각을 행할 때 비로소 하나의 주체로 존재한다는 것을 상기한다면 이러한 귀결은 새삼스러울 것이 없다. 하지만 이 당연한 것이 전혀 당연하게 받아들여지지 않은 것이 바로 우리 여성시인들의 상황이다. 우리 여성시인들의 자기정체성에 대한 자각은 우리의 근대가 드러내는 자기정체성의 문제와 맞물려 있다. 그러나 불행하게도 우리 근대의 자기정체성은 여성의 주체적인 자각을 요구하거나 필요로 한 것이 아니다. 우리의 근대는 남성문인들의 주체적인 자각을 통해 자기정체성을 유지하려고 했던 것이다. 남성문인들이 선각자적이고 선지자적인 의식을 통해 근대의 제 모순을 돌파해가려고 한 사실이나 죽음을 불사하면서까지 근대의 본질에 대한 집요한 천착을 보인 사실들이 그것을 잘 말해준다.

이들은 근대의 자기정체성이 곧 자신의 자기정체성과 다르지 않다는 것을 자연스럽게 의식하고 있었던 것이다. 이것은 여성시인들의 자기정체성

문제와 관련하여 중요한 시사점을 제공한다. 근대가 남성의 의식 및 구조의 산물이라면 근대적인 제도로서의 시 역시 이것으로부터 자유로울 수는 없다. 우리가 알고 있는 시, 다시 말하면 근대시(현대시)는 하나의 근대적인 제도로서의 문학인 것이다. 시가 하나의 근대적인 제도이기 때문에 여성시인들의 자기정체성 혹은 우리 현대시의 여성성의 문제에 있어서 이 제도에 대한 해체의 문제가 중요한 논의의 대상이 된다. 이처럼 우리 여성시인들의 자기정체성, 다시 말하면 우리 현대시에서의 여성성의 문제는 의식뿐만 아니라 그것이 드러내는 형식 및 제도의 차원까지 포괄하는 광의의 문제의식을 거느리고 있다.

3. 여성성의 발견과 모색

우리 여성시를 남성 중심의 근대적인 상황 속에서 여성시인들의 자기정체성의 탐색 정도로 이해한다면 그 시기는 대개 70년대 이후라고 할 수 있다. 여성시사에서 70년대가 한 분기점이 된 데에는 여러 문학 외적 내적 상황이 요인으로 작용한 결과이지만 그 중에서도 우리가 간과하지 말아야 할 것은 여성의 자기정체성에 대한 자의식이 이 시기를 기점으로 시 속에 투영되고 있다는 사실이다. 70년대 이전에도 소수이기는 하지만 여성시인들이 그 나름의 활동을 보여준 것은 사실이다. 우리 근현대시사에서 여성시인들의 등장은 1920년대까지 거슬러 올라갈 수 있다. 1920년대의 김명순, 김원주, 나혜석, 1930년대의 김오남, 노천명, 모윤숙, 1960년대의 김후란, 김여정, 추은희, 김지향, 유안진, 김윤희, 허영자, 강계순, 문정희 등이 여류시인이라는 이름으로 불리면서 활동한 것이 바로 그것이다.

여성시인들 앞에 붙은 여류라는 말이 잘 말해주듯이 이들은 하나같이 남성 중심의 시사에서 배제되고 소외된 기타 시인들이자 허접한 일군의 시 나부랭이나 쓰는 그런 시인이었던 것이다. 이러한 경멸과 냉소는 남근 중심의 시각이 만들어낸 부정의 산물이지만 좀 더 심층적으로 따져보면 여기에는 여성의 자기정체성에 대한 인식의 부족과 불합리하고 부조리한 남성 중심의 사회 구조 및 제도에 대한 비판적인 인식이 결여되어 있음을 쉽게 발견할 수 있다. 이들이 가진 이러한 한계를 전적으로 개인적인 것으로 치부하는 것은 가혹한 처사이다. 이들이 보인 한계는 시대적인 상황에서 비롯된 한계라고 할 수 있다. 이들이 여성의 자기정체성을 자각하고 그것에 자의식을 느끼기에는 그 당대의 남근중심주의적인 시대 상황이 주는 중압감이 너무 크게 작용했기 때문이다.

이 시대의 여성시인들이 가지는 중압감의 정도를 우리는 신여성의 대명사로 불리는 나혜석을 통해서도 확인할 수 있다. 나혜석은 일생동안 총 4편의 시를 남긴다. 「광(光)」(『女子界』 제2호, 1918.3), 「냇물」(『廢墟』 제2호, 1921.4), 「사(砂)」(『廢墟』 제2호, 1921.4), 「인형의 가(家)」(『매일신보』, 1921.4.3)가 바로 그것인데, 이중 「인형의 가(家)」는 여성의 자기정체성과 관련하여 일정한 문제의식을 드러내고 있는 시라고 할 수 있다.

> 1
> 내가 인형을 가지고 놀 때
> 기뻐하듯
> 아버지의 딸인 인형으로

남편의 아내 인형으로
그들을 기쁘게 하는
위안물 되도다

(후렴)
노라를 놓아라
최후로 순순하게
엄밀히 막아논
장벽에서
견고히 닫혔던
문을 열고
노라를 놓아주게

2
남편과 자식들에게 대한
의무같이
내게는 신성한 의무 있네
나를 사람으로 만드는
사명의 길로 밟아서
사람이 되고저[4]

— 나혜석, 「인형의 가(家)」 부분 인용

이 시에 대한 해석은 어떤 입장을 취하느냐에 따라 다르게 드러난다. 이 시는 '구속과 자유의 개념을 분별하지 못하고 있고, 그것을 오히려 선구적

4 나혜석, 『나혜석 전집』, 태학사, 2000, 113~114쪽.

인 것으로 착각하고 있으며, 노라를 자신의 쾌락이나 연애를 위해 교묘히 이용하고 있는 것'[5] 으로도, 또 '인형과 같은 자신의 존재에 대한 자의식의 표출과 그것이 직면한 제도적 인습에 대한 도전'[6] 으로도 해석될 수 있다. 이 두 상반된 해석의 차이는 노라와 가정에 대한 시인의 자의식의 정도가 가지는 진정성을 어떻게 바라보느냐의 차이에서 비롯된 것이다. 전자의 경우는 그것에 대해 회의하는 태도를, 후자의 경우는 적극적인 믿음과 수용의 태도를 보이고 있다. 한 대상을 두고 이렇게 입장이 상반되는 것은 그 대상에도 원인이 있지만 그에 못지않게 해석자에게도 그 원인이 있다고 할 수 있다. 여기에서의 차이는 해석자가 남근중심주의적인 입장을 견지하고 있느냐 아니면 여성주의적인 입장을 견지하고 있느냐 하는 태도에서 비롯된 것이라고 할 수 있다.

이 두 입장은 각각 그 나름의 해석 근거를 가지고 있지만 동시에 간과하고 있는 것이 하나 있다. 그것은 시인이 처한 시대적인 현실 상황에 대한 고려이다. 시대적인 현실 상황에 대한 고려가 전제된다면 이들의 해석이 지나치게 편향되어 있다는 것을 곧 인식하게 될 것이다. 이것은 남근중심주의나 여성주의가 그 안에 강한 이데올로기적인 속성을 지니고 있기 때문에 가능한 것이다. 그럼에도 불구하고 시인이 보여주고 있는 여성의 정체성에 대한 자의식은 그 의미를 소홀히 해서는 안 되리라고 본다. 이러한 자의식이 다시 우리 여성시에 출몰한 시기가 70년대라는 점을 상기한다면 시인의 선구적인 면은 인정해야 할 것이다.

---

5 김윤식, 「여성과 문학」, 『아세아 여성연구』 제7집, 숙명여대 아세아 여성문제연구소, 1968, 106쪽.

6 고정희, 「한국 여성문학의 흐름」, 『또 하나의 문화 2』, 평민사, 1986, 105쪽.

여성의 자기정체성에 대한 이러한 자의식은 식민지와 해방을 거쳐 60년대까지 드러나지 않다가 70년대에 들어와 본격적으로 드러나기 시작한다. 70년대에 오면 여성시인들은 남성시인들의 계보와는 다른 여성시인들의 계보를 형성하고, 여성만의 언어에 대한 자의식을 가지며, 남근중심주의적인 제도로서의 시에 대한 해체를 시도하기에 이른다. 이들은 여류라는 이름으로 줄곧 종속의 고리를 만들어 온 남성중심의 구조에서 비롯된 콤플렉스를 비로소 떨쳐버리게 된다. 이들은 오히려 남성시인보다 더 높은 시적 기교와 일급의 미학적인 자의식을 소유하게 된다. 이런 맥락에서 70년대에 우리가 주목해야 할 여성시인은 강은교, 고정희, 김승희, 최승자, 김혜순 등이다.

강은교의 등장은 우리 여성시의 차원에서 보면 남다른 데가 있다. 그녀의 등장은 '당시의 여류시인들이 보여주고 있던 폭이 좁은 진부한 주제의식과 소박한 서정의 한계를 뛰어넘는 심도 있고 참신한 시세계를 구축'[7] 한 것으로 평가할 수 있다. 그녀의 시는 초기의 허무주의적인 세계를 거쳐 후기에 오면 생명에 대한 총체적 인식과 삶에 대한 낙관적 전망으로 이어진다. 그녀의 시세계의 이러한 유연함은 우리가 흔히 여성시인들의 시를 평할 때 총체성의 감각의 결핍에 대한 위반으로 볼 수 있다. 그녀의 시는 어떤 사물이나 대상을 노래해도 그것을 남성의 시선에 의해 규정된 여성의 보살핌이라는 감각에 안주하거나 함몰된 양상을 보여주지 않고 있다. 가령,

눈떠야 하리

7 이영섭, 「시의 풍요로운 생명감」, 『그대는 깊디깊은 강』 해설, 미래사, 1991, 141쪽.

시든 꽃대궁에 누운 별빛을 지나서
몸살하듯 내리는 한밤 무서리를 지나서
서슬 푸른 바람 끝
새벽과 새벽이 맞닿은 곳
거기 맨몸으로
일어서야 하리[8]

—강은교, 「소리 9」 부분 인용

이나

일어서라 풀아
일어서라 풀아
땅 위 거름이란 거름 다 모아
구름송이 하늘 구름송이들 다 끌어모여
끈질긴 뿌리로 긁힌 얼굴로
빛나라 너희 터지는
목청 어영차
천지에 뿌려라[9]

—강은교, 「일어서라 풀아」 부분 인용

에서 보여주고 있는 시적 세계가 바로 그것이다. 이들 시에는 섬세함과 강함, 부드러움과 날카로움, 어둠과 밝음, 차가움과 뜨거움, 허무와 열정 등

8 강은교, 『그대는 깊디깊은 강』, 미래사, 1991, 78쪽.
9 강은교, 위의 책, 82쪽.

의 감각이 복합적으로 내재해 있다. 시적 소재나 대상들이 여성적인 감각 일변도로 흐를 질료들임에도 불구하고 그것을 균형감각과 절제를 통해 시적 전망을 제시하고 있다는 것은 이전의 여성시인들에게서 발견할 수 없었던 그녀의 시의 미덕이라고 할 수 있다.

고정희는 페미니즘 담론의 부상과 함께 화려한 조명을 받은 시인으로, 시적인 차원을 넘어 과대 포장된 부분이 없지 않지만 그의 의미는 우리 여성시사에서 결코 간과할 수 없는 의미를 지닌다고 할 수 있다. 『누가 술틀을 밟고 있는가』, 『실낙원 기행』, 『초혼제』, 『이 시대의 아벨』 등으로 이어진 그녀의 시의 존재 가치는 우리 여성시인들에게 결핍되어 있는 리얼리즘 감각을 획득하고 있다는 데에 있다. 여성의 억압과 수난의 문제를 개인이나 가족 이데올로기의 차원을 넘어 그것을 국가나 민족의 차원으로 확대하고 있는 것은 그녀가 남근중심주의의 본질을 단순하게 남성과 여성이라는 이분법적인 구도로 환원시키고 있지 않다는 것을 말해준다. 남성도 반독재 반제국주의 이데올로기의 피해자라는 사실에 입각해서 보면 남성과 여성은 평행선적인 적대 관계로 놓일 수 없다. 남성과 여성은 대립과 갈등을 통한 변증법적인 합을 도출해야 할 존재들이지 서로에 대한 극단적인 거리두기와 부정의 대상은 아닌 것이다. 남근중심주의에 대한 저항의 날을 벼리고 있는 그녀의 시들은 우리 여성시의 지형도를 포괄적으로 형상화하고 있다고 할 수 있다.[10]

김승희와 김혜순의 존재는 우리 여성시사에서 남다른 데가 있다. 그것은 이들이 보여준 여성의 언어에 대한 민감한 자의식 때문이다. 여성의 언

10 이재복, 「초혼제 별사」, 『타자비평』 4호, 2003, 60~61쪽.

어에 대한 자의식은 그것이 여성의 정체성 혹은 현대시의 여성성을 수렴하고 있다는 점에서 중요하다고 할 수 있다. 여성의 언어에 대한 자의식은 기존의 언어에 대한 부정과 회의에서 출발해 그것과는 다른 새로운 언어를 창출하는 데까지 이른다고 할 수 있다. 이들이 공통적으로 드러내는 자의식은 언어의 환유성으로 나타난다. 남성의 언어가 동일성의 원리를 기반으로 하는 은유의 구조를 지닌다면 여성의 언어는 그러한 통합된 인식의 주체를 거부하고 모든 대상은 본질이 아닌 인접한 현상일 뿐이라는 환유의 구조를 지닌다고 할 수 있다.

두 시인 모두 언어의 환유성을 드러내지만 김승희의 경우는 대화체라는 문체 전략을 구사한다. 그의 대화체는 관계를 희망하는 언술구조이며, 이것은 통합된 인식의 주체를 거부하고 자신을 관찰하는 또 하나의 시점을 설정함으로써 주체를 분열시키는[11] 그런 문체전략이다. 이때의 대화는 자신에게 하는 말이다. '너, 참, 무엇에 널 걸 거니? 응 말해 봐. / 참, 무엇에든 널 걸어야 할 거 아냐?'(「떠도는 환유, 5」)의 '너'는 '나'의 또 다른 모습이다. 이렇게 '너'라는 존재를 설정했다는 것은 이미 '나'의 존재에 대해 회의하고 있다는 것을 의미한다. 이미 '나'라는 단일한 주체의 개념이 분열되고 복합적인 주체의 개념이 탄생하게 되는 것이다. 이 전략은 '나'라는 존재를 새롭게 발견하고 정립하려는 시인의 의도로 볼 수 있다.

김혜순의 환유성이 겨냥하고 있는 것은 다언어 전략을 통한 존재의 카니발화이다. 그녀가 구사하는 다언어 전략은 기존의 언어가 남성 위주의 언어이기 때문에 여성의 몸을 제대로 드러낼 수 없다는 인식하에 그 언어

11 김혜순, 「페미니즘과 여성시」, 『또 하나의 문화』 9호, 또 하나의 문화, 1992, 221쪽.

가 가지는 중심성을 해체하여 좀 더 다양화하자는 것이다. 이를 테면 그것은 '똥과 입 / 밥과 항문', '머리 / 아랫배' 등처럼 신성함과 비천함이라는 상하의 개념의 위치전도라든가 '토마토 케첩 / 뇌수', '뱃속 / 인형', '몸안 / 콩', '숨 / 청어', '가랑이 / 자동차' 등의 환유적 인접성에 입각한 결합, 그리고 시행이 스타카토식으로 끊어져 있는 것처럼 통사파괴적인 파라탁시스 기법과 같은 것이다. 이처럼 다언어 전략으로 인해 환유적인 부유성을 가진 여성의 언어는 그 존재성을 획득하게 된다. 하지만 그녀의 시의 언어 전략은 단순히 전략으로만 그치지 않는다. 그녀의 언어 전략은 존재의 심연을 환기한다.

> 죽으면 모두 쳐들어온다
> 일생 동안 먹었던 밥들이
> 일생 동안 뱉었던 말들이
> 일생 동안 누었던 똥들이
> 일생 동안 마셨던 물들이
> 모두 쳐들어온다
> 몸 속으로 다시 되돌아온다
> 되돌아와서는
> 창자에서
> 목구멍까지 차곡차곡 쌓인다
> 그리하여 이윽고 나는
> 저 바위보다 더 무거운
> 전 세계를 내 몸 속에
> 담아들고

저 세상으로 빠져들어간다[12]

— 김혜순, 「전세계보다 무거운 시체」 전문 인용

구멍 난 몸이 행하는 존재의 카니발이 얼마나 무거운 것인가를 잘 보여주고 있는 시이다. 구멍 난 존재이기 때문에 '밥', '말', '똥', '물'과 같은 존재자들이 몸속으로 되돌아올 수 있는 것이고, 또 구멍 난 존재이기 때문에 '바위보다 더 무거운 / 전 세계를 (…중략…) 담아들고' 또 다른 세계로 빠져 들어갈 수밖에 없는 것이다. 그녀의 구멍 난 몸은 존재의 심연을 향해 열려 있는 하나의 입구이자 출구인 셈이다. 무엇이든지 블랙홀처럼 삼켜버리는 이 구멍 난 몸속으로 들어가면 우리는 그 망망한 존재의 바다에서 길을 잃게 된다.

이것은 그녀의 시가 단순한 남근중심주의 언어질서에 대한 전복과 해체라는 집착에서 벗어나 여성성에 대한 존재론적인 탐구를 행하려는 욕망의 산물이라는 것을 의미한다. 이런 점에서 구멍 난 몸과 구멍 난 언어가 펼치는 위치전도와 유쾌한 상대성, 통사 해체, 복화술과 겹의 언술 등의 형태로 드러나는 그녀 시의 카니발 혹은 카니발화는 심리적인 억압을 풀어내는 한풀이의 장이 아니라 존재의 심연에 이르기 위한 한바탕 축제의 장으로 보아야 할 것이다. 구멍 난 몸이 행하는 그녀의 존재의 카니발이 결코 가볍지 않은 이유가 여기에 있다.[13]

최승자는 자신의 존재를 '시투성이 피투성이'(「주인 없는 잠이 오고」, 『즐거운 日記』, 25쪽)라고 노래하고 있다. 이것은 자신의 치열한 실존을 드러낸

---

12 김혜순, 『어느 별의 지옥』, 문학동네, 1997, 11쪽.

13 이재복, 「몸, 구멍 프랙탈의 시학」, 『몸』, 하늘연못, 2002, 22~24쪽 참조.

표현이라 하겠다. 그녀가 피투성이가 되도록 싸워야 되는 것은 그만큼 그녀가 처해 있는 세계가 억압적이라는 것을 말한다. 그래서 그녀의 자궁은 생명을 생산하는 것이 아니라 사산한다. 이 자궁은 다시 무덤(『내 무덤, 푸르고』)으로 치환된다. 그녀의 비극적인 세계는 그대로 불안정하고 불안한 문체로 드러난다. 그녀의 비극적이고 부정적인 세계관과 자신의 어두운 실존에 맞서 피투성이가 되도록 싸우는 그녀의 모습은 우리 여성시의 지적 성숙을 의미함과 동시에 지금 여기에서의 여성성의 현재적인 모습을 상징적으로 드러낸다고 할 수 있다.

4. 여성성의 향연과 매혹

1970년대가 여성시사에서 중요한 분기점이자 모색기라면 1990년대는 그것의 확립기에 해당된다. 90년대가 우리 시사에서 유래를 찾아보기 힘들 정도로 여성시의 향연이 펼쳐진 데에는 여러 이유가 있을 수 있겠지만 이미 그 기반은 80년대에 성립되었다고 할 수 있다. 이것은 우리 문학사에서 페미니즘 문학이 본격적으로 부상하기 시작한 것과 궤를 같이 한다. 80년대 이전의 페미니즘 문학이 남성의 지배적인 문화운동을 모방하고 그것에 종속된 양태를 띠었다면 80년대를 기점으로 그것은 지배문화에 대한 저항과 여성의 권리와 가치를 옹호하는 여성해방의 양태를 띠게 된다. 이러한 변화의 요인으로는 급격한 산업화와 도시화, 여성의 교육 기회의 증대와 중간계급으로의 편입, 민주사회에 대한 열망과 시민의식의 성장, 서구 페미니즘 이론의 유입 등을 들 수 있다.

이러한 물적 토대와 의식의 성장이 밑거름이 되어 90년대에 들어와 여성시의 향연이 펼쳐진 것이 사실이며, 여기에는 시라는 장르의 특성이 한몫했다고도 볼 수 있다. 시는 다른 장르에 비해 새로운 흐름들을 빠르게 받아들이고 그것을 유연하게 감각화하는데 적절한 장르적인 특성을 드러낸다. 이 과정에서 드러난 자의식이 바로 여성의 언어 혹은 말, 여성의 몸에 대한 관심이다. 이 각각은 여성의 정체성을 탐색하기 위한 토대를 형성하는 대상들이다. 특히 남성의 말, 몸과는 다른 여성의 말과 몸에 대한 탐색은 그 자체가 90년대 시의 한 화두로 자리하기에 이른다. 여성의 말과 몸은 기존의 제도화되고 체계화된 남성중심의 언어나 몸과는 다른 다양한 형식에 대한 탐색을 가능하게 함으로써 우리 현대시사에서 그 유래를 찾아보기 힘들 정도의 다채로운 여성성의 세계를 펼쳐 보이고 있다. 그 대표적인 시인이 김정란, 노혜경, 나희덕, 이선영, 이수명, 성미정, 최정례, 정화진, 박서원, 김언희 등이다. 이 이외에도 70년대의 강은교, 김승희, 최승자, 김혜순, 80년대의 천양희, 문정희 등이 꾸준히 활동을 전개했고 90년대 여성시인들의 시에 적지 않은 영향을 끼쳤다고 할 수 있다.

90년대 여성시인들 중에 비교적 위 연배에 해당하는 김정란은 노혜경과 함께 페미니즘 운동의 전위에 섰던 인물로 시 쓰기를 통해 그러한 일단을 실천적으로 표출한 시인이다. 『다시 시작하는 나비』 이후 『매혹 혹은 겹침』, 『그 여자, 입구에서 가만히 뒤돌아보네』로 이어지면서 그녀가 보여준 것은 여성성의 내적 파토스이다. 이 파토스는 여자의 말에 대한 탐색을 통해 보여주고 있다. 그녀의 시에서 여자의 말은 순수한 결정체로서의 말이 아니다. 그 말은 이미 존재하는 남성의 말을 '들뜨게 해서 이상한 느낌, 이상한 이미지, 뭐라 딱히 짚을 수 없는 종합적인 지각 정보'(「여자의 말—세기말, 부풀고 뒤틀리는 들판」, 『그 여자, 입구에서 가만히 뒤돌아보네』)로 부풀고 뒤튼 그런 말이다. 따라서 이 말은 '행복한 모순 안에 통합'되어 있다. 아버지의 말을 통해 그 말을 전복하고 해체하는 그녀의 시 쓰기 전략은 분명 모순이지만 그것은 행복한 모순인 것이다. 그래서 시인은

> 그러나 보아요 내 펄럭이는 살들 속에서
> 노래의 순결한 아기들이 움직이기 시작해요
> 맙소사 이애들이 성큼 나를 넘어서는 걸 보아요
> 엄마 우리가 엄마를 뛰어넘었어 우린
> 엄마의 갇혀 있는 현실에 관심 없어 그래요 가엾은
> 엄마[14]
>
> — 김정란, 「보송보송한 현실 또는 폭발하는 말들」 부분 인용

라고 노래하고 있는 것이다. 엄마는 현실에 갇혀 있지만 아기들은 그 엄마를 뛰어넘어 존재한다. 엄마의 품안에 있어야 할 아기들이 엄마를 뛰어넘어 존재하는 현실은 분명 모순이다. 여기에서 그 엄마를 가두는 주체는 아버지이고, 아기는 아버지가 행사하는 세계에 놓여 있지만 그것을 뛰어넘어 존재하려 한다. 그녀의 이러한 시 쓰기 전략은 안정이나 질서, 균형보다는 불안정, 혼란, 불균형을 지향하기 때문에 불안하지만 그 불안이 하나의 틈이나 사이로 존재하면서 새로운 매혹적인 세계를 창출한다고 할 수 있다.

이수명 역시 언어나 말에 대해 민감한 자의식을 보여준다. 그녀의 언어는 투명한 놀이 혹은 유희에 가깝다. 그녀의 언어는 투명하지만 그것이 낯

---

14 김정란, 『매혹, 혹은 겹침』, 세계사, 1992, 59쪽.

설게 느껴지는 것은 시속에 구성되는 세계가 현실의 반영이 아니라 시인의 무의식의 반영이기 때문이다. 시의 언술은 주로 은유와 환유의 기법을 활용하고 있다. 그것은 "왜가리는 줄넘기다 / 왜가리는 구덩이다 / 왜가리는 목구멍이다 / 왜가리는 납치다 // 왜가리는 왜가리놀이를 한다"(「왜가리는 왜가리놀이를 한다」, 『왜가리는 왜가리놀이를 한다』)와 같은 형식이다. '왜가리'와 '줄넘기', '구덩이', '목구멍', '납치'는 은유적인 관계로 결합되어 있지만 '왜가리는 줄넘기다', '왜가리는 구덩이다', '왜가리는 목구멍이다', '왜가리는 납치다'는 환유적인 관계로 결합되어 있다. 그런데 이 시의 진정한 묘미는 이러한 은유와 환유의 결합에 있는 것이 아니라 그것을 '왜가리 놀이'로 명명하고 있는 대목에 있다. '왜가리 놀이'는 현실에는 부재한 놀이이며 그것은 시인에 의해 만들어진 놀이이다. 시인이 하는 놀이는 이와 같은 낯설고 무한수열적인 왜가리 놀이다.

나희덕과 이선영은 시적인 스타일은 다르지만 부드러움과 유연함의 여성성을 기반으로 한다는 점에서는 공통점이 있다. 나희덕은 90년대 여성 시인들 중에서 동일성의 시학을 가장 잘 보여준 시인이라고 할 수 있다. 시적 대상을 바라보는 그녀의 눈은 언제나 친화적이다. 그녀는 언제나 시적 대상을 배제하거나 소외시키는 것이 아니라 그것을 따뜻하게 품어 안는다. 그의 이 친화적인 따뜻함이 어느 정도인지는 다음의 시가 잘 말해준다.

양쪽 무릎 뒤 연한 주름살 속에
내 귀가 달렸으면
그래서 귀뚜라미가 날개를 부벼서 내는
저 노래를 들을 수 있었으면

귀뚜라미를 들을 수 있었으면

꽃들을 맴돌며 절박하게 잉잉거리는
저 벌떼의 기도를 들을 수 있었으면
주문도 기도도 끌어올릴 수 없는 내 마음에
그 소리라도 들어왔으면[15]

— 나희덕, 「사흘만」 부분 인용

시인이 듣고 싶어 하는 것이 '귀뚜라미'의 노래와 '벌떼'의 기도만이 아니라 '귀뚜라미' 그 자체라는 사실에 주목할 필요가 있다. '귀뚜라미'를 듣고 싶다는 것은 어느 한 감각으로만 그것을 느끼고 싶어 하는 것이 아니라 온몸으로 느끼고 싶어 한다는 것을 의미한다. 그것은 온몸으로 '귀뚜라미'를 품어 안을 때만이 가능하다. 그것이 곧 여성성이 가지는 부드러움이다. 이 따뜻함과 부드러움은 '양쪽 무릎 뒤 연한 주름살 속에 / 내 귀가 달렸으면'에 잘 드러나 있듯 그것은 자신보다 타자에 대한 관심이 선행할 때 얻어질 수 있는 것이다. 그녀의 시의 미덕은 바로 여기에 있다.

이선영의 세계를 보는 눈길 역시 따뜻하지만 여기에는 연민 같은 것이 배어 있다. 그래서 그녀의 눈은 언제나 일상의 평범한 사물 속에 은폐되어 있는 소박하지만 진실 된 세계에 머물러 있다. 가령 '비눗갑 속에 담긴 문드러진 비누의 몰골을 볼 때면 / 지금 그 비눗갑이 느끼고 있을 슬픔을 알 것 같다'(「오, 가엾은 비눗갑들」, 『오, 가엾은 비눗갑들』)나 '마지막 진액까지 / 쥐어짜내진 / 말라붙은 육신 한갓 껍데기 / 하필 가난한 집에 팔려 와 / 죽

15 나희덕, 『그곳이 멀지 않다』, 민음사, 1997, 108쪽.

도록 고생만 하다 가는구나 / 기박한 일생이여'(「오, 가엾은 비눗갑들」, 『오, 가엾은 비눗갑들』)에 드러난 세계가 바로 그것이다. 소멸해가는 일상의 사물에 대한 감정이입이 지나칠 정도로 시인의 주관적인 정서가 개입되어 있지만 이것이 드러내는 것은 인간의 삶에 대한 알레고리이다. 기박한 것은 비눗갑이나 치약이 아니라 바로 인간 자신이라는 이 알레고리 속에 그녀의 시의 진실이 있는 것이다.

이러한 알레고리 기법은 노혜경, 정화진, 성미정 등에서도 시의 중심 원리로 자리하고 있다. 알레고리 기법을 통해 기존의 남성중심의 서사와는 다른 여성만의 서사를 기획하고 있는 대표적인 시인이 노혜경이다. 흔히 '大母의 서사'라고 하는 그녀의 여성의 서사는 레이스마을 이야기 시리즈에 잘 드러나 있다. 이 시리즈에서 대모로 표상되는 존재는 '할머니'이다. '할머니'는 무한한 풍요로움과 생산성의 담지자이며 시 속에서 그것은 '레이스'를 통해 구현된다. '레이스'는 이분법적으로 세계를 구분해서 의미를 생산하는 질료가 아니라 그러한 경계를 해체하여 무한히 의미를 생산하는 그런 질료인 것이다. 이 안에서는 남성과 여성, 선과 악, 자연과 인공, 삶과 죽음, 현실과 환상, 의식과 무의식, 아름다움과 추함 등이 어떤 경계도 없이 해체되어 있다. '레이스'로 표상되는 이 세계가 바로 남근중심적인 세계와는 다른 것이다. 이 세계는 현실의 세계에서는 드러날 수 없는 신화화된 세계의 서사이다. '할머니'와 같은 여성성은 현실 세계에서는 존재하지 않는다.

> …… 그런 할머니가 젖가슴을 덜렁거리며 지나가고 나면, 할아버지는 나무 밑에서 나와 시내로 달려갔다. 막 빨아진 레이스에서 떨어져 나온 실비늘들이 물바

닥에 하얗게 모래로 깔리는 것을 밟고 싶었다. 할아버지가 밟는자리마다 모래알 눈들이 팍팍 터졌고, 으스러진 모래들이 끈적이는 즙으로 변하는 동안 할아버지의 눈에선 피눈물이 났다. 여름이 다 갈 때까지 숨바꼭질은 계속되었지만, 모래 시내가 실의 강으로 바뀌었을 뿐, 할머니의 앞치마는 조금도 닳지가 않았다. 그리고 어느 날 산그림자가 달을 다 잡아먹은 새벽에 할아버지는 완전히 닳아서 할머니의 앞치마 속으로 들어가 버리고 말았다. 할머니의 배가 산만해졌다.[16]

— 노혜경, 「레이스마을 이야기 — 할머니의 앞치마」 부분 인용

'레이스마을'이라는 이 신화적인 공간에서는 '할아버지는 완전히 닳아서 할머니의 앞치마 속으로 들어가 버'려 '할머니의 배가 산만해지'는 일이 일어난다. 무한한 혹은 무서운 여성성을 표상하고 있지만 이것은 남근중심주의 역사에 대한 일종의 알레고리로 읽으면 근대비판의 문맥을 거느리게 된다. 이와 관련한 김정란의 다음 글을 보자.

'문학적 근대성'이라는 주제는 이 문제를 정치·역사적인 의미로 이해하고 있는 이 땅의 많은 계몽적 근대주의자들의 생각과는 달리, 물질적 기획, 도달 가능함 l'accessible에 대한 인식이 아니다. 즉, 정치적 유토피아로 대변되는 현실태의 범주에 대한 인식이 아니라는 것이다. 그것은 오히려 도달불가능함l'inaccessible, 가능태에 대한 인식이다. 그것은 차라리 정치적 유토피아를 넘어서는 인식, 세계적 인식에 대한 타자를 발견하는 인식이다. 문학적 근대인은 단호하게 카이사를 버리고, 하느님의 편에 선다. 내 말은 그가 종교인이라는 뜻이 아니다. 내 말은 그가 세계 바깥에 있는 것을, '가능한 것', 그래서 이미 뻔해진 것의 범주 대신에 '가능할지도 모르는 것', 따라서 무한히 새로운 것의 범주를 택한다는 뜻이다. 존재를 부둥켜 안고

16 노혜경, 『뜯어먹기 좋은 빵』, 세계사, 1999, 91~92쪽.

존재 안쪽으로 주저앉는 것이 아니라, 존재를 끌고, 넘어지더라도, 일단은, 존재 밖으로 나가본다는 말이다.[17]

— 김정란, 「영혼의 역사 : 새로운 총체성과 새로운 주체 — 노혜경의 「레이스마을이야기」」

그녀는 노혜경의 시가 내포하고 있는 문학사적인 의미를 대단히 긍정적인 차원에서 평가하고 있다. 그녀의 노혜경의 시에 대한 적극적인 평가의 이면에는 근대가 가지는 부정적인 차원에 대한 비판과 반성, 그리고 그것을 넘어서 새로운 대안을 제시하려는 욕망이 내재해 있다. 근대 바깥에 있는 가능한 것 혹은 가능할지도 모르는 것에 대한 강한 비전을 제시하고 있다는 그녀의 평가는 페미니즘적인 정치성이 강하게 투영되어 있기는 하지만 여성성에 대해 적극적이고 논쟁적인 발언을 제기하고 있다는 점에서 그 의의가 있다.

같은 알레고리라도 정화진의 그것은 좀 더 무속적인 신화의 세계에 닿아 있다. 이 세계에도 노혜경의 레이스마을에서처럼 '할머니'가 존재한다. 할머니 역시 대모적인 존재이다. 특히 그녀의 시에서의 할머니는 치유와 생명을 다스리는 제의적인 존재로 표상된다. 하지만 그녀의 시에서의 할머니는 노혜경의 시에서의 할머니와는 의미 층위가 조금 다르다. 그것은 시인의 할머니에 대한 태도에서 기인한다. 정화진의 시에서는 할머니의 세계에 안주하려는 욕망이 강하게 투영되어 있다. 시인은 할머니의 부드럽고 따뜻하며 포근한 원초적인 세계에 안주한 채 더 이상 바깥 세계를 향해 나아가려 하지 않는다. 이것은 일종의 트라우마라고 할 수 있다. 유

17 김정란, 『영혼의 역사』, 새움, 2001.

년기의 상처가 시인의 의식을 지배하면서 결국 퇴행적인 이상심리를 야기한 것이다. 할머니의 세계는 분명 행복한 세계이지만 그것은 어디까지나 현실과의 관계 하에서이다. 현실로 통하는 출구가 차단된 상태에서 할머니와 나 둘 밖에 없는 공간에서의 안주는 위험하다. 이 위험은 곧 그녀의 시 쓰기에 대한 불안이라고 할 수 있다.

성미정의 알레고리는 노혜경이나 정화진처럼 신화적이지도 또 거창하지도 않다. 그녀의 알레고리는 이선영의 그것처럼 일상의 사소하고 소외된 사물들을 통해 이야기된다. 「동화—가방 엄마」(『대머리와의 사랑』)에서 그녀는 소가죽으로 만든 '가방'을 '엄마'로 치환한다. 즉 '가방 엄마'라는 존재를 탄생시킨다. 그 가방 엄마의 몸은 '잘 무두질된 소가죽'이고, '평생을 쉬지 않고 움직인 소'였으며, '온 몸을 내주고 끝끝내 비린내나는 내장까지 비운 이제 말라버린' 그런 존재인 것이다. 이런 가죽 엄마, 다시 말하면 엄마의 존재를 시적 화자는 자신의 속에 품어준다. 이것은 엄마와 시적 화자(시인)와의 연대를 반영한다고 할 수 있다. 여성이 여성의 처지를 이해하고 그것을 따뜻하게 서로 품어주는 것, 여기에서 여성의 견고한 연대는 이루어지는 것이다.

90년대 여성시인들 중에 독특한 자기미학을 가진 이는 바로 최정례이다. 그녀는 어떤 낯선 사물이나 대상을 시 속으로 끌어들여 그것을 보편화된 의미로 치환하는 솜씨가 뛰어나다. 이것은 일종의 재기 같은 것으로 그것을 시속에 중첩시켜 놓는 방식이 여유와 함께 자유로움을 느끼게 한다. 그녀의 시 「햇빛 속에 호랑이」(『햇빛 속에 호랑이』)에는 이 모든 특징들이 내재해 있다. 현실의 신호등과 민담 속의 호랑이를 연결시킴으로써 낯선 의미가 만들어진다. 그 속에서 증조할머니의 고된 운명이 나에게로 이어진다는 자각을 통해 일정한 연대감이 형성되고, 신호등의 빨강, 초록, 노랑의 색과 햇빛의 빛을 활유적으로 연결시킴으로써 연상되는 생동감 있는 이미지, 과거와 현재 시간의 중첩 등은 이 시를 다면적이고 다층적인 것으로 만든다. 이러한 사실을 통해 그녀가 겨냥하고 있는 우리의 삶은 복합성과 중층성이라고 할 수 있다.

박서원과 김언희의 등장이 90년대 시단에 던진 충격파는 적다고 할 수 없다. 이 두 시인의 시는 '검은 나르시시즘', '검은 그로테스크'라고 할 정도로 어둡고 암울한 이미지를 시 전편에 발산하고 있다. 박서원의 시에서 시인이 체험한 내밀한 상처를 들여다보는 것은 우리로 하여금 엄청난 고통을 요구한다. 또한 시인의 분열된 의식을 따라가는 것은 그 자체가 분열증적인 고통을 요구한다고 할 수 있다. 가령,

> 그 해 여름은 창백했었다
> 가지마다 휘어진 잎들이 무성한 거리에는
> 낳아도 자라나지 않는 아이들이 득실거리고
> 나는 새로운 일을 시작하려고 수 차례 매질을 했으나 대낮이
> 깊을수록 대낮의 빛깔은 사라질 뿐 어데서 불어오는 뼈아픈 향
> 기일까 나는 한 방울의 피도 흘리지 못했다

나

> 그 해 여름은 장마도 지나쳐 버렸다
> 하얀 접시처럼 떠있는 태양의 견고함 아래
> 먹지도 배설하지도 못하고 좀약냄새나는 골방, 지긋지긋한

찬송가만이 나를 일으켜 자꾸 살라고 살라고 으르렁거리고
그동안 내 속에서 터를 익혀가던 악마는 찬송가의 예민한 침
에 자꾸 기절해 갔다
어머니, 어머니, 살껍질이 벗겨지는 것 같아요[18]

— 박서원, 「단식기도」 부분 인용

에 드러난 가학과 피학의 생채기는 그 자체가 얼얼하고 소름이 돋을 정도로 우리의 가슴을 후벼 판다고 할 수 있다. 그녀의 검은 나르시시즘은 개인적인 체험 속에서 형성된 것이긴 하지만 그 고통과 상처의 극단적인 내밀함의 측면에서는 일정한 미적 성취를 획득했다고 할 수 있다.

김언희의 상처는 개인적인 내밀한 체험의 산물은 아니다. 그것은 좀 더 보편적이고 일반화된 욕망의 문제와 관계가 있기 때문이다. 그녀의 시는 후기산업사회의 '욕망하는 기계'의 개념으로 해석할 수 있는 여지를 가지고 있다. 그녀의 시에 드러난 욕망은 아버지의 부재에서 비롯되는 앙띠 외디푸스적인 특성이 강하다. 특히 그녀의 시는 여자의 몸을 적나라하게 대상화시키고 있다. 이것이 문제가 되어 페미니스트들로부터 비판을 받았으며, 이것이 또한 그녀의 시의 가학과 피학의 메커니즘을 이루고 있는 것이 사실이다. 이로 인해 그녀의 시는 엽기성이라는 신종코드를 만들어내기도 했다. 엽기적인 시적 이미지와 상상력은 우리 여성시의 문맥에서 낯선 것이기 때문에 이에 대한 해석은 단순한 텍스트 그 자체보다는 90년대 사회문화적인 코드 하에서 해석이 되어야 할 것이다. 검은 그로테스크로 명명할 수 있는 이 엽기성이 우리 시에 어떤 영향을 끼쳤는지는 좀 더 따져보아

18 박서원, 『아무도 없어요』, 열음사, 1990, 79쪽.

야 할 것이다. 『트렁크』 이후 『말라죽은 앵두나무 아래 잠자는 저 여자』, 『뜻밖의 대답』으로 이어지는 그녀의 시 쓰기가 보여준 엽기성이 남근중심주의나 여성성과는 어떤 관계에 놓여 있는지 또한 따져보아야 할 것이다.

5. 여성성의 전망

우리 현대시의 여성성은 이미 개념화된 것도 또 고정된 것도 아니다. 그것의 형태는 아무도 알 수 없다. 그것은 주어진 개념이 아니기 때문이다. 여성성은 남성이나 여성시인 모두가 가지고 있으며, 그것은 남성성과 대립적인 차원으로 존재하지도 않는다. 이런 점에서 우리 현대시의 여성성은 자율적인 의미체계로서의 여성성 그 자체를 탐구해야 한다고 할 수 있다. 이때 자율적인 의미체계로서의 여성성은 보살핌을 넘어 다양한 영역을 수렴하는 열린 체계를 지향하며 이 과정에서 고려해야 할 것은 주체의 문제이다.

여성성의 주체는 여성시인들의 시를 통해 재구성될 수 있으며, 1920년대 이후 1990년대에 이르기까지 우리 주요 여성시인들의 시를 분석한 결과 드러난 사실은 여성성에 대한 의미의 외연이 점점 넓어지고 있다는 점이다. 그것이 단순한 부드러움이나 보살핌과 같은 차원이 아니라 환유와 알레고리 같은 기법은 물론 나르시시즘과 그로테스크 같은 심리적이고 문화적인 차원 그리고 일상을 넘어 보다 심원한 존재론적인 차원에까지 이르고 있다는 점이다.

하지만 여전히 남근중심주의에 의해 규정된 여성성의 개념 차원을 넘어서지 못하는 여성시가 존재한다는 사실이다. 이것은 아직도 남근중심주의의적인 제도나 구조 자체가 해체되지 않고 있다는 것을 말해준다. 의식이 바뀌기 위해서는 제도나 구조가 바뀌어야 한다. 의식과 구조는 동전의 양면처럼 늘 함께 존재한다. 우리 여성 시인들에게 부족한 점이 있다면 여전히 제도나 구조에 대한 해체의 감각과 개인 차원을 넘어선 전 지구적인 감각과 세계화의 감각이다. 또한 역사적인 맥락을 정확히 짚어내는 눈도 길러야 할 것이다. 여성성은 자율적인 의미체계와 구조를 통해 성립되는 것이기 때문에 이에 대한 감각을 가지는 일이 무엇보다도 중요하리라고 본다. 여성시인들이 스스로 여성성의 한계를 규정짓는 우를 범해서는 안 될 것이다.

제5장

한국 현대시와 몸

1. 몸의 언어와 몸시

시와 몸의 관계는 긴밀하다. 이 관계는 곧 언어와 몸의 관계로 수렴된다. 언어와 몸의 관계는 어떻게 몸이 언어화되느냐 하는 문제를 의미한다. 이때 가장 이상적인 존재 양태는 '몸의 언어'이다. 언어 속에 이미 몸이 자리하고 있다는 것이다. 이것은 말이 근본적으로 몸의 떨림에서 비롯된다는 언어발생론과 맥을 같이 한다. 몸은 낱말을 발음하지 않으면 안 되도록 되어 있다. 그것은 마치 몸이 색을 볼 수밖에 없고, 소리를 들을 수밖에 없는 것과 거의 같은 수준이다.[1]

몸은 언어의 발화 현상 그 자체이지 어떤 모방의 수단이 아니다. 이런 점에서 몸은 이데아적이고 관념적인 세계를 표상하지 않는다. 오히려 몸은 이런 세계에 저항한다고 할 수 있다. 몸으로 말하기나 몸으로 글쓰기 등 몸의 언어를 드러내는 시들이 기존 체계나 구조에 대한 저항의 의미를 띠는 이유가 바로 여기에 있다. 몸의 언어가 목적으로 하는 것은 언어를 통한 형식적 소통이 아니라 몸의 구조를 가진 사유 활동이다. 몸의 구조는 의식뿐만 아니라 무의식까지 포함한다.[2] 이러한 맥락에서 보면 몸의 언어는 우리가 흔히 알고 있는 언어나 의식을 넘어 언어 이전이나 무의식까지 포괄하는 의미 영역을 지닌다. 이것은 우리가 몸을 실마리로 하여 우주 혹은 인간 우주의 구조를 드러낼 수 있다는 것을 말해준다.[3]

이처럼 몸의 언어는 개념화를 넘어 우주적인 실존의 복잡성을 띠기 때문에 시와 몸의 문제는 단선적으로 해명될 수 있는 성질의 것이 아니다. 이 복잡성을 해결하기 위해서는 먼저 몸의 언어란 무엇인가에 대한 해명이 있어야 한다. 퐁티(Maurice Merleau-Ponty)의 경우 그것은 '발화 현상'에 해당하며, 니체(Friedrich Nietzsche)의 경우 그것은 '몸의 구조를 가진 사유 활동'에 해당한다. 발화 현상에 몸이 존재한다는 것이고, 그 몸을 통해 세계를 이해해야 한다는 논리가 퐁티의 경우라면 인간 세계와 우주에는 이성을 넘어선 '몸성'이 존재하며 그 몸성의 구조, 다시 말하면 몸의 구조를 통해 세계를 이해해야 한다는 논리가 니체의 경우이다. '현상'과 '구조'는 서로 대립적인 개념이지만 이때의 구조는 관념과 형식을 넘어선 의미 영역을 지니고 있기 때문에 현상을 배제하지 않고 포괄한다고 할 수 있다.

---

1 조광제, 『몸의 세계, 세계의 몸』, 이학사, 2004, 253쪽.
2 김정현, 『니체의 몸철학』, 지성의샘, 1995, 198~199쪽.
3 김정현, 위의 책, 172쪽.

이런 점에서 볼 때, 몸의 언어는 '몸', '몸성', '몸의 구조'를 지니고 있어야 한다. 이 요소를 모두 충족시키면 그것은 이상적인 몸의 언어가 되는 것이다. 이상적인 몸의 언어는 곧 '몸시'의 토대가 된다. 하지만 이러한 요건을 충족시키는 시를 찾아내어 그것을 몸시라고 규정하는 것은 쉬운 일이 아니다. 일단 몸에 대한 개념 규정이 너무 포괄적이기 때문이다. 어떻게 보면 모든 시는 다 몸을 통해 창작과 감상 행위가 이루어지기 때문에 몸시일 수 있다. 몸시의 딜레마가 여기에 있다면 우리는 배제와 선택 혹은 차이의 전략에 입각해서 몸시를 규정할 수밖에 없다.

> 첫째, 몸시는 몸의 존재성을 미적으로 드러낸 시이다.
>
> 둘째, 몸시는 몸에 대한 자의식과 반성적인 인식을 통해 어떤 깨달음을 보여주는 시이다.
>
> 셋째, 몸시는 몸의 감각과 지각을 통해 세계를 재구성하는 시이다.
>
> 넷째, 몸시는 몸을 통한 무의식적인 충동을 표출하는 시이다.
>
> 다섯째, 몸시는 몸을 통한 우주와의 소통을 지향하는 시이다.
>
> 여섯째, 몸시는 몸을 수단으로 하거나 그 자체가 목적이 되는 노동의 세계를 노래하고 있는 시이다.
>
> 일곱째, 몸시는 몸의 확장과 몸의 개조 욕망의 차원에서 인류와 문명의 의미를 새롭게 규정하고 있는 시이다.

일곱 항목은 한 편의 시에서 서로 겹칠 수 있다. 가령 여성의 몸이 가지는 수유, 임신, 낙태 등의 특성을 몸의 언어로 재구성하는 페미니스트 시의 경우에는 첫째, 둘째, 넷째 등의 항목이 겹칠 수 있고, 기술의 발달로 점점 복제화 · 사이보그화되어 가는 인간의 몸의 특성을 드러내는 시의 경우에는 둘째, 넷째, 여섯째 등의 항목이 겹칠 수 있다.

그러나 이러한 규정은 지나치게 몸을 주제론적 혹은 의미론적 차원으로 해석한 감이 없지 않다. 몸, 몸성, 몸의 구조 등을 고려한다면 형식론적인 차원의 해석이 필요하다. 이런 식의 딜레마는 생태시의 경우도 마찬가지이다. 흔히 우리는 생태시를 생태와 관련된 주제나 의미를 다룬 시로 국한시켜 논의를 해왔을 뿐, 시의 생태성이나 언어의 생태성에 대해서는 이렇다 할만한 논의를 해 온 것이 없는 게 사실이다. 논의의 영역을 여기까지 확장하면 그것은 시 전반에 대한 논의로 확장될 수밖에 없다. 이것 역시 문제가 있다. 이렇게 되면 생태시에서 역사적인 개념이 탈각되고, 생태시가 출현하게 된 시대정신이 제대로 드러나지 않을 수 있다.

몸시 역시 생태시처럼 시대적인 개념이다. 몸에 대한 관심의 증대는 단순한 호기심 차원을 넘어 여기에는 역사적인 당위성이 존재한다고 할 수 있다. 몸시의 출현은 근대 이후 이성과 정신의 비만함으로 인해 야기된 인류문명의 불안 의식과 맥을 같이 한다. 이성과 정신이 배제하고 추방해버린 몸이 귀환함으로써 인류문명의 은폐된 야만성이 드러나고, 그 몸을 통해 인류의 과거를 반성하고 미래를 전망하려는 새로운 상상력이 출현하게 된 것이다. 몸에 대한 관심이 시에서 뿐만 아니라 문화 · 예술 전반으로 확산된 것도 이러한 맥락에서 이해할 수 있을 것이다. 몸시 출현의 시대적인 당위성은 '몸시란 그 장르적인 개념이 본래부터 존재하는 것이 아니라 시대적인 상황 속에서 새롭게 생성된 것'이라는 사실을 말해준다. 따라서 몸시는 그 개념이 고정된 것이 아니라 언제든지 바뀔 수 있는 것이다.

2. 몸의 존재성을 미학적으로 드러낸 시

몸시는 몸의 존재성으로부터 출발한다. 다양한 차원에서 몸의 존재성을 바라보고 그것을 미적으로 형상화하는 것이 목적이다. 몸은 물리적이고 생리적인 차원으로만 접근할 수 없는 정신적이고 영적인 존재이다. 이것은 몸이 내적인 신령스러움과 외적인 복잡성을 지닌 존재라는 것을 의미한다.[4] 이 몸의 복잡성은 곧 존재의 복잡성을 의미하며, 이것은 인간과 세계에 대한 깊이 있는 성찰이 몸을 통해 이루어질 수 있다는 것을 말해준다. 몸만큼 존재의 진실성을 담보하는 대상은 없다. 몸에는 이 세계의 온갖 흔적이 고스란히 남아 있다. 몸의 흔적은 곧 존재의 나이테인 동시에 우주의 나이테라고 할 수 있다. 여기에는 지금까지 인류와 우주가 밟아 온 눈에 보이는 세계뿐만 아니라 눈에 보이지 않는 세계까지도 축적되어 있다.

몸은 존재의 견고함을 드러내며, 이러한 몸의 존재성에 대한 탐색은 미학적인 풍요로움으로 이어질 수밖에 없다. 몸의 존재성을 보이는 차원에서만 해석하면 미학은 단선적인 차원에 머물지만 그것을 보이지 않는 차원까지 확대하면 다성적인 세계를 획득할 수 있다. 몸의 존재성을 노래하는 시는 이러한 차원까지 나아가야 한다. 이런 점에서 몸의 존재성에 대한 깊이 있는 성찰을 통해 잉태된 시는 아름다울 수밖에 없다. 하지만 여기에서 우리가 간과하지 말아야 할 것은 시인과 몸의 거리이다. 몸은 감각—인지—이해—판단이라는 사유의 단계나 깊은 반성을 통해 의식의 환원을 거쳐 드러난 것이기 때문에 그 거리가 너무 가까워도 또 너무 멀어도 안 된

---

4 테야르 드 샤르댕, 양명수 역, 『인간현상』, 한길사, 1997 참조.

다. 존재의 차원에서 보면 몸은 어떤 개념에 의해 그 의미가 결정되어 있는 것이 아니라 일정한 사유와 의식의 환원을 거친 도구들(언어)에 의해서 그 의미가 무한히 자유롭게 구성되는 것이다. 이렇게 될 때 몸은 도구들, 즉 언어에 의해 상처받지 않고 고스란히 그 모습을 드러내게 되는 것이다.

?누가 내게 가르쳐주었니
?이렇게 재빠르게 남의 몸에 낙인 찍는 법을
?벙어리처럼 손가락으로 말하는 법을
?네 손가락 하나하나가 바늘이 되는 법을
?왜 네가 새긴 무늬들은 내 심장 박동마저 방해하니
?도대체 너는 어디에서 배웠니
?무늬에서 뿌리가 자라게 하는 법을
?뿌리 끝마다 자잘한 닻을 내리는 법을
?너 나한테 이거 하나만 가르쳐줄래
?손가락 끝에서 어떻게 보이지도 않는 잉크가 나오는 거니
?숱한 그림자를 태워 만든 그 검은 잉크가 어떻게 나오니
?너는 어째서 내 몸에 보초를 세우니
?무늬 새겨진 몸은 왜 밖으로 나갈 수 없니
?너는 왜 나를 자꾸 상처로 가두니
?내 몸 속의 얇디얇은 실크 숄이 이 상처를 덮고 싶어서
?파르르 파르르 떠는 거, 너 아니
?레퀴엠보다 무거운 문신
?젖은 외투보다 무거운 문신
?그물보다 질긴 문신
?내가 그물 속의 노예처럼 울부짖는 소리 그렇게도 듣기 좋니

?그런데 어째서 아직도 이 문신은 깊어지기만 하니
?내 몸은 또 왜 이다지도 깊은 거니[5]

— 김혜순, 「文身」 전문 인용

「文身」에서는 다른 작가의 작품에서 쉽게 발견할 수 없는 몸의 존재성에 대한 진지한 탐구를 읽어낼 수 있다. 이 진지한 탐구는 곧 '몸화(化)'에 대한 탐구이다. 몸화란 범박하게 말하면 몸 밖의 세계를 몸 안으로 끌어들여 하나의 새로운 존재를 구성하는 것을 의미한다. 이 몸화는 몸의 존재성을 드러내는 가장 기본적인 속성이면서 동시에 가장 중요한 속성이기도 하다. 이 점을 간파하고 그녀는 이 몸화의 과정을 포착해내기 위해 호기심 가득한 시선으로 탐색을 행한다. 그녀의 몸화에 대한 호기심은 단순한 호기심이 아니라 신비로움과 경이로움이 포함된 호기심이다. 이것에 대한 구체적인 예시가 바로 시행이 시작될 때마다 찍어놓은 22개의 물음표(?)이다. 시행의 끝이 아니라 맨 앞에, 그것도 문장의 속성에 관계없이 찍어놓은 이 물음표는 일종의 '시적 허용'으로 몸화에 대한 호기심을 배가시키는 효과를 준다. 물음표가 먼저 오고 뒤이어 문장이 온다는 것은 여러 가지 의미로 해석할 수 있다. 첫째는 몸화의 과정이 말이나 언어에 앞서 느낌(?)으로 먼저 체험된다는 해석이며, 둘째는 몸화의 과정이 말이나 언어로는 쉽사리 표현할 수 없기 때문에 한 번의 휴지(?)를 거친 다음에야 비로소 해석될 수 있다는 것이고, 셋째는 몸화의 과정이 너무 신비하고 경이롭기 때문에 말이나 언어로 표현하는 것을 잠시 잊었다(?)는 해석이 그것이다.

이러한 해석들은 세계를 드러내는 데 있어서 몸이 말이나 언어와는 일

---

5 김혜순, 『작가세계』, 1998 가을호, 297쪽.

정한 차이가 있다는 것을 보여준다. 몸은 말이나 언어에 비해 세계를 보다 더 직접적으로 드러낼 수 있다. 몸은 자아와 세계 사이에서 오관을 모두 열어놓고 있기 때문에 추상화되고 개념화된 말이나 언어보다는 보다 구체적이고 살아있는 세계를 함축하고 있는 존재라고 할 수 있다. 이 때문에 몸 혹은 몸화의 과정은 존재의 견고함 속에 있게 되는 것이다. 이 견고함 속에서 이루어지는 몸화의 과정은 '손가락으로 말하는 법과 손가락 하나하나가 바늘이 되는 법'을 터득한 누군가(너)에 의해 '재빠르게 찍혀진' 문신을 통해 표현된다. 여기에서 내 몸에 문신을 찍은 누군가(너)는 나 아닌 타자 곧 세계이며, 문신은 자아와 세계가 몸을 통해 만나 남긴 흔적이라고 볼 수 있다.

자아와 세계의 몸을 통한 만남은 운명적이기 때문에 이 흔적은 지워질 수 없는 것이다. 지워지기는 고사하고 이 흔적에서는 '뿌리가 자라고', 그 뿌리는 내 몸속에 자잘한 닻을 내려 내 심장 박동을 방해하고, 내 몸에 보초를 세워 나를 자꾸 상처로 가두기'까지 한다. 나는 이 흔적이 만든 상처의 감옥에서 벗어나려고 몸을 '파르르 파르르' 떨어보기도 하고 '노예처럼 울부짖기'도 하지만 그럴수록 상처는 점점 깊어질 뿐이다. 상처가 깊어진다는 것은 자아와 세계 사이의 상실과 보충을 통해 이 둘 사이의 운명적 만남이 강화된다는 것을 의미한다. 따라서 몸을 통한 자아와 세계 사이의 만남에서 비롯되는 상처는 깊으면 깊을수록 보다 더 진정한 가치를 가지게 되는 것이다.

?너는 왜 나를 자꾸 상처로 가두니
?내 몸 속의 얇디얇은 실크 숄이 이 상처를 덮고 싶어서

?파르르 파르르 떠는 거, 너 아니
?레퀴엠보다 무거운 문신
?젖은 외투보다 무거운 문신
?그물보다 질긴 문신
?내가 그물 속의 노예처럼 울부짖는 소리 그렇게도 듣기 좋니
?그런데 어째서 아직도 이 문신은 깊어지기만 하니
?내 몸은 또 왜 이다지도 깊은 거니

진정한 몸화의 과정에는 상처가 수반되며, 이 상처가 진정한 가치를 가질 수 있다는 인식은 은폐된 몸의 존재성을 탈은폐(disclose)시키고 있는 대목임에 틀림없다. 몸이 곧 상처라는 인식은 어떻게 보면 몸이 가지는 고통스러운 실존의 모습이다. 그녀는 이러한 몸이 가지는 존재성에 대해 "몸은 몸에게 다가가고 싶은 속성 때문에 스스로가 가진 존엄성 때문에 너무나 상처받기 쉽다. 상처는 우리에게 쉼 없이 고통을 제거하라고 명령한다. 우리의 몸은 우리로 하여금 상상할 수 없던 것까지 느끼고, 가지라고 명령한다. 열린 입, 생식기, 가슴, 코 등등이 몸을 계속 과정 속에 살도록 눈뜨자마자 몸을 독려하고, 밖으로 밀어낸다. 그러나 몸은 원하는 것을 모두 갖지 못한다. 몸의 수많은 구멍들이 그 불가능한 것 때문에 하루 종일 울부짖는다. 구멍의 비명은 몸의 안팎에 새겨 진다"[6]고 말한 바 있다.

몸 혹은 몸화의 과정은 어떤 경우에도 상처 없이는 성립될 수 없기 때문에 이것에 대한 인식은 몸에 대한 소재적이거나 국부적인 논의를 넘어 본질적인 논의로 나아가는 데 일정한 계기를 제공해 줄 수 있을 것이다. 만일

6 김혜순, 「불교, 여성, 시의 몸」, 『현대시학』, 1998.10, 222쪽.

몸화의 과정에서 드러나는 이 상처에 대해 누군가 존재론적인 접근을 시도한다면 몸에 대한 새로운 의미들이 드러날 것이다. 바로 이러한 점에서 「文身」에서 보여준 김혜순의 몸화를 통한 몸의 존재성에 대한 탐구는 그 나름대로의 의미를 지닌다. 그녀가 「文身」에서 보여주고 있는 이와 같은 진지한 탐구가 많아질수록 몸은 그 존재성을 견고하게 드러낼 수 있다.

3. 계몽과 깨달음으로서의 몸시

몸의 존재는 계몽과 밀접하게 연결되어 있다. '신독(身獨)'이 잘 말해주듯이 몸을 잘 다스리는 것이 도덕이나 윤리의 중요한 덕목이다. 왜 정신이 아니라 몸인가? 이 물음 속에는 정신만을 통한 계몽은 불안정하며 한계가 있다는 의미가 내재해 있다. 몸 안에 정신이 있는 것이다. 따라서 진정한 계몽은 정신이 아닌 몸을 통해 이루어지는 것이다. 그렇다면 몸을 통한 계몽이란 무엇일까? 이와 관련하여 90년대에 들어와 몸적인 사유의 깊이를 확보하고 있는 정진규의 『몸詩』를 통해 살펴보자.

정진규의 『몸詩』는 '시적 주체가 몸을 통해 깨달음을 얻어가는 과정'에 대한 사유에 다름 아니다. 그의 시의 이러한 '몸을 통한 깨달음'은 '가시적이거나 비가시적인 모든 대상이나 사물은 건강한 몸을 기반으로 하는 사유 속에서 그 빈곤함을 면할 수 있다'는 명제로 요약할 수 있을 것이다.

'몸적인 기반의 부재'가 곧 '빈곤함'이라는 이러한 깨달음에서 우리가 한번 생각해 보아야 할 것은 '몸'과 '빈곤함'이 어떻게 연결되며, 이 '빈곤함'이 무엇을 말하는지 하는 점이다. 먼저, 왜 몸적인 기반의 부재가 빈곤함일까.

다시 말하면, 왜 몸적인 것이 기반이 될 때 세계는 풍요로울 수 있는 것일까. 다분히 철학적인 사유를 필요로 하는 이 문제는 몸이 가지는 속성에 대한 규명과 함께 이 속성에 대해 보여 온 인식론적인 태도에 대한 해명을 통해 풀릴 수 있다. 이 의문에 대한 답은 김상환 교수가 『몸詩』를 평하면서 적절히 지적해 낸 것처럼 그것은 몸이 '이 세계에 어떤 과도한 함량을 분만하는 기관'[7]이기 때문이다. 몸은 마치 빛이 매체를 지나면서 굴절되듯이 기본적으로 사물이나 대상을 신체의 감각기관을 통해 부풀어나게 만들고 어떤 현란한 증가 작용 속에서 이것들의 본 모습을 변형시켜 새롭게 만드는 역할을 한다. 가령 추상적이고 기하학적인 사물들도 몸에 의해 색과 소리 그리고 딱딱함과 같은 촉감을 지니고 현상하는 새로운 사물로 변형될 수 있는 것이다. 몸에 의한 이러한 사물의 성질의 변화는 단순한 변화가 아니라 그것은 '一者'에서 '多者', '투명한 세계'에서 '애매하고 모호한 세계', 그리고 운동이나 생성 소멸이 없는 '추상적인 세계'에서 시간과 공간이 구체성과 역동성을 띠고 존재하는 '감각적인 세계'로의 변화를 의미하는 것이다.

이처럼 과도한 분만의 속성을 지닌 몸은 세계에 대한 해석 가능성의 폭을 확장하고 심화하는 데 하나의 토대로 작용하고 있다. 몸이 존재론적인 토대로 작용할 때 그동안 그 분만의 과도함으로 인해 객관적이고 과학적인 사유에서 배제되어 온 주관적인 성질들, 이를테면 느낌, 감각, 감성 등이 새롭게 그 존재성을 획득하게 되는 것이다. 이 주관적인 성질들은 세계에 대한 해석 가능성의 빈곤함을 채워줄 수 있는 풍요로운 질료들이다. 그런데 이 느

7 김상환, 「육체와 현대성」, 『현대시학』, 1994.10, 308~309쪽.

낌, 감각, 감성 등의 주관적인 성질을 가진 질료들은 모두 개념화되기 이전의 정서의 영역에서 성립되는 것들이다. 다시 말하면 이것은 몸이 개념화되기 전에 이미 존재한다는 것을 의미한다. 개념화가 어쩔 수 없이 언어에 의해 성립되는 것이라면, 몸은 언제나 언어보다 앞서 존재하게 되는 것이다. 이 때문에 흔히 몸과 언어를 분리해서 생각하는 사람들이 있다. 몸과 언어를 분리해서 생각하는 이러한 극단적인 언어 중심주의(기교주의 혹은 형식주의)적인 사고를 가진 사람들은 언어(작품)를 생산하는 주체(몸적인 존재)보다 언어 그 자체를 중시한다.

그러나 몸과 언어는 분리시켜 생각할 수 없는 성질의 것이다. 어떻게 몸을 부정하고 언어(작품)가 만들어질 수 있겠는가. 몸속에 이미 언어가 가능한 형태로 존재하고 있으며, 이렇게 현상된 언어 속에는 몸이 또한 존재하고 있는 것이다. 특히 니체가 예술에 대해 말하면서 '예술은 창작자의 몸과 행위의 산물일 뿐'이라고 한 것이라든지, 횔더린이 '언어는 몸에 상처를 주지 않는다'(이 말은 '몸은 언어에 상처를 주지 않는다'라는 말로 바꿔도 무방하다)라고 한 말, 그리고 김수영이 '시의 모더니티는 시인이 육체로서 추구할 것이지 시가 기술면으로 추구할 것이 아니다'라고 한 말이나 젊은 시인들을 평하면서 '언어 이전의 고통이 모자란다'고 한 비판은 몸과 언어의 문제와 관련시켜 볼 때 실로 의미심장한 말이라고 하지 않을 수 없다. 이 말 속에 담긴 의미는 '온몸으로 밀고 나가지 않으면 하나의 세계를 가질 수 없다'는 삶의 존재성에 대한 진정성 같은 것이다.

몸속에 이미 언어가 있으며, 언어가 곧 몸이라는 사실을 통해 하나의 진정한 세계를 만날 수 있다는 이러한 사실을 안다는 것은 얼마나 큰 깨달음인가. 정진규 시인은 이 깨달음을 '몸으로 깨우치는 전폭의 매질'이라고까지 표현하였다. 이것은 그가 이 깨달음을 단순한 발견의 의미를 넘어 어떤 존재론적인 차원에서 행해지는 통각(痛覺)의 의미로 체득하고 있다는 것을 말해준다. 그가 보여주는 '몸을 통한 깨달음'은 '반성과 성찰'의 의미를 지닌다. 몸은 인간이라면 누구나 가지고 있는 것이며, 몸을 가지고 있는 존재라면 '몸을 통한 깨달음' 역시 가능하다. 이 가능성을 이대흠 시인의 「몸 안의 사랑」은 잘 보여주고 있다.

> 전라도에 온 지 사흘이 지났는데
> 똥이 잘 나오지 않는다
> 똥이 안 나오는 것은 내가 아직
> 전라도를 소화하지 못했기 때문
> 몸 안의 사랑을 찾지 못하고
> 끓고만 있기 때문[8]
>
> — 이대흠, 「몸 안의 사랑」 전문 인용

단 여섯 줄 밖에 안 되는 짧은 시이지만 '몸을 통한 깨달음'과 관련하여 볼 때 이 시가 그 안에 품고 있는 의미는 제법 깊고 명증하다. 이 깊이와 명증함은 이 시가 생물학적인(생리적인) 인간의 몸의 특성을 잘 포착하여 그것을 형이상학적인 깨달음으로 연결시키고 있기 때문이다. 이 시의 기본적인 발상은 '똥'과 '소화'라는 말이 강렬하게 환기하고 있듯이 인간의 몸이 가지는 생물학적이고 생리학적인 속성에서 비롯된다. 인간이 혹은 인간의 몸이 본질적으로 생물이고 자연이라는 점을 고려한다면 이 발상은 이미

---

8 이대흠, 『현대시학』, 1999.2, 182쪽.

어떤 보편성과 함께 타당성을 획득하고 있다. 이 때문에 이 시는 몸을 통한 시적 사유의 명증성을 유지하고 있는 것이다.

그러나 이 시는 이렇게 인간이라면 누구나 분비할 수밖에 없는 생리적인 현상에 의해 만들어지는 '똥'과 그것의 작용양태인 '소화'라는 인간의 몸이 가지는 생물적이고 자연적인 사유에만 머물러 있지 않다. 이 시는 생물학적이고 생리학적인 몸을 형이상학적인 차원으로 끌어올린다. 이것은 시적 주체의 몸이 소화하려고 하는 대상이 '전라도'라는 사실을 통해서 알 수 있다. 이 시에 표상된 시적 주체의 몸이 생물학적이고 생리학적인 몸이라면 어떻게 '전라도'를 소화할 수 있겠는가. '소화'라는 말과 '전라도'라는 말이 폭력적으로 결합되면서 이 시에 표상된 몸은 생물학적이고 생리학적인 몸에서 형이상학적인 몸으로 거듭나는 것이다. 몸의 이러한 존재 양태는 하나의 몸이 또 다른 몸을 분만하는, 다시 말하면 '몸이 몸을 하는 것'으로 볼 수 있다.

이렇게 몸이 몸을 하면 이 시에 표상된 '똥'의 의미 역시 변할 수밖에 없다. 몸이 몸을 하기 전의 '똥'의 의미는 우리가 흔히 생각하듯이 생물학적이고 생리학적인 차원에서 현상하는 실질적인 악취를 발산하는 분비물로 해석된다. 그러나 이것이 몸을 하면 '똥'의 의미는 형이상학적인 차원에서의 세계에 대한 체험의 결과로 얻어진 어떤 '결정체'로 새롭게 해석되는 것이다. 이 과정에서 연상되는 '똥'의 양태는 크게 세 가지이다. 첫째는 '전라도에 온 지 사흘이 지났는데 / 똥이 잘 나오지 않는다'는 말에서 연상되는 생물학적이고 생리학적인 '똥'이고, 둘째는 '전라도를 소화하지 못했기 때문에 똥이 나오지 않는다'는 말에서 연상되는 형이상학적인 '똥'이며, 셋째는 '몸 안의 사랑을 찾지 못했기 때문에 똥이 나오지 않는다'는 말에서 연상되는 역시 형이상학적인 '똥'이 그것이다. 이 각각의 양태를 통해 알 수 있는 것은 첫째에서 둘째, 셋째로 갈수록 '똥'의 의미가 생물학적이고 생리학적인 차원에서 형이상학적인 차원으로 그 속성이 변한다는 사실이다. 이 변화는 '똥'에 대한 해석이 그만큼 다양화된다는 것을 말한다.

몸이 몸을 함으로써 이렇게 '똥'의 해석 층위가 두터워진다는 것은 곧 몸이 또 몸을 한다는 것을 의미한다. 즉 몸이 몸을 하고, 다시 그 몸이 몸을 하는 분만 행위가 계속되는 것이다. 이 시에서의 이러한 분만 행위는 '몸을 통한 깨달음'에 깊이를 더해준다. '전라도를 소화할 때, 몸 안의 사랑을 찾았을 때, 혹은 세계를 몸화할 때 비로소 똥이 잘 나온다'는 이 시의 깨달음이 결코 몸 가볍지 않고 타성에 젖은 소리로 들리지 않는 것은 모두 그 원인이 여기에 있다고 할 수 있다. 다양하게 몸의 의미를 분만하면서 '몸을 통한 깨달음'을 확산하고 심화해 간다는 것은 이 시의 시적 주체가 '몸의 소리'를 제대로 듣고 이것을 실천에 옮긴 결과이다. 몸의 소리는 가볍지도 거짓되지도 않을 뿐만 아니라 나약하거나 고립적이지도 않은 순정한 소리이다. 이 몸의 소리를 좇아 깨달음을 얻는다는 것은 '몸'과 '나'와 '세계'가 한 몸이 되는 충만한 삶의 경지를 의미하는 것이다. 그러나 이 경지는 '몸으로 깨우치는 전폭의 매질'을 통해서만이 도달할 수 있는 그런 어려운 경지이다.

4. 무의식적인 충동의 표출과 몸시

몸은 문명에 의해 배제되고 추방당한 존재이다. 이것이 바로 '천박한 몸(abject body)'의 개념이다. 이 몸은 상징계에 의해 선택되고 길들여진 '고귀하고 적절한 몸'이 아니라 그것이 배제하고 추방해버린 몸이다. 이 '천박한 몸'은 비록 상징계에 의해 추방되고 억압된 상태로 존재하지만 끊임없이 그 상징계의 완전함과 안정성을 위협하고 해체하려고 하는 반동적인 존재이다.

이 '천박한 몸'의 개념은 『문명과 타부』에서 문명의 성립을 위해서는외디푸스의 전단계, 다시 말하면 에고가 아버지의 법을 수용하는 데 장애가 되는 어머니의 몸(천박한 몸)을 배제해야 한다는 프로이트의 논리를 시작으로 바흐찐, 라캉을 거쳐 크리스테바의 압젝션(abjection) 이론으로 이어지면서 하나의 거대한 몸의 기획을 성립시킨다.

특히 크리스테바의 압젝션 이론은 바흐찐의 인체 · 배설의 시리즈에서 기존의 문화와 세계관을 파괴하고 해체하는 데 이용된 오물, 정액, 침, 똥과 같은 질료들과 프로이트와 라캉의 이론에서 상징계 및 남성의 역할이 차지하는 중요성 때문에 억압당하고 배제되었던 어머니의 몸(천박한 몸)을 기호계적 코라의 차원에서 다시 해석해냄으로써 '기호계의 상징계로의 투사' 혹은 '상징계의 기호계화'라는 새로운 혁명을 도모하고 있다.[9]

이 가죽 트렁크

이렇게 질겨빠진, 이렇게 팅팅 불은, 이렇게 무거운

지퍼를 열면
몸뚱어리 전체가 아가리가 되어 벌어지는

9 켈리 올리버, 박재열 역, 『크리스테바 읽기』, 시와반시사, 1997, 79∼112쪽.

수취거부로 반송되어져 온

토막난 추억이 비닐에 싸인 채 쑤셔박혀 있는, 이렇게

코를 찌르는, 이렇게
엽기적인[10]

―김언희, 「트렁크」 전문 인용

이 시에서 '천박한 몸'을 통한 '상징계의 기호계화'라는 이러한 일련의 혁명은 압젝션의 최고 형태인 시체라는 질료를 통해 수행되고 있다. 이 시체는 수취거부로 반송되어져 온 것이다. 그렇다면 이 시체를 수취거부하고 반송한 존재는 누구이며, 또 그 이유는 무엇인가. 이 시의 문맥만 가지고는 이러한 의문에 충분히 답할 수 없을 뿐만 아니라 설령 맥락의 독법에 따라 그것을 풀려고 해도 쉽사리 그 답에 접근할 수 없을 것이다. 하지만 '천박한 몸'의 개념을 이해하면 의외로 이 의문은 쉽게 풀린다.

'천박한 몸'의 개념 하에서 보면 시체를 수취거부하고 반송한 존재는 상징계의 아버지의 법이 된다. 아버지의 법 아래에서 볼 때 사회화된 에고를 정립하고 사회 안에서 삶을 유지하기 위해서는 그 법에 의해 선택되고 길들여진 '적절한 몸'만이 존재성을 획득할 수 있는 것이다. 이러한 아버지의 법에 의해 선택되고 길들여지는 것을 거부하고 외디푸스 이전 단계인 어머니의 몸속으로 돌아가려고 하는 그런 욕망을 가진 '천박한 몸'은 상징계에서 수취거부되고 반송될 수밖에 없다. 더욱이 그 천박함의 정도가 심해

10 김언희, 『트렁크』, 세계사, 1995, 11쪽.

에고의 성적 · 심리적인 정체성의 정립은 물론 사회적인 삶의 양식을 철저하게 파괴하고 있는 시체와 같은 몸은 그 혐오의 감정 및 배제와 추방의 정도가 더 심하다고 할 수 있다.

다른 몸에 비해 시체는 천박함의 정도가 심하기 때문에 '몸뚱어리 전체가 아가리가 되어 벌어지고', '코를 찌르는' 악취와 '엽기적'인 공포감을 불러일으킬 수 있는 것이다. 이 중에서 '몸뚱어리 전체가 아가리가 되어 벌어진다'는 표현은 시체가 가지는 욕망의 정도를 드러낸다는 점에서 중요한 의미를 가진다고 할 수 있다. '몸뚱어리 전체가 아가리가 되어 벌어진다'는 것은 몸 전체가 틈이며 구멍이라는 사실을 의미한다. 이것은 이 시에서 시체가 표상하는 것이 상징계에 대한 전면적인 전복을 통한 기호계의 완전한 장악이라는 구도로 드러난다는 것을 말해준다.

이러한 '천박한 몸'의 극치인 시체의 반복적인 출몰은 지금까지 이야기해 온 것처럼 상징계의 기호계화를 목적으로 한다. 하지만 지금까지의 이야기는 '천박한 몸'에 대한 일반론적인 차원에서 그것을 다루었을 뿐 구체적으로 상징계의 기호계화가 어떻게 실천되고 있는지에 대해서 말한 것은 아니다. '천박한 몸'의 개념을 통한 상징계의 기호계화란 텍스트의 실천을 문제 삼아야 한다. 크리스테바 식으로 이야기하면 그것은 상징계적인 언어로 쓰여진 피노 텍스트(phenotext)가 아닌 기호계적인 언어로 쓰여진 지노 텍스트(gynotext)를 문제 삼아야 한다는 것을 의미한다.

> 한다
> 한시간이고
> 두시간이고한다

물을먹어가며한다

하품을해가며꾸벅꾸벅

졸아가며한다

한다깜빡

굴러떨어질뻔하면서그는

그가왜하는지

모른다무엇

과,하고있는지도

부르르진저를치면서그가

한다[11]

—김언희, 「한다」 부분 인용

이 시가 보여주는 언어의 양태는 지시적인 대상을 상실한 기표의 무한한 흐름이다. 이 '한다'라는 기표의 흐름은 어떤 의미나 가치가 최종적인 목적이 아니다. 이 '한다'의 목적은 목적 없는 목적, 다시 말하면 순수한 생산성이 최종적인 목적이다. 그 점에서 '한다'는 한다라는 말의 육체와 그 육체의 소모에 의해서만 정의되어지는 것으로 볼 수 있다. 이 사실은 '한다'가 자기증식적이고 무한수열적인 조합을 할 수 있는 가능태로 존재한다는 것을 의미한다. 이것으로 보면 '한다'는 유동적이고 모순적이며 통일성이 없고 분리가능하며, 그것이 무엇이라고 명명되는 순간 고정적인 성격을 갖는 그 무엇이 되고 말기 때문에 이름조차 붙일 수 없는 기호계의 코라(Chora)적인 언술에 다름 아닌 것이다. 이것은 본질이 무엇인가와 같은 인식론적인 회의가 아니라 과연 그것들이 존재하는가에 대한 의문에서 비

11 김언희, 위의 책, 14쪽.

롯되는 존재론적인 회의라고 할 수 있다.

이처럼 존재론적인 회의를 드러낸다는 것은 곧 사유의 주체인 에고의 소멸을 의미하는 것이다. 「한다」의 '나'라는 에고는 '나'를 표상하는 언어가 틈과 구멍의 줄양태로 드러나기 때문에 에고는 소멸할 수밖에 없다. 따라서 이 시에서의 에고는 자율적인 주체가 아니라 비자율적인 주체가 된다. '나는 생각한다, 고로 나는 존재한다'가 아니라 '나는 내가 존재하지 않는 곳에서 생각하고, 내가 생각하지 않는 곳에서 나는 존재한다'라는 라캉적인 주체가 탄생하는 것이다.

「한다」에 표상된 언어를 통해 드러나는 이러한 에고의 소멸은 곧바로 욕망의 문제로 이어진다. 그것은 언어, 에고(주체), 욕망이 서로 분리되어 있는 것이 아니라 통합되어 있기 때문이다. 언어가 해체되고, 에고가 소멸된다는 것은 곧 욕망이 극대화된다는 것을 의미한다. 욕망의 극대화란 그 욕망이 환유처럼 미끄러져 내린다는 것이며, 그것이 죽음을 향해 달려간다는 것이다. 욕망의 극점이 죽음이라는 점을 상기한다면 이 시들이 결국에는 죽음충동을 노래한 것이라는 결론에 다다를 것이다.[12] 이 시들이 죽음충동을 노래하고 있다는 사실은 이미 천박한 몸의 극치인 시체라든가 그 '천박한 몸'이 곧 어머니의 몸(자궁, 코라)을 지칭한다는 데서도 충분히 예견된다. 이러한 이유로 이 시들을 포함하여 대부분의 그녀의 시들은 죽음과 성욕의 풍경으로 변주된다.

'천박한 몸'을 불러들여 자신만의 독특한 세계를 보여주고 있는 김언희의 시는 '지금 여기'에서 어떤 의미를 가질까. 지금까지 살펴본 것들을 토

---

12 들뢰즈 · 가타리, 최명관 역, 『앙띠 오이디푸스』, 민음사, 1994, 15~34쪽.

대로 대강 그 의미를 찾는다면 그것은, 우리의 사유 주체가 완전한 존재가 아니라 이미 오인의 구조를 가지고 있는 불완전한 존재라는 사실을 들추어 낸 점이라든가, 우리의 문명이나 문화의 순금 부분으로 믿어왔던 상징계적인 언어가 기실 인간을 억압하고 존재 일반을 제대로 드러내지 못하고 있다는 사실을 들추어낸 점, 또는 기계처럼 끊임없이 작동하면서 상징계적인 질서를 전복하고 흡착해버리는 욕망의 속성을 적나라하게 밝혀낸 점 등이 될 수 있을 것이다.

5. 우주와의 동기감응(同氣感應)과 몸시

몸은 이성을 넘어 영성과 감성의 존재이다. 이러한 영성과 감성으로서의 몸이 보여주는 가장 아름다운 현현은 우주와의 감응이다. 몸과 우주가 감응한다는 것은 사람의 몸과 몸 사이의 감응이라든가 사람과 사물 사이의 감응에 비해 상당히 낯선 감이 있다. 그것은 우주라는 감응의 대상이 그 실체를 헤아릴 수 없을 정도로 광대무변하기 때문이다. 그렇다면 몸과 우주는 어떻게 감응을 할까. 또 그것은 무엇 때문에 가능한 것일까. 이 의문에 대한 답은 '氣'가 '同'하기 때문이라고 말할 수 있다. 즉 몸과 우주의 감응은 '同氣感應'인 것이다.

氣는 동양적 감성의 에너지이다. 이 氣로 인해 우주는 가변적이고 친화력이 풍부하며 흘러 넘쳐 끊임없이 요동하면서 만물 만사를 생성 생기시키게 된다. 이것은 우주가 氣에 의해 하나의 전체적인 흐름 속에 놓인다는 것을 의미한다. 氣의 이와 같은 속성을 몸에 적용하면 몸은 일종의 氣의

집이며, 우주적 氣가 끊임없이 모였다가 흩어지는 과정에서 나타나는 일시적인 통합체에 불과한 것이 된다. 몸과 우주는 바로 이 氣의 흐름에 의해 감응할 수 있게 되는 것이다.

이처럼 몸이 우주적 氣가 흐르는 존재의 집이 될 수 있는 것은 몸이 틈을 가지고 있기 때문에 가능하다. 몸의 모든 틈(구멍)들이 우주와 同氣感應을 한다는 사실은 우주라는 대상을 실감의 차원으로 존재하게 한다. 우주는 우리의 의식으로부터 어디 멀리 있는 존재가 아니라 바로 '지금 여기'에 살아 있는 존재로 거듭 난다. 우주가 우리와 가깝다는 것은 물리적인 거리가 아니라 심적인 거리의 차원에서 그렇다는 것이다.

인간의 몸과 우주와의 同氣感應에서 비롯되는 이 새로운 우주관의 시작을 상징적으로 보여주는 시가 바로 「啐啄」이다.

> 저녁 몸속에
> 새파란 별이 뜬다
> 회음부에 뜬다
> 가슴 복판에 배꼽에
> 뇌 속에서도 뜬다
>
> 내가 타죽은
> 나무가 내 속에 자란다
> 나는 죽어서
> 나무 위에
> 조각달로 뜬다

사랑이여
탄생의 미묘한 때를
알려다오

껍질 깨고 나가리
박차고 나가
우주가 되리
부활하리.[13]

— 김지하, 「啐啄」 전문 인용

이 시는 새로운 우주관의 도래를 노래하고 있는 시이다. 그러나 아직 이 새로운 우주관은 그 실체를 드러내지 않았다. 이 시는 새로운 우주관의 실체가 드러나기 전까지의 과정을 노래하고 있는 그런 시이다. 이것은 啐啄(줄탁)이라는 이 시의 제목을 통해서도 알 수 있다. 啐啄은 닭이 알을 깔 때에 알속의 병아리가 껍질을 깨뜨리고 나오기 위하여 껍질 안에서 쪼는 것(啐)과 어미 닭이 밖에서 쪼아 깨뜨리는 것(啄)이 합쳐진 말이다. 따라서 啐啄은 두 가지가 동시에 행해져야 한다는 것을 의미하는 것으로 어떤 일의 시작이 무르익은 상태를 비유한 말이다.

啐啄이 드러내는 의미처럼 새로운 우주관의 도래도 어떤 탄생의 무르익은 시기가 있다는 것이다. 이런 맥락에서 1연은 새로운 우주관의 탄생을 위한 토대의 어떤 정점을 노래하고 있는 것으로 볼 수 있다. 그 정점이란 한마디로 '몸속에 별이 뜬' 상태를 말하는 것이다. '몸속에 별이 뜬다'는 것은

13 김지하, 『중심의 괴로움』, 솔, 1994, 18~19쪽.

몸과 우주와의 심적인 거리가 무화된 것으로 이것은 달리 말하면 몸과 우주와의 同氣感應이 정점에 달한 상태라고 할 수 있다. 이 상태에서는 내 몸이 곧 우주가 되고, 우주가 곧 내 몸이 되는 것이다. 이 사실은 우리가 흔히 몸을 소우주라고 하는 기존의 해석을 벗어난다. 몸은 우주의 축소판이 아니라 그 자체로 생동하는 무궁한 대우주인 것이다.

내 몸이 대우주이기 때문에 나라는 존재 자체가 완전히 소멸하는 그런 죽음이란 있을 수 없다. 나는 비록 죽지만 그 죽음은 단지 氣의 해체에 불과한 것으로 아직도 수렴력을 가진 분해된 유기물질 안팎에 神氣가 살아서 귀신 생명 활동을 하는 것이다. '몸속에 별이 뜬다'는 것은 이처럼 우주에 대한 새로운 해석을 담지하고 있는 것이 사실이다. 하지만 이 말은 그 안에 우주에 대한 또 다른 해석도 담고 있다. 그것은 별이 몸속에 뜨는 과정에서 드러난다. 이 시에서 보면 별은 처음에 '회음부'에서 떠서 '가슴 복판', '배꼽'을 거쳐 '뇌' 쪽에서 뜨게 된다. 이 사실은 새롭게 탄생될 우주관은 '뇌' 중심의 하강적 수직주의가 아니라 그것을 뒤집고 해체한 '회음부' 중심의 우주관이라는 것을 의미한다. '회음부' 중심이라는 것은 새로운 우주관이 하반신 곧 자궁, 성기, 똥구멍, 불알이 중심이 된다는 것이며, 이것은 필연적으로 섹스와 육체적인 감각을 동반하게 된다는 것을 말한다.[14] 섹스와 육체적인 감각은 지금까지 불경한 것으로 금기시되어 왔으나, 그 이면에는 섹스와 육체적인 감각을 지나치게 물질적인 것으로만 파악하는 물질중심주의적인 사고가 작용한 것이다. 섹스와 육체적 감각 속에도 새롭고 성스러운 우주적 영성의 씨가 존재하며, 이 사실을 자각하고 이것을

---

14 김지하, 『생명과 자치』, 솔, 1996, 281~282쪽.

찾아내서 새롭게 재창조해 내는 것이 '회음부' 중심의 우주관이다. '회음부'로부터 시작되는 그 끈적끈적하고 핏기 있는 살아 꿈틀거리는 기운이 '가슴', '배꼽', '뇌' 등으로 흘러 차갑고 딱딱한 로고스 중심의 체계들을 감싸 안을 때 진정한 의미의 새로운 우주관은 성립되는 것이다.

새로운 우주관의 탄생을 위한 토대는 이렇게 성립되었지만 그것이 하나의 모습으로 현현되기 위해서는 다른 무엇이 더 필요하다. 그것은 바로 3연에서 말하고 있는 '사랑'이다. 이 '사랑'이란 '啐啄'에서처럼 아기 병아리가 껍질을 깨고 나올 때 밖에서 그것을 도와주는 어미 닭과의 이심전심의 감응 같은 것을 말한다. 아기 병아리와 어미 닭과의 관계에서 볼 수 있는 이 '사랑'이 의미하는 것은 새로운 탄생에는 우주 전체의 감응의 기운이 맞아야만 한다는 사실이다. 이 감응의 기운이 신묘성(神妙性)을 획득하는 순간 비로소 껍질을 깨고 나와 우주와 한 몸이 되어 새로운 탄생을 현현할 수 있게 된다.

일찍이 우리 현대 시사에서 우주가 이렇게 심적으로 가깝게 존재한 적은 없었다. 그의 시에서 보여 지는 우주는 마치 인간과 다를 바 없는 살아 있는 생명체 그 자체이다. 인간과 우주 혹은 인간의 몸과 우주의 同氣感應은 우주적 휴머니즘으로 불러도 무방할 정도다. 이 새로운 우주적 휴머니즘은 서양의 휴머니즘과는 질적으로 다르다. 이 휴머니즘은 우주와 인간의 마음 사이의 벽을 만들어 그 감응 자체가 불가능한 서구의 것과는 달리 인간의 마음, 즉 영적이고 감성적인 인간의 몸과 우주의 변화를 아우르는 그런 무궁한 감응을 전제로 하고 있는 것이다. 이것은 분명 인간과 우주에 대한 새로운 사유 체계임과 동시에 기존의 문명이나 문화에 일정한 반성과 비판, 그리고 대안을 제시할 수 있는 체계임에 틀림없다. 최근 그가 새롭게 들고 나온 '율려문화운동(律呂文化運動)'[15]도 이 새로운 우주적 휴머니즘 운동으로 볼 수 있을 것이다.

6. 노동의 수단 혹은 목적으로서의 몸시

몸은 생산성과 효율성을 높이기 위한 수단으로 존재한다. 몸으로 무엇인가를 생산하고 그것을 통해 자신의 실존을 보장받는 행위는 인류의 출현과 함께 계속되어 온 것이다. 하지만 시대에 따라 몸은 그 의미를 달리해 왔다. 근대로 올수록 인간의 몸은 육체적인 노동의 비중이 작아지고 정신적인 비중이 커졌다. 여기에 결정적인 요인으로 작용한 것이 테크놀로지의 발달이다. 인간의 육체적인 노동을 대신할 새로운 도구가 출현하면서 몸에서 땀이 제거되고 그 대신 서늘한 사이보그의 이미지가 대두한 것이다.

그러나 테크놀로지의 발달로 비록 정신적인 노동의 비중이 커졌지만 여전히 육체를 통한 노동이 사라진 것은 아니다. 노동이 좀 더 계급화되었다고 하는 편이 맞을 것이다. 노동의 계급화는 깊은 소외를 낳고, 그것은 그만큼 몸이 자본의 논리에 종속되었다는 것을 의미한다. 노동이 신성한 것이라는 논리는 몸에 따른 계급화의 정도가 점점 커져가는 후기자본주의 사회에서는 공허한 것이 될 수 있다. 노동으로서의 몸은 신성함 대신 실존의 강박에 시달리게 되면서 도덕과 윤리 차원의 타락의 길을 걸을 수도 있는 것이다.

---

15 우주의 변화를 인식하고, 그 우주의 변화 가운데서 '黃鐘音'이라는 중심음을 찾아 그것을 중심으로 문화와 문명을 새롭게 창출하자는 동양적인 우주관에 입각한 신사고 운동.

내 속눈썹에 고인 햇살이 톱날처럼 번뜩였습니다.
이 지게 도둑놈! 그러나 다 부서져가는 지게처럼 그는 늙어 있었습니다.
연체동물처럼 흐느적이며 지게를 빼앗긴 그는 뒤돌아섰습니다.
관절 마디 마디 무너져 내리는 모습으로 자꾸만 되돌아보며 또 뒤돌아보
며……
바라보는 내 눈가엔 햇살의 톱날이 더욱 잘게 부서지고 있었습니다.
그러나 어느새 나는 뛰어가 그 무너져 내리는 몸짓에 지게를 입혀 주고
있었습니다.

그것은 내가 져야 할 최후의 짐이었기 때문이었을까요?[16]

—김신용, 「더 작은 告白錄」 부분 인용

이 시를 지배하고 있는 것은 '노인'에 대한 '나'의 시선이다. '나'는 '노인'에 대해 '도둑놈'이라고 분개하지만 결국 그에게 "지게를 입혀 주고" 만다. 그리고 그것이 자신이 "져야 할 최후의 짐 때문"이라고 말한다. 여기에는 자신도 그 노인처럼 될 수밖에 없다는 인식이 깔려 있다. '나' 역시 '노인'처럼 "무너져 내리는 몸짓"을 보여줄 수밖에 없는 존재이기 때문이다. '나'와 '노인'은 모두 몸 하나로 생계를 유지하는 지게꾼인 것이다. 이들에게 몸은 피와 땀의 의미 차원에서 거의 확장되지 않는다. 이들에게 몸의 확장을 가능하게 하는 도구가 있다면 그것은 '지게'이다.

지게는 사이버네틱스를 가능하게 하는 다양한 질료들과 비교해서 그 기능이 단순하다. 지게는 테크놀로지에 의해 매개된 간접적인 에너지와는 다르다. 그것은 사이버네틱스가 아닌 순수하고 직접적인 몸의 에너지에

16 김신용, 『버려진 사람들』, 고려원, 1989, 67쪽.

의해 기능하고 작동하는 엑추얼한 수단이다. 지게를 통해 발휘되는 에너지는 엑추얼한 몸의 에너지에 가깝다고 할 수 있다. 지게는 몸의 생산성을 높여주지만 그것은 어디까지나 몸의 에너지의 범주 안에서이다. 지게의 생산성과 효율성은 트럭이나 크레인 등과 비교해 보면 그것이 얼마나 몸적인가를 잘 알 수 있다.[17] 이러한 차이는 필연적으로 소외로 이어질 수밖에 없다.

기계 사이에 끼어 아직 팔딱거리는 손을
기름 먹은 장갑 속에서 꺼내어
36년 한 많은 노동자의 손을 보며 말을 잊는다
비닐봉지에 싼 손을 품에 넣고
봉천동 산동네 정형 집을 찾아
서글한 눈매의 그의 아내와 초롱한 아들놈을 보며
차마 손만은 꺼내 주질 못하였다
(…중략…)
내 품속의 정형 손은
싸늘히 식어 푸르뎅뎅하고
우리는 손을 소주에 씻어 들고
양지바른 공장 담벼락 밑에 묻는다
노동자의 피땀 위에서
번영의 조국을 향락하는 누런 착취의 손들을
일 안하고 놀고먹는 하얀 손들을
묻는다

17 이재복, 「몸과 시의 리얼리티」, 『작가와 비평』, 2006 하반기, 158쪽.

프레스로 싹뚝싹뚝 짓짤라
원한의 눈물로 묻는다
일하는 손들이
기쁨의 손짓으로 살아날 때까지
묻고 또 묻는다[18]

— 박노해, 「손 무덤」 부분 인용

노동자의 훼손된 몸을 통해 노동 현실을 고발하고 있는 대표적인 시이다. 이 시에서 시인이 시 쓰기의 대상으로 삼은 것은 기계 사이에 끼여 팔딱거리는 정형의 손이다. 아마도 프레스에 의해 잘려져 나간 정형의 이 손은 시인의 의식에 강렬한 충격으로 다가와 각인되었을 것이다. 자신의 몸에서 또 다른 몸의 일부가 잘려져 나간다는 이 사지절단의 체험은 인간이 체험하는 가장 공포스러운 것 중의 하나이다. 노동의 현장, 특히 프레스와 같은 위험한 종류의 기계를 다루는 현장에서의 이 사지절단의 체험은 노동자라면 누구나 한번쯤 경험하게 되는 끔찍한 악몽과 같은 것이리라. 좀처럼 쉽게 지워질 수 없는 끔찍한 악몽을 제공하는 정형의 절단된 손은 시인의 시적 질료가 되기에 부족함이 없다고 할 수 있다.

그러나 문제는 정형의 절단된 손이라는 이 시적 질료를 시인이 자신의 상상과 표현으로 되살려 놓고 있지 못하다는 점이다. 그것은 시인의 의식이 정형의 잘려나간 손이 아니라 '노동자의 피땀 위에서 / 번영의 조국을 향락하는 누런 착취의 손들'에 과도하게 쏠려 있기 때문이다. 프레스에 잘려 나간 정형의 손을 보고 '누런 착취의 손들'이 떠오른다는 발상은 어떻게

18 박노해, 『노동의 새벽』, 해냄, 1997, 83~86쪽.

보면 지극히 자연스러운 것으로 볼 수 있지만 다른 한편으로 보면 그것은 그의 상상력이 유연하지 못하고 기계적이라는 사실을 말해 준다. 어쩌면 그는 정형의 손이 기계에 잘려나가기 전에 이미 '누런 착취의 손들'에 대한 포석을 자신의 의식 속에 깔아놓고 있었는지도 모른다. 이것은 시인의 소외의 정도를 말해주는 대목이라고 할 수 있다.

가해자와 피해자, 지배자와 피지배자, 가진 자와 못 가진 자라는 선명한 이분법적인 의미 구조를 띠게 된다. 이 이분법적인 의미 구조를 통해 드러나듯이 그가 겨냥하고 있는 것은 가진 자(가해자 · 지배자)의 횡포와 그것을 가능하게 하는 자본주의 사회 체제에 대한 고발이다. 이러한 식의 의미 구조란 사회의식이 팽배한 시대에 흔히 볼 수 있는 것으로 여기에서 늘 문제가 되는 것은 경직성과 단순성이다. 이 이분법적인 의미 구조가 경직성과 단순성의 차원에 머물게 되면 그것은 틀림없이 무엇 무엇을 위한 한풀이 혹은 무엇 무엇을 위한 도구 정도로 그치고 마는 것이 사실이다. 「손 무덤」 역시 이러한 혐의로부터 자유롭지 못하다.

「손 무덤」을 읽고 난 후 느껴지는 것은 노동의 현장에서 체험하는 생생한 삶의 숨결이 아니라 그것이 제거된 상태에서의 가진 자들에 대한 생경한 한풀이이다. 가진 자에 대한 분노와 저항 의식은 가지지 못한 자 또는 피지배자의 위치에 있는 노동자라면 누구나 가지고 있는 보편적인 심리이다. 하지만 그들에 대한 분노와 저항이 항상 이념이나 이데올로기로 무장되어 있는 것은 아니다. 노동자란 이념형이기에 앞서 살과 피를 가진 살아 있는 인간형에 가까운 존재들이다. 그의 표현대로 노동자는 '가슴 미어지는 비애와 분노, 철저한 증오, 통곡, 참혹한 고통'(「사랑」, 111쪽)을 피투성이의 몸부림으로 살아내는 자들이다. 이들이 피투성이의 몸으로 살아내는 과정에 이념이나 이데올로기가 끼어들 수도 있지만 이들의 삶은 언제나 이것을 넘어서는 차원에 있다. 따라서 인간형에 가까운 이러한 피투성이의 몸을 배제한 채 이념이나 이데올로기만을 들추어낸다는 것은 마치 살과 피가 없는 앙상한 뼈만 있는 몸을 몸이라고 하는 것과 별반 다르지 않다.[19] 『노동의 새벽』에서 그가 시적 대상으로 삼고 있는 노동자의 몸이 바로 이 형국이다. 이 때문에 그의 시는 노동자의 훼손된 몸을 자신의 이념이나 이데올로기를 실현하기 위한 도구로 이용하고 있다는 혐의를 받게 되는 것이다.

7. 몸의 개조 욕망과 미래적 전망으로서의 몸시

몸의 존재성과 관련하여 우리는 지금 동상이몽에 빠져 있다. 한쪽에서는 기에 또 다른 한쪽에서는 비트에 그 가치의 절대성을 부여하고 있다. 기 중심의 에코토피아와 비트 중심의 디지털토피아의 동상이몽은 그것이 쉽게 화합할 수 없는 성질의 것(자연 / 인공)이지만 화합해야만 하는 당위성을 가진다는 점에서 어떤 딜레마를 제공한다고 할 수 있다.[20] 디지털적인 것을 배제한 채 에코적인 것을 강조하다 보면 이 후기자본주의 사회에서 소외받을 것은 불을 보듯 뻔한 일이고, 반대로 에코적인 것을 배제한 채 디지털적인 것을 강조하다 보면 근대 이후 시달려 온 자연과의 분리에서 오는 불안에서 헤어나지 못할 것이라는 것 또한 자명한 일이다.

---

19 이재복, 「손무덤의 가치 부드러운 페니스의 힘」, 『몸』, 하늘연못, 2002, 215쪽.
20 이재복, 「에코토피아와 디지털토피아」, 『비만한 이성』, 청동거울, 2004, 88~93쪽.

하지만 에코적인 세계의 강조는 구체적인 힘의 실체를 간과한 채 자칫 하면 이상적인 차원으로 빠질 위험성이 있다. 에코토피아가 의미를 가지기 위해서는 반에코적인 문명과의 소통이 전제되어야 한다. 지금 여기에서의 문명은 별이나 달 혹은 코라와는 다른 비트라는 물질이 토대가 되어 형성되는 그런 세계이다. "몸 속에 웹브라우저를 내장하고"[21](「몸이 열리고 닫히다」), "머리 대신 모니터를 달고 다니는"[22](「공중도시」) 비트화된 전자문명의 시대인 것이다. 이런 시대에 몸속에 별이 뜨고 달이 살고 있다고 노래하는 것이 어떤 의미를 가질 수 있을까? 비트가 지배하는 전자광 속의 시대에 그런 생태적이고 신화적인 느림이 어떤 실천성을 담보할 수 있을까? 지금 이 시대의 비트화된 문명을 생태주의적인 문명으로 그 패러다임을 바꾼다는 것이 가능하기는 한 것인가? 이 물음에 답하기는 쉽지 않을 것이다.

인류의 역사를 통시적으로 고찰해보면 인간의 문명의 인공화 혹은 비트화는 필연적인 감이 없지 않다. 역사 이래 인류가 꿈꾼 것은 프랑켄슈타인으로 표상되는 인간의 몸의 개조를 통한 거대한 인공세계의 건설이다. 몸의 기계화 단계를 넘어 몸의 디지털화는 이러한 인류의 욕망을 가속화시키고 있다고 할 수 있다. 몸의 디지털화는 이미 거스를 수 없는 대세라는 데 많은 사람들이 공감하고 있다. 특히 '우주에서의 생명'이라는 주제로 스티븐 호킹 박사가 행한 일본에서의 강연은 의미심장한 데가 있다. 이 천재과학자의 강연의 요체는 '태양계의 수명이 다 하는 50억년 뒤에 이 지구상에는 인간과 같은 생식 기능을 하는 생명체는 다른 행성으로 가는 여행을 견디지 못하기 때문에 살아남을 수 없다'는 것이다. 생식 기능의 생명체를

21 이원, 『야후!의 강물에 천 개의 달이 뜬다』, 문학과지성사, 2001, 12쪽.
22 이원, 위의 책, 54쪽.

대신해 '실리콘 생명체'라는 새로운 인공화된 생명체가 생겨난다는 것이다. 실리콘 생명체란 컴퓨터 바이러스 같은 것으로 만일 인간이 살아남기 위해서는 정신을 복제해서 컴퓨터 바이러스 같은 실리콘에 그것을 실어 공간 이동을 할 수밖에 없다는 것이다. 지금까지의 인류의 문명과 몸의 관계를 되돌아보면 그의 말에 상당한 개연성이 있음을 알 수 있다.

사이보그라는 말이 인간이 만들어낸 허황된 환상이 아니라 그것이 실현 가능한 존재의 차원에서 이해되는 것이 지금 여기의 현실이다. 그 욕망을 반영하고 있는 것이 바로 〈매트릭스〉이다. 몸과 관련해서 〈매트릭스〉에서 가장 인상적인 것 중의 하나는 네오가 전화 케이블을 타고 차원 이동하는 장면이다. 영화이기 때문에 과학적인 사실을 생략한 채 차원 이동 자체만을 보여주고 있지만 이 상상력이야말로 스티븐 호킹 박사의 예언과 다르지 않다고 할 수 있다. 인간의 정신(뇌)을 복제하는 것이 지금의 기술로는 불가능하지만 그 발전 속도를 도저히 예측할 수 없다는 측면에서 보면 이것이 상상이나 예언으로 그치지 않고 실현 가능한 사실로 다가올 수도 있다는 것을 말해준다. 이런 점에서 볼 때 인간의 몸의 사이보그화는 끔찍한 악몽이라고 할 수 있다. 인간의 몸이 사이보그화되고 실리콘 생명체가 될 때 인간은 여전히 꿈 꿀 수 있을까? 이러한 세계의 도래에 대해 조금이라도 생각해 본 사람은 불안과 공포에 시달릴 것이다. 시인의 감수성은 이미 여기까지 뻗쳐 있다.

> 14220469103026100151022
>
> 31029402150321100141035
>
> 30223오늘의교통사고사망10

부상107유괴알몸토막310349
31029403120469103012022
3139560보험금노린3044935
59203발목절단자작극103921
31029403120469103012022
개미투자자자음독자살0014103
33엘리베이터안고교생살인극
14220469103026100151022
3102탈북9402150꽃제비204
15392049586910295849320
50203046839204962049560
5302아프리카에서종말론신자
924명집단자살20194056293
31029403120469103012022
01죽음은기계처럼정확하다01
10207310349201940392054

눈물이 나오질 않는다

전자상가에 가서
업그레이드해야겠다
감정 칩을[23]

— 이원, 「사이보그 3 — 정비용 데이터 B」 전문 인용

---

23 이원, 위의 책, 124~125쪽.

몸속에 비트 칩을 내장한 사이보그의 존재를 숫자의 적나라한 병기를 통해 드러내고 있는 시이다. 인간의 존재가 하나의 숫자를 통해 조종되고 통제된다는 사실은 분명 두려운 일이다. 특히 인간이 가장 인간다울 수 있는 척도인 감정까지도 칩을 통해 조종되고 통제된다는 사실은 인간의 몸의 사이보그화가 유토피아가 아니라는 것을 강하게 환기한다고 할 수 있다. 그러나 시인은 그 유토피아가 에코에 있다고 말하지 않는다. 그는 디지털이 지배하는 세계가 일종의 '사막'이며 인간은 그곳에서 '유목민처럼 떠돌 수밖에 없다'고 다소 건조하게 말하고 있을 뿐이다. 이러한 비극적인 세계 인식은 비록 그것이 미래에 대한 어떤 희망적인 비전을 내장하고 있지 않음에도 불구하고 지금 여기에서의 삶의 모습을 다양한 시적인 형식으로 들추어내고 있다는 점에서 일정한 진정성을 획득하고 있다고 할 수 있다.

그러나 시인의 상상력이 계속 여기에 머문다면 문제가 있지 않을까? 디지털 시대를 보여주는 것만으로도 시적인 형상을 획득하고 있지만 시대에 대한 시적인 비전의 제시라는 차원에서 보면 미흡하다고 할 수 있다. 이런 점에서 그녀의 시는 비전의 과잉을 드러내고 있는 에코토피아를 내세우는 시인들의 시와 좋은 대비가 된다. 이 대비가 서로의 결핍을 채워주는 쪽으로 작용하면 보다 생산적인 결과를 얻을 수 있을 것이다. 비전의 과잉을 보이는 에코 지향의 시들은 디지털적인 세계를 수용해야 하고, 반대로 비전의 결핍을 보이는 디지털 지향의 시들은 에코적인 세계를 수용해야 한다. 에코와 디지털의 단순한 접합이 아니라 그 사이의 긴장이 중요한 것이다. 이 둘은 완전히 통합될 수 없을 뿐만 아니라 그것이 항상 바람직한 것도 아니다. 보다 중요한 것은 이 둘의 긴장을 통한 길항이라고 할 수 있다.

이러한 감수성을 지닌 시인이 출현해야 하리라고 본다. 아직도 우리시단에 이런 시인들이 부재하다는 것은 몸을 통한 감각과 사유가 깊지 못하다는 것을 말해준다. 지금 여기에서의 우리의 몸은 에코적이면서 동시에 디지털적이다. 우리가 디지털의 가상 세계 속으로 끊임없이 미끄러져 내리다가도 결국에는 기로 충만한 현실의 세계로 돌아와야만 하는 경우를 상기해 보라. 우리는 한시라도 숨을 못 쉬면 생명을 유지할 수 없는, 하루 세 끼 밥을 먹어야 하고 그것을 배설해야만 하는 그런 생식기능을 하는 에코적인 존재인 동시에 비트가 만들어내는 가상의 문명의 세례를 온몸으로 받고 자라는 디지털적인 존재이다. 따라서 에코와 디지털은 두 몸이 아니라 한 몸인 것이다.

8. 프랑켄슈타인 혹은 시 쓰기의 욕망

인간은 모두 프랑켄슈타인의 후예이다. 유사 이래 인간이 보여 온 저 인간 개조의 욕망을 상기해 보라. 인간의 몸이 가지는 유한함과 나약함을 넘어서기 위해 인류는 정신의 비대함과 함께 물질적인 차원의 사이보그화를 끊임없이 욕망해 왔다. 인류의 문명도 따지고 보면 몸이 가지는 한계를 극복하려는 욕망에서 비롯된 것이라고 할 수 있다. 그 욕망은 결과적으로 인간에게 진보에 대한 믿음을 심어주긴 했지만 인간 존재의 비극성과 부조리함이라는 어두운 면을 탄생시켰다고 할 수 있다. 인간의 진보에 대한 믿음은 야만의 배제와 맞물려 있는 문제이기 때문에 간단한 것이 아님에도 불구하고 인간은 그것에 대해 보다 근본적인 회의를 드러내지 않았다.

문명이 진보하면서 인간의 몸 역시 온갖 구속과 한계로부터 해방되리라는 믿음은 그러나 믿음으로 그치고 말았다고 할 수 있다. 문명이 진보하면서 몸이 해방된 것이 아니라 오히려 점점 더 구속당하게 되는 아이러니가 연출된 것이다. 비트를 토대로 하는 디지털 시대가 도래하면서 인간의 몸은 다른 어떤 때보다 해방을 누릴 것이라고 모두가 기대했지만 결과는 온갖 비주얼한 이미지와 좀 더 정교해진 감시 체계에 의해 더욱 억압받는 상황에 놓이게 되었다. 정신으로서의 몸에 대한 강조에 대한 반발로 육체로서의 몸이 부상했지만 그 몸 역시 동일한 이분법적인 체계에서 벗어나지는 못하고 있는 것이 현실이다. 이 불구적인 세계를 바로잡는 길은 몸의 본성을 회복하는 일밖에는 없다.

프랑켄슈타인의 인간의 몸의 개조 욕망은 좀처럼 그칠 기미가 보이지 않고 있다. 인간의 몸의 모든 유전자의 지도를 작성한 일(인체 게놈 프로젝트)은 이런 점에서 그 욕망의 실체를 보여준 끔찍한 사건이라고 하겠다. 이 사건이 인간의 행복한 미래를 담보하는 것이 아니라 또 다른 억압을 가져올 뿐이라는 사실이 그간의 역사에서 명명백백히 드러났음에도 불구하고 이 일이 계속되고 있다는 것은 인간의 몸의 개조 욕망이 우리 안에 깊이 뿌리 내리고 있다는 것을 말해준다. 몸에 대한 민감한 자의식을 가진 시인이라면 몸을 둘러싸고 벌어지는 이러한 일련의 일들에 대해 불안을 느끼고 그것을 글쓰기를 통해 해소하려고 할 것이다. 몸보다 확실하게 인간과 세계의 존재를 규정짓는 것은 없으며, 당대의 감수성이 이 몸을 통해 드러날 수밖에 없다면 프랑켄슈타인의 인간의 몸의 개조 욕망은 곧 시인의 시 쓰기에 대한 날카로운 자극으로 연결될 수 있다. 자의식에 상처를 입고도 그것을 치유하지 않는 시인은 없을 것이다. 자신의 몸에 난 상처가 곧 시를 잉태한다. 프랑켄슈타인의 인간의 몸의 개조 욕망이 계속될수록 시인의 시 쓰기의 욕망도 그치지 않고 계속될 것이다.

참고문헌

제1부

제1장 한국 현대시와 그로테스크

강경희, 「1930년대 현대시의 그로테스크 미학 연구」, 숭실대 박사논문, 2005.
기형도, 『입 속의 검은 잎』, 문학과지성사, 1989.
김　현, 「영원히 닫힌 빈방의 체험」, 『입 속의 검은 잎』 해설, 문학과지성사, 1989.
김지하, 『김지하 전집』 3, 실천문학사, 2002.
______, 『五賊』, 동광출판사, 1985.
도정일, 「최승호 시인의 10년」, 『회저의 밤』 해설, 세계사, 1993.
미하일 바흐찐, 이덕형 · 최건영 역, 『프랑수아 라블레의 작품과 중세 및 르네상스의 민중문화』, 아카넷, 2001.
박수연, 「연왕모 시의 그로테스크 이미지 연구」, 『문예시학』 11집, 충남시문학회, 2000.
백훈기, 「모방의 관점에서 본 그로테스크의 기능과 의미」, 『종합예술과 음악학회지』 2, 한국달크로즈 유리드믹스 학회, 2008.
서정주, 『미당 시전집』 1, 민음사, 1994.
유종영, 「문학에서의 그로테스크 : 문학작품 분석방법론으로서의 그 개념」, 『독일문학』 35집, 한국독어독문학회, 1985.
이윤경, 「이상 시의 변형 세계 연구」, 국민대 박사논문, 2004.
이재선, 『한국문학 주제론』, 서강대 출판부, 1989.
임호준, 「그로테스크 육체 : 니에바와 알모도바르의 그로테스크 리얼리즘」, 『스페인어문학』 17집, 한국스페인어문학회, 2000.
조영복, 「공포 체험의 시적 변용과 그로테스크의 시」, 『고석규 문학의 재조명』, 세종출판사, 2000.
최승호, 『반딧불 보호구역』, 세계사, 1995.
______, 『세속도시의 즐거움』, 세계사, 1990.
______, 『회저의 밤』, 세계사, 1993.
카를 로젠크란츠, 조경식 역, 『추의 미학』, 나남, 2008.

필립 톰슨, 김영무 역, 『그로테스크』, 서울대 출판부, 1986.
Wolfgang Kayser, *The grotesque in Art and Literature*, McGraw-Hill Book Company, 1966.

제2장 한국 현대시와 데카당스

김병철, 『韓國 近代 西洋文學 移入史 硏究 上』, 을유문화사, 1980.
김 억, 「프란스 詩壇」, 『泰西文藝新報』 10~11호, 1918.12.7.
______, 「스핑크스의 苦惱」, 『廢墟』 1호, 1920.7.25.
______, 『해파리의 노래』, 조선도서주식회사, 1923.
김재홍, 「상징주의」, 『문예사조』, 이우출판사, 1985.
김 철, 「1920년대 데카당스 문학의 연구」, 연세대 석사논문, 1981.
류진현, 「문화현상으로서의 '데카당스'」, 『불어불문학 연구』 제58집.
박승희, 「1920년대 데카당스와 동인지 시의 재발견」, 『한민족어문학』 제47집.
백대진, 「二十世紀初頭九州諸大文學家를 追憶흠」, 『新文界』 4~5호, 1916.5.
송재영, 「한국근대시와 데카당티슴」, 『문학과 지성』, 1980 봄호.
오상순, 『공초 오상순 시집』, 자유문화사, 1963.
윤상인, 「데카당스와 문학적 근대」, 『아시아문화』 제13호.
오상순, 「時代苦와 그 犧牲」, 『廢墟』 창간호, 1920.7.
오스카 와일드, 이원용 역, 『도리안 그레이의 초상』, 일신서적, 1969.
오장환, 김재용 편, 『오장환 전집』, 실천문학사, 2002.
이상화, 「나의 寢室로」, 『白潮』 3호, 1923.
이승훈, 『한국 현대 시론사』, 고려원, 1993.
이재복, 『비만한 이성』, 청동거울, 2004.
임수만, 「1920년대 데카당스 문학 연구」, 『국어국문학』 145호.
조창환, 『한국현대시의 운율론적 연구』, 일지사, 1986.
주요한, 『아름다운 새벽』후기, 조선문단사, 1924.
______, 「노래를 지으시려는 이에게」, 『조선문단』 창간호, 1924.
주요한, 「불놀이」, 『創造』 창간호, 1919.2.
최문규, 「"심미적 현상의 정당화"－니체 예술론의 현재적 의미」, 『독일언어문화』 제31집, 2006.3.
황석우, 「日本詩壇의 二大傾向」, 『廢墟』 1호, 1920.7.

M. 칼리니스쿠(Matei Calinescu), 이영욱 외역, 『모더니티의 다섯 얼굴(Five Faces of Modernity)』, 시각과언어, 1993.
Ellen Moers, *The Dandy : Brummell to Beerbohm*, Secker & Warburg, 1960.
F. Nietzsche, *Werke, Bd. 2, Götwen-Dämmerung*, Münghen / Vien, 1982.

제3장 한국 현대시와 숭고

권택영, 「대중문화를 통해 라깡을 이해하기」, 『현대시사상』, 1999 여름호.
기정희, 「버크의 『철학적 탐구』에 나타난 숭고의 관념」, 『미학』 32, 2002.
김광명, 「칸트 철학 체계와의 연관 속에서 본 『판단력비판』의 의미」, 『칸트연구』 3, 민음사, 1997.
김문환 편, 『미학의 이해』, 문예출판사, 1989.
김상봉, 「롱기누스와 숭고의 개념」, 『서양고전학연구』 9, 1995.
______, 「칸트와 숭고의 개념」, 『칸트연구』 3, 민음사, 1997.
김석수, 「칸트의 반성적 판단력과 현대 철학」, 『칸트연구』 3, 민음사, 1997.
김점용, 「이육사 시의 숭고」, 『한국시학연구』 17집, 2006.
김현 · 김윤식, 『한국문학사』, 민음사, 1991.
롱기누스, 김명복 역, 『롱기누스의 숭고미 이론』, 연세대 출판부, 2002.
미셸 드기, 김예령 역, 「고양의 언술」, 『숭고에 대하여』, 문학과지성사, 2005.
박현수, 「일제강점기 시적 '숭고' 고찰」, 『한국시학연구』 1집, 1998.
베르너 융, 장희창 역, 『미메시스에서 시뮬라시옹까지』, 경성대 출판부, 2006.
슬라보예 지젝, 이수련 역, 『이데올로기라는 숭고한 대상』, 인간사랑, 2002.
아리스토텔레스, 천병희 역, 『시학』, 2002.
안성찬, 『숭고의 미학』, 유로서적, 2004.
에드먼드 버크, 김동훈 역, 『숭고와 아름다움의 이념의 기원에 대한 철학적 탐구』. 마티, 2006.
윤동주, 홍장학 편, 『정본 윤동주전집』, 문학과지성사, 2006.
윤동주, 최동호 편, 『원본 윤동주 시집 – 하늘과 바람과 별과 시』, 깊은샘, 2011.
이마누엘 칸트, 이재준 역, 『아름다움과 숭고함의 감정에 관한 고찰』, 책세상, 2005.
이마누엘 칸트, 김상현 역, 『판단력 비판』, 책세상, 2006.
이세재, 「윤동주 시의 숭고미」, 『우석어문』, 우석대, 1993.
이육사 · 윤동주, 김종철 편, 『韓國現代詩文學大系 8』, 지식산업사, 1980.

이육사, 김용직 편, 『李陸史 全集』, 깊은샘, 2004.
이태동, 「비극적 숭고미 : 정지용의 시세계」, 『문화예술』, 1992.7.
장-뤽 낭시, 김예령 역, 「숭고한 봉헌」, 『숭고에 대하여』, 문학과지성사, 2005.
장 보드리야르, 하태환 역, 『시뮬라시옹』, 민음사, 1992.
진중권, 『현대미학 강의』, 아트북스, 2003.
최준호, 「칸트의 숭고함과 타자의 존엄」, 『철학』 64, 2000.
______, 「칸트 철학에서의 자연 · 예술 · 정치; 칸트의 숭고함과 예술성」, 『칸트연구』 10, 2002.
______, 「칸트의 미와 숭고」, 『철학 연구』 63, 2003.
한동원, 「칸트 철학의 숭고에 대한 연구」, 『철학』 54, 1998.
Longinus, *Cassius, Longinus on the Sublime-The Peri Hupsous in Translations by Nicolas Boileau-Depreaux,* Academic Resources Corp, 1975.

제4장 한국 현대시와 키치

가브리엘 롤러, 황종민 역, 『키치』, 미술문화, 2007.
권성우, 「김현론 : 매혹과 비판 사이」, 『한국 현대 비평가 연구」, 강, 1995.
김기만, 『내가 여전히 나로 남아야 함은 아직도 널 사랑하기 때문이다』, 소담출판사, 1991.
김미선, 『편지』, 소담출판사, 1989.
김소연, 「미적 · 미 외적 현상으로서의 키치, 그 가치평가를 위한 소론」, 『미학 · 예술학 연구』 3 · 4, 1984.
김수이, 「삶, 무한 욕망과의 유한 경주-유하론」, 『현대문학』, 2001.4.
김정민, 『널 사랑하기 전의 내 모습은 아무것도 그려지지 않은 백지였다』, 소담출판사, 1991.
김 현, 「武俠小說은 왜 읽히는가-虛無主義의 否定的 表出」, 『세대』, 1996.10.
______, 「漫畵도 藝術인가」, 『서울평론』, 1975.5.
______, 「만화는 문학이다」, 『뿌리깊은 나무』, 1977.1.
______, 「키치 비판의 의미」, 『말들의 풍경』, 1990.
박일호, 「진지한 예술과 키치」, 『美學』 제52집, 2007.12.
박철화, 「'하나대'와 압구정동 사이의 긴장」, 『바람부는 날이면 압구정동에 가야 한다』, 문학과지성사, 1991.
신범순, 「키메라의 언어」, 『글쓰기의 최저 낙원』, 문학과지성사, 1993.
아브라함 몰르, 엄광현 역, 『키치란 무엇인가?』, 시각과 언어, 1995.

오규원, 「인용적 묘사와 대상」, 『문예중앙』, 1987 겨울호.
______, 『오규원 시 전집』 2, 문학과지성사, 2002.
유 하, 『武林일기』, 중앙일보사, 1989.
______, 『바람부는 날이면 압구정동에 가야 한다』, 문학과지성사, 1991.
______, 『세운상가 키드의 사랑』, 문학과지성사, 1995.
______, 『천일馬화』, 문학과지성사, 2000.
이남호, 「자유와 부정과 사실에의 충실」, 『文學의 僞足』, 민음사, 1990.
이동식, 『하나가 아닌 둘은 세상의 모든 것을 헤쳐 나가고도 남을 넉넉한 힘을 가지고 있습니다』, 영언문화사, 1992.
이상진, 「한국 현대 소비문화에 대한 시적 대응양상 연구」, 대구대 박사논문, 2005.
이성욱, 「문학과 키치」, 『문학과사회』, 1998 겨울호.
이승훈, 「키치의 미학과 역설」, 『모더니즘 시론』, 문예출판사, 1995.
이풀잎, 『이별은 헤어짐이 아니라 간직함이라더니 거봐 너도 울잖아!』, 나라원, 1991.
장정일, 『햄버거에 관한 명상』, 민음사, 1987.
정끝별, 「서늘한 패러디스트의 절망과 모색」, 『오규원 깊이 읽기』, 문학과지성사, 2002.
조중걸, 『키치, 우리들의 행복한 세계』, 프로네시스, 2007.
최문규, 『문학이론과 현실 인식』, 문학동네, 2000.
황지우, 「격류 위의 나뭇잎 : 모더니티, 대중문화사회, 시」, 『경계를 넘어 글쓰기』, 민음사, 2001.
M. 칼리니스쿠, 이영욱 외역, 『모더니티의 다섯 얼굴』, 시각과언어, 1993.
C. Greenberg, "Avant-Garde and Kitsch", *Pollock and After, ed. by Francis Francina, Harper and Row Publishers*, New York, 1985.
Nikos Stangos, *Concepts of Modern Art*, Penguin Books Ltd, 1974.

제2부

제1장 한국 현대시와 패러디

강명관, 「고전시학과 패러디」, 『한국 현대시와 패러디』, 현대미학사, 1996.
고정희, 『초혼제』, 창작과비평사, 1983.
고현철, 「80~90년대 상황과 시적 지향」, 『국어국문학』 제33집, 1996.
______, 『현대시의 패러디와 장르이론』, 태학사, 1997.

권택영, 「패러디 · 패스티쉬 그리고 독창성」, 『현대시사상』, 1992 겨울호.
김기현, 「산유화가의 전승과 교섭 양상」, 『어문논총』 21집, 1987.
김성곤, 『포스트모던 소설과 비평』, 열음사, 1993.
김소월, 오하근 편, 『원본 김소월전집』, 집문당, 1995.
김준오 편, 『한국 현대시와 패러디』, 현대미학사, 1996.
김지하, 『대설 · 南』, 창작과비평사, 1982.
______, 『오적－김지하 담시 전집』, 솔, 1993.
린다 허천, 김상구 · 윤여복 역, 『패로디 이론』, 문예출판사, 1992.
박남철, 『지상의 인간』, 문학과지성사, 1997.
박남훈, 「패러디와 메타성」, 『한국 현대시와 패러디』, 1996.
박상배, 「희시 3」, 『문학과비평』, 1990 가을호.
아놀드 하우저, 최성만, 이병진 역, 『예술의 사회학』, 한길사, 1983.
아리스토텔레스, 천병희 역, 『시학』, 문예출판사, 2002.
오규원, 『오규원 시전집』 1 · 2, 문학과지성사, 2002.
劉若愚, 이장우 역, 『중국시학』, 대만문화공사, 동화출판공사, 1984.
유　협, 최동호 역, 『文心雕龍』, 민음사, 1994.
윤재근, 『시론』, 둥지, 1990.
리규보, 김상훈 · 류희정 역, 『리규보작품집』 2, 문예출판사, 1990.
이미란, 『한국현대소설과 패러디』, 국학자료원, 1999.
이병한 편저, 『중국 고전시학의 이해』, 문학과지성사, 1992.
이순옥, 「풍자와 패러디」, 『한국 현대시와 패러디』, 현대미학사, 1996.
이승훈, 「포스트모더니즘 시론」, 세계사, 1991.
이재복, 「초혼제 별사」, 『타자비평』 4호, 2003.
장정일, 『길안에서의 택시잡기』, 민음사, 1997.
정끝별, 『패러디의 시학』, 문학세계사, 1997.
최문규, 「'소통의 물질성'과 심미적 예술의 새로운 코드화」, 『문학동네』, 1995 여름호.
최신호, 「초기 시화에 나타난 용사이론의 양상」, 『고전문학연구』 제1집, 한국고전문학연구회, 1971.
프레드릭 제임슨, 할 포스터 편, 윤호병 역, 「포스트모더니즘과 소비사회」, 『반미학』, 현대미학사, 1993.
하종오, 『벼는 벼끼리 피는 피끼리』, 창작과비평사, 1997.
황지우, 『새들도 세상을 뜨는구나』, 문학과지성사, 1983.

Barth, John, *The Literature of Exhaustion*, Atlantic(August), 1967.
Rose, Margaret, *Parody / Metafiction*, Lodon : Croom Helm, 1979.

제2장 한국 현대시와 서술성

권택영, 「대중문화를 통해 라깡을 이해하기」, 『현대시사상』, 1994 여름호.
김소연, 『극에 달하다』, 문학과지성사, 1996.
김언희, 『트렁크』, 세계사, 1995.
______, 『말라죽은 앵두나무 아래 잠자는 저 여자』, 민음사, 2000.
들뢰즈・가따리, 최명관 역, 『앙띠 오이디푸스』, 민음사, 1994.
미하일 미하일로비치 바흐찐, 전승희 외역, 『장편소설과 민중언어』, 창작과비평사, 1988.
박상순, 『마라나, 포르노 만화의 여주인공』, 세계사, 1996.
성미정, 『대머리와의 사랑』, 세계사, 1997.
이수명, 『왜가리는 왜가리 놀이를 한다』, 세계사, 1998.
이승훈, 『모더니즘 시론』, 문예출판사, 1995.
______, 『밝은 방』, 세계사, 1995.
______, 『한국 현대시의 이해』, 집문당, 1999.
이재복, 「허무와 소멸의 미학」, 『심상』, 1999.6.
______, 「몸과 욕망의 언어－김언희론」, 『현대시학』, 1999.11.
______, 「나는 내가 존재하지 않는 곳에서 생각한다」, 『오늘의 문예비평』, 2000 봄호.
______, 『몸』, 하늘연못, 2002.
______, 「마돈나에서 사이보그까지」, 『시작』, 2003 여름호.
자크 라캉, 권택영 외역, 『욕망이론』, 문예출판사, 1994.
장정일, 『길안에서 택시 잡기』, 민음사, 1988.
정끝별, 「세계를 지연시키는 자기 증식의 언어들」, 『한국문학평론』, 1998 겨울호.
차봉희 편저, 『독자반응비평』, 고려원, 1993.
함기석, 『국어선생은 달팽이』, 세계사, 1998.
현대시학회 편, 『한국서술시의 시학』, 태학사, 1998.
Allen Tilley, *Plot Snakes and the Dynamics of Narrative Experience*, University Press of Florida, 1992.
Ronald Schleifer, *Rhetoric and Death*, University of Illinois Press, 1990.

제3장 한국 현대시와 다다이즘

고한용, 「다다이슴」, 『開闢』 51호, 1924.9.1.

______. 「서울 왓든 다다이스트의 이약이」, 『開闢』 52호, 1924.10.1.

______. 「DADA」, 『東亞日報』, 1924.11.17.

______. 「우옴피쿠리아」, 『東亞日報』, 1924.11.22.

______. 「다다? 다다!」, 『東亞日報』, 1924.11.24.

______. 「잘못 안 다다－金基鎭군에게」, 「東亞日報』, 1924.12.1.

김시태, 「서구 모더니즘의 수용」, 『문예사조』, 이우출판사, 1987.

김용직, 「모색과 충돌, 실험지상주의－李箱論」, 『모더니즘 연구』, 자유세계, 1993.

박영희, 「重要術語辭典에 실린 다다이즘」, 『開闢』 49호, 1924.4.1.

방원용, 「世界의 絶望－나의 본 다다이슴」, 『朝鮮日報』, 1924.11.1.

신수정, 「유럽 전위주의 예술의 성과와 한계」, 『모더니즘 연구』, 자유세계, 1993.

앙드레 브르통, 송재영 역, 「쉬르레알리즘 선언」, 『다다 / 쉬르레알리즘 선언』, 문학과지성사, 1987.

양주동, 「歐洲現代藝思潮概觀에 실린 다다주의」, 『東亞日報』, 1924.1.4.

오광수, 「화가로서의 이상」, 『이상문학전집』 4, 문학사상사, 1995.

이 상, 이승훈 편, 『 이상문학전집』 Ⅰ, 문학사상사, 1989.

______, 김주현 주해, 『정본 이상문학전집－詩』, 소명출판, 2005.

이승훈, 『현대시의 종말과 미학』, 집문당, 2007.

Peter Bürger, *Theory of the Avant-Garde(Theory and History of Literature Series, Vol. 4)*, trans. by Michael Shaw(Minneapolis : Univ. minnesota Press, 1968).

R. Huelsenbeck, *En avant Dada*, Hannover, 1920.

Renato Poggioli, *The Theory of the Avant-Garde*, Cambridge, Mass : Harvard Univ. Press, 1968.

제4장 한국 현대시와 해체

김언희, 「그것13」, 『21세기문학』, 1999 봄호.

김준오, 『도시시와 해체시』, 문학과비평사, 1992.

김춘수, 『김춘수시전집』, 현대문학, 2004.

미하일 바흐찐, 전승희 외역, 『장편소설과 민중언어』, 창작과비평사, 1988.
박상순, 『Love Adagio』, 민음사, 2004.
오규원, 『오규원 시전집』 1・2, 문학과지성사, 2002.
이광래, 『해체주의와 그 이후』, 열린책들, 2007.
이수명, 『고양이 비디오를 보는 고양이』, 문학과지성사, 2004.
이승훈, 『밝은 방』, 고려원, 1995.
______, 『모더니즘 시론』, 문예출판사, 1995.
______, 『해체시론』, 새미, 1998.
______, 『너라는 햇빛』, 세계사, 2000.
______, 『시적인 것도 없고 시도 없다』, 집문당, 2003.
이재복, 『비만한 이성』, 청동거울, 2004.
이준규, 『삼척』, 문예중앙, 2011.
자크 데리다, 김성도 역, 『그라마톨로지』, 민음사, 1996.
자크 라캉, 권택영 편, 『욕망이론』, 문예출판사, 1994.
장정일, 『길안에서의 택시잡기』, 민음사, 1997.
질 들뢰즈・펠릭스 가따리, 최명관 역, 『앙띠 오이디푸스』, 민음사, 1994.
황지우, 『새들도 세상을 뜨는구나』, 문학과지성사, 1983.
Jacques Derrida, 『해체』, 문예출판사, 1996.
M. 칼리니스쿠, 이영욱 외역, 『모더니티의 다섯 얼굴』, 시각과언어, 1993.
Alston, William P, *Philosophy of Language*, Englewood Cliffs : Prentice-Hall Inc., 1964.
Lois Tyson, "Deconstructive Criticism", *CRITICAL THEORY TODAY*, Garland Publishing, Inc., 1999.
Taylor, Mark C, *Deconstructing Theology*, NY : Crossroad Publishing Company, 1982.

제5장 한국 현대시와 선

간호배, 「초현실주의 詩와 禪詩 비교 연구」, 『비교문학』 26, 2001.
김미선, 「韓國禪詩의 發達史」, 『漢文古典研究』 제13집, 2006.
김운학, 『佛教文學의 理論』, 일지사, 1981.
김준열, 『禪의 要諦』, 법보원, 1964.
김지하, 『중심의 괴로움』, 솔, 1994.

김지하, 『애린』 1, 솔, 1995.
______, 『중심의 괴로움』, 솔, 1995.
김춘수, 『김춘수시전집』, 현대문학, 2004.
______, 『김춘수시론전집』 Ⅰ, 현대문학, 2004.
류순태, 「戰後 모더니즘 詩論에 나타난 '禪的 超越' 연구」, 『만해학보』 7호.
무르띠, 김성철 역, 『불교의 중심철학』, 경서원, 1995.
송준영, 「아방가르드 시에 나타난 모순어법 고찰」, 『현대시와 선시의 회통』, 만해축전(상), 2008.
야나기다 세이잔, 추만호 · 안영길 역, 『선의 사상과 역사』, 민족사, 1989.
옥타비오 파스, 윤호병 역, 『낭만주의에서 아방-가르드까지의 현대시론』, 현대미학사, 1995.
이승훈, 「비대상(非對象)」, 『한국현대대표시론』, 태학사, 2000.
______, 「시적 어법과 선적 어법」, 『한국언어문화』 제24집.
______, 『선과 기호학』, 한양대 출판부, 2005.
______, 『화두』, 책만드는 집, 2010.
이재복, 「동양적 존재의 숲-윤대녕론」, 『소설과 사상』, 1996 겨울호.
이종찬, 『韓國의 禪詩』, 이우출판사, 1985.
이진오, 『韓國佛敎文學의 硏究』, 민족사, 1997.
자 명, 「禪文學의 世界」, 『韓國佛敎學』 17, 1992.
정형근, 「梵我 自我의 合一-조지훈의 禪詩에 대한 한 해석」, 『만해학보』 7호.
조지훈, 『靑鹿集』, 현암사, 1968.
______, 『趙芝薰全集』 1, 일지사, 1973.
조태성, 「한국 선시의 갈래와 禪趣의 문제」, 『古詩歌硏究』 제22집, 2008.
존 스태프니 외, 김종욱 역, 『서양철학과 禪』, 민족사, 1993.
천상병, 『천상병 전집』, 평민사, 1996.
한용운, 『韓龍雲全集』 1, 신구문화사, 1973.
______, 『한용운』, 문학세계사, 1996.
현광석, 「선시의 미학적 대칭점」, 『한국학보』 113호, 2003.
Abe Masao, *Zen and Western Thought*, London : Macmillan Press, 1985.
Charles S. "Hardwick, Doing Philosophy and Doing Zen", *Philosophy East and West 13*, 1963.
David Drake, "The Logic of the One-Mind Doctrine", *Philosophy East and West 16*, 1966

Erich Fromm and D. T. Suzuki, *Zen Buddhism and Psychoanalysis*, New York : Harper & Low, 1960.
Hans-Petter Hempel, *Heidegger und Zen*, Frankrurt, a. M., 1987.

제3부

제1장 한국 현대시와 가족 로망스

고갑희, 「'차이'의 정치성과 여성 해방론의 현단계」, 『현대비평과 이론 』 6호, 1993.
기형도, 『입 속의 검은 잎』, 문학과지성사, 1989.
김소월, 김용직 편저, 『김소월 전집』, 서울대출판부, 1996.
김수영, 『김수영전집』 Ⅰ, 민음사, 2002.
김언희, 『트렁크』, 세계사, 1995.
김종삼, 『김종삼 전집』, 청하, 1988.
김　현, 「김종삼을 찾아서」, 『김종삼 전집』, 청하, 1988.
김혜순, 『아버지가 세운 허수아비』, 문학과지성사, 1985.
김홍중, 「한국 모더니티의 기원적 풍경 : 李箱의 「烏瞰圖」시 제1호」, 『사회와 이론』 7집, 2005.2.
노혜경, 『뜯어먹기 좋은 빵』, 세계사, 1999.
마단 사럽, 김혜수 역, 『알기 쉬운 자끄 라깡』, 백의, 1994.
박남수, 『박남수 전집』, 한양대출판부, 1996.
박상순, 『6은 나무 7은 돌고래』, 민음사, 1993.
서정주, 『미당 시전집』 2, 민음사, 1984.
성미정, 『대머리와의 사랑』, 세계사, 1997.
윤동주, 『韓國現代詩文學大系 』 8, 지식산업사, 1981.
이　상, 이승훈 편, 『李箱문학전집』 1, 문학사상사, 1994.
이승훈, 「결핍의 공간에서 태어나는 자아」, 『6은 나무 7은 돌고래』 해설, 민음사, 1993.
이재복, 「파편적 내러티브와 우리시의 현대성」, 『비만한 이성』, 청동거울, 2004.
자크 라캉, 민승기 외역, 『욕망이론』, 문예출판사, 1994.
장정일, 『햄버거에 대한 명상』, 민음사, 1987.
______, 『길안에서의 택시잡기』, 민음사, 1988.

전봉건, 『북의 고향』, 명지사, 1982.
정과리, 「“발목까지 / 발밑까지”의 의미」, 『시인세계』, 2002 창간호.
조영복, 「김수영, 반여성주의에서 반반의 미학으로」, 『여성문학연구』 제6호, 2001.12.
줄리아 크리스테바, 김인화 역, 『시적 언어의 혁명』, 동문선, 2000.
지그문트 프로이트, 고낙범 역, 『지그문트 프로이트 전집』, 열린책들, 1997.
질 들뢰즈, 최명관 역, 『앙띠 오이디푸스』, 민음사, 1997.
최남선, 『소년』 창간호, 1908,11.
최승자, 『이 시대의 사랑』, 문학과지성사, 1981.
함기석, 『국어선생은 달팽이』, 세계사, 1998.
S. 프로이트, 오태환 역, 『정신분석 입문』, 선영사, 1994.
Kaja Silverman, *The Subject of Semiotics*, The University of Oxford Press, 1983.
Patrick Colm Hogan and Lalita Pamdit, *Criticism and Lacan*, The University of Georgia Press, 1990.

제2장 한국 현대시와 에로티시즘

고미숙, 『호모 에로스』, 그린비, 2008.
김선우, 『내 혀가 입 속에 갇혀 있길 거부한다면』, 창작과비평사, 2000.
김영애, 『페로티시즘』, 개마고원, 2004.
김재기, 『철학, 섹슈얼리티에 말을 걸다』, 향연, 2008.
김지하, 『중심의 괴로움』, 솔, 1994.
디터 벨러스호프, 안인희 역, 『문학 속의 에로스』, 을유문화사, 2003.
마르틴 콜랭, 장윤영 역, 『인간과 욕망』, 예하, 1989.
미셸 푸코, 『성의 역사』, 나남, 1990.
서정주, 『미당 시전집』 1, 민음사, 1994.
시부사와 타쓰히코, 김광림 역, 『쾌락주의 철학』, 동화출판사, 1997.
윤가현, 『성, 그 억압과 진보의 역사』, 살림, 2006.
이부영, 『아니마와 아니무스』, 한길사, 2001.
이재복, 「시, 그 황홀한 ‘수련’의 언어」, 『현대시』, 2007.5.
장 클레 마르탱, 김웅권 역, 『에로티시즘』, 동문선, 2005.
전경갑, 『욕망의 통제와 질주』, 한길사, 1999.

조르주 바타이유, 조한경 역, 『저주의 몫 · 에로티즘』, 문학동네, 2006.
조용훈, 『에로스와 타나토스』, 살림, 2005.
채호기, 『지독한 사랑』, 문학과지성사, 1992.
______, 『수련』, 문학과지성사, 2002.
최승자, 『즐거운 일기』, 문학과지성사, 1984.
______, 『이 시대의 사랑』, 문학과지성사, 1999.
허혜정, 『에로틱 아우라』, 예옥, 2008.
Georges Bataille, 유기환 역, 『에로스의 눈물』, 문학과 의식, 2002.
H. 마르쿠제, 김인환 역, 『에로스와 문명』, 나남출판, 2004.
Chanter, Tina, *ethics of eros : Irigaray's rewriting of the philosophers*, Routledge, 1995.

제3장 한국 현대시와 악마성

공　자, 김학주 역, 『논어』, 서울대 출판부, 2009.
기형도, 『기형도 전집』, 문학과지성사, 1999.
김언희, 『트렁크』, 세계사, 1995.
김　현, 「영원히 닫힌 빈방의 체험」, 『입 속의 검은 잎』 해설, 문학과지성사, 1989.
로베르 뮈샹블레, 노영란 역, 『악마 천년의 역사』, 박영률출판사, 2006.
루　쉰, 홍석표 역, 『악마파 시의 힘』, 지식을만드는지식, 2008.
서정주, 『미당 시전집』 1, 민음사, 1994.
레이몽 라디게, 김예령 역, 『육체의 악마』, 문학과지성사, 1999.
이　상, 김주현 주해, 『이상 문학전집』 1, 소명출판, 2005.
이상화, 「나의 寢室로」, 『백조』 3호, 1923.
정과리, 「죽음, 혹은 순수 텍스트로서의 시」, 『무덤 속의 마젤란』, 문학과지성사, 1999.
제프리 버튼 러셀, 김영범 역, 『사탄』, 르네상스, 2006.
폴 카루스, 이지헌 역, 『악마의 역사』, 더불어책, 2003.
Robert Muchembled, 노영란 역, 『쾌락의 역사』, 박영률출판사, 2008.
Lois Boe Hylsop and Francis E. Hylsop, "Baudelaire As a Literary Critic", *Selected Essays, Intro. and Trans, University Park*, Penn. : The Pennsylvania State Univetsity Press, 1964.

제4장 한국 현대시와 여성성

강은교, 『그대는 깊디깊은 강』, 미래사, 1991.

고정희, 「한국 여성문학의 흐름」, 『또 하나의 문화』 2, 평민사, 1986.

김용옥, 『여자란 무엇인가』, 통나무, 2007.

김윤식, 「여성과 문학」, 『아세아 여성연구』 제7집, 숙명여대 아세아 여성문제연구소, 1968.

김정란, 『매혹, 혹은 겹침』, 세계사, 1992.

김정란, 『영혼의 역사』, 새움, 2001.

김혜순, 「페미니즘과 여성시」, 『또 하나의 문화』 9호, 또 하나의 문화, 1992.

______, 『어느 별의 지옥』, 문학동네, 1997.

나혜석, 『나혜석 전집』, 태학사, 2000.

나희덕, 『그곳이 멀지 않다』, 민음사, 1997.

노혜경, 『뜯어먹기 좋은 빵』, 세계사, 1999.

리타 펠스키, 김영찬・심진경 역, 『근대성과 페미니즘』, 거름, 1998.

박서원, 『아무도 없어요』, 열음사, 1990.

이영섭, 「시의 풍요로운 생명감」, 『그대는 깊디깊은 강』 해설, 미래사, 1991.

이재복, 「초혼제 별사」, 『타자비평』 4호, 2003.

______, 「몸, 구멍 프랙탈의 시학」, 『몸』, 하늘연못, 2002.

정끝별, 「여성주의 시 연구의 흐름과 쟁점」, 『오룩의 노래』, 하늘연못, 2001.

한국여성문학학회, 『한국 여성문학 연구의 현황과 전망』, 소명출판, 2008.

허란주, 「여성성과 남성성의 극복을 위한 소고」, 『감성의 철학』, 민음사, 1996.

허수경, 『혼자 가는 먼 집』, 문학과지성사, 2000.

Andrea Nye, *Feminist theory and the philosophies of man*, Rouledge, 1988.

Basil Blackwell, "Sexual Difference", *French Feminist Thought*, Basil Blackwell, 1987.

Irigaray, Luce, *The Other : I Love to you : Sketch for a Felicity Within History*, London : Poutledge, 1996.

Julia Kristeva, "Powers of Horror : An essay on abjection, Columbia University press, Moi, Toril, 'Feminist, Feminine', in Catherine Belsey and Moore", *The Feminist Reader : Essays in Gender and the Politics of Literary Criticism*, London : Macmillan, 1989. 1982.

제5장 한국 현대시와 몸

김상환, 「육체와 현대성」, 『현대시학』, 1994.10.

김신용, 『버려진 사람들』, 고려원, 1989.

김언희, 『트렁크』, 세계사, 1995

김정현, 『니체의 몸철학』, 지성의샘, 1995.

김지하, 『중심의 괴로움』, 솔, 1994.

______, 『생명과 자치』, 솔, 1996.

김혜순, 「文身」, 『작가세계』, 1998 가을호.

들뢰즈 · 가타리, 최명관 역, 『앙띠 오이디푸스』, 민음사, 1994.

메를로 퐁티, 류의근 역, 『지각의 현상학』, 문학과지성사, 2002.

박노해, 『노동의 새벽』, 해냄, 1997.

박이문, 『존재와 표현』, 생각의나무, 2010.

알버트 라빌 주니어, 김성동 역, 「메를로-뽕띠 사회철학과 예술철학」, 철학과현실사, 1996.

이대흠, 「몸 안의 사랑」, 『현대시학』, 1999 2월호.

이 원, 『야후!의 강물에 천 개의 달이 뜬다』, 문학과지성사, 2001.

이재복, 「에코토피아와 디지털토피아」, 『비만한 이성』, 청동거울, 2004.

______, 「몸과 시의 리얼리티」, 『작가와 비평』, 2006 하반기.

조광제, 『몸의 세계, 세계의 몸』, 이학사, 2004.

켈리 올리버, 박재열 역, 『크리스테바 읽기』, 시와반시사, 1997.

테야르 드 샤르댕, 양명수 역, 『인간현상』, 한길사, 1997.

Colin Smith, *Phenomenology of Perception*, trans. by Colin Smith, London : Routledge & Kegan Paul, 1978.

Jung, H.Y., "Phenomenology and Body Politics", *in Body and Society, vol.2 no2*, June. 1996b.

M. Bakhtin, *Speech Genres and Other Late Essays*, ed. Caryl Emerson and Michael Holquist and trans. Vern W. McGee, Austin : University of Texas Press, 1986.

M. Featherstone, "The Body in Consumer Culture", ed. M. Featherstone, M, Hepworth, B.S. Turner, *The Body : Social Process and Cultural Theory*, London : Sage Publications, 1991.

Maurice Merleau-Ponty, *The Visible and the Invisible*, ed. Claude Lefort and trans. Alphonso Lingis, Evanston : Northwestern University Press, 1968.

Merleau-Ponty, M., *The structure of Behavior, trans.* by Alden L. Fisher, Boston : Beacon Press, 1967.

R. P. Blackmur, *Language as Gesture : Essays in Poetry*, New York : Harcourt, Brace, 1952.

Turner, B. S., *The Body and Society*, Oxford : Basil Blackwell, 1984.

색인

인명색인

용어색인